Fachdidaktik als konstitutives Element universitärer Lehrerbildung

Bestandsaufnahmen, Analysen und Konzeptionen aus erziehungswissenschaftlicher Perspektive

von

Winfried Timmerhaus

Tectum Verlag
Marburg 2001

Die Deutsche Bibliothek - CIP-Einheitsaufnahme

Timmerhaus, Winfried:
Fachdidaktik als konstitutives Element universitärer Lehrerbildung.
Bestandsaufnahmen, Analysen und Konzeptionen aus erziehungswissenschaftlicher
Perspektive.
/ von Winfried Timmerhaus
- Marburg : Tectum Verlag, 2001
Zugl: Leipzig, Univ. Diss. 2001
ISBN 3-8288-8297-8

© Tectum Verlag

Tectum Verlag
Marburg 2001

Inhaltsverzeichnis

Vorwort 11
Einführung in das Thema 12
Methodische Vorbemerkungen 14
Verlauf der Untersuchung 16

1. **Standortbestimmung und historische Wurzeln der Fachdidaktik** 18
   1.1 Definitionen der Fachdidaktik 18
       1.1.1 Meinungsbilder über Fachdidaktik 18
       1.1.2 Begriffsklärungen und Differenzierungen des Terminus
              "Fachdidaktik" 22
   1.2 Historische Skizzen zur Entwicklung der Fachdidaktik 29
       1.2.1 Fachdidaktische Wurzeln in der Gymnasiallehrerbildung 29
       1.2.2 Fachdidaktische Wurzeln in der Volksschullehrerbildung 38
       1.2.3 Fachdidaktik zwischen Methodenlehre und Universitätsdisziplin 45
   1.3 Zusammenfassung und Ausblick 52

2. **Konkretisierungen: Aufgaben der Fachdidaktik als
   Wissenschaftsdisziplin** 55
   2.1 Positionen und Forderungen von Kommissionen und Gremien 56
       2.1.1 Deutscher Bildungsrat (1970) 56
       2.1.2 Studienreformkommission I (Schulisches Erziehungswesen)
              NRW (1976) 60
       2.1.3 Gesellschaft für Didaktik der Chemie und Physik (GDCP) (1981) 63
       2.1.4 Gemeinsame Kommission für die Studienreform (NRW) (1996) 66
       2.1.5 Kommission zur Neuordnung der Lehrerausbildung an Hessischen
              Hochschulen (1997) 71
       2.1.6 Arbeitsgruppe Lehrerbildung der Hochschulrektoren-
              konferenz (1997) 75
       2.1.7 Konferenz der Vorsitzenden der Fachdidaktischen
              Fachgesellschaften (KVFF) (1997) 79
       2.1.8 Gemischte Kommission Lehrerbildung der KMK (1999) 81
   2.2 Positionen und Forderungen von Erziehungswissenschaftlern und
       Fachdidaktikern 84
       2.2.1 Timmermann (1972) 84
       2.2.2 Köhnlein (1977) 87
       2.2.3 Beckmann (1978, 1992) 91
       2.2.4 Nachtigall (1979) 94
       2.2.5 Bayrhuber (1995) 97
   2.3 Zusammenfassung und Ausblick 101

3. Analyse der Institutionalisierung von Fachdidaktik 103
3.1 Fragen der äußeren Struktur 103
    3.1.1 Modelle fachdidaktischer Institutionalisierung 103
    3.1.2 Diskussion der Integrationslösungen 109
        3.1.2.1 Fachwissenschaftliche Integration 109
        3.1.2.2 Erziehungswissenschaftliche Integration 111
        3.1.2.3 Zentrum für Lehrerbildung 115
3.2 Fragen der inneren Struktur 118
    3.2.1 Qualifikationsvoraussetzungen für Fachdidaktiker 118
    3.2.2 Nachwuchsförderung innerhalb der Fachdidaktik 126
        3.2.2.1 Spezifika der fachdidaktischen Nachwuchsförderung 126
        3.2.2.2 Fachdidaktische Promotionen und Habilitationen 129
    3.2.3 Struktur und Entwicklung des Personals in der Fachdidaktik 135
3.3 Zusammenfassung und Ausblick 146

4. Fachdidaktik im Kontext der Berufswissenschaften des Lehrers 148
4.1 Fachdidaktik und ihr Verhältnis zur Allgemeinen Didaktik 149
    4.1.1 Bestandsaufnahme der Entwicklung 149
    4.1.2 Ursachen der entstandenen Beziehungslosigkeit zwischen der Allgemeinen Didaktik und den Fachdidaktiken 156
        4.1.2.1 Verwissenschaftlichungsprozesse der Lehrerbildung 156
        4.1.2.2 Rezeption allgemeindidaktischer Theoriebildungen durch Fachdidaktiker 161
        4.1.2.3 Anspruch und Praktikabilität allgemeindidaktischer Modelle 164
4.2 Fachdidaktik und ihr Verhältnis zur korrespondierenden Fachwissenschaft 172
    4.2.1 Formulierung forschungsleitender Fragen 172
    4.2.2 Diskussion fachdidaktischer Entwicklungstendenzen 174
        4.2.2.1 Historische Wurzeln der fachwissenschaftlichen Dominanz 174
        4.2.2.2 Einseitige Orientierung an fachwissenschaftlichen Paradigmen 177
        4.2.2.3 Fachdidaktik als Abbilddidaktik der Fachwissenschaft 181
        4.2.2.4 Beziehungsgefüge zwischen Fachdidaktik, Schulfach und Fachwissenschaft 184
        4.2.2.5 Bedeutung der Fachwissenschaft für die Fachdidaktik 189
        4.2.2.6 Fachdidaktische Autonomie gegenüber der Fachwissenschaft 198
4.3 Zusammenfassung und Ausblick 209

5. Fachdidaktik als Wissenschaftsdisziplin: Realität und Anspruch 211
5.1 Reputation der Fachdidaktik als Wissenschaftsdisziplin 211
   5.1.1 Kritische Analyse des gegenwärtigen Zustands 211
   5.1.2 Wissenschaftsanspruch der Fachdidaktik aus der Perspektive
       der Schulpraxis 214
   5.1.3 Entwicklung fachdidaktischer Forschungsmethoden 219
5.2 Anforderungen an ein fachdidaktisches Wissenschaftsverständnis 223
   5.2.1 Kennzeichen wissenschaftsorientierter Fachdidaktik 223
   5.2.2 Fachdidaktik als Metawissenschaft 230
   5.2.3 Fachdidaktik als Integrationswissenschaft 232
5.3 Zusammenfassung und Ausblick 235

6. Dimensionen von Fachdidaktik als konstitutives Element universitärer Lehrerbildung 238
6.1 Der universitäre Charakter fachdidaktischer Forschung und Lehre 238
6.2 Fachdidaktik als konstitutives Element der Lehrerbildung 241
6.3 Funktionselemente der Fachdidaktik 246
   6.3.1 Wissenschaftsorientierte Dimension der Fachdidaktik 247
       6.3.1.1 Kritische Funktion 247
       6.3.1.2 Legitimierende Funktion 250
       6.3.1.3 Bildungspolitische Funktion 251
   6.3.2 Berufsfeldorientierte Dimension der Fachdidaktik 253
       6.3.2.1 Empirische Funktion 253
       6.3.2.2 Methodisch-pragmatische Funktion 255
       6.3.2.3 Evaluierende Funktion 258
6.4 Zusammenfassung und Ausblick 259

7. Schlussbetrachtungen 262

Literaturverzeichnis 266

Abkürzungsverzeichnis

AFNM	Arbeitsgemeinschaft Fachdidaktik der Naturwissenschaften und der Mathematik
AfR	Arbeitskreis für Religionspädagogik
AKK	Arbeitsgemeinschaft Katholischer Katechetik-Dozenten
BAT	Bundesangestelltentarif
BILL	Bildungsinstitut für Lehrerinnen und Lehrer
DFG	Deutsche Forschungsgemeinschaft
DGfE	Deutsche Gesellschaft für Erziehungswissenschaft
DGFF	Deutsche Gesellschaft für Fremdsprachenforschung
DPG	Deutsche Physikalische Gesellschaft
DVS	Deutsche Vereinigung für Sportwissenschaft
Ed. D.	Educational Doctor
FH	Fachhochschule
FMF	Fachverband Moderne Fremdsprachen
GDCh	Gesellschaft Deutscher Chemiker
GDCP	Gesellschaft für Didaktik der Chemie und Physik
GDM	Gesellschaft für Didaktik der Mathematik
GDSU	Gesellschaft für Didaktik des Sachunterrichts e.V.
GH	Gesamthochschule
GIREP	Groupe International de Recherche sur l'Enseignement de la Physique
GKL	Gemeinsame Kommission für Lehrerausbildung
HRK	Hochschulrektorenkonferenz
IDM	Institut für die Didaktik der Mathematik (Bielefeld)
IPN	Institut für die Pädagogik der Naturwissenschaften (Kiel)
ICASE	International Council of Associations for Science Education
IUPAC	International Union of Pure and Applied Chemistry
KMK	Kultusministerkonferenz
KVFF	Konferenz der Vorsitzenden der Fachdidaktischen Fachgesellschaften
k. w.	kann wegfallen; künftig wegfallend
MNU	Verein zur Förderung des mathematisch-naturwissenschaftlichen Unterrichts
MWK	Hessisches Ministerium für Wissenschaft und Kunst
NRW	Nordrhein-Westfalen
PH	Pädagogische Hochschule
Ph. D.	Philosophical Doctor
Sek. I / II	Sekundarstufe I / II
TH	Technische Hochschule
UG	Universitätsgesetz
VDB	Verband Deutscher Biologen
WissHG	Wissenschaftliches Hochschulgesetz
ZfL	Zentrum für Lehrerbildung

Abbildungsverzeichnis

Abb. 1: Diversifizierungen des Terminus "Didaktik" 27
Abb. 2: Phasen der Entwicklungsgeschichte der Fremdsprachendidaktik 51
Abb. 3: Entwicklung der Studienanfänger des Lehramtes an den Hochschulen
im Bundesland Hessen im Zeitraum WS 1972/73 bis WS 1995/96 67
Abb. 4: Entwicklung der Studienanfänger des Lehramtes (Studenten des ersten
und zweiten Fachsemesters des Wintersemesters) an den deutschen
Hochschulen in den Jahren 1972-1998 67
Abb. 5: Fachdidaktik als Schnittmenge von fachlicher und pädagogischer
Dimension 88
Abb. 6: Differenzierung des Berufsfeldes von Lehrern 91
Abb. 7: Anzahl der abgeschlossenen Promotionen und Habilitationen in
Mathematikdidaktik nach Ländern und Zeiträumen 132
Abb. 8: Anzahl fremdsprachendidaktischer Dissertationen in Deutschland
(ohne DDR) nach Zeiträumen 133
Abb. 9: Anzahl naturwissenschaftsdidaktischer Dissertationen nach Ländern
und Fächern bis 1983 134
Abb. 10: Anzahl fachdidaktischer Professuren und Stellen im Mittelbau
an Universitäten, Gesamthochschulen und Pädagogischen
Hochschulen im Land Nordrhein-Westfalen 1978 139
Abb. 11: Anzahl fachdidaktischer Professuren und Stellen im Mittelbau an
Universitäten und Gesamthochschulen (nach Integration der
Pädagogischen Hochschulen) im Land Nordrhein-Westfalen 1997 139
Abb. 12: Anzahl und Art fachdidaktischer Stellen in den *alten* Bundesländern
(Stand 1997) 141
Abb. 13: Anzahl und Art fachdidaktischer Stellen in den *neuen* Bundesländern
(Stand 1997) 141
Abb. 14: Anzahl fachdidaktischer Professuren und Stellen im Mittelbau in
*West*deutschland in der Naturwissenschaftsdidaktik 1988,
aufgeschlüsselt nach Fächern 143
Abb. 15: Anzahl fachdidaktischer Professuren und Stellen im Mittelbau in
West- und *Ost*deutschland in der Naturwissenschaftsdidaktik 1996,
aufgeschlüsselt nach Fächern 143
Abb. 16: Anzahl fachdidaktischer Professuren und Stellen im Mittelbau in
*West*deutschland in der Fremdsprachendidaktik 1997,
aufgeschlüsselt nach Fächern 144
Abb. 17: Anzahl fachdidaktischer Professuren und Stellen im Mittelbau in
*Ost*deutschland in der Fremdsprachendidaktik 1997,
aufgeschlüsselt nach Fächern 145
Abb. 18: Fachdidaktik als Zentrum der Berufswissenschaften des Lehrers 148
Abb. 19: Fachdidaktik als verbindendes Element zwischen Verwissenschaft-
lichungsprozessen der Volksschullehrer- und Praxisorientierungen
der Gymnasiallehrerbildung 158
Abb. 20: Funktionselemente der Fachdidaktik, die als konstitutives
Element universitärer Lehrerbildung verstanden wird 246

Vorwort

Das Lächeln und die Hoffnung in den Augen von Kindern, Jugendlichen und jungen Erwachsenen, die Begeisterung für das Entdecken neuer Phänomene des Lebens und der Umwelt, aber auch die Teilhabe an Enttäuschung, Angst und Stillstand, Demotivation, Lernschwierigkeiten und den Herausforderungen der menschlichen Entwicklung stellen prägende Erfahrungsmomente im Handeln des Lehrers dar. Die vorliegende Arbeit ist durch diese unmittelbaren Erlebnisse im schulischen Kontext geprägt und beeinflusst worden. Auf der Grundlage des alltäglichen Kontaktes mit Schülern, Eltern und Kollegen bestand die Chance, Bildungskonzepte kritisch zu hinterfragen und Anforderungen der Praxis in theoretische Modelle zu transformieren. Gleichzeitig bildete in dem mehrjährigen Entstehungsprozess der Arbeit die eigene hauptberufliche Unterrichtspraxis immer den Bezugs- und Verifikationsrahmen für die Genese erziehungswissenschaftlicher Theorie. Ich danke daher den Kolleginnen und Kollegen sowie den Schülerinnen und Schülern, die mich bewusst oder unbewusst stets gelehrt haben, dass menschliches Denken, Fühlen und Handeln unendlich mehr beinhaltet, als jede mathematische oder physikalische Theorie erfassen könnte.

Zu besonderem Dank bin ich Herrn Dekan Prof. Dr. Dieter Schulz verpflichtet, der durch sein unermüdliches Engagement und die kontinuierliche Begleitung dieser Arbeit wesentlich mehr als nur wissenschaftliche Betreuung leistete. Sowohl in Bochum als auch in Leipzig erlebte ich über Jahre hinweg in ihm einen akademischen Lehrer, der durch seine Persönlichkeit stets Motivation und Gelassenheit zugleich vermittelte sowie das Primat der Menschlichkeit in den Mittelpunkt seiner schulpraktischen und wissenschaftlichen Tätigkeit gestellt hat.

Herrn Rektor a. D. Prof. Dr. Manfred Bormann verdanke ich durch langjährige Begleitung und stetige Gesprächsbereitschaft wertvolle Anregungen sowie Detailkenntnisse der fachdidaktischen und hochschulpolitischen Landkarte. Wesentliche Impulse zum erziehungswissenschaftlichen Entwurf der vorliegenden Arbeit ergaben die Gespräche und Diskussionen mit Herrn Prof. Dr. Hans-Karl Beckmann.

Ich widme diese Arbeit meinen Eltern, denen ich mich mit großer Dankbarkeit verbunden weiß.

Gelsenkirchen-Buer, den 05.12.2000

Winfried Timmerhaus

Einführung in das Thema

> "Nach wie vor - und das ist nicht eine deklamatorische Schlußfloskel - bleiben auch die alten pädagogischen Einsichten gültig: Bedeutung des pädagogischen Bezuges, Wahrung des pädagogischen Taktes, interesseloses Interesse am Schüler" (Beckmann 1964, S. 80).

Der Beruf des Lehrers[1] fordert die gesamte Persönlichkeit eines Menschen und damit ein breites Spektrum unterschiedlicher Begabungen und Fähigkeiten heraus. Die Verantwortung, die an den Lehrer in menschlicher, fachlicher und erzieherischer Hinsicht delegiert wird, verlangt eine umfassende Bereitschaft zum Engagement und zur Öffnung der eigenen Person. Um den facettenreichen Ansprüchen des alltäglichen Lehrerhandelns gerecht zu werden, sind Transparenz bei den vielfältigen Entscheidungen, physische und psychische Stabilität sowie Authentizität im mitmenschlichen Umgang erforderlich. Es besteht daher die Notwendigkeit, diesen Beruf aus Überzeugung auszuüben. Falsche Vorstellungen über den Beruf, die zum Beispiel aus der eindimensionalen Sicht der eigenen Schülerperspektive resultieren, ziehen in diesem Kontext bedeutendere Konsequenzen für alle Beteiligten nach sich als in anderen Professionen, die nicht durch einen so unmittelbaren, prägenden Kontakt mit jungen und sich entwickelnden Menschen gekennzeichnet sind. Nicht selten sind schwerwiegende Belastungen aller Beteiligten (Schüler, Eltern wie Lehrer) Folgen einer beruflichen Unzufriedenheit, die entweder auf einer Fehleinschätzung der eigenen beruflichen Eignung oder einer unrealistischen Beurteilung der Situation an Schulen im allgemeinen oder bestimmten Schulformen beruht.

Gleichzeitig gibt es aber nur wenige andere Berufe, in denen zu einem ähnlich späten Zeitpunkt wie im Falle der Lehrerausbildung die berufliche Eignung auf dem Prüfstand der Fremd- oder Selbstwahrnehmung steht. So besteht auch weiterhin an einigen Universitäten in Deutschland die Möglichkeit, ein im Mittel sechs- bis siebenjähriges Studium für das Lehramt am Gymnasium zu absolvieren und erst mit dem Eintritt in das Referendariat in einem fortgeschrittenen Alter zwischen 25 bis 30 Jahren mit Fragen der Unterrichtsrealität konfrontiert zu sein oder in Kontakt mit Schülern zu geraten. Eine Korrektur der getroffenen Berufswahl ist dann sehr schwierig, da insbesondere Sprach- und Geisteswissen-

---

[1] Aus Gründen der besseren Lesbarkeit wird in der gesamten Arbeit nur die männliche Form gewählt; die weibliche Form ist stets darin eingeschlossen.

schaftler nur selten adäquate Arbeitsplatzbedingungen in anderen Berufsfeldern vorfinden. Auch die vielfältigen Reformanstrengungen der ausgehenden 60er und 70er Jahre haben an diesem Dilemma der Lehrerausbildung in den Augen der meisten Beobachter und Betroffenen keine grundsätzliche Veränderung herbeigeführt. Im Gegenteil: Das Postulat der Wissenschaftsorientierung hat auch für die angehenden Lehrer der Primarstufe und Sekundarstufe I eher solche Strukturen in diesen Studiengängen manifestiert, die den Abstand zur tatsächlichen Schulpraxis tendenziell vergrößern.

Nachdenken über Lehrerbildung bedeutet also weiterhin, eine stabile Balance im Kräftespiel zwischen fachwissenschaftlichen und berufsfeldorientierten Studienelementen zu finden. Dieser grundsätzlichen Herausforderung, eine Symbiose fachlicher und schulpraktischer Dimensionen der Lehrerbildung zu erzeugen, wurde an den ehemaligen Pädagogischen Hochschulen[2] durch die Einführung eines verpflichtenden Wahlfachstudiums begegnet. Die vom ursprünglichen Grundsatz her erziehungswissenschaftliche Tradition der Pädagogischen Hochschule entwickelte damit den Nährboden für integrative Ansätze, die im Verlauf der weiteren Entwicklung mit der Bezeichnung "Fachdidaktik" subsumiert wurden. Bereits in der frühen Phase der fachdidaktischen Theoriebildung wird deutlich, dass die Komplexität des fachdidaktischen Feldes eine systematische Ausdifferenzierung der fachlichen und zugleich schulpädagogischen Fragestellungen im Rahmen einer eigenständigen Universitätsdisziplin erfordert. Die Etablierung der Fachdidaktik an den Universitäten wird so zu einem festen Bestandteil der hochschulpolitischen Reformschritte der 70er Jahre.

Nach Jahren der Gründung, des äußeren und inneren Aufbaus und der massiven Expansion stagniert spätestens seit Mitte der 80er Jahre die Entwicklung der Fachdidaktik. Erst mit dem Aufkeimen einer grundsätzlichen Neubewertung der bestehenden Schul- und Lehrerbildungssysteme in den 90er Jahren und der Erwartung eines Reformschubes zu Beginn des neuen Jahrtausends ist eine Diskussion angestoßen worden, die die Bedeutung und Relevanz der Fachdidaktik als ein unverzichtbares Element im Rahmen der universitären Lehrerbildung erneut herausstellt.[3] Vertreter erziehungswissenschaftlicher und fachdidaktischer

---

[2] Es existieren auch weiterhin z. B. in Baden-Württemberg Pädagogische Hochschulen.
[3] In mehreren Bundesländern und auf der Ebene der Hochschulrektorenkonferenz bzw. Kultusministerkonferenz wurden Kommissionen zur Reform der Lehrerbildung eingerichtet (vgl. exemplarisch: Gemeinsame Kommission für die Studienreform im Land Nordrhein-Westfalen 1996, Kommission zur Neuordnung der Lehrerausbildung an Hessischen Hochschulen 1997, Arbeitsgruppe Lehrerbildung der Hochschulrektorenkonferenz 1997, Terhart 2000). Auch eine Reihe von Einzelveröffentlichungen begleitet die in den letzten Jahren verstärkte Diskussion um Fragen der Lehrerbildung. Küster gibt einen Überblick über die-

Positionen wenden sich dabei gegen die seit Jahren direkt oder indirekt forcierte schleichende institutionelle und personelle Auszehrung der Fachdidaktiken als eigenständige Wissenschaftsdisziplinen. Hochschulpolitische Grundsatzentscheidungen und Fehlentwicklungen werden im Rahmen dieser Kontroverse kritisch analysiert und diffizile Ursachenkomplexe in ihren Bedingungszusammenhängen aufgezeigt.

Die Diskussion wird dadurch erschwert, dass ein Konsens über den wissenschaftstheoretischen Standort der Fachdidaktik nicht gefunden wurde.[4] Die Arbeit greift dieses Desiderat auf und versucht, einen zusammenfassenden Überblick über den Verlauf und den Stand dieser Diskussionen aus unterschiedlichen Perspektiven zu geben. Nach ca. 40 Jahren fachdidaktischer Entwicklungsarbeit an Hochschulen soll diese Zwischenbilanz dazu beitragen, eine sachliche Beurteilung der Vorgänge zu erleichtern. Ein Ziel dieser Bestandsaufnahmen und Analysen ist, ein nachhaltiges und tragfähiges Konzept von Fachdidaktik zu entwickeln, das den mehrdimensionalen Anforderungen an Fachdidaktik gerecht zu werden versucht. Dabei steht im Vordergrund, sich der ursprünglich geforderten wissenschaftlichen Autonomie erneut bewusst zu werden und auf der Grundlage eines solchen Selbstverständnisses Fachdidaktik als ein *konstitutives Element universitärer Lehrerbildung* zu begründen.

Methodische Vorbemerkungen

Die vorliegende Arbeit setzt die folgenden *methodischen* und *inhaltlichen Prämissen*:
- Die Untersuchung beschränkt sich nicht auf ein Fach oder einzelne Fächer, sondern die Verwendung des Begriffs "Fachdidaktik" erfolgt weitgehend mit Bezug auf alle an der Schule und Hochschule vertretenen Disziplinen. Wenn

---

se Publikationen (vgl. Küster 1999). Besonders pointiert fassen Mangold und Oelkers die kritische Situation der Fachdidaktiken im deutschsprachigen Raum im Rahmen einer Expertise für die Erziehungsdirektion des Kantons Bern zusammen (vgl. Mangold/Oelkers 2000). Künzel legt mit dem Konzept einer "konsekutiven Lehrerbildung" ein auf die internationale Kompatibilität der Lehrerbildung ausgerichtetes, in die Zukunft weisendes Modell vor (vgl. Künzel 2000).

[4] Mangold und Oelkers resümieren in diesem Sinne: "Die nie geklärte Stellung zwischen Fachwissenschaft und Erziehungswissenschaft erlaubt eine Vielzahl von Ansätzen und Methoden, die selbst *in* einzelnen Fachdidaktiken keinen Konsens darüber voraussetzen, was als wissenschaftlich gilt und was nicht" (Mangold/Oelkers 2000, S. 4).

Methodische Vorbemerkungen 15

Differenzierungen für bestimmte Fächer oder Fächergruppen offensichtlich notwendig sind, wird dies im Einzelfall herausgestellt.[5] Die Arbeit unterstellt daher, dass den Fachdidaktiken *aller* Fächer ein gemeinsames wissenschaftliches Profil innewohnt, das durch einen integrativen und metawissenschaftlichen Auftrag geprägt ist. Die erziehungswissenschaftliche Perspektive dieser Untersuchung erfordert, dieses allen Fächern immanente didaktische Moment zu erfassen und kenntlich zu machen. Innerhalb der Fachdidaktiken der mathematisch-naturwissenschaftlichen Fächer zeigt sich allerdings eine vertiefte und auf eine längere Tradition gründende Diskussion über wissenschaftstheoretische Fragen und die Legitimation des eigenen wissenschaftlichen Gegenstandes. Die Auswahl der in dieser Untersuchung herangezogenen Literatur berücksichtigt diesen Umstand, ohne jedoch die in der fachdidaktischen bzw. erziehungswissenschaftlichen Literatur zum Ausdruck kommenden Diskussionsprozesse in den sprach- bzw. gesellschaftswissenschaftlichen Fachdidaktiken zu ignorieren.

- Lehrerbildung wird als ein Prozess aufgefasst, der sich auf verschiedene Schulformen und Schulstufen sowie im weitesten Sinne auch auf alle Prozesse der Erwachsenenbildung bezieht. Auch wenn der Schwerpunkt der Betrachtungen auf die Besonderheiten der Gymnasiallehrerbildung bzw. der Lehramtsstudiengänge für die Sekundarstufe II und I gelegt wird, gelten viele der gemachten Aussagen, sofern keine ausdrückliche Einschränkung im Text vorgenommen wird, auch für die sonstigen lehrerbildenden Studiengänge. Eine Einschränkung auf bestimmte Schulformen oder Schulstufen würde einerseits den vielfältigen Ausdifferenzierungen und föderalen Besonderheiten des deutschen Schulsystems nicht gerecht werden, andererseits die wissenschaftliche Domäne der Fachdidaktik nicht vollständig erfassen und daher nur in ihrer Reichweite eingeschränkte Aussagen ermöglichen.
- Fachdidaktik wird im Rahmen dieser Untersuchung bis auf wenige Ausnahmen als ein nationales, d. h. hier als ein auf die deutsche bzw. deutschsprachige Wissenschaftslandschaft eingeschränktes Phänomen betrachtet. Auch wenn Bildung im Zuge internationaler Vernetzungen und Harmonisierungsbestrebungen als eine globale Herausforderung angesehen werden muss,

---

[5] Es wird ebenfalls auf eine Erörterung des immer wieder in der Diskussion auftretenden Konstrukts "*Bereichsdidaktik*" verzichtet. Zur kontroversen Diskussion dieser Thematik siehe exemplarisch: Klafki 1994, S. 42; Konferenz der Vorsitzenden der Fachdidaktischen Fachgesellschaften 1997a; Kultusministerium des Landes Mecklenburg-Vorpommern 1997a, S. 8ff., Nicklis 1989, S. 101, Arbeitsgruppe Lehrerbildung der Hochschulrektorenkonferenz 1997, S. 21).

zwingen die Besonderheiten der deutschen Lehrerbildung zu dieser Einschränkung. Dies gilt ebenso aufgrund des vergleichsweise hohen fachwissenschaftlichen Niveaus aller lehrerbildenden Studiengänge in Deutschland und der Besonderheiten des in der Mehrheit de facto gegliederten deutschen Schulsystems. Das innerhalb Deutschlands bevölkerungsreichste Bundesland Nordrhein-Westfalen bildet darüber hinaus u. a. aufgrund der großen Anzahl an lehrerbildenden Universitäten und Hochschulen partiell einen Schwerpunkt dieser Arbeit. Trotzdem steht im Rahmen dieser Untersuchung die Intention im Vordergrund, die für die Entwicklung und den Status der Fachdidaktik relevanten Prozesse in *allen* Bundesländern zu berücksichtigen. Die mit der deutschen Wiedervereinigung in den *neuen* Bundesländern auftretenden spezifischen hochschulpolitischen Prozesse innerhalb der Lehrerbildung werden nicht grundsätzlich erörtert, sondern nur aus der jeweiligen, für diese Untersuchung relevanten Frageperspektive, diskutiert.

Verlauf der Untersuchung

Unter Berücksichtigung dieser methodischen Einschränkungen und Besonderheiten steht zu Beginn der Untersuchungen zunächst eine Klärung der Ausgangsbedingungen im Vordergrund. Die Durchsicht der erziehungswissenschaftlichen, fachwissenschaftlichen und fachdidaktischen Literatur, die Bezug zu den Funktionen, der Institutionalisierung, dem Zustand und der Wirkung fachdidaktischer Forschung und Lehre nimmt, erschließt ein weites Feld verschiedener Untersuchungsparameter, die in den nachfolgenden Kapiteln aufgearbeitet und analysiert werden. Neben einer Abgrenzung und Differenzierung des zentralen Begriffs "Fachdidaktik" beinhaltet das erste Kapitel eine historische Einordnung des zu untersuchenden Gegenstandes. Hier wird bereits deutlich, dass der aktuelle Zustand und die gesamte universitäre Etablierung der Fachdidaktik nur unter besonderer Berücksichtigung der historischen Ausgangsbedingungen verständlich wird.

Das zweite Kapitel gibt aufbauend auf der geleisteten aktuellen Standortbestimmung und der historischen Einordnung einen Überblick über konkrete Aufgabenzuweisungen und Funktionsanalysen fachdidaktischer Arbeit. Anhand ausgewählter Kommissionsberichte und Standpunkte von Einzelpersonen wird versucht, den Entwicklungsprozess und die Einschätzung von Fachdidaktik in den letzten ca. 30 Jahren transparent werden zu lassen. Die exemplarische Auswahl der referierten Thesen ist so angelegt, dass ein möglichst breites Spektrum von unterschiedlichen Positionen verdeutlicht wird. Die bis dahin abstrakte Vorstellung fachdidaktischer Arbeit wird in diesem Abschnitt konkretisiert und sowohl in ihrer wissenschaftlichen als auch lehrerbildenden Dimension mit Inhalten gefüllt. Die weitere Analyse und sämtliche Aussagen zum gegenwärtigen Zustand der Fachdidaktiken werden massiv durch die bestehenden äußeren und inneren Strukturen beeinflusst. So steht im dritten Kapitel zunächst die Frage im Vordergrund, welchen Einfluss die Form der gewählten Institutionalisierung auf den Erfolg fachdidaktischer Arbeit genommen hat. Die qualitative und quantitative Analyse der Qualifikationsvoraussetzungen der in der Fachdidaktik arbeitenden Wissenschaftler und die besondere Situation des fachdidaktischen Nachwuchses geben darüber hinaus detaillierte Sachinformationen zur aktuellen Lage und zukünftigen Personalentwicklung innerhalb der Fachdidaktiken. Um sich den wissenschaftstheoretischen Bezugspunkten der Fachdidaktik anzunähern, wird im vierten Kapitel die Beziehung der Fachdidaktik zu den Berufswissenschaften des Lehrers untersucht. Hier steht zunächst das Verhältnis zur Allgemeinen Didaktik im Vordergrund: Es wird der Frage nachgegangen, welche Ursachen zu dem drastischen Wandel von der ehemals sehr produktiven Kooperation zwischen Erziehungswissenschaftlern und Fachdidaktikern an den Pädagogischen Hochschulen hin zu einer auffälligen Beziehungslosigkeit derselben Partner an der Universität geführt haben. Im zweiten Teil dieses Abschnitts wird nun das Verhältnis zur korrespondierenden Fachwissenschaft eruiert. Hier wird zu fragen sein, welchen Einfluss die gefestigte Struktur der Fachwissenschaften an der Universität auf den Aufbau und die Entwicklung des fachdidaktischen Wissenschaftsverständnisses genommen hat und inwieweit umgekehrt die Fachdidaktik das Selbstverständnis der Fachwissenschaften tangiert hat.

Dem idealtypischen Entwurf einer wissenschaftlich autonomen Fachdidaktik wird im fünften Kapitel die tatsächliche Einschätzung des wissenschaftlichen Status durch beteiligte Wissenschaftler, externe sowie interne Beobachter und Schulpraktiker entgegengesetzt. Die meta- und integrationswissenschaftliche Dimension der Fachdidaktik verdeutlicht den Anspruch einer wissenschaftlichen Autonomie. Das im fünften Kapitel beschriebene fachdidaktische Wissenschaftsverständnis bildet die Grundlage für das Konzept einer Fachdidaktik, die als ein konstitutives Element universitärer Lehrerbildung verstanden wird. Dieses Konzept sieht die universitäre Ansiedlung der Fachdidaktik als unverzichtbar an und differenziert zwischen wissenschafts- und berufsfeldorientierten Dimensionen. Im sechsten Kapitel wird dieser Entwurf vorgestellt und die Vision einer zukünftigen fachdidaktischen Entwicklung aufgezeigt.

1. Standortbestimmung und historische Wurzeln der Fachdidaktik

1.1 Definitionen der Fachdidaktik

1.1.1 Meinungsbilder über Fachdidaktik

Ironie, Sarkasmus, gelegentlich auch beißender Spott sind als rhetorische Mittel bekannt, um in prägnanter Weise gesellschaftliche Phänomene aufzudecken und häufig den tabuisierten Kern einer Diskussion zu offenbaren. Dass die noch junge Disziplin "Fachdidaktik" an den Hochschulen bei genauer Durchsicht der einschlägigen Literatur häufig mit solchen Stilelementen[6] konfrontiert wird, zeigt den hohen Grad an Komplexität und Brisanz des Themas. Bauersfeld bedient sich eben genau solcher Mittel, wenn er schreibt: "Die Lage der Fachdidaktiken in ihrem gegenwärtigen Zustand läßt sich mit Kaninchenzüchtervereinen vergleichen, denen die Kaninchen ausgehen und denen der Staat die Vereins- bzw. Futtersubventionen streicht, auf deren Vereinssitzungen man sich aber ungerührt über die Vor- und Nachteile von Grünfuttersilage unterhält oder über die Rassendifferenzen zwischen Ammerländer Kurzschwänzchen und Würzburger Riesen" (Bauersfeld 1990, S. 272). In der gleichen schonungslosen Offenheit beschreiben Autoren aus allen beteiligten Lagern, deren Grenzen ohnehin zueinander fließend sind (Fachdidaktiker, Fachwissenschaftler, Erziehungswissenschaftler, Allgemeindidaktiker), die Situation der Fachdidaktik aus ihrer individuellen Sicht.[7]

Einige schlaglichtartige Formulierungen lassen zunächst die stürmische zeitliche Entwicklung erahnen: Hagener bezeichnet im Jahre 1975 die Fachdidaktik als das "Entscheidungsfeld der Lehrerausbildung" (Hagener 1975, S. 244). Aselmeier sieht 10 Jahre später im Titel eines Sammelbandes die Fachdidaktik bereits "am Scheideweg" (Aselmeier et al. 1985a) und Merkelbach kon-

---

[6] Der Begriff "Stilblüte" wäre ebenso in vielen Fällen angemessen.
[7] Auch in der Wochenzeitung "Die Zeit" findet diese Diskussion ihren Niederschlag: Ranganathan Yogeshwar, Wissenschaftsjournalist des Westdeutschen Rundfunks (Sendung "Quarks & Co.", zusammen mit Jean Pütz) resümiert in einem Interview 1999 unter der Überschrift "Mittler aus Leidenschaft": "Irgendwann einmal möchte ich aber gern meine Art von Vermittlung professionalisieren, eine Art Lehrstuhl besetzen. Die Didaktiker an den Hochschulen verstehst ja keiner mehr" (Yogeshwar 1999, S. 1).

1.1 Definitionen der Fachdidaktik 19

statiert 1989 lapidar: "Fachdidaktik zwischen Boom und Auszehrung" (Merkelbach 1989, S. 13). Es verwundert daher nicht, dass die Sachverständigenkommission "Lehrerausbildung" in ihrem Abschlussbericht für die Gemeinsame Kommission für die Studienreform im Land Nordrhein-Westfalen 1996 nüchtern von einem Abdrängen in ein "Schattendasein am Rande der Hochschulen" spricht sowie Begriffe wie "Auszehrung" und "desolater Zustand" (Gemeinsame Kommission für die Studienreform im Land NRW 1996, S. 82) wählt, um eine Beschreibung für die Lage der fachdidaktischen Lehr- und Forschungseinrichtungen an den nordrhein-westfälischen Hochschulen zu geben.

Doch damit nicht genug: In derselben Veröffentlichung wird eine äußerst provokante Einschätzung der in der Fachdidaktik Lehrenden gegeben: "So finden sich heute in der Fachdidaktik nicht selten gebrochene Selbstbilder" (Gemeinsame Kommission für die Studienreform im Land NRW 1996, S. 82). Nachtigall zitiert die Meinung vieler Fachwissenschaftler über Fachdidaktiker, die von "'drop outs'" sprechen, "die der reinen Wissenschaft den Rücken kehren, um sich mit 'unwissenschaftlichen Scheinproblemen' auseinanderzusetzen" (Nachtigall 1979, S. 45). Luck urteilt aus der Perspektive des Fachwissenschaftlers: "Es gibt einzelne ganz hervorragende Kollegen, die sich der Fachdidaktik widmen. Sie scheinen mir aber eine Minderheit zu sein" (Luck 1976, S. 374). Und in demselben Aufsatz, der mit großer Vehemenz eine Abwehr jeglicher Beeinflussung der Fachwissenschaft durch hochschul- oder fachdidaktische Anstrengungen fordert, sieht er geradezu eine revolutionäre Gefahr von didaktischen Impulsen ausgehen: "Wir dürfen auf keinen Fall zulassen, daß innerhalb naturwissenschaftlicher Vorlesungen ideologisch beeinflußbare Diskussionen stattfinden. (...) Die Naturwissenschaft würde auf eine vorgalileische Stufe zurückgeworfen" (Luck 1976, S. 374).

Neben diesen kontrastreichen Charakterisierungen der diese Disziplin vertretenden Personen und der durch fach- bzw. hochschuldidaktische Anstrengungen der 70er Jahre angestoßenen Reformprozesse innerhalb der Lehrerbildung stößt man ebenso auf Beschreibungen der an Universitäten sehr jungen Disziplin "Fachdidaktik", die für entsprechende Fachaufsätze eher selten sind. Otto gibt die noch vergleichsweise euphemistische Einschätzung eines Hamburger Physikers wieder, der auf einer Studienplandiskussion sein Verständnis von Fachdidaktik mit dem Begriff "Verkaufstechnik von Fachwissen" subsumiert (Otto 1989, S. 43). Nicklis verwendet die folgenden Umschreibungen für Fachdidaktik, denen eine massive Kritik und breiter Diskussionsstoff zugrundeliegen: "Bratschenpart im Begleitstudium", "Edelsammelsurium als Examensvorsorge" und "wissenschaftliches Schamschürzchen einer Semiprofession" (Nicklis 1988,

S. 69). Die Typisierung der Fachdidaktik durch Otte als "angewandte Grundlagenwissenschaft" oder als "eine Art Ingenieurwissenschaft für Lehrer" (Otte 1984, S. 94 und 99), die auch mit der Einschätzung des Mathematikdidaktikers Wittmann korrespondiert, der die Mathematikdidaktik als "design science" (Wittmann 1992) bezeichnet, stellt in diesem Zusammenhang noch einen vergleichsweise konstruktiven Umgang mit dem Phänomen Fachdidaktik dar.

Neben diesen schon die ganze Tragweite der Problemstellung aufzeigenden Äußerungen werden auch Detailfragen, wie z. B. das Verhältnis der Fachdidaktik zu den anderen Berufswissenschaften des Lehrers, in ähnlich plakativen Begriffen beschrieben. Dietrich thematisiert mit dem Wortspiel "Allgemeine Didaktik ist wie Stricken ohne Wolle, Fachdidaktik ist wie Stricken ohne Strickmuster" (Dietrich 1994, S. 235) das problemgeladene Verhältnis zwischen diesen beiden Disziplinen. Keitel spricht in diesem Zusammenhang von der "Disparatheit von Allgemeiner Didaktik und Fachdidaktik" (Keitel 1983, S. 602).

Größte Aufmerksamkeit ist dabei dem Verhältnis zwischen der Fachwissenschaft und der jeweiligen Fachdidaktik, das noch einer detaillierteren Analyse zu unterwerfen sein wird, zu schenken. Verwendet Heursen die Bezeichnung "Appendix der Fachwissenschaft" bzw. bezeichnet er die Fachdidaktik als einen "Verschiebebahnhof fachwissenschaftlicher Personalpolitik" (Heursen 1984b, S. 84), geht Blankertz in medias res und spricht von einer "Geringschätzung der Fachdidaktiken von Seiten der Fachwissenschaften" (Blankertz 1984, S. 278). Dazu passend stellt Mayr in seiner sehr persönlichen Stellungnahme über den Stellenwert von Fachdidaktik in Forschung, Lehre und wissenschaftlicher Laufbahn die "Zwitterstellung zwischen Fachwissenschaftler und Fachdidaktiker" (Mayr 1988, S. 76) heraus. Symptomatisch für viele persönliche Karrieremuster fragt er unsicher: "War ich nur noch ein 'Linguist', ein 'Didaktiker' oder gar schon ein 'Pädagoge'?" (Mayr 1988, S. 75). Häußling geht weiter und nimmt die unsichere Lage der Fachdidaktik im Gefüge der Bezugswissenschaften zum Anlass für folgende Feststellung: "Man ist (...) mittlerweile fast geneigt, zu bezweifeln, ob diese theoretische und zugleich praktische Disziplin überhaupt eine einheitliche Mitte besitzt" (Häußling 1978, S. 294). Er stellt fest, die Fachdidaktik sei in Wahrheit zum Streitobjekt, ja zum Arbeitsfeld zahlreicher Disziplinen geworden (vgl. Häußling 1978, S. 294). Konsequenterweise ist auch eine in verbaler Schärfe nicht mindere Einschätzung des dreipoligen Verhältnisses zwischen der Fachdidaktik, der Fachwissenschaft und der Erziehungswissenschaft zu finden, wenn Blankertz davon spricht, dass "Fachdidaktik als ein Kampfin-

1.1 Definitionen der Fachdidaktik 21

strument der Fachwissenschaft gegen die Erziehungswissenschaft" (Blankertz 1984, S. 278) benutzt werde.

Aber auch die gesellschaftspolitische Relevanz der Fachdidaktik bleibt nicht ohne Resonanz in der untersuchten Literatur. Besonders pointiert formuliert Otte diese Beziehung mit dem folgenden Satz: "Die Fachdidaktik war, wie gesagt, ein Produkt einer optimistischen Einschätzung zum Verhältnis von Wissenschaft und Gesellschaft" (Otte 1984, S. 108). Bezieht sich diese Äußerung retrospektivisch auf die Entwicklung der Bildungspolitik in den siebziger Jahren dieses Jahrhunderts, so bezeichnet Jungblut bereits 1972 in einer Sammlung von Aufgabengebieten der Fachdidaktik diese Disziplin als "Schaltstelle zwischen Gesellschaft, Schule und Wissenschaft" (Jungblut 1972, S. 611).

Neben der Bedeutung als wissenschaftliche Disziplin geraten aber auch die grundsätzlichen Aufgabenfelder der Fachdidaktik im Rahmen der Lehrerbildung in das Visier der in diesem Zusammenhang eher gemäßigten Formulierungen. Jungblut beschreibt das Wesen der Fachdidaktik an den ehemaligen Pädagogischen Hochschulen mit der Auffassung, dass mit der Fachdidaktik "die Fachwissenschaft durch den Filter der Berufsrelevanz geht und somit zur Fachdidaktik wird" (Jungblut 1972, S. 610). Auch das Fazit von Heursen, dass sowohl die Allgemeine Didaktik als auch die Fachdidaktik als die "Mentoren" bzw. "genuinen Orte der Lehrerbildung" (Heursen 1984b, S. 84 und 91) zu bezeichnen seien, hebt sich durch eine eher ausgeglichene Einschätzung von den bisher reflektierten Attributen ab.

Der Begriff Fachdidaktik scheint aber auch für besonders pointierte und die ganze Spannbreite unterschiedlicher Erfahrungen reflektierende Äußerungen prädestiniert zu sein. So resümiert Nachtigall in einem nüchternen Bericht über Defizite der universitären Physiklehrerausbildung in Nordrhein-Westfalen, dass "Politiker und Ministerialbeamte in diesem Lande die Fachdidaktik an den Hochschulen für ein Hundert-Millionen-Mark-Missverständnis halten, von dem man möglichst bald alle Spuren beseitigen möchte" (Nachtigall 1984, S. 73). Zur Arbeitsweise des Fachdidaktikers stellt Fischler fest, dass er "wissenschaftsmethodisch ein 'Wiederkäuer' ist, der dem sozialwissenschaftlichen Methodendilemma ausgeliefert ist" (Fischler 1980b, S. 284).

Die Liste solcher oder ähnlicher Formulierungen, Analysen und Situationsbeschreibungen könnte beliebig ergänzt oder erweitert werden. Die Wortwahl, Schärfe und Prägnanz der Zitate belegen die zum Teil hohe wissenschaftstheoretische Brisanz des Feldes "Fachdidaktik". Über alle Disziplinen hinweg bewegt das "Konstrukt Fachdidaktik" aus unterschiedlichsten Lagern stammende Autoren, sich in gleichsam rationaler wie emotionaler Argumentation zu artikulieren.

1.1.2 Begriffsklärungen und Differenzierungen des Terminus "Fachdidaktik"

Über den Gebrauch des Begriffs "Fachdidaktik" in der deutschen Sprache besteht keineswegs Einigkeit. Blankertz geht sogar von einer extensiven Verwendung des Wortes "Didaktik" im Allgemeinen aus und spricht von einem drohenden Verschleiß (vgl. Blankertz 1975, S. 16). Eine Auseinandersetzung mit dieser Disziplin setzt aber zunächst eine klare Vorstellung von der Bedeutungs- sowie Erscheinungsvielfalt dieser Bezeichnung voraus. Die zweite Worthälfte "Didaktik" des Begriffs "Fachdidaktik" stellt den Kern dar, der Zusatz "Fach-" grenzt von einem allgemeineren Didaktikverständnis ab und nimmt gleichzeitig eine Spezialisierung vor. In der weiteren Analyse soll es daher zunächst um den Kernbegriff "Didaktik" in seiner ursprünglichen und historisch gewachsenen Bedeutungsvielfalt gehen. Anschließend wird eine Symbiose dieser Begriffsverständnisse im Hinblick auf den Terminus "Fachdidaktik" erarbeitet.

Das deutsche Wort "Didaktik" hat seine etymologischen Wurzeln in der griechischen Sprache und ist dort mit folgenden Vokabeln verknüpft: "didaskein" (διδαζκειν), "didaxis" (διδαξιζ), "didaktos" (διδακτοζ). Die Übersetzung des Verbs "didaskein" impliziert bereits eine *aktive* ("lehren, belehren, unterrichten, unterweisen, klar auseinandersetzen, beweisen"[8]), eine *passive* ("lernen, belehrt werden, unterrichtet werden") sowie *mediale* ("aus oder von sich selbst lernen, sich aneignen") Bedeutung. Substantivisch benutzt ("didaxis") bedeutet es soviel wie "Unterricht, Lehre, Unterweisung" oder auch "Schule", adjektivisch ("didaktos") ergibt sich der entsprechende Inhalt mit "lehrbar, gelehrt".

Im Sinne einer ersten Arbeitsdefinition leitet man bereits aus dieser Analyse der sprachlichen Wurzeln des umfassenden Begriffs "Didaktik" die folgende Umschreibung ab: Didaktik bezeichnet die wissenschaftliche Reflexion oder die Theorie des Lehrens und Lernens (vgl. Heursen 1986a, S. 407 bzw. Beckmann 1985, S. 22).

Neben der heroischen und historischen Gattung bezeichnete das "Didaktische" im ursprünglichen Sinne eine Gattung des griechischen Epos, wie Hesiods Lehrgedichte "Werke und Tage" und "Theogonie". Diese Lehrgedichte beinhalten lehrhafte Abhandlungen über den Ackerbau bzw. ein Geschlechtsregister der Götter. Auch die "Didaskalien" des Atticus beziehen sich auf lehrhafte Poesie und belegen, dass auch die Römer den Bedeutungsinhalt dieses Wortes beibe-

---

[8] bezeichnenderweise auch: "ein Drama zur Aufführung bringen"

1.1 Definitionen der Fachdidaktik 23

hielten (vgl. Blankertz 1975, S. 14). In diesen Zusammenhängen wird der pädagogische Bezug bereits deutlich. Goethe benutzte "Didaktik" ebenfalls als Bezeichnung für ein Lehrgedicht. Im französischen Kulturraum wird er noch heute für eine Literaturgattung verwendet (vgl. Heursen 1986a, S. 407).

Einigkeit besteht darin, dass ein systematisches, wissenschaftlich begründetes Nachdenken über didaktische Themen erst mit dem Zeitalter der frühen Aufklärung, Anfang des 17. Jahrhunderts, einsetzte. Wenn auch nicht in der aktuellen pluralistischen Vielfalt und teilweisen Heterogenität der Diskussion entwickelte Johann Amos Comenius (1592-1670) mit seiner "Didactica Magna" ein Werk, das bis zum heutigen Tag didaktische Überlegungen und Theoriebildungen in beispielhafter Weise beeinflusst.[9] Erstmalig wird hier die pädagogische Relevanz des geplanten und reflektierten, im Gegensatz zum eher zufälligen und spontanen Lehrens und Lernens herausgestellt. Ein weiterer Vertreter dieser Phase in der Entwicklung der Didaktik als Wissenschaft stellt Wolfgang Ratke (1571-1635) dar, dessen Bemühungen auf die Reform des Schulwesens konzentriert waren.

Die in der aktuellen Diskussion häufig anzutreffende Assoziation des Begriffs Didaktik mit *schulischem* Lehren und Lernen ist wesentlich durch Herbart (1776-1841) ("erziehender Unterricht") geprägt worden. Die neuere Diskussion um Didaktik wird u. a. durch Schriften von Erich Weniger aus den 30er Jahren des 20. Jahrhunderts intensiviert, die die Didaktik als eine Theorie der Bildungsinhalte und des Lehrplans bezeichneten. Eine dominante Aufwertung der theoretischen und wissenschaftlichen Durchdringung dieser Materie, verbunden mit einer personell und institutionell extensiv wachsenden gesellschaftlichen und politischen Bedeutung des Bildungssektors, fand dagegen erst in den sechziger und siebziger Jahren des 20. Jahrhunderts statt.

Klafki beruft sich auf Derbolav, indem er Didaktik als die "Theorie der Bildungsaufgaben bzw. der Bildungskategorien" (Klafki 1963, S. 21) bezeichnet. Die oben genannte erste Arbeitsdefinition findet bei Klafki die folgende Erweiterung: Klafki definiert den Begriff Didaktik 1994 "als übergreifende Bezeichnung für erziehungswissenschaftliche Forschung, Theorie- und Konzeptbildung im Hinblick auf alle Formen intentionaler (zielgerichteter), systematisch vorbedachter 'Lehre' (im weitesten Sinne von reflektierter Lern-Hilfe) und auf das im Zusammenhang mit solcher 'Lehre' sich vollziehende Lernen"[10] (Klafki 1994b,

---

[9] Comenius bezeichnete aus heutiger Sicht als idealtypische Maximalforderung die Didaktik als Lehrkunst, "alle alles vollständig" zu lehren.

[10] Die Klammersetzungen sind im Original ebenfalls so enthalten. Die Anführungsstriche beim Begriff 'Lehre' sollen im Sinne Klafkis das weitergehende Verständnis von 'Lehre'

S. 91). In der damit zusammenhängenden, für die allgemein- und fachdidaktische Entwicklung bedeutsamen Theoriebildung zeigen sich unterschiedliche Stufungen bzw. Reichweiten des Begriffs "Didaktik". Es lassen sich folgende Verständnisdimensionen von Didaktik im 20. Jahrhundert subsumieren:
- Didaktik als Wissenschaft und Lehre vom Lehren und Lernen überhaupt (Willmann, Hausmann, Dolch);
- Didaktik als Wissenschaft vom Schulunterricht (Heimann, H. Roth, W. Schulz, Klafki);
- Didaktik als Theorie der Bildungsinhalte bzw. -kategorien sowie ihrer Struktur und Auswahl (Weniger, Derbolav, Klafki);
- Didaktik als Theorie der Steuerung von Lernprozessen (von Cube, Frank) (vgl. Beckmann 1991b, S. 674).

Mit Robinsohns 1967 aufgestellten Forderung nach einer Bildungsreform, die u. a. durch empirische Studien und Analysen Kriterien bereitstellt, nach denen die Lehr- und Studiengänge zu revidieren und neu zu planen waren, tauchte der Begriff *"Curriculum"* verstärkt und äußerst dominant in der didaktischen Diskussion auf.[11] Der Begriff "Curriculum" wurde teilweise synonym mit "(Allgemeiner) Didaktik" benutzt. Diese Sichtweise erscheint verzerrend, da die methodisch kontrollierte Entwicklung von Lehrplänen sowohl vom Umfang des Gegenstandes als auch vom wissenschaftlichen Anspruch her von der Entwicklung einer Allgemeinen Didaktik abzugrenzen ist. Folglich muss mit Curriculumtheorie nur eine weitere Bedeutungsvariante in der Diskussion um die Tragweite des Didaktik-Begriffes gesehen werden.

Generell erscheint es notwendig, beim Gebrauch der Begriffe "Didaktik" die Theorie des Unterrichts nicht nur auf schulische Unterrichtsprozesse zu beziehen, sondern auch von geplanten unterrichtlichen Handlungen in allen Formen der betrieblichen Berufsausbildung und -weiterbildung sowie in allen anderen denkbaren Formen von Bildungsprozessen auszugehen. Eine Konzentration auf schulische Prozesse erscheint aber angesichts der quantitativen und qualitativen Bedeutung und Tragweite der Institution "Schule" in Abgrenzung zu anderen Bildungseinrichtungen möglich und sinnvoll.

---

andeuten, das sich nicht nur auf schulische Institutionen oder ähnliche Einrichtungen der Lehre und des Unterrichts beschränkt, sondern auch andere Formen der Anregung und Animation z. B. im Freizeitbereich mit einschließt.

[11] Vgl. Robinsohn 1967

1.1 Definitionen der Fachdidaktik

Nach dieser ersten Analyse der Bedeutungsvielfalt des Begriffes Didaktik muss nun zwischen drei verschiedenen *didaktischen Ebenen* unterschieden werden (vgl. Geißler 1983, S. 16):

1. *Wissenschaftsdidaktik*: Jede Art von Wissenschaft setzt Kommunikation und die Fähigkeit zur intersubjektiven Verständigkeit zwischen Wissenschaftlern voraus. Wissenschaftliches Arbeiten erfordert also immer die Beachtung einer didaktischen Komponente.[12]
2. *Hochschuldidaktik*: Die integrative Verknüpfung von Forschung und Lehre setzt eine didaktisch fundierte Kommunikation mit dem wissenschaftlichen Nachwuchs voraus, um planvolles Lehren und Lernen bei der Vermittlung von Wissenschaft zu ermöglichen.[13]
3. *Fachdidaktik*: Hier steht die Kommunikation zwischen Lehrenden und Schülern des allgemeinbildenden und berufsbildenden Schulwesens (im weitesten Sinne auch anderer Bildungsinstitutionen) auf der Grundlage fachlicher Gegenstände im Vordergrund.

In dem nun folgenden Teil soll diese dritte didaktische Ebene in einem ersten Schritt begrifflich umrissen und damit von einem allgemeineren Didaktik-Verständnis abgegrenzt werden.

Die Vorsilbe "Fach" spezialisiert diese didaktische Ebene und grenzt sie von der "Allgemeinen Didaktik" ab. Bezieht sich das Forschungsinteresse der Allgemeinen Didaktik auf den Unterricht als Ganzes, fokussiert sich die Fachdidaktik auf den jeweiligen Fachunterricht oder Lernbereich. Gleichzeitig wird deutlich, dass die zentrale Aufmerksamkeit der Fachdidaktik dem Unterricht in bestimmten Unterrichtsfächern gilt. Konkret wird dieser Bezug durch entsprechende Zusätze (z. B. Didaktik der Physik oder Sportdidaktik) ausgedrückt. Erkenntnisse der Allgemeinen Didaktik konkretisieren sich erst innerhalb bestimmter fachlicher Bezüge; die Allgemeine Didaktik besitzt eine natürliche Er-

---

[12] Die gerade in den letzten Jahren stattgefundene häufig unkritische Nutzung des Mediums "Internet", das im wissenschaftlichen Datenverkehr schon seit längerer Zeit Verwendung findet, zeigt in auffälliger Weise, wie notwendig gerade bei steigender Informationsmenge eine didaktischen Kriterien genügende Kommunikationsstruktur ist.

[13] Huber bezeichnet "Hochschuldidaktik" als Teil des allgemeineren Problems der "Wissenschaftskommunikation". Hochschuldidaktik ist in diesem Sinne als ein Bereich der Wissenschaftsdidaktik zu verstehen, der sich auf die Vermittlung von Wissenschaft an ein und mit einem Klientel im Rahmen und unter den Bedingungen einer besonderen Institution, nämlich der Hochschule, bezieht (vgl. Huber 1999, S. 30).

kenntnisgrenze, da ihre Aussagen nur innerhalb fachdidaktischer Kontexte verifiziert werden können.

Jedes Unterrichtsfach besitzt Bezüge oder zumindest Anknüpfungspunkte zu wissenschaftlichen Disziplinen. Dieser Bezug wird durch den Terminus "Fach-" Wissenschaft ausgedrückt. Es existieren aber Unterrichtsfächer, die solche Bezüge zu mehreren Fachwissenschaften haben, wie z. B. der Wirtschaftslehre-Unterricht an berufsbildenden Schulen. Schmiel weist in diesem Zusammenhang darauf hin, dass einigen Unterrichtsfächern (wie z. B. der Stenographieunterricht in Berufsschulen) keine Fachwissenschaft entspricht (vgl. Schmiel 1978, S. 22). Die Beziehung zwischen dem Unterrichtsfach oder Schulfach und der korrespondierenden Fachwissenschaft (bzw. den korrespondierenden Fachwissenschaften) ist also nicht linear, sondern bedarf aufgrund des äußerst komplexen Gefüges einer noch zu leistenden genaueren Analyse. Allgemeine Fragen und Theorien des Unterrichts werden stets durch die Begriffe und Instrumentarien der jeweiligen Fachdidaktik für ein bestimmtes didaktisches Feld innerhalb eines Unterrichtsfaches konkretisiert.

Mittlerweile wird die Fachdidaktik durchgängig in der Literatur als ein Bereich von vier verschiedenen Konkretisierungsfeldern beschrieben, in denen sich Didaktik auf wissenschaftlicher und praktischer Ebene ereignet. Es wird neben der *Fach*didaktik die *Bereichs*didaktik, *Stufen*didaktik und *Schularten*didaktik unterschieden.

Im Rahmen dieser Differenzierung geht man davon aus, dass die jeweilige *Fachdidaktik* eines Schulfaches die Theorie und Lehre des Unterrichts in *einem* Fach unter Beachtung des Verhältnisses zu *einer* Fachwissenschaft thematisiert. Die Betonung liegt hier auf der Beziehung zu genau einer Fachwissenschaft, was Ausdruck der historisch gewachsenen disziplinären Struktur des Fächerkanons in Schule und Hochschule ist.

Die *Bereichsdidaktik* orientiert sich an der zunehmend interdisziplinären Struktur wissenschaftlicher Aussagen und Methoden. Viele Probleme und Fragen der Neuzeit erzwingen interdisziplinäre Wege im wissenschaftlichen Sektor bzw. im schulischen Lehren und Lernen. Es liegt nahe, Lernbereiche und Fächergruppen zu bilden, die zu mehreren Fachwissenschaften in Beziehung stehen und somit einen differenzierten Zugang zu vielen didaktischen Fragen begünstigen.

1.1 Definitionen der Fachdidaktik 27

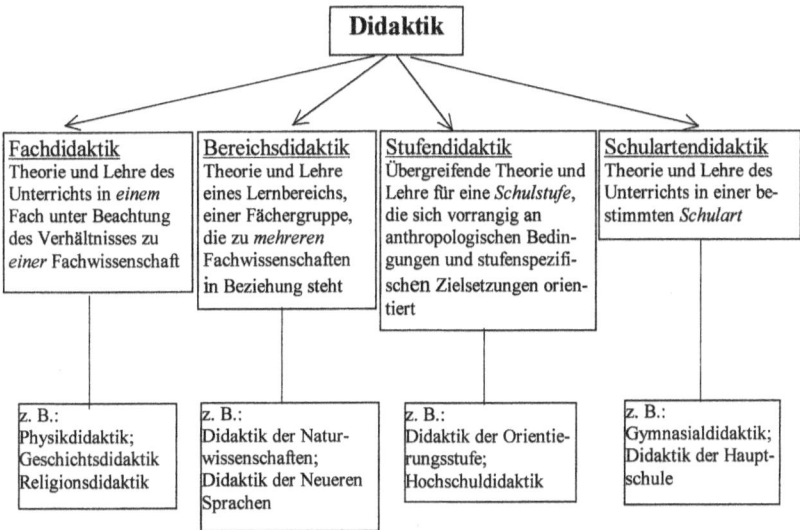

Abb. 1: Diversifizierungen des Terminus "Didaktik"; der Begriff der "Besonderen Didaktik" hat sich nicht durchgesetzt (vgl. Beckmann 1991b, S. 674; eigene Grafik)

Die Anfang der 70er Jahre durch die Arbeiten am Strukturplan für das Bildungswesen des Deutschen Bildungsrates (vgl. Deutscher Bildungsrat 1970, 1971) in einigen Bundesländern ausgelöste Tendenz, die traditionelle Ausbildung der Lehrer für die einzelnen Schulformen zugunsten einer Ausrichtung der Lehrerbildung auf Schulstufen abzulösen, legt nahe, von einer *Stufendidaktik*[14]

---

[14] Die mit dem faktischen Fortbestehen des gegliederten Schulwesens und der gleichzeitigen (politischen) Durchsetzung des *Stufenlehramtes* verbundene fatale Ausbildungsmisere in einigen Bundesländern wird hier nur kurz erwähnt. Die politische und gesellschaftliche Ablehnung der flächendeckenden Gesamtschule, auf die das Stufenlehramt unmittelbar hin ausgerichtet war, steht im direkten Widerspruch zum Festhalten an der Stufenlehrerausbildung in einigen Bundesländern. Aus mittlerweile rein finanzpolitischen Gründen wird den universell einsetzbaren Lehramtskandidaten mit der Lehrbefähigung für die Sek. I *und* II, die ihr Studium und den Vorbereitungsdienst zum überwiegenden Teil auf die Arbeit am Gymnasium bzw. der gymnasialen Oberstufe ausgerichtet haben, eine Stelle im *gehobenen* Dienst über alle Schulformen der Sekundarstufen hinweg (Bundesbesoldungsordnung A12) angeboten und damit de facto dauerhaft die Laufbahn des *höheren* Dienstes verwehrt. Um sich aber auf die im nur sehr geringen Umfang ausgeschriebenen sogenannten "Laufbahnwechselstellen" am Gymnasium bzw. der Gesamtschule erfolgreich bewerben zu können, sind sie trotzdem aus eigenem Interesse gezwungen, Unterricht in der Oberstufe zu erteilen. Lersch zu diesem Dilemma: "Wir bilden – wie z. B. in Nordrhein-Westfalen – Stufenlehrer aus, ohne eine Stufenschule zu haben, und besolden dann gleich qualifizierte Lehrerinnen

zu sprechen. Dieses horizontale Gliederungsprinzip orientiert sich vorrangig an anthropologischen und spezifischen Zielsetzungen der jeweiligen (Alters-)stufe. Das gegensätzliche traditionelle System des gegliederten Schulwesens spiegelt sich in der *Schulartendidaktik*, die didaktische Besonderheiten des Lehrens und Lernens in einer bestimmten Schulart untersucht.

---

und Lehrer unterschiedlich, je nach dem in welcher Schulform sie zufällig eine Anstellung finden" (Lersch 1996, S. 8). Die realen Missstände, die mit dem kombinierten Lehramt (S II/ S I) verbunden sind, diskutieren Heesen sowie Jung (vgl. Heesen 2000, Jung, M. 2000). Aktuelle Zahlen und eine kritische Einschätzung dieser Thematik sind Nabbefeld zu entnehmen (vgl. Nabbefeld 1999). Abhilfe aus diesem Dilemma kann nur die Rückkehr zu einer *schulformbezogenen* Ausbildung bewirken.

1.2 Historische Skizzen zur Entwicklung der Fachdidaktik

Der Blick in die Vergangenheit schärft die Sicht für Gegenwärtiges und ermöglicht erst die objektive Beurteilung und Einschätzung aktueller Entwicklungen. Eine Bestandsaufnahme des Gegenwärtigen bzw. eine systematische Weiterentwicklung oder strukturelle Weichenstellung für die Zukunft erscheint ohne eine solche Retrospektive als wenig sinnvoll.

Sandfuchs beklagt daher die desolate Forschungslage zur geschichtlichen Entwicklung der Fachdidaktiken: "Die geschichtliche Entwicklung der Fachdidaktiken ist bislang allenfalls in Ansätzen oder Teilbereichen erforscht. Das liegt zum einen daran, dass junge Disziplinen die historische Vergewisserung ihrer selbst zwar bräuchten, weil sie hilfreich sein kann bei der adäquaten Lösung gegenwärtiger Probleme, jedoch aufgrund ihrer aktuellen Probleme nicht genügend Zeit und Kraft zur historischen Forschung finden" (Sandfuchs 1990, S. 12).[15] Die hier vorliegende Analyse kann keinen Ausgleich des beklagten Desiderats geben, versucht aber einen exemplarischen Überblick über die entscheidenden Entwicklungsphasen dieser noch jungen Disziplin zu geben. Fixpunkte dieser Genese sind solche institutionellen oder wissenschaftlichen Entwicklungen, die für das Entstehen aller heute existierenden Fachdidaktiken Bedeutung haben.

1.2.1 Fachdidaktische Wurzeln in der Gymnasiallehrerbildung

Die Geschichte der Lehrerbildung als Gesamtprozess stellt eine wesentliche Grundlage und quasi das Gerüst für eine Einschätzung der Entwicklung der Fachdidaktik dar. Kennzeichnend für diese Entwicklung ist die strikte Trennung der Ausbildung künftiger Gymnasiallehrer an Universitäten von der Ausbildung der Volksschullehrer im Lehrerseminar, pädagogischen Akademien bzw. pädagogischen Hochschulen bis hin zur Integration dieser beiden Modelle in den 70er Jahren des 20. Jahrhunderts.

---

[15] Die von der Kultusministerkonferenz eingesetzte Kommission zur Lehrerbildung resümiert in ihrem Abschlussbericht den nicht nur für die Fachdidaktiken unbefriedigenden Forschungsstand, sondern weist darüber hinaus auf das Fehlen einer umfassenden Evaluation des Gesamtkomplexes "Lehrerbildung" hin (vgl. Terhart 2000, S. 25).

Im Mittelpunkt der Gymnasiallehrerausbildung stand seit Beginn des 19. Jahrhunderts das universitäre Studium von zwei oder drei Fachwissenschaften. Zur Zeit der Humboldtschen Universitätsreform und der Einführung des humanistischen Gymnasiums konnte von einer starken Korrelation zwischen den studierten Fachwissenschaften und den korrespondierenden Schulfächern ausgegangen werden. Das Verständnis des Neuhumanismus und des deutschen Idealismus prägte die Vorstellung einer pädagogischen Dimension, die allen Wissenschaften "von Natur aus" zugrunde liegt. Dem Selbstverständnis der Universität entsprechend vermittelt das Studium einer Disziplin von sich aus "Bildung" im Sinne einer kontinuierlichen Erweiterung und Vertiefung des Weltverständnisses. Als ein geradezu prägendes Charakteristikum dieser Lehrerbildung muss die Auffassung F. A. Wolfs gelten, die Beherrschung des Fachwissens garantiere automatisch die Fähigkeit, dieses Wissen zu lehren.[16] Die so ausgebildeten Gymnasiallehrer besaßen ein pädagogisches Ethos, das sich aus einer rein fachwissenschaftlichen Grundlage nährte. "Pädagogik war nur randständige Zugabe, als Begleitstudium pädagogischer oder philosophischer Ausrichtung" (Sandfuchs 1990, S. 13). Menze geht weiter und charakterisiert die Auffassungen Johannes Schulze, der als Nachfolger von Süvern im Preußischen Kultusministerium in der Unterrichtsabteilung maßgeblichen Einfluss auf die Ausbildung angehender Gymnasiallehrer nimmt: "Der Philologe versteht sich nicht länger als nur reine Bildung anregender Erzieher, sondern als ein Gelehrter, dessen entscheidender Bezugspunkt die von der Bildung abgelöste Fachwissenschaft ist" (Menze 1998, S. 11). Erziehungswissenschaftliche Studienelemente treten damit völlig in den Hintergrund und vertragen sich nicht mit der Identifikation mit einem "studienrätlichen Rollenverständnis" (Otto 1975, S. 65).

Auch Herbart vertritt 1823 die Auffassung "die Gymnasien sind ihrem Wesen nach nicht die natürlichsten Wohnsitze des pädagogischen Geistes; darum muss er von außen in sie hineingetragen werden" (zitiert nach Paulsen 1921, S. 352). Menze schreibt in diesem Zusammenhang über den Typus "Philologe": "Es gehört anscheinend zu seinem Ethos, nicht Pädagoge, sondern Fachlehrer zu sein, der sich höhere Reputation eher durch einen Fachbeitrag als durch seine pädagogische Arbeit verschaffen kann" (Menze 1998, S. 16).

Die symptomatische Gleichsetzung zwischen (alt-)philologischer Ausbildung und der Tätigkeit als Lehrer am Gymnasium belegt die bis zum heutigen

---

[16] Sandfuchs betont, dass diese im weiteren Verlauf dieser Arbeit noch genauer zu untersuchende Auffassung Wolfs sich gegenüber durchaus vorhandenen, konträren Ansätzen durchgesetzt hat. Als einen Vertreter dieser konträren Auffassung führt er E. Chr. Trapp (1745-1818) an (vgl. Sandfuchs 1990, S. 13).

1.2 Historische Skizzen zur Entwicklung der Fachdidaktik 31

Tage tradierte Auffassung, dass das Studium der klassischen Altertumswissenschaften gleichsam das Tor für jegliche Erfassung didaktischer Prozesse in der Berufswirklichkeit darstellt.[17] Dazu schreibt Derbolav: "Die aus den revidierten 'Studia humaniora' hervorgegangenen klassischen Altertumswissenschaften aber stellten jenes universale Bildungsmedium dar, in dem sich der Lehramtsstudent nicht nur sein Sachwissen und seine humanen Maßstäbe erwarb, sondern auch noch an der didaktischen Erfahrung des alten artistischen Lehrbetriebs, die hier noch weiterlebte, partizipieren konnte" (Derbolav 1958, S. 374). Im gleichen Sinne urteilt Otto: "Die Selbstinterpretation des Studienrats wird eher aus der Identität z. B. mit dem Philologen als mit dem Erziehungswissenschaftler bezogen" (Otto 1975, S. 65).

Kennzeichnend für diese Wurzeln der Gymnasiallehrerausbildung ist die paradigmatische Entsprechung von Fachwissenschaften und Schulfächern. Konsequenz dieser Entwicklung, die drastische Spuren bis in die heutige Zeit hinterlässt, ist ein Verständnis des Gymnasiallehrers, der sich in "erster Linie als Fachgelehrter und Emissionär der Universität in die Höhere Schule" (Derbolav 1958, S. 376) versteht. Schule wird als ein verkleinerter Maßstab der Universität angesehen, der in elementarisierter und verdünnter Form ein Abbild der Sachlogik und stofflichen Dichte der Fachwissenschaft herstellt.[18] Tatsächlich muss aber festgestellt werden, dass auch schon zur Mitte und Ende des ausgehenden 19. Jahrhunderts die vorher noch stärkere Entsprechung zwischen Universitätsfach und Schulfach immer deutlicher auseinander fällt. Klafki bemerkt dazu: "Um so problematischer musste es sein, wenn das Universitätsstudium dem zukünftigen Gymnasiallehrer das Selbstbild vermittelte, primär 'Fachwissenschaftler' zu sein, und in ihm die falsche Vorstellung aufbaute, 'Fachwissenschaften' und 'Schulfächer' entsprächen einander direkt (...)" (Klafki 1976a, S. 270).

Die Existenz einer wie auch immer gearteten Orientierung auf berufspraktische Aspekte der Bildung, Erziehung bzw. Wissensvermittlung kann im 19.

---

[17] Kennzeichnend ist die bis zum heutigen Tage beibehaltene Bezeichnung "Deutscher Philologenverband" des bedeutendsten Berufsverbandes der Gymnasiallehrer in Deutschland. Eine Namensänderung dieses sicherlich aktuelleren und zeitgemäßeren Lehrerbildungsauffassungen verpflichteten Berufsverbandes erscheint sinnvoll und im Interesse dieses Verbandes, schon alleine um Verwechslungen mit einer Vereinigung zu vermeiden, die ausschließlich die Interessen von Sprachlehrern vertritt.

[18] Beckmann beschreibt die Folgen eines solchen Verständnisses: "Die Hochachtung der Gymnasiallehrer galt vorrangig dem Gelehrten, aber nicht dem Lehrer. So gibt es auch schon im 19. Jahrhundert kritische Stimmen, die darauf hinweisen, daß philosophische Gelehrsamkeit, mathematische und historische Wissenschaft kein inneres Verhältnis zur Erziehung und zum Unterricht haben" (Beckmann 1993, S. 475).

Jahrhundert im Rahmen des Universitätsstudiums für angehende Gymnasiallehrer ausgeschlossen werden. Wenn überhaupt, fand eine solche praxisorientierte Ausbildung im Verlauf der praktischen Ausbildung an den Schulen bzw. während des seit 1890 eingeführten zweijährigen Referendariats für Gymnasiallehrer statt. Seit diesem Zeitpunkt gliedert sich die Ausbildung der angehenden Gymnasiallehrer in zwei Phasen: Nach dem Studium der Fachwissenschaften erfolgt ein Seminarjahr und Probejahr, das den Sinn für die Schulwirklichkeit schärfen soll.

Der Kampf um Standesprivilegien zwischen dem gesellschaftlich höchst angesehenen Stand der Gymnasiallehrerschaft und der demgegenüber unterprivilegierten Volksschullehrerschaft verhinderte eine fruchtbare Reformierung der langen, seit mindestens 1810 währenden Tradition der Gymnasiallehrerbildung auf dem Weg zur "facultas docendi". Fischler weist berechtigt darauf hin, dass eine Adaption von Elementen der Volksschullehrerbildung durch die Universitäten ein Angriff auf die alte Tradition rein fachwissenschaftlicher Studien bedeutet hätte (vgl. Fischler 1980a, S. 118). "Die Beschäftigung mit den 'Vermittlungsproblemen' eines Faches galt jedoch im Vergleich zu der ausschließlich fachwissenschaftlich orientierten Gymnasiallehrerausbildung der Universitäten als 'zweitklassig', ein Reservat für pädagogische Akademien" (Fischler 1980a, S. 118). Schubring kennzeichnet in besonders pointierten Worten diese Entwicklung aus der Perspektive der Mathematiklehrer: "Auch die Mathematiklehrer in Preußen haben sich, wie die Lehrer an den höheren Schulen insgesamt, als wissenschaftlicher Beruf und insbesondere als eine eigene Teilgruppe konstituiert, die sich durch eine enge Beziehung zu den Inhalten, durch die 'Liebe zur Mathematik' definierte" (Schubring 1985, S. 22). Schubring spricht hier deutlich aus, dass *nicht der Schüler* und der in ihm zu initiierende Prozess des sich Aneignens von Lerninhalten im Vordergrund ihrer Tätigkeit stand, *sondern allein der fachwissenschaftliche Gegenstand* von vielen praktizierenden Gymnasiallehrern als Basis und Ziel ihres unterrichtlichen Wirkens aufgefasst wurde.

Derbolav zeichnet noch im Jahre 1958 mit seinem Verständnis gymnasialer Bildung ein aus heutiger Sicht problematisches Verhältnis zwischen Lehrer, Schüler und Gegenstand, das den oben genannten Prinzipien und Ursprüngen erwachsen ist, indem er schreibt: "Der Höhere Lehrer spricht nicht mehr aus persönlicher, sondern aus der Autorität seines Gegenstandes, der erst in dem, was er an sich ist, in seiner eigenen 'Logik' umrungen und erfasst sein will, ehe er seine Bedeutsamkeit, seinen Bildungssinn preisgibt" (Derbolav 1958, S. 386). Der Gymnasiallehrer dieses Typus ist der Vermittler einer abstrakten, nur am Gegenstand ausgerichteten unterrichtlichen Logik, die ohne Berücksichtigung äußerer

1.2 Historische Skizzen zur Entwicklung der Fachdidaktik 33

oder situativer Umstände mit dem Schüler in Beziehung tritt. "Das Kind muss also bereits seine naturgewachsene Subjektivität abgestreift, sich im elementaren Bereich - mit Hegel zu reden - 'allgemein gemacht' haben, ehe es für den Gymnasiallehrer 'interessant' wird" (Derbolav 1958, S. 386).[19]

Interessant erscheint der Hinweis Fischlers, dass auch die pädagogischen Akademien der Weimarer Zeit eine Beschäftigung mit "fachdidaktischen" Fragestellungen eher vernachlässigten, um nicht eine weitere damit "implizierte Stabilisierung ihrer Unterprivilegierung" (Fischler 1980a, S. 118) zu forcieren. Es wäre jedoch verfehlt, von einer totalen Abstinenz jeglicher Ansätze einer beginnenden Theoriebildung in Richtung Fachdidaktik in der ersten Hälfte des 20. Jahrhunderts zu sprechen. Fischler weist zunächst darauf hin, dass es keinen Sinn macht, die Geschichte der universitären fachdidaktischen Theoriebildung noch vor der pädagogischen Reformbewegung zu Beginn des 20. Jahrhunderts zu verfolgen: "Man kann also sagen, dass eine historische Aufarbeitung fachdidaktischer Theoriebildung nicht wesentlich hinter den Zeitraum der pädagogischen Bewegung in Deutschland zurückgehen muss" (Fischler 1980a, S. 120). Erste fachspezifische Beiträge, die in dem von Herman Nohl und Ludwig Pallat 1930 herausgegebenen "Handbuch der Pädagogik"[20] erschienen, leisten auf der Grundlage der geisteswissenschaftlichen Lehrplantheorie Erich Wenigers eine Struktur- und Wesensbestimmung der einzelnen Fächer. Bei diesen Beiträgen aber fachdidaktische Konkretisierungen zu vermuten, ist verfehlt. Kennzeichen solcher Bemühungen war vielmehr, den Bildungswert der einzelnen Fächer zu bestimmen und damit eine Legitimation der jeweiligen "geistigen Grundrichtung" zu geben.

Auch zu Beginn der 50er Jahre des 20. Jahrhunderts erscheint die pädagogische Ausbildung der "Philologen" mehr als dürftig. Das verlangte "Philosophikum", eine Teilprüfung in Philosophie und Erziehungswissenschaft, kann aus heutiger Sicht nicht mehr als eine Alibifunktion erfüllt haben. Weniger äußert sich 1952 bereits erfreut darüber, dass die Kandidaten im philosophischen Teil dieser Prüfung nicht nur ein philosophisches Werk gelesen haben müssen, sondern auch Kenntnisse über die philosophischen Voraussetzungen ihrer fachwissenschaftlichen Studiengebiete auszuweisen haben (vgl. Weniger 1952, S. 475). Von einer fachdidaktischen Orientierung, die gar erste berufspraktische Elemente in das Fachstudium integriert, kann wohl mit Recht nicht gesprochen

---

[19] Diese pointierten, teilweise nur im Zusammenhang des Ganztextes verständlichen Aussagen Derbolavs, stehen im extremen Widerspruch zu aktuellen Konzepten eines "bruchlosen" Übergangs zwischen Grundschule und weiterführender Schule.
[20] Vgl. Nohl/ Pallat 1930

werden. Es geht vielmehr um eine wissenschaftstheoretische Untermauerung fachwissenschaftlicher Bildungsinhalte, die den Horizont des angehenden Pädagogen für die geistigen Wurzeln seines Faches öffnen und weiten soll.

Die im pädagogischen Teil zu erbringenden Leistungen lassen zumindest in der von Weniger kommentierten Prüfungsordnung des Landes Niedersachsen (im Jahre 1952) einen ersten Bezug zwischen dem Fachstudium und didaktischen Erörterungen aus erziehungswissenschaftlicher Sicht erahnen: "In dem erziehungswissenschaftlichen Teil soll der Kandidat dartun, dass er sich mit dem Ideengut eines großen Erziehers oder einer pädagogischen Bewegung der abendländischen Geschichte eingehender beschäftigt und im Zusammenhang damit Verständnis für die pädagogischen Fragen unserer Zeit, sowie für den Bildungswert eines der von ihm gewählten Fächer gewonnen hat. (...) Außerdem soll er über die Bedeutung der von ihm gewählten Fachwissenschaften im Zusammenhang der Bildung und über die Grundfragen wenigstens eines seiner Fächer Bescheid wissen" (Weniger 1952, S. 475-476). Nimmt man die denkbare Diskrepanz zwischen theoretischem Anspruch einer Prüfungsordnung und tatsächlicher Realität mit in die Einschätzung dieser Formulierungen hinein, muss aus heutiger Sicht stark bezweifelt werden, ob überhaupt ein Interesse an einer pädagogischen Begleitung und Reflexion der fachwissenschaftlichen Studien von Seiten der Fachdozenten bestand. In den von Weniger beschriebenen Prüfungsmodalitäten geht es vielmehr um eine philosophische Grundlegung fachwissenschaftlicher Theorien, ohne dass z. B. Vermittlungs- oder Auswahlaspekte zur Diskussion standen. Faktisch bedeutete diese Situation eine konsequente Beibehaltung der Traditionslinie seit Humboldt, die den Altphilologen, Germanisten oder Mathematiker herausbildete, dem dann am Gymnasium als Fachspezialist die Darstellung und Vermittlung der entsprechenden Gegenstände oblag. Weniger resümiert ernüchtert: "Man war sich darüber einig, dass es einer der wesentlichen Schwächen des bisherigen Verfahrens war, dass die Entscheidung über die pädagogische Eignung zu spät erfolgt" (Weniger 1952, S. 476).

Er ist sich mit Nohl in der Einschätzung einig, dass in der charakterisierten Weise ausgebildete Lehrer wohl eher dem wissenschaftlichen Typus angehören (vgl. Weniger 1952, S. 477). Ganz dem Titel seiner Schrift[21] entsprechend, versucht Weniger daher, die Bedeutung der Erziehungswissenschaft im Rahmen der fachwissenschaftlichen Studien für Gymnasiallehrer hervorzuheben: "So muß also die Universität selbst ihnen sowohl die Theorie der Erziehung und die pä-

---

[21] Weniger, Erich (1952): *Die Eigenständigkeit der Erziehung in Theorie und Praxis*. Probleme akademischer Lehrerbildung. Weinheim 1952.

1.2 Historische Skizzen zur Entwicklung der Fachdidaktik 35

dagogische Einstellung, als auch die Didaktik (die Bildungslehre) ihrer künftigen Unterrichtsfächer geben. Eine Abtrennung der Didaktik von dem Studium des Faches und ihre Verlegung in die Zeit vor dem eigentlichen Fachstudium wäre geradezu ein geistiges Unglück" (Weniger 1952, S. 477).

Mit diesen Worten kommentiert Weniger den ursprünglichen Vorschlag, die Kandidaten des Höheren Lehramtes durch sogenannten Anschauungsunterricht und sechswöchige Hospitationen an einer Volksschule (sic!) und abschließendem pädagogischem Gutachten einer Eignungsprüfung zu unterziehen. Praktische Bedenken und eine befürchtete Überlastung der Praktikumschulen lassen diesen Versuch eines Berufspraxisbezuges auf eine rein freiwillige Möglichkeit schrumpfen. Überhaupt ist Wenigers Grundhaltung, die in dem o. g. Aufsatz zum Ausdruck kommt, zwar von dem Bemühen gekennzeichnet, den Einfluss der universitären Erziehungswissenschaft auf die fachliche Gymnasiallehrerausbildung zu erhöhen, die Wege zu diesem Ziel erscheinen jedoch nicht geeignet, die Struktur der fachwissenschaftlichen Studien in einer didaktischen Perspektive zu bereichern. Weniger schlägt einen indirekten Weg vor, "den Weg über die Weckung des erzieherischen Ethos durch die Begegnung mit dem pädagogischen Genius in der Geschichte der Pädagogik" (Weniger 1952, S. 478). Dieser Weg kann zwar als ein erster Schritt in Richtung allgemeinpädagogischer Orientierung und Begleitung verstanden werden, von einer Beeinflussung der Fächer in Richtung Schul- oder Erziehungswirklichkeit kann aber nicht gesprochen werden. Die Formulierungen Wenigers klingen sehr euphemistisch, wenn er die philosophisch-pädagogischen Studien als einen Versuch beschreibt, "dass der Funke überspringt, dass der erzieherische Wille geweckt, dass die pädagogische Verantwortung verstanden wird" (Weniger 1952, S. 478).

Eine nahezu identische Einschätzung der Funktion und Bedeutung des philosophisch-pädagogischen Begleitstudiums legt Derbolav vor. Seine Schlussfolgerungen sind für jeden denkbaren fachdidaktischen Ansatz, der aus solchen Studienelementen hätte entstehen können, geradezu vernichtend: "Ebenso verfehlt aber wäre es auch (...), wenn man in diesem Begleitstudium dem Studenten zur Auflage machte, eine ihm vertraute wissenschaftliche Thematik seines Faches auf ihre didaktische Verwertung im Unterricht hin durchzudenken, weil dafür weder die Grundlage der schulpraktischen Erfahrung noch auch die (diesen Weg erst vermittelnde) Einsicht ins pädagogische Denken gegeben ist. Deshalb gehören alle Fragen der Spezialdidaktik überhaupt nicht in den Studienbereich der Universität" (Derbolav 1958, S. 390). Eine wohl pointiertere Absage an jeden Versuch, fachdidaktische Studienelemente in das fachliche oder erziehungswissenschaftliche Begleitstudium der Gymnasiallehrer zu integrieren, kann nicht formuliert werden. Die ganze Konzentration einer Reflexion und Umsetzung fachwissenschaftlichen Hintergrundwissens in schulpädagogische Praxis wird in die zweite Phase der Ausbildung, das Referendariat, gelegt.[22] Diese Aufgabe des Studienseminars wird dann auch von Derbolav gefordert: "Der wissenschaftliche Fachverstand muß hier gleichsam ins Element des pädagogischen Könnens umgeschmolzen werden, das damit den dominierenden Akzent erhält" (Derbolav 1958, S. 392).

Der Schwerpunkt der hier referierten Einschätzungen gilt dem solide durchgeführten Fachstudium, das durch einige wenige, durchaus auf die Fachstudien bezogene, philosophisch-pädagogische Begleitelemente eine solide Berufsqualifikation garantiert. Terhart charakterisiert das als Folge dieser Tradition auch heute noch für weite Teile der Lehrerbildung typische Verhaltensmuster bei Lehramtsstudenten der Sekundarstufen: "Zunächst werden die (vergleichsweise höheren) Anforderungen der Fächer bedient - und danach erst die übrigbleibenden Lücken im Stundenplan mit pädagogischen, psychologischen etc. Veranstaltungen geschlossen" (Terhart 1992, S. 33). In der Summe ergibt sich folgende Grundeinstellung: Die didaktische Struktur ist jedem Fachstudium eo ipso gegeben, der pädagogische Ethos kann durch Begleitstudien prophylaktisch geweckt werden. Voraussetzung einer jeden didaktischen Analyse fachwissenschaftlicher Gegenstände ist das gründliche Studium derselben, das mit einer gewissen schulpraktischen Erfahrung kombiniert, erst die Voraussetzung schafft, z. B. Lerninhalte auf ihre Verwendung im Unterricht hin zu untersuchen.

Für den weiteren zeitlichen Ablauf in den 50er und 60er Jahren benennt Fischler durchaus bemerkenswerte fachdidaktische Ansätze, die im Rahmen der geisteswissenschaftlichen Pädagogik der Nachkriegszeit entstanden. Zu nennen sind die "Didaktik der deutschen Sprache" von Hermann Helmers (1966/ 1971), die Didaktik der "ökonomisch-sozialethischen Bildung" von Hans Bokelmann

---

[22] Flitner beschreibt die desolate Lage der Erziehungswissenschaften an den Universitäten im Jahr 1958 mit den folgenden Worten: "Die Pädagogik als Wissenschaft wird daher in den Hochschulen noch nicht so eingegliedert, wie es ihrem Auftrag und der Natur der Sache entspräche. (...) An den Universitäten sind die Seminare und Institute in ihrem Personalbestand und ihren Hilfsmitteln meistens unzureichend ausgestattet; an einigen Universitäten sind ordentliche Lehrstühle überhaupt nicht vorhanden, und es besteht der alte Zustand fort, wonach die 'Gymnasialpädagogik' wie zu Friedrich August Wolfs Zeiten einem Altphilologen oder Philosophen und die 'empirische' Pädagogik dem Psychologen überlassen bleibt" (Flitner 1958, S. 3). Robinsohn bezeichnet die Trennung zwischen fachwissenschaftlicher und pädagogischer Bildung als "Übel" und versteht die Akzentuierung didaktischer Anteile im Studium angehender Gymnasiallehrer nicht als Prestigeverlust, sondern als eine "wiedergewonnene Integrität" (Robinsohn 1965, S. 199).

1.2 Historische Skizzen zur Entwicklung der Fachdidaktik   37

(1964), die "Didaktik der politischen Bildung" von Hermann Giesecke (1965/ 1974), "Kunst als Prozeß im Unterricht" von Gunter Otto (1964), Hartmut von Hentigs "Platonisches Lehren" (1966) sowie die grundlegenden Schriften Grimsehls zur Didaktik und Methodik des naturwissenschaftlichen Unterrichts. Gemeinsames Kennzeichen dieser in der Tradition der geisteswissenschaftlichen Pädagogik stehenden bildungstheoretischen Auffassungen von Didaktik ist die Entwicklung einer Legitimationstheorie für die Auswahl der unterrichtlichen Gegenstände eines Faches.

Ohne auf die einschneidenden strukturellen bildungspolitischen Veränderungen auch in der Gymnasiallehrerausbildung (Einführung des Stufenlehramtes, erziehungs- und gesellschaftswissenschaftliche Begleitstudien, Berufspraxisbezug durch Schulpraktika, Etablierung von fachdidaktischer Lehre und Forschung an Universitäten) in einigen Bundesländern einzugehen, die infolge einer Vielzahl von Hochschulneugründungen mit einer enormen personellen und finanziellen Expansion verbunden sind, spricht Nicklis noch 1989 von dem "Philologen alter Art, unschlagbarer Fachmann einer wissenschaftlichen Spezialität mit Privatdozentenanimus im Hinterkopf" (Nicklis 1989, S. 90). Er führt dabei exemplarisch Bayern an, das "mit erheblichem Aufwand an Konservierungsmitteln zur Erhaltung uralter philologischer Berufs- und Standesdoktrinen" (Nicklis 1989, S. 90) auch heute noch seiner Meinung nach ein rein fachwissenschaftlich ausgerichtetes Studium forciert.[23] Festgehalten werden muss, dass bis heute ein überzeugender integrativer Ansatz in der Gymnasiallehrerbildung fehlt, der offensichtlichen Diskrepanz zwischen fachlichen Ansprüchen und pädagogischen Herausforderungen im universitären Kontext zu begegnen.

---

[23] Die von Nicklis vertretene Auffassung muss als eine Extremposition gewertet werden, wenngleich der deutsche Bildungsföderalismus eine hochdifferenzierte, weltweit wohl einmalige Palette unterschiedlicher Lehrerbildungssysteme und -traditionen hat entstehen lassen, in denen sich aufgrund dieses politischen und weltanschaulichen Pluralismus neben fachdidaktisch-förderlichen Ansätzen auch Traditionen entwickelten, die das Aufkeimen fachdidaktischer Wurzeln eher verhinderten. Die Bund-Länder-Kommission stellt in einer Synopse die Unterschiede in den Lehrerbildungssystemen in der Bundesrepublik Deutschland heraus (vgl. Bund-Länder-Kommission 1980). Eine Übersicht der verschiedenen Lehrerbildungssysteme in den alten und den neuen Bundesländern gibt die Strukturkommission Lehrerbildung in Baden-Württemberg (vgl. Ministerium für Wissenschaft und Forschung Baden-Württemberg 1993, S. 28ff.). Die mit der Verkürzung der Regelstudienzeit verbundenen aktuellen Eckwerte für Lehramtsstudiengänge sind gemäß den Beschlüssen der Kultusministerkonferenz dem folgenden Papier zu entnehmen: Sekretariat der Ständigen Konferenz der Kultusminister der Länder der Bundesrepublik Deutschland 1995, S. 1-5; vgl. dazu auch Leusmann/Glässner 1997.

1.2.2 Fachdidaktische Wurzeln in der Volksschullehrerbildung

Die von Beckmann (vgl. Beckmann 1968) dargelegte Entwicklung der Volksschullehrerbildung zeigt die kontrastreichen Unterschiede zur Gymnasiallehrerbildung. Es lassen sich verschiedene Phasen seit dem 19. Jahrhundert unterscheiden:

In der ersten Phase, die sich im Wesentlichen auf die 2. Hälfte des 19. Jahrhunderts erstreckt, wurde vor einer fachlichen Ausbildung eine als Meisterlehre verstandene methodische Unterweisung vorgenommen. Eine Verbindung der fachlichen und methodischen Ausbildungsanteile, was als ein erstes vages Anzeichen für "fachdidaktische Bemühungen" gewertet werden könnte, fand nicht statt. Zusammenfassend lässt sich sagen: "So begann das Nachdenken über die Unterrichtsweise in den einzelnen Schulfächern nicht mit allgemeinen Theorien, sondern mit der Fixierung und Ermittlung möglichst einfacher und praktikabler Regeln" (Kopp 1978, S. 123). Das zentrale Anliegen der Lehrerbildung der damaligen Zeit war die Vermittlung jenes Lehrstoffes, den der zukünftige Volksschullehrer beherrschen und weitergeben sollte.

Im Zuge der pädagogischen Reformbewegungen in den ersten drei Jahrzehnten des 20. Jahrhunderts beginnt eine Pädagogik "vom Kinde aus" Einfluss auf die Lehrerbildung zu nehmen. In der *"Besonderen Unterrichtslehre"* findet eine fachlich orientierte methodische Unterweisung statt. Kopp charakterisiert diese frühen Vorläufer fachdidaktischer Veranstaltungen als einen rein "pragmatischen Katalog von Erfahrungen zur verbindlichen Übernahme in die Praxis" (Kopp 1978, S. 124). Unterrichten wird hier als handwerkliches Können interpretiert, das frei von jeglichem theoretischen Überbau eindeutige Anweisungen mit der eigenen Unterrichtspraxis des Kandidaten verzahnt. Die Entwicklung dieser Besonderen Unterrichtslehre ist durch das Erscheinen einer Reihe von Kompendienwerken gekennzeichnet, die die Behandlung von Sachfragen ausklammern,[24] dafür aber durch Leitfragen den Unterricht in den einzelnen Fächern zu einer Bildung der Gesamtpersönlichkeit werden lassen. Beispielhaft kann das vierbändige Werk von Ipfling[25] mit dem Titel: "Unterrichtslehre als Entbindung gestaltender Kraft" angeführt werden (vgl. Kopp 1978, S. 124). Kennzeichnend für diese Phase ist eine zunehmende Entfaltung einer unterrichtsmethodischen Theoriebildung, die aber als eine bloße Spezifizierung der

---

[24] Sandfuchs weist darauf hin, dass das Fachwissen in den Schulfächern als mit dem Abitur gegeben vorausgesetzt wurde (vgl. Sandfuchs 1990, S. 15).
[25] Ipfling war der Vorgänger von Peter Petersen am Seminar in Weimar.

1.2 Historische Skizzen zur Entwicklung der Fachdidaktik 39

Allgemeinen Unterrichtslehre angesehen werden muss. Das Studium eines *Wahlfaches* bereitet dabei nicht auf eine didaktische Durchdringung der späteren Berufstätigkeit vor, sondern soll nur exemplarisch die Arbeit in einer wissenschaftlichen Disziplin vorstellen. Zentrales Studienfach ist die Erziehungswissenschaft, darüber hinaus studierte der angehende Volksschullehrer auch Philosophie, Psychologie und Soziologie (vgl. Beckmann 1968, S. 131).

Lenzen bezeichnet die Pädagogischen Akademien der Weimarer Republik als "ersten Ort für Fachdidaktik-ähnliche Lehrveranstaltungen" (Lenzen 1985, S. 244). Gleichzeitig betont er aber, dass jegliche fachdidaktische Studien "hart an den Unterrichtserfahrungen der Dozenten und Studenten" (Lenzen 1985, S. 244) orientiert waren. Es werden neben fachwissenschaftlichen Fragen auch didaktische Probleme *als additum* erörtert. Von einer wissenschaftsorientierten fachdidaktischen Perspektive kann also nicht gesprochen werden, es bietet sich aus heutiger Sicht eher der Begriff "fachliche Unterrichtslehren" für diese Art von Ausbildungsveranstaltungen an. Sandfuchs weist am Beispiel der Volksschullehrerbildung an der TH Braunschweig ab 1927 nach, "dass an eine wissenschaftlich betriebene Fachdidaktik in dieser Zeit noch nicht zu denken ist" (Sandfuchs 1990, S. 15). Das Betreiben einer besonderen Didaktik des Fachunterrichts scheint sogar der allgemeinen Auffassung zu widersprechen, entgegen einer Rezeptologie eigenständige Unterrichtsgestaltungen bei den angehenden Volksschullehrern zu fördern: "Fachdidaktik wird (...) als Störfaktor im wissenschaftlichen Studium betrachtet" (Sandfuchs 1990, S. 15). In Braunschweig wird Fachdidaktik von Mentoren in den Schulpraktika betrieben, die aber rein schulpraktisch ausgerichtet sind. Von einer Weiterentwicklung dieser Situation im Dritten Reich kann nicht gesprochen werden (vgl. Sandfuchs 1990, S. 16).

Nach 1945 ist die Volksschullehrerausbildung zunächst noch eng mit der ehemals Preußischen Pädagogischen Akademie verknüpft. Nach einer Phase des Wiederaufbaus nach dem Kriege folgt eine "'Inkubationszeit' von weiteren zehn Jahren, gekennzeichnet von Bemühungen um weitere Verwissenschaftlichung (...)" (Sandfuchs 1990, S. 16). Die sich noch in Anlehnung an das Konzept Sprangers und des preußischen Kultusministers Becker[26] als "Bildnerhochschulen"[27] verstehenden Akademien wandeln sich zu Pädagogischen Hochschulen

---

[26] *Becker*, Carl Heinrich (1876-1933), ab 1916 im preußischen Kultusministerium, 1921 und 1925-1930 Minister für Wissenschaft, Kunst und Volksbildung

[27] Spranger schreibt 1920 zum Begriff der "Bildnerhochschule" und einem Konzept von Lehrerbildung, das auch heute als Kern der Fachdidaktik verstanden werden kann: "Ich behaupte, daß jeder Lehrer Wissenschaft und wissenschaftlichen Geist besitzen muß, daß es

und verfolgen gleichzeitig das Ziel einer zunehmenden Verwissenschaftlichung. Es muss dennoch festgehalten werden, dass Wissenschaftlichkeit zwar als ein zentraler Maßstab im Studium angehender Volksschullehrer angesehen wurde, dieses Prinzip aber nicht als alleinige Richtschnur postuliert wurde (vgl. Stimpel 1999, S. 481).

Beckmann wehrt sich gegen die stereotype Verwendung der Aussage, nach 1945 sei die Entwicklung der Lehrerbildung ohne Bruch weitergeführt worden. Wenn auch personale Kontinuität zu beobachten ist (H. Bohnenkamp, G. Geißler, H. Kittel, P. Petersen, M. Rang, E. Weniger), so muss doch eine neue geistig aufgeschlossene Haltung der Dozenten- und Studentenschaft konstatiert werden (vgl. Beckmann 1988, S. 177). Kennzeichen dieser Entwicklung war eine immer stärkere Verzahnung zwischen Wahlfach, Fachwissenschaft und Schulfach. Klafki äußert sich zu dieser Entwicklung: "Das Wahlfach wurde nach Anspruch und Umfang erheblich verstärkt und neben oder auch vor den Grundwissenschaften vielfach zum Schwerpunkt des Studiums. Wahlfächer wurden nun in zunehmenden Maße als wissenschaftliche Bezugsdisziplinen von Schulfächern verstanden" (Klafki 1976a, S. 269). Das Wahlfach ermöglichte dem Studenten der Pädagogischen Hochschule eine *exemplarische* Auseinandersetzung mit den wissenschaftlichen Methoden und Inhalten einer Fachwissenschaft.[28] Parallel zum pädagogisch-didaktischen Diskurs der anderen Veranstaltungen kristallisiert sich in diesem Studienelement der Ursprung fachdidaktischen Denkens heraus. Überhaupt muss in dem Wahlfachstudium an den Pädagogischen Hochschulen eine entscheidende Wurzel der weiteren fachdidaktischen Entwicklung gesehen werden. Hier bot sich dem Studenten die Chance, eine Verbindung zwischen fachwissenschaftlichen Gegenständen und unterrichtlichen Fragestellungen herzustellen. Charakteristisch für dieses Studium ist der Umstand, dass *ein* Lehrstuhlinhaber das Fach und die auf eine bestimmte Schulsituation bezogene Didaktik vertritt: "Fachwissenschaft und Fachdidaktik werden in einer Person repräsentiert" (Sauer 1968, S. 237). Es muss in dieser Situation aber bereits die

---

aber zwei unterschiedliche Aufgaben sind Gelehrsamkeit fortzupflanzen und Menschenbildner im umfassenden Sinne zu sein" (Spranger 1920, S. 39).

[28] Stimpel umschreibt in einer Rückschau die Funktion des *Wahlfaches*: "Zur Pluralität der gegebenen Möglichkeiten und einzuhaltenden Verpflichtungen gehörte eine Veranstaltung, die das 'Wahlfach' genannt wurde. Man entschied sich spätestens im zweiten Studiensemester für eine der Fachwissenschaften, um Methoden und ausgewählte Inhalte dieser Disziplin kennenzulernen und sich deren Fach- und Sachansprüchen ohne Pädagogisierung auszusetzen" (Stimpel 1999, S. 484). Radtke und Webers stellen heraus, dass im Zuge der Ausdifferenzierung der Fächer sich das Personal der Pädagogischen Hochschulen zunehmend am Vorbild der Universitäten orientierte (vgl. Radtke/ Webers 1998, S. 213).

1.2 Historische Skizzen zur Entwicklung der Fachdidaktik 41

Gefahr einer Überforderung des Dozenten gesehen werden, da er nur sehr schwer beiden Anforderungen unter Berücksichtigung der notwendigen wissenschaftlichen Fundierung gerecht werden kann. Sauer betont aber auch die Vorteile dieses Studienelements an Pädagogischen Hochschulen und sieht Perspektiven, diese Aspekte auch für die Ausbildung der angehenden Gymnasiallehrer nutzbar zu machen: "Demgegenüber stehen die Vorteile, die sich aus der Personalunion ergeben. Es sind die relativ leichte Planbarkeit eines gut ausgewogenen Studienangebots und die enge Verbindung von Fachwissenschaft und Fachdidaktik. Darin sehe ich eine nicht zu unterschätzende Chance für eine ausgesprochen erfolgreiche Form der Lehrerbildung. Das Umsetzen der Wissenschaftsinhalte in schulische Lehrinhalte, das dem angehenden Gymnasiallehrer weitgehend selbst überlassen ist, kann hier in kritischer Reflexion unter fachkundiger Leitung erfolgen" (Sauer 1968, S. 237).

Sandfuchs beschreibt den Kampf derjenigen Vertreter und Anhänger einer überschaubaren Hochschule mit 200 bis 300 Studenten, "die in 'bildender Gemeinschaft' von Lehrenden und Lernenden eine ganzheitliche musisch-ästhetisch-sittliche Bildung anstrebt" (Sandfuchs 1990, S. 16)[29] und den Verfechtern einer wissenschaftlichen Lehrerbildung, die auf die quantitative Reduzierung der sogenannten didaktischen Nachweisfächer drängen. Ziel der zuletzt genannten, aus der Tradition der universitären Lehrerbildung stammenden Vertreter war es, "den Universaldilettantismus der Volksschullehrerausbildung" zu überwinden und "einer qualitativen Intensivierung Platz zu machen" (Sandfuchs 1990, S. 17). Das Ringen beider Lager muss aus heutiger Sicht als ein erstes Anzeichen einer Orientierung zu einem fachwissenschaftlich fundierten didaktischem Studium der Unterrichtsfächer angesehen werden. Diese Entwicklung geht einher mit der seit Beginn der 50er Jahre einsetzenden Entwicklung allgemeindidaktischer Modelle, wie der bildungstheoretischen, lerntheoretischen oder

---

[29] Müller-Michaels beschreibt aus seiner eigenen Erfahrung als Assistent an der Pädagogischen Hochschule Osnabrück im Jahre 1965 den anregenden Charakter der dort herrschenden Lehrveranstaltungen: "(...) Hochschulfreizeiten waren in der Lehrerausbildung der Pädagogischen Hochschulen bis Ende der 60er Jahre Programm: Musische Aktivitäten, waren mit Aussspracheabenden, mit Vorträgen zu allgemein interessierenden Fragen, mit Sport, Spiel, Wanderungen und Diskussionen von Zeitproblemen verknüpft. Freie kulturelle Tätigkeiten verbanden sich mit wissenschaftlicher Arbeit. Dieser Kerngedanke der Lehrerausbildung ist verlorengegangen" (Müller-Michaels 1993, S. 148). Stimpel umschreibt die Atmosphäre an den Pädagogischen Hochschulen in Niedersachsen in einer engagierten Retrospektive mit dem Begriff "Mutuum Colloquium". Charakteristikum der Arbeit an den Pädagogischen Hochschulen war in seinen Augen das Aufbrechen von Verfestigungen, das gelebte Miteinander, die Freiheit der Rede und die Achtung anderer Meinungen sowie die Förderung gestalterisch-ästhetischer Tätigkeiten (vgl. Stimpel 1999, S. 480 ff.).

später informationstheoretischen Didaktik. Aschersleben sieht den Beginn dieser Phase mit Klafkis Veröffentlichung der "Didaktischen Analyse" im Jahre 1958, die eine neue Epoche der Didaktik als einer Wissenschaft vom Unterricht einleitete. Vor diesem Zeitpunkt habe die Didaktik als reine Unterrichtslehre ausschließlich der Ausbildung des Lehrernachwuchses gedient. Dieses habe sich in der Beobachtung des Unterrichts bei erfahrenen Kollegen und als erste Unterrichtsversuche in Schulpraktika vollzogen (vgl. Aschersleben 1983, S. 28). Aschersleben äußert sich zu diesem Abschnitt der hauptsächlich für angehende Volksschullehrer relevanten Didaktik an den Pädagogischen Akademien mit folgenden Worten: "Didaktik orientiert sich also an einem vorwissenschaftlichen Theoriebegriff, und Unterrichtslehre ist 'praktische' Pädagogik im Gegensatz zur eigentlichen wissenschaftlichen theoretischen oder allgemeinen Pädagogik, zumindest vom Anspruch her" (Aschersleben 1983, S. 28).

Kennzeichen dieses durch die bildungstheoretischen Arbeiten Klafkis maßgeblich Ende der 50er und Anfang der 60er Jahre initiierten Ansatzes ist das erstmalige Bestreben, ein wissenschaftliches Studium sowohl der fachlichen als auch der didaktischen Grundlagen eines Schulfaches anzustreben. Diese Konzeption wird von Sandfuchs als ein "wesentlicher Fortschritt gegenüber allen bisherigen Lehrerausbildungskonzeptionen" angesehen und "zieht gleichsam zwangsläufig fachdidaktische Forschung nach sich" (Sandfuchs 1990, S. 17). Weiteres Kennzeichen dieser Arbeit an den Pädagogischen Hochschulen war die enge Verknüpfung zwischen Allgemeiner Didaktik und Fachdidaktik. Vor allem die bildungstheoretische Didaktik "ermöglichte eine sinnvolle Abstimmung von fachwissenschaftlichen und didaktischen Interessen" (Plöger 1991, S. 86). Als allgemein förderlich für eine gemeinsame Gesprächsbasis zwischen Erziehungswissenschaftlern, Allgemeindidaktikern und Fachwissenschaftlern wird die Übersichtlichkeit und im Vergleich zu der Atmosphäre heutiger Massenhochschulen fast schon intime Stimmung in den Pädagogischen Hochschulen übereinstimmend benannt. Insbesondere die regelmäßig stattfindenden Tagungen von Wissenschaftlern aller Disziplinen, die die Lehrerbildung betrafen, ermöglichten auch aufgrund des noch fast privaten Charakters und der überschaubaren Teilnehmerzahl ein interdisziplinäres, konstruktives Gespräch. Hier trafen sich Fachwissenschaftler aller Fachrichtungen, Erziehungswissenschaftler, Allgemeindidaktiker sowie alle, die an der Lehrerbildung partizipierten und sich auf der breiten Skala zwischen rein fachlicher Theorie und pädagogischer Praxis befanden.

Der 4. Pädagogische Hochschultag 1959 in Tübingen sowie vor allem der 5. Pädagogische Hochschultag 1962 in Trier werden von allen Beteiligten über-

1.2 Historische Skizzen zur Entwicklung der Fachdidaktik

einstimmend als "Geburtsstunde" einer breiten Diskussion über das gegenseitige Verhältnis zwischen Fachwissenschaft, Allgemeiner Didaktik und einem neuen Konstrukt, das im wissenschaftlichen Diskurs immer häufiger als "Fachdidaktik" bezeichnet wurde, benannt. Otto ist sogar der Meinung, dass "Didaktik" erst auf dem Tübinger Hochschultag 1959 "kongressfähig" wurde. Er berichtet rückblickend im Jahre 1983: "Danach begann eine neue Phase der Didaktik, die für den Status der Ausbildungsinstitutionen bedeutsam wurde, Folgen auf der Ebene der Forschung hatte und zur Etablierung der Fachdidaktiken in den Universitäten führte" (Otto 1983, S. 519). Nentwig stimmt dem zu und schreibt: "Viele Pädagogen legen das Geburtsdatum der Fachdidaktiken als eigenständige wissenschaftliche Disziplinen auf den Pädagogischen Hochschultag 1962 in Trier" (Nentwig 1988a, S. 132).

Kennzeichnend für die weitere Entwicklung ist eine immer stärker werdende Ablösung von rein unterrichts*methodischen* Fragestellungen, die insbesondere seit der pädagogischen Reformbewegung der 20er Jahre die Arbeit geprägt hatte. Beckmann betont, dass in den 50er Jahren noch inhaltliche Fragen des Unterrichts im Vordergrund standen, dann aber durch den Trierer Hochschultag 1962 allgemeindidaktische Theorien und Kategorien durch verschiedene Fächer aufgegriffen und konstruktiv diskutiert wurden (vgl. Beckmann 1978, S. 216). "Dabei ging es keineswegs um eine einfache Übernahme, sondern um eine produktive Weiterentwicklung aus der Perspektive des jeweiligen Unterrichtsfaches und der jeweiligen Fachwissenschaft" (Beckmann 1978, S. 216). Die Allgemeine Didaktik, die durch die Vertreter der Göttinger Schule eine starke Rezeption erfahren hatte, dominiert so stark auf dem Trierer Hochschultag (Grundsatzreferat von W. Klafki[30]), dass die Vertreter der Fachgruppen den Auftrag erhalten, das bildungstheoretische Konzept und seine Anwendung im Bereich des eigenen Faches zu diskutieren. Sauer beschreibt diesen Vorgang mit Bezug auf die Fremdsprachendidaktiker: "Entscheidend war, dass Vertreter der Fachdisziplinen den Impetus aus der Pädagogik aufgenommen hatten und sich um eine erziehungswissenschaftliche Fundierung ihrer fachdidaktischen Theorien bemühten. In der pädagogischen Aufbruchstimmung dieses Hochschultages entstand in der Gruppe der Fremdsprachendidaktiker der Wunsch, das Fachgespräch in regelmäßigen Tagungen weiterzuführen" (Sauer 1977, S. 104). Das Anregungspotential, das mit der Diskussion um die sich stark ausprägenden allgemeindidaktischen Modelle verknüpft war, zeigt sich auch in dem Hinweis Sauers, dass bereits vor dem Grundsatzreferat Klafkis auf allen Stühlen der Teilnehmer am

---

[30] Vgl. Klafki 1963

Trierer Hochschultag 1962 das druckfrische Heft 9/1962 der Zeitschrift "Die Deutsche Schule" mit dem lerntheoretischen Ansatz von Heimann, Otto und Schulz ausgelegt worden war (vgl. Sauer 1984, S. 368). Der anregende Diskurs über allgemeindidaktische Theoriebildungen und deren kritische Reflexion scheint demnach ein wesentlicher Impetus für die weitere fruchtbare Entwicklung der jungen Disziplin Fachdidaktik zu sein.

1.2.3 Fachdidaktik zwischen Methodenlehre und Universitätsdisziplin

Fritsch und Gies (vgl. Fritsch, Gies 1996) sehen zwei Traditionsstränge der Fachdidaktik, bevor sie sich als Handlungswissenschaft eines Unterrichtsfaches in der Schule zunächst an den Pädagogischen Hochschulen etablierte:

1. Fachdidaktik war "ein Instrument der Fachwissenschaft zur Reduktion und Vermittlung von Fachwissen im Hinblick auf Schulunterricht" (Fritsch, Gies 1996, S. 208). Die damit verknüpften Vorstellungen einer Lehrerbildung stützen sich auf die Konstruktion einer Abbilddidaktik zwischen Fachwissenschaft und Schulfach bzw. verstehen Lehrerbildung als "Meisterlehre", Fachdidaktik wird dementsprechend allenfalls als *Methodenlehre* eines Faches angesehen.
2. In der Traditionslinie der bildungstheoretischen Didaktik (Weniger) entwickelt sich die *Theorie der Bildungsinhalte und des Lehrplans*, die eine Analyse des Bildungswertes des Fachwissens leistet.

Fritsch und Gies stellen fest, dass mit der lerntheoretischen Didaktik Paul Heimanns, welche ein interdependentes Verhältnis zwischen den Entscheidungsfeldern des Lehrers (Ziele, Inhalte, Methoden und Medien) sowie den soziokulturellen und anthropogenen Bedingungsfeldern des Unterrichts klar herausstellt, auch die Fachdidaktik zu einem völlig neuen Selbstverständnis gelangt (vgl. Fritsch, Gies 1996, S. 208). Kennzeichnend wird fortan eine wesentlich stärkere Autonomie der Fachdidaktik gegenüber der Fach- und Erziehungswissenschaft, aber auch gegenüber den übrigen korrespondierenden Sozialwissenschaften (Psychologie, Soziologie, Philosophie, und Politikwissenschaften).

Die weitere Entwicklung lässt sich zunächst rein *quantitativ* belegen: Die Zahl der Pädagogik-Professoren an den Universitäten erhöhte sich im Zeitraum von 1953 bis 1976 von 26 (sic!) auf 518 (Faktor 19), die Zahl sämtlicher im Bereich der Didaktik an Universitäten Beschäftigten sogar von 101 auf 4.148 (Faktor 41) (vgl. Nicklis 1989, S. 92). Bezogen auf den Zeitraum 1966 bis 1980 gibt Gudjons an, dass sich die Anzahl der erziehungswissenschaftlichen Professuren von 196 auf 1.100 explosionsartig vermehrt hat (vgl. Gudjons 1992, S. 50). Heursen nennt in diesem Zusammenhang auf der Grundlage einer Analyse der Personalverzeichnisse der Universitäten und noch verbliebenen Pädagogischen Hochschulen eine Zahl von "mehr als 1.200 C2- bis C4-Professuren für Fachdidaktik" (Heursen 1984b, S. 81) in Deutschland. Timmermann konstatiert, dass im Zeitraum von 1967 bis 1971 die Anzahl fachdidaktischer Lehrveranstaltungen an (west-)deutschen Universitäten von etwa 150 auf ca. 600 angestiegen sei (vgl. Timmermann 1972b, S. 15).

Beckmann weist darauf hin, dass die Einrichtung von Professuren für Allgemeine Didaktik an Pädagogischen Hochschulen, die neben der Schulpädagogik angesiedelt wurden, Voraussetzung einer Etablierung der Fachdidaktik seit den 60er Jahren war. Wurden zunächst nur an Pädagogischen Hochschulen auch fachdidaktische Professuren in Verbindung mit der jeweiligen Fachwissenschaft begründet, entstanden in Zusammenhang mit der Integration der Pädagogischen Hochschulen in die Universitäten abhängig von der Entwicklung in den unterschiedlichen Bundesländern zunehmend auch Seminare, Arbeitsgruppen und Lehrstühle für Fachdidaktik an den Universitäten (vgl. Beckmann 1991b, S.676).

Beckmann subsumiert die damit einhergehende Reform der Lehrerbildung mit dem Begriff der *„Integration"*. Er unterscheidet vier verschiedene Aspekte dieser Integration, deren Entwicklung über einen längeren Zeitraum gesehen werden muss und aus heutiger Sicht mindestens die Phase von Mitte der 60er Jahre bis Ende der 80er Jahre umfasst (vgl. Beckmann 1988, S. 184).

1. *Institutionelle Integration*: Prozess der Zusammenführung bzw. Verschmelzung der Pädagogischen Hochschulen mit den neugegründeten oder bestehenden Universitäten und deren Ausbildungstraditionen der Gymnasiallehrerschaft;
2. *Inhaltliche Integration:* Entwicklung neuer Lern- und Fachbereiche und damit Auflösung des traditionellen Fächerkanons der Schule;
3. *Konzeptionelle Integration:* Intensivierung des Theorie-Praxis-Dialogs in der Lehrerbildung und Einbindung dieser Bezüge in die Lehrerausbildung bis hin zu Modellen der einphasigen Lehrerausbildung;
4. *Standespolitische Integration:* Erkennen des gemeinsamen Berufsethos von Lehrern verschiedener Schularten; massive Änderungen (Aufwertung und Angleichung) in der Besoldungsstruktur von Grund-, Haupt- und Realschullehrern als Folge geänderter Ausbildungsordnungen und formaler Laufbahnbedingungen; gleichzeitiges Bestreben von Professoren Pädagogischer Hochschulen, Universitätsprofessoren in Aufgaben, Rechten und Besoldung gleichgestellt zu werden.[31]

---

[31] Vgl. hierzu die Einschätzung von Timmermann, der deutlich die Standesinteressen der bei der Integration betroffenen Statusgruppen hervorhebt: "(...), also von dem Interesse der Lehrer an Pädagogischen Hochschulen, den Universitätslehrern gleichgestellt zu werden, dem Interesse der Assistenten, für den zukünftigen Assistenzprofessor Aufgabengebiete zu

1.2 Historische Skizzen zur Entwicklung der Fachdidaktik 47

Die bahnbrechenden gesellschaftlichen und bildungspolitischen Veränderungen in der Bundesrepublik Deutschland[32], die diese Entwicklung erst ermöglichten (Hochschulneugründungen, beginnende Integration der Pädagogischen Hochschulen in die Universitäten und neugeschaffenen Gesamthochschulen[33], massive Ausweitung der Bildungsbeteiligung, Studentenproteste, politisch veränderte Machtverhältnisse usw.), begünstigen auch die vor allem zunächst *quantitative* Expansion des in der Wissenschaftslandschaft neuen Konstrukts Fachdidaktik. Wie viel an *qualitativer* Veränderung tatsächlich damit verbunden war, bleibt eine der zu untersuchenden Fragen[34]. Nicklis deutet bereits an, dass mit dem Mehr von "überschlagsmäßig 20.000 bis 80.000 laufbahnbedingten Publikationen" (bezogen auf den Zeitraum von 1953-1976) wenig wirklich Neues zu Tage gefördert wurde und damit "weit über den Erkenntnisbedarf des pädagogischen Normalverbrauchers" hinaus produziert, gedacht und geforscht wurde (vgl. Nicklis 1989, S. 92). Dieser sehr pessimistischen und pauschalisierenden Einschätzung kann wohl berechtigt widersprochen werden, betrachtet man die notwendigen Anstrengungen, die unternommen wurden, um sich von einer reinen Anschauungsmethodik zu einer wissenschaftlich begründeten, theoriegeleiteten

---

reservieren, von der deutlich bemerkbaren Tendenz der Ausbildungslehrer an Gymnasien und Realschulen (Seminarlehrer), zumindest eine Durchlässigkeit von der Schullehrer- zur Hochschullehrerlaufbahn zu erreichen, wenn nicht überhaupt die gesamte Lehrerbildung und -fortbildung der Universität anzugliedern" (Timmermann 1972b, S. 16).

[32] Initialzündend wirkten die Veröffentlichungen "Die deutsche Bildungskatastrophe" (Picht 1964) sowie "Bildung ist Bürgerrecht" (Dahrendorf 1965).

[33] Horstkotte legt 1999 eine Bilanz vor, die die geringen Erfolge des integrativen Konzeptes der nordrhein-westfälischen Gesamthochschulen belegt (vgl. Horstkotte 1999). Erwähnenswert ist der Umstand, dass diese Hochschulen sich seit 1980 nicht mehr Gesamthochschulen nennen, sondern "Universität-GH" heißen. Die Situation der Fachdidaktik unterscheidet sich an diesen Hochschulen nur wenig von der Lage an den Universitäten. (Auch Fachhochschulen in Deutschland bezeichnen sich mit der Begründung einer internationalen Ausrichtung seit einiger Zeit *"University* of applied sciences").

[34] Beckmann weist berechtigt auf einseitige Orientierungen an gesellschaftspolitischen Maximen wie Emanzipation, Kritikfähigkeit, Konflikttheorien hin (vgl. die Diskussion um die Hessischen Rahmenrichtlinien), die viele sich gerade erst entwickelnde Fachdidaktiken zunächst in eine tiefe Krise stürzten. Beckmann resümiert: "Die Folge war Langeweile im Unterricht" (Beckmann 1978, S. 216). Sauer bemerkt zu den Veränderungen Ende der 60er und Anfang der 70er Jahre: "Die hochschulpolitische und die fremdsprachendidaktische Szene befand sich in einem Gärungs- und Veränderungsprozeß. An den Hochschulen begann der Kampf um Paritäten, das Gruppendenken wurde zum Prinzip für die Organisation von Lehre und Forschung. Gesellschaftspolitisches Engagement und das weltpolitische Geschehen wirkten stärker als zuvor in den Hochschulbetrieb hinein" (Sauer 1977, S. 106).

Disziplin zu entwickeln[35]. Als ein Beispiel für eine günstigere Einschätzung der Entwicklung sei Sauer genannt, der die Expansionsphase der Fremdsprachendidaktik retrospektivisch folgendermaßen beleuchtet: "An neuen Universitäten und Gesamthochschulen wurden Lehrstühle für Didaktik der englischen und französischen Sprache oder auch für angewandte Linguistik und Sprachlehrforschung gegründet, die Lehrstühle an Pädagogischen Hochschulen wurden vermehrt und personell und sachlich weiter ausgebaut, Promotions- und Habilitationsrecht verstärkten die forscherischen Potenzen" (Sauer 1977, S. 106). Trotzdem darf nicht davon ausgegangen werden, dass das nach außen messbare quantitative Mehr an fachdidaktischer Forschung und Lehre auch automatisch eine qualitative Weiterentwicklung in Richtung auf eine eigenständige Universitätsdisziplin bedeutet hätte.[36] Diese Tatsache ist aber sicherlich nicht nur auf die Entwicklung der Fachdidaktik beschränkt, sondern ließe sich genauso auch in anderen damals stark expandierenden und diversifizierenden Wissenschaftszweigen belegen.

Auch von offizieller Seite weht der Fachdidaktik eine bildungspolitische Wertschätzung entgegen. So berücksichtigt sowohl der Deutsche Ausschuß für das Erziehungs- und Bildungswesen 1966 (vgl. Deutscher Ausschuß 1966) als auch der Deutsche Bildungsrat im Strukturplan für das Bildungswesen (1970) (vgl. Deutscher Bildungsrat 1970) die Bedeutung, Aufgaben und Strukturen fachdidaktischer Lehre und Forschung. Als Konsequenz dieser Entwicklungen gehen diese Gedanken in den Bildungsbericht der Bundesregierung (1970) und die Frankenthaler Beschlüsse der Kultusministerkonferenz (1970) ein (vgl. Sandfuchs 1990, S. 18).

Ein sich hier bereits andeutendes Problem soll frühzeitig benannt werden: Lehrerbildung und die mit ihr unteilbar verknüpfte Pädagogik bzw. Erziehungswissenschaft(en)[37] führen an der Universität eine völlig andere Existenz als an der Pädagogischen Hochschule. Die Pädagogik stellt in Abhängigkeit vom ange-

---

[35] Ein Beispiel ist die mit Roth untrennbar verknüpfte 'realistische Wende' in der pädagogischen Forschung, die die bis dahin massiv bestehenden Defizite z. B. in der für die Fachdidaktik wichtigen empirischen Unterrichtsforschung aufwarf und konstruktive Beiträge mit dem Postulat der Verknüpfung von geisteswissenschaftlicher Hermeneutik und Empirie dazu entwickelte (vgl. Roth, H. 1963).

[36] Mangold/Oelkers äußern sich dazu in folgender Weise: "Das Problem (der Akademisierung der Lehrerbildung, W.T.) wurde mit Stellenzuweisung und Personalausbau in den bisherigen Lehrerbildungsstätten bearbeitet. Die beiden Phasen wurden auf- bzw. ausgebaut, während der eigentliche Auftrag vage blieb. Was genau die Fachdidaktiken tun sollten, um aus schulpraktischen Disziplinen der Lehrerbildung Forschungsdisziplinen zu machen, wurde nie bestimmt" (Mangold/Oelkers 2000, S. 6).

[37] Vgl. zu diesem "Etikettierungsproblem" Nicklis 1989, S. 91

1.2 Historische Skizzen zur Entwicklung der Fachdidaktik 49

strebten Lehramt den notwendigen *Ganzheitsbezug* wie bei jeder anthropologisch orientierten Berufswissenschaft (vgl. Medizin, Rechtswissenschaft, Theologie) her (vgl. Nicklis 1989, S. 96). Ob und wieweit dieser Ganzheitsbezug in einem fachwissenschaftlich spezialisierten Studium an der Universität noch gewährleistet ist und welche notwendige Aufgabe dabei der universitären Fachdidaktik zufällt, ist eine der entscheidenden Forschungsfragen dieser Untersuchung. Es drängt sich daher die These auf, dass die strukturelle Vereinheitlichung bzw. die Integration aller Lehramtsstudiengänge in die Universität eine wissenschaftlich etablierte Fachdidaktik geradezu existentiell benötigt. Der hohe Grad der inter- und intradisziplinären fachwissenschaftlichen Spezialisierung universitärer Forschung erfordert eine theoretisch fundierte Brücke zur späteren beruflichen Aufgabe und benötigt eine ganzheitliche Sicht des fachgebundenen Wissens, um quasi eine Klammer zwischen dem Fachwissen und der ganzheitlichen Struktur des Schulfachs herzustellen.

Als ein allgemeines Charakteristikum der Reformanstrengungen innerhalb der ausgehenden 60er Jahre muss die Forderung gesehen werden, die Inhalte des Studiums am angestrebten Tätigkeitsfeld des angehenden Lehrers auszurichten. Diese Forderung steht aber sicherlich diametral dem Ideal des klassischen Wissenschaftsverständnisses gegenüber, welches traditionellerweise durch zwei Merkmale gekennzeichnet werden kann:

1. Jeglicher Praxisbezug muss zurückgewiesen werden. Nur Praktiker, d. h. Lehrer, die außerhalb der Universität wirken, beschäftigen sich mit der Anwendung wissenschaftlicher Erkenntnisse auf den Bereich Schule.
2. Der anerkannte oder nach Anerkennung strebende Wissenschaftler setzt sich nie dem Vorwurf des Utilitarismus oder des Pragmatismus aus. Forschung über Gegenwärtiges bleibt tabuisiert gegenüber der angeseheneren geschichtlichen Analyse des Gegenstandes (vgl. Sauer 1968, S. 233).

Wenn sich Fachdidaktik in diesem Spannungsfeld zwischen praxisorientierten Wissenschaftsbemühungen und solchen anwendungsfeindlichen Grundsätzen im Wissenschaftsbetrieb Universität behaupten will, muss sie Legitimationsprozesse durchlaufen, die ihre wissenschaftliche Existenz begründen.

Der weite inhaltliche Spannungsbogen, der zwischen den aufgezeigten Merkmalen von Fachdidaktik innerhalb einer Methodenlehre bzw. Universitätsdisziplin verknüpft ist, wird nun mit Hilfe einer Periodisierung der Entwicklungsgeschichte der Fremdsprachendidaktik im Überblick dargestellt. In Anlehnung an Hellwig (vgl. Hellwig 1988a, S. 4ff.) soll damit die Entwicklung der Fachdidaktik in Entwicklungsabschnitte bzw. Phasen eingeteilt werden. Dieser Versuch einer möglichen Einteilung in relativ homogene Zeitabschnitte geschieht hier aus der Perspektive der Fremdsprachendidaktik, da wesentliche Strukturmerkmale dieser Entwicklung (Institutionalisierungen und Entscheidungen über innere und äußere Merkmale der Lehrerbildung) auch mit der Entwicklung anderer Fachdidaktiken verknüpft sind.

Phasen/ Entwicklungsabschnitte der Fremdsprachendidaktik	*Kennzeichen*
1. Phase: Die *Allgemeine Didaktik als Ursprung* der Disziplin und methodikorientierte Vorgeschichte bis zum Ende des 19. Jahrhunderts	• *Comenius* und *Ratke* als Begründer der Allgemeinen Didaktik; • in der Folge Diskussion von Methodenproblemen und Erörterung der Vermittlungstechniken.
2. Phase: Versuchte, aber *gescheiterte Institutionalisierung* im Bereich der universitären Fachwissenschaften (1882 bis zu den 30er Jahren des 20. Jh.)	• Ende der dominant methodikorientierten Vorgeschichte zugunsten einer wissenschaftspropädeutischen Entwicklung: Vietors Reformschrift 1882: "Der Sprachunterricht muß umkehren" (vgl. Vietor 1882); • 1895: erstmalige Verwendung des Begriffes "Didaktik des französischen und englischen Unterrichts" in einem Buch von Münch und Glaunig (vgl. Hellwig 1988a, S. 8); • einzelne fachdidaktische Lehrveranstaltungen an der Universität; • die Gründung eines Instituts auf Initiative des zuständigen Ministeriums an der Berliner Universität, das Wissenschaft und Schulpraxis miteinander verbindet, *scheitert* am Widerstand der Fachwissenschaftler; • erkennbare Platzierung der "potentiellen Disziplin" (Hellwig 1988a, S. 10) zwischen Fachwissenschaft und Erziehungswissenschaft.
3. Phase: Gelungene *Institutionalisierung* und allmähliche wissenschaftliche Etablierung in einem erziehungswissenschaftlichen Umfeld (1945 bis Ende der 60er Jahre)	• 1946: Erteilung eines Lehrauftrages für Methodik des Englischunterrichtes, 1947: Errichtung einer Dozentur (1956 Umwandlung in eine Professur) für Didaktik der englischen Sprache an der Pädagogischen Hochschule Hannover; • Professoren und Dozenten entstammen überwiegend der Gymnasiallehrerschaft; • "Für Forschung blieb offenbar wenig Zeit. Der fachwissenschaftliche Bezug ist ganz allgemein in den frühen Veröffentlichungen nur schwach" (Hellwig 1988a, S. 15); • Gründung neuer *Zeitschriften*, Fachforen und Kongresse;

1.2 Historische Skizzen zur Entwicklung der Fachdidaktik 51

	• Etablierung einer Eigenständigkeit gegenüber philologisch-gymnasial und rein fachwissenschaftlich ausgerichteten Strukturen, daneben aber auch "inhaltliche, bezugswissenschaftliche und wissenschaftstheoretische Einseitigkeiten und Defizite" (Hellwig 1988a, S. 23).
4. Phase: Gelungene *wissenschaftliche Etablierung* zwischen Fach- und Erziehungswissenschaft (1970 bis Mitte der 80er Jahre)	• Definitionsversuche und Funktionsbestimmungen der Fremdsprachendidaktik; • Erörterung des Forschungsgegenstandes, der Legitimation der Disziplin, der Theoriebildung, Forschungsmethoden und Fachterminologie; • Integration der Pädagogischen Hochschulen in die Universitäten und z. T. neu gegründeten Gesamthochschulen; • starke Tendenz zur Wissenschaftsorientierung aller Lehrämter ("Philologisierung"); • Etablierung fachdidaktischer Lehr- und Forschungseinrichtungen an Universitäten; • Neustrukturierung der schulstufen- oder schulartenspezifischen Lehrerausbildungen unter Einbezug erziehungswissenschaftlicher, gesellschaftswissenschaftlicher, fachdidaktischer und schulpraktischer Studienelemente neben den klassischen fachwissenschaftlichen Ausbildungsanteilen; • enorm steigende Lehrer- und Schülerzahlen.
5. Phase: Institutionelle *Stagnation*, kritische Besinnung und Rückschau sowie Neuorientierung (Mitte der 80er Jahre bis Gegenwart)	• Stagnation der Entwicklung bedingt durch finanzpolitischen *Abbau von Mitteln und Stellen* seit Anfang der 80er Jahre; • gleichzeitig drastischer *Rückgang der Studentenzahlen* infolge abnehmender Schülerzahlen; • Massiver *Rückgang der Lehrereinstellungen* bei gleichzeitigem Anstieg der Lehrerarbeitslosigkeit ab ca. 1982 bis Ende der 80er Jahre; • Polyvalenz-Diskussion; • *Nachwuchsproblematik.*

Abb. 2: Phasen der Entwicklungsgeschichte der Fremdsprachendidaktik (vgl. Hellwig 1988a, S. 4ff.)

Der drastischen Aufbauphase der wissenschaftsorientierten Fachdidaktik (Ende der 60er bis Anfang der 80er Jahre) folgt mit Einsetzen der Mittelkürzungen und Stelleneinsparungen Anfang und Mitte der 80er Jahre an allen Hochschulen eine Phase der Neuorientierung: "Ende der 60er und Anfang der 70er Jahre waren

Wissenschaftsorientierung, Aufschwung und Optimismus kennzeichnend für die Didaktik in der Bundesrepublik. Es war die Zeit steigender Schülerzahlen sowie der bildungspolitischen und pädagogischen Reform. Die Didaktiken an den Hochschulen wurden quantitativ stark ausgebaut. Stagnation, Ernüchterung und Besinnung lösten spätestens seit Mitte der 80er Jahre Optimismus und Aufschwung in der Didaktik ab. Ja, seither ist sogar das vorherrschende Thema die Krise der Fachdidaktik" (Adler et al. 1996, S. 40).

Die Anfang bis Mitte der 80er Jahre einsetzende Krise der jungen Disziplin Fachdidaktik korreliert stark mit zurückgehenden Lehrereinstellungszahlen und der damit drastisch steigenden Lehrerarbeitslosigkeit. Es bleibt festzustellen, dass die Fachdidaktiken nach der Integration in die Universitäten personell sowie hinsichtlich ihrer Forschungsmöglichkeiten und ihres Anteils an der Gesamtstudienzeit im Vergleich zu der Situation an den Pädagogischen geschwächt wurden. Dies trifft insbesondere unter Berücksichtigung der hochschulpolitischen Sparmaßnahmen der 80er und 90er Jahre zu (vgl. Klafki 1988, S. 29). Ob nicht jedoch auch strukturelle Grundsatzentscheidungen in der Aufbauphase zu dieser Krise mit beigetragen haben, wird eine noch genauer zu untersuchende These sein. Der institutionelle Ort der Fachdidaktik[38], die Umstände der Stellenbesetzungen bzw. die Qualifizierung der Stelleninhaber oder die inhaltliche Gestaltung der Lehr- und Forschungsaufgaben sind Parameter, die für eine sachliche Einschätzung der Entwicklung von entscheidender Bedeutung sind.

1.3 Zusammenfassung und Ausblick

Die gegenwärtige Lage der Fachdidaktiken an den wissenschaftlichen Hochschulen und Universitäten in Deutschland erscheint auch im Spiegel von Literaturmeinungen ungesichert und höchst ambivalent. Die Analyse der unterschiedlichen Aussagen zum Konstrukt "Fachdidaktik" ergibt ein breites Spektrum von Meinungen und Positionen, die von ungeteilter Zustimmung und Unterstützung bis zur völligen Ablehnung der fachdidaktischen Reformbemühungen im System der universitären Lehrerbildung reichen.

Das moderne Verständnis von Fachdidaktik hat seinen Ursprung auf den Pädagogischen Hochschultagen in Tübingen 1959 und Trier 1962. Damit wird

---

[38] Als prinzipielle Möglichkeiten, die einer noch detaillierteren Analyse zu unterziehen sind, können genannt werden: Fach-zu-Fach-Zuordnung, erziehungswissenschaftliche Zuordnung, fachdidaktisches Zentrum.

1.3 Zusammenfassung und Ausblick 53

deutlich, dass der innere Kern der Fachdidaktik sich an den ehemaligen Pädagogischen Hochschulen bereits herauskristallisierte und die Volksschullehrerbildung als die wesentliche Keimzelle der späteren universitären Etablierung angesehen werden muss. Die Entwicklung von einer fachlichen Methodenlehre hin zu einer eigenständigen Universitätsdisziplin wird durch die Reformanstrengungen und institutionellen Veränderungen der Lehrerbildung Ende der 60er und Anfang der 70er Jahre des 20. Jahrhunderts begleitet und forciert. Dabei verlaufen die Strukturveränderungen der beiden großen Zweige der Lehrerbildung (Volksschullehrer- und Gymnasiallehrerbildung) in gegensätzlichen Richtungen: Während die Ausbildung der angehenden Primar- und Sekundarstufen I - Lehrer durch zunehmende fachwissenschaftliche Profilierung und Ausrichtung auf universitäre Standards geprägt ist, wird mit der universitären Etablierung der Fachdidaktik auch für das Studium der angehenden Gymnasiallehrer neben dem traditionell vorherrschenden, rein fachwissenschaftlichen Studium die Forderung nach einer stärkeren Orientierung auf praxis- und berufsrelevante Studienelemente artikuliert. Die junge Wissenschaft Fachdidaktik steht damit in der Zeit der hochschulpolitischen Reformen der 70er Jahre unter einem erheblichen Erwartungsdruck, die ambivalenten Ansprüche der unterschiedlichen Lehramtsstudiengänge zu erfüllen.

Nach einer Phase des Aufbaus und der massiven Expansion an den Universitäten bedeutet die Integration der Pädagogischen Hochschulen in die Universitäten Ende der 70er und Anfang der 80er Jahre eine erneute hochschulpolitische Herausforderung für die Fachdidaktik. Die infolge der demographischen Entwicklung drastisch abnehmenden Lehramtsstudentenzahlen in der ersten Hälfte der 80er Jahre und die damit verbundenen Stellenreduzierungen in den betroffenen Studiengängen führen zu einer Krise der Fachdidaktik, die bis heute nicht überwunden ist.

Die Analyse zeigt einen erheblichen Bedarf an wissenschaftshistorischer Aufarbeitung der Entwicklung der einzelnen Fachdidaktiken. Das Verständnis der Ursachen der bis heute vorherrschenden Krise der Fachdidaktik ist nur auf der Grundlage einer kritischen Dokumentation und Analyse der institutionellen und inhaltlichen Entstehungsphasen möglich. Eine Behebung dieses Forschungsdesiderats ist eine wesentliche Voraussetzung für eine erfolgreiche Weiterentwicklung und wachsende Einflussnahme der Fachdidaktik im Gesamtkonzept der universitären Lehrerbildung.

Im weiteren Verlauf der Untersuchung wird nun auf der Grundlage der historischen Ausgangsbedingungen eine Analyse unterschiedlicher Kommissionsberichte und Veröffentlichungen von Fachdidaktikern und Erziehungswissenschaftlern über die Aufgaben der Fachdidaktik im System der universitären Wissenschaftsdisziplinen vorgenommen. Ziel wird dabei sein, die Vielschichtigkeit und Multiperspektivität der fachdidaktischen Aufgaben plastisch werden zu lassen.

2. Konkretisierungen: Aufgaben der Fachdidaktik als Wissenschaftsdisziplin

Jedes wissenschaftliche Arbeiten setzt ein Mindestmaß eines gemeinsamen Konsens' über Ziele und Aufgaben der Disziplin voraus. Die komplizierte, interdependente Struktur des Konstrukts "Fachdidaktik", insbesondere in dem sehr uneinheitlichen Erscheinungsbild vieler Fachdidaktiken der unterschiedlichen Schulfächer auftretend, macht es schwer, eine konsensfähige Auffassung über Gegenstände, Themen, Ziele und Aufgaben dieser innovativen Wissenschaft zu formulieren. Otte bemerkt dazu: "Die vielen vorhandenen eklektischen Auffassungen des Gegenstandes der Fachdidaktik führen in der konkreten Arbeit immer zu einem einseitigen Hervorheben eines Aspekts (einer Bezugsdisziplin oder eines praktischen Arbeitskontextes) als des absoluten Bezugspunktes" (Otte 1984, S. 107).

Analysiert man die verschiedenen Auffassungen von Seiten einzelner Fachdidaktiken bzw. aus der Perspektive erziehungswissenschaftlicher Positionen, erscheint diese Bemerkung mehr als berechtigt. Umso erstaunlicher ist z. B. die Meinung Ottes, dass der Unterricht *nicht* zum wissenschaftlichen Gegenstand der Fachdidaktik gehöre, ohne aber den fraglichen "absoluten Bezugspunkt" zu kennen (vgl. Otte 1984, S. 107). Bereits diese exemplarische Extremposition zeigt, wie inhomogen die Auffassungen über Aufgaben der Fachdidaktik sind. Klafki schafft dennoch eine gemeinsame Basis für eine erste, vage Orientierung, welchen Horizont fachdidaktisches Denken erreichen sollte: "Die Grundfrage lautet: Welchen Beitrag können Fachwissenschaften zur Entwicklung des Welt- und Selbstverständnisses junger Menschen als der Basis von kritischer Urteils- und Handlungsfähigkeit, Selbst- und Mitbestimmungsfähigkeit leisten, angesichts gegenwärtiger und - soweit voraussehbar - zukünftiger Probleme und Risiken, aber auch der positiven Möglichkeiten der modernen Welt, orientiert an den Prinzipien einer humanen und demokratischen Gesellschaft bzw. einer zu humanisierenden und weiter zu demokratisierenden Gesellschaft?" (Klafki 1994a, S. 57).

Neben solchen Einzelaussagen von Allgemeindidaktikern, Fachdidaktikern der unterschiedlichsten Fachrichtungen und Erziehungswissenschaftlern sind umfangreiche Stellungnahmen und Forderungen von Kommissionen und Gremien in der Literatur zu finden. Die Darstellung und Analyse dieser Positionen erfolgt getrennt nach Aussagen von Kommissionen und Einzelpersonen. Die Auswahl der referierten Positionen stellt keine inhaltliche Wertung dar, sondern orientiert sich an dem Ziel, ein möglichst vielschichtiges und facettenreiches Bild der fachdidaktischen Aufgaben aus der Sicht unterschiedlicher Kommissionen und Autoren über den Zeitraum der letzten 30 Jahre zu entwerfen.

2.1 Positionen und Forderungen von Kommissionen und Gremien

2.1.1 Deutscher Bildungsrat (1970)

Die Aussagen des Deutschen Bildungsrates im Jahre 1970, verschriftlicht im Strukturplan für das Bildungswesen (vgl. Deutscher Bildungsrat 1970), müssen als geradezu wegweisend für die Entwicklung der gesamten föderal strukturierten Bildungslandschaft der Bundesrepublik Deutschland angesehen werden. Keinem anderen Positionspapier wurde eine derartige Aufmerksamkeit in der bildungspolitischen Diskussion der 70er Jahre geschenkt. Die Resonanz[39] dieser Quelle in der gesamten erziehungswissenschaftlichen und speziell schulpädagogischen bzw. fachdidaktischen Literatur ist einzigartig. Ob und inwieweit die in dem Bericht abgesteckten Ziele und Forderungen eine Berücksichtigung in der tatsächlichen Entwicklung gefunden haben, muss einer näheren Analyse unterzogen werden, die nicht Gegenstand dieser Darstellung ist.

Neben grundsätzlichen Aussagen zu Lernen und Erziehung, Curriculum und Lernzielen sowie strukturellen Entscheidungen bzgl. des Stufenaufbaus im Bildungswesen, nimmt der Bereich *Lehrerbildung* neben den Themen Verwaltung und Finanzen einen Hauptteil des Berichtes ein.

Die zentrale Forderung des Kommissionsberichts, nämlich die Ausbildung der Lehramtskandidaten aller Schularten und Schulstufen an einer wissenschaftlichen Hochschule, muss deutlich herausgestellt werden[40]. Die Kennzeichnung der Aufgaben des Lehrers durch die Aspekte *Lehren, Erziehen, Beurteilen, Beraten* und *Innovieren* sind seither wegweisend für alle Darstellungen der beruflichen Praxis der Lehrer aller Schulformen und -stufen.

---

[39] Als ein Indiz für diese Feststellung kann die Zitierhäufigkeit dieser Veröffentlichung genannt werden.

[40] Die damit einhergehenden Themenkomplexe Integration der Pädagogischen Hochschulen in die Universitäten sowie die mit der veränderten Lehrerausbildung diametral verknüpften Konsequenzen in Bezug auf die Besoldung von Primar- und Sekundarstufen I - Lehrern soll hier nur erwähnt werden.

2.1 Positionen von Kommissionen und Gremien

Das Konzept der Stufenlehrerausbildung antizipierend gehen die Vorschläge zu einer Reform der Lehrerbildung von gemeinsamen Elementen in der Ausbildung aller Lehrer aus. Explizit werden die folgenden Elemente genannt (vgl. Deutscher Bildungsrat 1970, S. 221):
- Erziehungs- und Gesellschaftswissenschaften;
- Fachwissenschaften und Fachdidaktik;
- Praktische Erfahrungen und Erprobungen incl. kritischer Auswertung.

Diese Elemente der Ausbildung werden für alle Schulstufen und Schularten verbindlich gefordert. Für die Ausbildung künftiger Gymnasiallehrer dürfte dieser Katalog, in dem das fachwissenschaftliche Studium nur noch in die Reihe zwischen völlig neuen und bis dahin unüblichen Studienelementen gestellt wird, als geradezu revolutionär angesehen worden sein. So formuliert auch bereits der Deutsche Bildungsrat vorsichtig: "Eine so verstandene erziehungs- und gesellschaftswissenschaftliche Ausbildung für Lehrer kann zur Zeit nur an wenigen Lehrerausbildungsstätten geleistet werden."[41] Erst nach einer detaillierten Erläuterung der erziehungswissenschaftlichen, pädagogisch-psychologischen und gesellschaftswissenschaftlich-pädagogischen Ausbildungsziele erfolgt in dem Bericht eine Ausführung der *fachlichen* Inhalte des Lehramtsstudiums. In diesem Abschnitt über das Studium der Fachwissenschaften erfolgt eine erste Einordnung der Fachdidaktik in das Gefüge der universitären Landschaft. Der Kernsatz lautet: "Eine Fachausbildung ist Voraussetzung für jede Lehrertätigkeit. Zur Fachausbildung gehört auch die jeweilige fachdidaktische Komponente" (Deutscher Bildungsrat 1970, S. 225). Diese Formulierung und die Anordnung der Fachdidaktik unterhalb des Kapitels "Fachliche Ausbildung" stellt bereits eine deutliche Akzentuierung dar, die sicherlich kennzeichnend für die gesamte weitere Entwicklung gesehen werden muss[42].

Der weitere Text betont, dass die geforderten fachdidaktischen Lehrveranstaltungen stets immanenter Bestandteil der fachwissenschaftlichen Ausbildungsteile sind: "Fachdidaktik ist im Fach verwurzelt. Sie verbindet das Fach mit der Schulpraxis" (Deutscher Bildungsrat 1970, S. 225). Vor einer detaillierteren Auflistung der Aufgaben der Fachdidaktik wird wegen des stark expansi-

---

[41] Aus heutiger Sicht erscheint die Frage berechtigt, ob überhaupt eine Lehrerausbildungsstätte, z. B. für Studenten für das Lehramt am Gymnasium, im Jahre 1970 in der Lage war, die Durchführung von fachdidaktischen, erziehungs- und gesellschaftswissenschaftlichen sowie schulpraktischen Ausbildungselementen den Vorstellungen des Bildungsrates entsprechend durchzuführen.

[42] Ob diese Formulierung bereits als ein erster Hinweis auf die überwiegende Institutionalisierung der Fachdidaktik innerhalb der Universität bei den Fachwissenschaften gedeutet werden kann, wird im weiteren Verlauf der Arbeit noch genauer untersucht.

ven Charakters aller Wissenschaften der Fachdidaktik die Aufgabe zugewiesen, "Kriterien für die Auswahl derjenigen Fachkenntnisse und -methoden zu entwickeln, die für die Ausbildung des Lehrers wichtig sind" (Deutscher Bildungsrat 1970, S. 225). Hier deutet sich bereits eine *hochschuldidaktische Komponente* an, die deutlich über das bisherige, eher auf eine reine Methodenlehre reduzierte Bild von Fachdidaktik hinausgeht. Dazu gehört auch die Entwicklung neuartiger Methoden in der Lehre, die geeignet sind, den größer werdenden Abstand zwischen vorwissenschaftlichen Anschauungen und aktuellen Forschungsergebnissen zu verkürzen. Später heißt es dazu im Text: "Die Einbeziehung der Fachdidaktik wird zu einer Frage jedes wissenschaftlichen Studiums weit über das Lehrerstudium hinaus (Hochschuldidaktik). Durch die Aufdeckung neuer Erklärungswege, Denk- und Anschauungshilfen wird die wissenschaftliche Lehre selbst intensiviert werden können" (Deutscher Bildungsrat 1970, S. 230). An späterer Stelle wird erklärt, dass eine Aufgabe der Fachdidaktik auch darin besteht, die didaktische Beratung der in der Lehrerbildung mitwirkenden Assistenten und studentischen Mitarbeiter vorzunehmen (vgl. Deutscher Bildungsrat 1970, S. 246). Diese Formulierungen weisen der Fachdidaktik grundlegende Kompetenzen zu, die das im Rahmen der Lehrerbildung vorgesehene Spektrum weit übertreffen. Die in dieser Passage vom Bildungsrat geforderten hochschuldidaktischen Elemente eröffnen der Fachdidaktik beratende Funktionen und Einflussnahmen auch in die Organisationsformen und Methoden des Fachstudiums und verändern bei tatsächlicher Realisierung in eminenter Weise das Verhältnis zwischen Fachwissenschaft und Fachdidaktik.[43]

Es werden nun vier explizite Aufgabenfelder der Fachdidaktik formuliert, die neben den bereits genannten Feldern wegweisend für viele Publikationen der Folgezeit sind.

"Zu den Aufgaben der Fachdidaktik gehört,
1. festzustellen, welche Erkenntnisse, Denkweisen und Methoden der Fachwissenschaft Lernziele des Unterrichts werden sollen;
2. Modelle zum Inhalt, zur Methodik und Organisation des Unterrichts zu ermitteln, mit deren Hilfe möglichst viele Lernziele erreicht werden;
3. den Inhalt der Lehrpläne immer wieder daraufhin zu überprüfen, ob er den neuesten Erkenntnissen fachwissenschaftlicher Forschung entspricht, und

---

[43] Das Verhältnis zwischen Fachdidaktik und Fachwissenschaft bedarf einer wesentlich detaillierteren Analyse, die im weiteren Verlauf dieser Darstellung erfolgt.

2.1 Positionen von Kommissionen und Gremien

gegebenenfalls überholte Inhalte, Methoden und Techniken des Unterrichts zu eliminieren oder durch neue zu ersetzen;

4. erkenntnistheoretische Vertiefung anzuregen und fächerübergreifende Gehalte des Faches beziehungsweise interdisziplinäre Gesichtspunkte zu kennzeichnen" (Deutscher Bildungsrat 1970, S. 225-226).

Diese vier Aufgabenfelder können stark verkürzt und plakativ mit folgenden Oberbegriffen erfasst werden:
1. Gegenstandsauswahl;
2. Lehr- und Lernorganisation;
3. Lehrplanrevision;
4. Erkenntnistheorie und Interdisziplinarität.

Aus dem traditionellen Verständnis von Fachdidaktik heraus muss zumindest das dritte und vierte Aufgabenfeld ein grundsätzlich neues Verständnis dieser noch jungen Disziplin hervorrufen. Neben den klassischen Aufgabenzuweisungen erfolgt hier bereits eine Ausweitung der Dimension der Fachdidaktik in Richtung auf eine eigenständige wissenschaftliche Existenz.

Im weiteren Verlauf wird nochmals der Zusammenhang zwischen Fachstudium und Fachdidaktik expliziert: Die Bedeutung eines wissenschaftlich fundierten Fachstudiums wird ausdrücklich betont[44] und dessen Notwendigkeit insbesondere für die geforderten curricularen Innovationsleistungen eines jeden Lehrers herausgestellt. Die darüber hinausgehende Forderung nach fachdidaktischen Studienelementen soll aber nicht als eine "Zugabe zum Fachstudium" oder eine "Pädagogisierung des fachwissenschaftlichen Studiums" (Deutscher Bildungsrat 1970, S. 230) angesehen werden. Die Fachdidaktik wird als *selbstständiger* Gegenstand des Studiums angesehen. Das Gremium betont in diesem Zusammenhang, dass im Rahmen der bisherigen Lehramtsstudien (z. B. angehender Gymnasiallehrer) eher zufällige oder intuitive Fähigkeiten für einen Brückenschlag zwischen Fachstudium und Berufsalltag notwendig waren, in Zukunft aber diese Fähigkeiten und Kompetenzen auf eine rationale Grundlage gestellt werden sollen. Dabei kann nach Einschätzung des Bildungsrates auch durch schulpraktische Bezüge die fachwissenschaftliche Ausbildung insgesamt wirksamer und zeitlich ökonomischer durchgeführt werden (vgl. Deutscher Bil-

---

[44] Es heißt dazu wörtlich: "Eine oberflächlich-enzyklopädische Bildung für den Lehrer ist in jedem Falle abzulehnen" (Deutscher Bildungsrat 1970, S. 229). Hier werden insbesondere auch *exemplarische* fachwissenschaftliche Vertiefungen für das Lehramt für die Primarstufe gefordert.

dungsrat 1970, S. 230). Nähere Erläuterungen oder Beispiele für diese Aussagen fehlen in diesem Textabschnitt.

Als letzten wichtigen Aspekt bei der Aufgabenbeschreibung der Fachdidaktik durch den Deutschen Bildungsrat erfolgt eine Einschätzung des Verhältnisses *zwischen Allgemeiner Didaktik* und *Fachdidaktik*[45]: "Die Einbeziehung der Fachdidaktik in das Fachstudium schließt nicht aus, dass auch Probleme der Allgemeinen Didaktik vom Fach her Antworten und Anregungen erhalten können" (Deutscher Bildungsrat 1970, S. 230). Auch hier deutet sich an, dass der Bildungsrat das Fachstudium für den eigentlichen Kern des Lehramtsstudiums hält. Diese Fachstudien sollen aber konsequent didaktisch durchdrungen sein, um so einerseits aus der fachdidaktischen Perspektive und andererseits aus der allgemeindidaktischen Sicht, Brücken zum Schulfach zu eröffnen.

2.1.2 Studienreformkommission I (Schulisches Erziehungswesen) NRW (1976)

Grundlage dieser Darstellung ist das Beratungsergebnis der Unterkommission "Erziehungswissenschaftliches Studium, Fachdidaktik" der Studienreformkommission beim Minister für Wissenschaft und Forschung des Landes Nordrhein Westfalen, die 1976 einen Bericht zu den fachdidaktischen Studienelementen verfasst hat (vgl. Unterkommission "Erziehungswissenschaftliches Studium, Fachdidaktik" der Studienreformkommission I 1976").

In dem Ergebnisprotokoll wird eingangs bereits die Notwendigkeit herausgestellt, dass alle fachdidaktischen Bemühungen an der Universität im Rahmen der ersten Phase des Lehramtsstudiums nur Sinn ergeben, wenn sie in Abstimmung mit den Intentionen der zweiten Phase (Referendariat bzw. Vorbereitungsdienst) durchgeführt werden. Die Kommission fordert hierzu gegenseitige Abstimmungen und eine intensivierte Zusammenarbeit zwischen Hochschule und Studienseminar, um eine bruchlose Weiterführung der fachdidaktischen Studien zu gewährleisten. Der dann folgende Aufgabenkatalog gliedert sich in drei Großblöcke, die wiederum zunächst plakativ vorgestellt werden sollen:

---

[45] Auch das Verhältnis zwischen Allgemeiner Didaktik und Fachdidaktik wird im Verlauf dieser Untersuchung noch einer genaueren Analyse unterzogen.

2.1 Positionen von Kommissionen und Gremien 61

1. Erfassung von Strukturen des Unterrichts;
2. Ermittlung normativer, organisatorischer und personaler Voraussetzungen von Unterricht;
3. Untersuchung der Folgen von Unterricht einschließlich möglicher Ursachen.

zu 1.: Die Erfassung von Strukturen des Unterrichts beinhaltet dabei in den Augen der Kommission die Untersuchung und Ausprägung der vier Strukturelemente Ziele, Inhalte, Methoden und Medien sowie die Analyse des Verhältnisses dieser Strukturelemente untereinander (vgl. Unterkommission 1976, S. 1).

zu 2.: Neben der Erfassung solcher direkt auf Unterrichtsprozesse bezogener Fragen weist dieses Gremium der Fachdidaktik auch die Beschäftigung mit ausdrücklich *normativen* Fragestellungen zu. Es werden hierunter die Erwartungen aller Beteiligten und der wichtigsten gesellschaftlichen Gruppen verstanden, die mit dem Schulfach verknüpft werden (vgl. Unterkommission 1976, S. 2). Es soll dabei auch der Frage nachgegangen werden, wie diese Erwartungen begründet werden und inwieweit die Erwartungen an das Schulfach mit den Begründungen vereinbar sind. In diesem Zusammenhang erfolgt eine deutliche Zuweisung an normativer Kompetenz, die Fachdidaktik wahrzunehmen hat. Das Gremium geht sogar von gravierenden Unterschieden im Fachunterricht verschiedener Schularten, Schulstufen bzw. Klassen aus und betont hierbei auch Unterschiede zwischen historischen, nationalen, regionalen oder örtlichen Varianten (vgl. Unterkommission 1976, S. 2). Die Stellung bzw. auch das Ansehen des Faches im Fächerkanon soll hierbei durch fachdidaktische Forschung analysiert werden. Normative Aspekte klingen auch bei der geforderten Untersuchung der Einstellungs- und Leistungsunterschiede von Lehrenden und Lernenden an. Diese *personalen* und die damit auch zusammenhängenden *organisatorischen* Fragestellungen (Zeitressourcen, Stundentafeln, materielle und personelle Ausstattung) sollen im Hinblick auf die Spezifika des jeweiligen Faches untersucht werden.

zu 3.: Die Folgen des Unterrichts, der ja stets bestimmte Kenntnisse, Fähigkeiten, Denk- und Verhaltensmuster beim Schüler ausprägen soll, steht im Mittelpunkt des dritten Aufgabenkomplexes. In diesem Zusammenhang sollen das Erreichen und Verfehlen gesteckter Ziele des Unterricht untersucht sowie mögliche Nebenwirkungen des Unterrichts bedacht werden.

Die Berücksichtigung dieser Aspekte versetzt die Fachdidaktik in die Lage, begründete Empfehlungen zur Planung und Durchführung des Fachunterrichts auszusprechen.

Auch die Studienreformkommission geht davon aus, dass nur durch Anwendung von Forschungsmethoden der Allgemeinen Didaktik bzw. der Erziehungswissenschaft bei gleichzeitiger solider Kenntnis der jeweiligen fachwissenschaftlichen Grundlagen die notwendige fachdidaktische Spezifikation der Fragestellungen möglich ist. So fordert die Kommission explizit, dass die Übernahme von Lehraufgaben im Bereich der Fachdidaktik an den Nachweis nicht nur allgemeindidaktischer und sozialwissenschaftlicher Methoden, sondern auch entsprechender fachwissenschaftlicher Qualifikationen gebunden ist (vgl. Unterkommission 1976, S. 3, Fußnote 1). Man vermisst hier genauere Angaben zu den geforderten Standards, so dass keine verbindliche Auslegung dieser Nachweise möglich ist.

In einem abschließenden Katalog von Konsequenzen aus den eben referierten Aufgaben der Fachdidaktik wird eine "pragmatische" Vorgehensweise bei der Frage der Institutionalisierung der Fachdidaktik vorgeschlagen. Da sowohl fachwissenschaftliche als auch erziehungswissenschaftliche Anknüpfungen bestehen und bis dato unterschiedliche Modelle und keine allgemein akzeptierten Argumente existieren, wird kein verbindliches Institutionalisierungsmodell vorgeschlagen (vgl. Unterkommission 1976, S. 3). Abschließend weist die Kommission ebenfalls auf die Notwendigkeit *interdisziplinärer* Diskurse im Rahmen der fachdidaktischen Veranstaltungen hin.

Vergleicht man diesen Aufgabenkatalog mit den Ausführungen des Deutschen Bildungsrates, so fällt auf den ersten Blick eine viel stärkere Fokussierung auf rein unterrichtsrelevante Fragestellungen auf. Der Einfluss der Fachdidaktik auf die thematische und methodische Gestaltung der fachwissenschaftlichen Studien wird fast überhaupt nicht erwähnt. Fachdidaktik versteht sich in der Beziehung zur Fachwissenschaft hier eher als Additum, weniger als rückkoppelndes Korrektiv im Hinblick auf Unterrichtsrelevanz. Die Gesamtkonzeption erscheint vom Grad der Forderungen eher wieder zurückhaltender und verbleibt in der Substanz erheblich hinter den Forderungen des Bildungsrates. Die vom Bildungsrat geforderte didaktische Durchdringung des gesamten Fachstudiums in jedem Lehrerstudium (vgl. Deutscher Bildungsrat 1970, S. 230) klingt bei der Studienreformkommission nach einer fachdidaktischen Zugabe, die im Anschluss an solide fachwissenschaftliche Studien im Hinblick auf die spätere unterrichtliche Tätigkeit notwendig erscheint. In dieses Bild passt auch die Forde-

2.1 Positionen von Kommissionen und Gremien 63

rung der Studienreformkommission, die fachdidaktischen Studien in der Regel nicht in den ersten Semestern beginnen zu lassen (vgl. Unterkommission 1976, S. 3), da sie erziehungs- und fachwissenschaftliche Kenntnisse voraussetzt.

2.1.3 Gesellschaft für Didaktik der Chemie und Physik (GDCP) (1981)

Neben den bis jetzt dargestellten und diskutierten Aufgabenzuweisungen durch nicht speziell fachdidaktisch besetzte Gremien und Kommissionen soll nun kontrastiv und exemplarisch eine Stellungnahme einer *fachdidaktischen* Gesellschaft (vgl. GDCP 1981), hier der Gesellschaft für Didaktik der Physik und Chemie (GDCP), vorgestellt und vergleichend in die Analyse mit einbezogen werden. Um diese Veröffentlichung in den Gesamtzusammenhang einordnen zu können, muss insbesondere auf das Erscheinungsdatum (1981) hingewiesen werden. Die Stellungnahme der GDCP fällt damit bereits in eine Phase, in der der institutionelle Aufbau der meisten Fachdidaktiken abhängig von der jeweiligen Hochschule bzw. dem jeweiligen Bundesland zumindest eingeleitet oder bereits abgeschlossen ist und der gesetzliche Rahmen durch geänderte Lehrerausbildungsgesetze abgesteckt bzw. die hochschulinterne Neufassung von Studien- und Prüfungsordnungen teilweise erfolgt ist.

Die Ausführungen der GDCP beginnen mit einer Angabe der Gegenstände und des institutionellen Ortes der Fachdidaktik. Kern dieser Einführungen ist die Aussage, dass die Fachdidaktik ein "eigenständiges Forschungs- und Erkenntnisinteresse" besitzt, das weder von den jeweiligen Fachwissenschaften noch von der Pädagogik wahrgenommen werden kann (vgl. GDCP 1981, S. 114). Sie nimmt daher eine "Vermittlungs- und Brückenfunktion" (vgl. GDCP 1981, S. 114) zwischen den beteiligten wissenschaftlichen Disziplinen und der Schulpraxis wahr. In Erweiterung der bisher referierten Texte sieht die GDCP nicht nur die Lehre an Schulen, Hochschulen und andere Formen der Erwachsenenbildung als den Gegenstand der Fachdidaktik an, sondern auch Formen des selbstständigen Lernens durch Buchtexte, Lehrprogramme usw. Neben der damit angedeuteten hochschuldidaktischen Dimension der Fachdidaktik schlägt sich hier die in den 70er Jahren entstandene und dann in der Folge schnell nachlassende Euphorie in Bezug auf programmierte Lehr- und Lernverfahren nieder.

Die GDCP betont, dass die Fachdidaktik zwar enge Beziehungen und Wechselwirkungen zu den Fachwissenschaften besitzt, von einer konkreten Beeinflussung der Fachdidaktik auf die Fachwissenschaft wird aber nicht gesprochen. Hier muss also von einer einseitigen Wechselwirkung ausgegangen werden, die nur ausgehend von den Entwicklungen und Trends in der Fachwissenschaft die Arbeits- und Denkweise der Fachdidaktik bestimmen soll. Eine Adaption der Forderungen des Bildungsrates, der noch von einer didaktischen Durchdringung aller fachwissenschaftlichen Studienelemente gesprochen hat, findet in dieser Stellungnahme nicht mehr statt.

Es folgt nunmehr eine Auflistung von Einzelaufgaben und Zielen der Fachdidaktik in Forschung und Entwicklung, die der Verbesserung der Qualität des Unterrichts in Schulen, Hochschulen und in der Erwachsenenbildung dienen sollen:

- "Erforschung der fachspezifischen Erkenntnisprozesse und deren Bedeutung für Lehre und Unterricht;
- Analyse und Strukturierung der wissenschaftlichen Disziplinen Physik und Chemie nach Gegenständen, Problemen, Grundbegriffen, Methoden, Theorien und Prinzipien auf dem Hintergrund ihrer historischen Entwicklung unter didaktischen Gesichtspunkten" (GDCP 1981, S. 114).

Auch diese beiden Aufgaben gehen nur von einer *einseitigen* Beziehung zwischen Fachdidaktik und Fachwissenschaft aus, d. h. nur die Fachdidaktik untersucht Strukturen und Prozesse der Fachwissenschaft und zieht aufgrund dieser Analyse Konsequenzen für die eigene Arbeit. Eine mögliche Beeinflussung der fachwissenschaftlichen Erkenntnistheorien, Paradigmen und Methoden durch fachdidaktische Kriterien und Forschungsergebnisse in Bezug auf fachimmanente Lehr- und Lernprozesse wird nicht in Betracht gezogen.[46]

Der weitere Katalog von Aufgaben der Fachdidaktik bezieht sich schwerpunktmäßig auf unterrichtsrelevante Aspekte:

- "Analyse der Zielsetzungen des naturwissenschaftlichen Unterrichts (...);
- Entwicklung und Anwendung von Entscheidungskriterien für die Auswahl und Anordnung von Lehrinhalten;

---

[46] Überhaupt kann im Bereich der naturwissenschaftlichen Fachdidaktik von einer deutlich höheren Barriere, wenn nicht von Ressentiments zwischen Fachwissenschaft und Fachdidaktik im Vergleich zu den Geistes-, Gesellschafts- und Sprachwissenschaften gesprochen werden. Gründe hierfür liegen sicherlich in einer spezifischen Fachsozialisation sowie einer deutlich "schulferneren" Wissensstruktur und Forschungsmethodik.

2.1 Positionen von Kommissionen und Gremien 65

- Entwicklung und Anwendung von sachlogisch und psychologisch stringenten Prinzipien für die Transformation fachlicher Inhalte auf ein angemessenes Niveau (didaktische Reduktion, Elementarisierung); (...);
- Erforschung der fachspezifischen Lehr-, Lern- und Kommunikationsprozesse (...);
- Entwicklung einer fachspezifischen Unterrichtstheorie (...);
- Entwicklung, Erprobung und Revision fachbezogener oder fachübergreifender Curricula und Teilcurricula (...)" (GDCP 1981, S. 114).

Zu den *Methoden* fachdidaktischer Forschung werden empirisch-analytische Methoden der Psychologie, der Sozialforschung und der Erziehungswissenschaften, hermeneutische und normenkritische Methoden sowie Methoden der Handlungsforschung gezählt.

Zur Frage der *Institutionalisierung* listet dieses Gremium Vor- und Nachteile der fachwissenschaftlichen bzw. erziehungswissenschaftlichen Integration auf und kommt zu dem Schluss, dass bei jeder getroffenen Entscheidung zugunsten der einen oder anderen Zuordnung die jeweiligen Vorteile der einen Lösung in jeweils komplementäre Nachteile der anderen Lösung umschlagen. Aus diesem Grunde hält die GDCP es für unverzichtbar, "dass die spezifischen Nachteile eines jeden Zuordnungsmodells durch entsprechend zu entwickelnde institutionelle Regelungen gemildert werden müssen" (GDCP 1981, S. 115). In diesem Sinne soll bei einer fachwissenschaftlichen Zuordnung durch fächerübergreifende Institutionen eine Zusammenarbeit zwischen Fachdidaktikern verschiedener Fächer, Erziehungswissenschaftlern und Psychologen gewährleistet werden. Erfolgt die Zuordnung dagegen in einem erziehungswissenschaftlichen oder unterrichtswissenschaftlichen[47] Fachbereich, schlägt dieses Gremium die Doppelmitgliedschaft sowohl in diesem fachdidaktischen Zentralbereich als auch in der betreffenden fachwissenschaftlichen Fakultät vor, um die Anbindung an die fachwissenschaftliche Forschung weiterhin zu ermöglichen.

Zusätzlich fordert die GDCP eine angemessene Förderung des akademischen Nachwuchses durch eigenständige fachdidaktische Promotions- und Habilitationsverfahren. Die GDCP sieht insbesondere wegen der Überlastung der Pädagogischen Hochschulen durch hauptsächliche Wahrnehmung von Lehraufgaben und die erst späte Anerkennung der Pädagogischen Hochschulen als wissenschaftliche Hochschulen und dem damit verbundenen Recht, akademische Grade zu verleihen, eine Notwendigkeit, Forschungs- und Entwicklungs-

---

[47] In diesem Zusammenhang kann auf Besonderheiten der fachdidaktischen Institutionalisierung, hier an der Freien Universität Berlin hingewiesen werden, die über ein eigenes *unterrichtswissenschaftliches Zentralinstitut für Fachdidaktiken* verfügt.

vorhaben der jetzt in die Universitäten integrierten fachdidaktischen Forschungsbereiche verstärkt personell und materiell in Zukunft zu fördern.

2.1.4 Gemeinsame Kommission für die Studienreform (NRW) (1996)

Der Bericht dieser Kommission (vgl. Gemeinsame Kommission NRW 1996, S. 61-119), die sich in drei verschiedenen Sachverständigenkommissionen zu den Komplexen "Übergang Schule - Hochschule", "Lehrerausbildung" und "Ingenieurausbildung" äußert, wird nach einer Phase veröffentlicht, in der keine wesentlich neuen Impulse für die Entwicklung der Fachdidaktik in der Literatur zu verzeichnen sind[48]. Die Diskussion um die nun an den Universitäten zum größten Teil institutionalisierte Fachdidaktik geht spürbar in den 80er Jahren in demselben Maße zurück, wie der Stellenwert der Lehrerausbildung in diesem Jahrzehnt drastisch nachlässt. Infolge stark zurückgehender Schülerzahlen[49], eines veränderten Altersaufbaus der Kollegien, Stagnation der Bildungseuphorie und der eingeleiteten Reformschritte sowie einschneidender Sparzwänge der öffentlichen Haushalte aller Bundesländer erfolgt in demselben Zeitraum keine weitere Einstellung von Lehrern[50]. Als Folge dieser Entwicklung sinkt die Anzahl der Studierenden mit dem angestrebten Abschluss Staatsexamen für ein Lehramt mit leichter Phasenverschiebung im Wintersemester 1986/87 abhängig vom Bundesland und dem angestrebten Lehramt auf einen historischen Tiefstand. Als Beispiel sei auf die Entwicklung der Studienanfängerzahlen für ein Lehramtsstudium im Bundesland Hessen und zum Vergleich an sämtlichen deutschen Hochschulen verwiesen (vgl. Abb. 3 und Abb. 4).

---

[48] Die Sachverständigenkommission "Lehrerausbildung" setzte sich wie folgt zusammen: Bauer (Universität Dortmund), Brunkhorst-Hasenclever (Ministerium für Schule und Weiterbildung Düsseldorf), Hammelrath (Staatliches Prüfungsamt Münster), Leute (Universität Münster), Lippke (Universität-Gesamthochschule Siegen), Löwenbrück (Leverkusen), Oerter (Lüdinghausen), Peiniger (Studienseminar Sek. I, Oberhausen), Petin (TH Aachen), Schönhoff (Herne), Wildt (Universität Bielefeld).

[49] Der sogenannte "Pillenknick" verursachte eine massive Beeinflussung des demographischen Aufbaus der Bevölkerung, der sich vor allem Ende der 70er, Anfang der 80er Jahre auf die Schülerpopulation der Sekundarstufen auswirkt.

[50] Im Zeitraum von 1983 bis ca. 1989 wurden an öffentlichen Schulen in allen Ländern der Bundesrepublik Deutschland bis auf geringfügige Ausnahmen keine quantitativ relevanten Einstellungen von Lehrern vorgenommen.

2.1 Positionen von Kommissionen und Gremien 67

Winter-semester	Studienanfänger des Lehramtes in Hessen (absolut)	Index (bezogen auf SS 1972/73 = 100)
1972/73	4.358	100
1973/74	4.654	106
1974/75	5.397	123
1975/76	2.177	49
1976/77	2.334	53
1977/78	2.460	56
1978/79	2.513	57
1979/80	2.758	63
1980/81	2.713	62
1981/82	3.103	71
1982/83	2.313	53
1983/84	2.007	46
1984/85	1.969	45
1985/86	1.591	36
1986/87	1.484	34
1987/88	1.422	32
1988/89	2.601	59
1989/90	3.007	69
1990/91	3.710	85
1991/92	3.654	83
1992/93	3.525	80
1993/94	3.412	78
1994/95	3.221	73
1995/96	3.588	82

Abb. 3: Entwicklung der Studienanfänger des Lehramtes an den Hochschulen im Bundesland Hessen im Zeitraum WS 1972/73 bis WS 1995/96. Die absoluten und relativen Zahlen beziehen sich auf die Gesamtsumme der Studienanfänger *aller* Lehrämter (vgl. Kommission zur Neuordnung Hessen 1997, S. 158).

Jahr	Anzahl der Studienanfänger in Lehramtsstudiengängen in Deutschland (absolut)	Anteil in % aller Studienanfänger an Hochschulen (ohne FH)
1972	57.413	42,0
1974	68.234	44,4
1976	45.829	30,5
1978	40.650	26,4
1980	38.316	23,1
1982	29.051	15,3
1984	21.931	11,3
1986	17.849	9,4
1988	23.570	9,6
1990	43.370	15,6
1992	42.180	14,8
1994	44.210	16,5
1996	42.410	14,2
1998	34.775	11,6

Abb. 4: Entwicklung der Studienanfänger des Lehramtes (Studenten des ersten und zweiten Fachsemesters des Wintersemesters) an den deutschen Hochschulen in den Jahren 1972-1998 (1972-1986: Wissenschaftsrat 1988b, S. 99 sowie 1988-1998: Sekretariat der Ständigen Konferenz der Kultusminister der Länder der Bundesrepublik Deutschland 2000, S. 11)

Mit den politischen Veränderungen seit der deutschen Wiedervereinigung im Jahre 1989/90, der weiteren Genese eines europäischen Bildungshorizonts, wieder steigender Schülerzahlen, der aufkeimenden Erwartung und Annahme erhöhter Lehrereinstellungszahlen Mitte der 90er Jahre und dem erneuten Aufkommen einer gesamtgesellschaftlich geprägten bildungspolitischen Diskussion, in der nun retrospektivisch Erfolge und Misserfolge der zurückliegenden Reformschritte in gebührendem Abstand zu den häufig ideologisch geprägten Entscheidungen der 70er Jahre sachlicher diskutiert und beurteilt werden, beginnt auch eine neue Phase der Überlegungen um die Zukunft der Lehrerbildung, speziell der weiteren Entwicklung des Pflänzlings Fachdidaktik[51]. In dem in den zurückliegenden Reformjahren für viele bildungspolitischen Parameter maßgeblichen Bundesland Nordrhein-Westfalen setzt dieser Prozess u. a. mit der Diskussion um die Denkschrift der Kommission "Zukunft der Bildung - Schule der Zukunft" beim Ministerpräsidenten des Landes NRW ein (vgl. Bildungskommission NRW 1995). Parallele Entwicklungen im Hochschulbereich beziehen sich auf die Qualitätssteigerungen im Bereich der Lehre, die durch Evaluationsvorhaben im Mittelpunkt der hochschulpolitischen Diskussion steht. Der Kommissionsbericht der Gemeinsamen Kommission für die Studienreform greift in diese Diskussion ein, um die hochschulspezifische Sicht zu erörtern. Es werden Überlegungen angestellt, das Studium übersichtlicher zu gestalten, besser zu organisieren und die Studieninhalte veränderten gesellschaftlichen und bildungspolitischen Rahmenbedingungen anzupassen.

Die Sachverständigenkommission eröffnet ihren Bericht mit einer Auflistung von Strukturmerkmalen der aktuellen Lehrerausbildung, die bereits zu Beginn eine schonungslose Einschätzung der Situation in der Fachdidaktik an nordrhein-westfälischen Hochschulen wiedergibt: "Der Begriff der Fachdidaktik wird weitgehend inhaltsleer verwandt; häufig wird er mißverstanden als Unterrichtstechnologie, Richtlinienkenntnis oder ähnliches. Die fachdidaktischen Studien werden in der Regel der zentralen Aufgabe der Fachdidaktik nicht gerecht, fachliche und pädagogische Aspekte in Lehramtsstudiengängen zu vermitteln" (Gemeinsame Kommission NRW 1996, S. 63). Die erste Lektüre dieser Einschätzung vermittelt den Eindruck, dass in dem grundlegenden Verständnis der Aufgaben der Fachdidaktik seit der Diskussion in den 60er Jahren, in denen ja

---

[51] Ein entscheidender Grund für die aufkommende Diskussion speziell um die Fachdidaktik dürfte die Frage der weiteren Rekrutierung des wissenschaftlichen Nachwuchses in den Fachdidaktiken sein, die aufgrund der Altersstruktur der hauptsächlich in den 70er Jahren berufenen Lehrstuhlinhaber spätestens Ende der 90er Jahre bzw. mit Beginn des 21. Jahrhunderts akut wird.

2.1 Positionen von Kommissionen und Gremien

gerade eine Abkehr von der reinen Unterrichtsmethodenlehre propagiert wurde, nach Einschätzung dieser Sachverständigenkommission keine spürbaren Veränderungen stattgefunden haben. Das Gremium geht davon aus, dass die eigentliche Aufgabe der Fachdidaktik, nämlich eine "Scharnierfunktion zwischen Fachwissenschaften (...) Erziehungswissenschaft und Schulpraxis" (Gemeinsame Kommission NRW 1996, S. 81) wahrzunehmen, nicht in einem ausreichenden Maße erreicht wurde. Von einer gelungenen Etablierung kann also keine Rede sein, vielmehr konstatiert die Kommission gravierende Fehler bei der Zusammenführung der Pädagogischen Hochschulen mit den Universitäten. Parallel mit der Krise auf dem Lehrerarbeitsmarkt wurde die Fachdidaktik dabei zum "Steinbruch" bei der Einsparung von Stellen und Ressourcen. Die Kommission stellt insbesondere für den fachdidaktischen Nachwuchs massive Stellenstreichungen fest und bemerkt, dass eine Vielzahl von fachdidaktischen Planstellen, die aus den ehemaligen Pädagogischen Hochschulen an die Universitäten übergeleitet wurden, als "künftig wegfallend" eingestuft wurden (vgl. Gemeinsame Kommission NRW 1996, S. 82). Als weitere Folge dieser Entwicklung ist es der Fachdidaktik an den Universitäten nicht gelungen, "ein überzeugendes, eigenständiges Profil zu entwickeln, das ihre Identität im Kontext der Einzelwissenschaften, in Arbeitsteilung und Kooperation mit deren Teilgebieten, gewissermaßen als Brückenkopf zur Erziehungswissenschaft und Erziehungspraxis hätte entwickeln bzw. stärken können" (Gemeinsame Kommission NRW 1996, S. 82).

Diese Einschätzungen der vergangenen Entwicklung macht bereits deutlich, welche Funktion die Sachverständigenkommission von der Fachdidaktik erwartet: Fachwissenschaftliche Erkenntnis und schulpraktisches Handeln benötigen Brücken und Schranken, behutsame Vermittler, die den komplizierten Prozess des Lernens und Lehrens fachlicher oder fachübergreifender Kenntnisse analysieren, strukturieren und organisieren. Im weiteren Verlauf des Textes wendet sich die Kommission gegen eine Verkleinerung der Fachdidaktik auf das Format des Schulunterrichts. Sie lehnt ebenfalls eine Reduzierung auf eine praxisgerechte Unterrichtslehre oder ein Ausführungsinstrument der Rahmenrichtlinien ab. Im positiven Sinne nennt sie weitere Aufgaben der Fachdidaktik:
- Reflexion und Gestaltung von Lernprozessen im Umgang mit wissenschaftlichem Wissen unter Berücksichtigung der Verwendung wissenschaftlichen Wissens in verschiedenen Bereichen gesellschaftlicher Praxis;
- wissenschaftliche Erforschung des fachspezifischen Lehrens und Lernens innerhalb und außerhalb von Schule;
- Auswahl, Legitimation und didaktische Reduktion von Lerngegenständen;

- Festlegung und Begründung von Zielen des Unterrichts;
- methodische Strukturierung von Lernprozessen unter Berücksichtigung der Handlungsbedingungen der Lehrenden und Lernenden;
- hochschuldidaktische Forschungen als erste selbstreflexive und selbstkritische Instanz; das Bezugsfeld Schule als zweiter, nicht aufgebbarer Bezugspunkt der Fachdidaktik;
- Reflexion des jeweiligen Fach- bzw. Wissensgebietes (vgl. Gemeinsame Kommission NRW 1996, S. 82).

Zur Gewährleistung einer wirkungsvollen Realisierung dieser Aufgaben fordert die Kommission eine disziplinäre Verankerung der Fachdidaktik an den Hochschulen und wendet sich ausdrücklich gegen jede Tendenz, diese aus dem Wissenschaftssystem auszugliedern und nur noch durch zeitweise an die Hochschule abgeordnete Praxisvertreter auf eine praktische Unterrichtslehre unangemessen zu verkürzen (vgl. Gemeinsame Kommission NRW 1996, S. 83). Dabei wird ausdrücklich eine Intensivierung des Theorie-Praxis-Dialogs zwischen wissenschaftlicher Fachdidaktik und schulischen oder außerschulischen Praxisfeldern gefordert.

Generell erklärt sich die Kommission mit der hauptsächlich vorgenommenen Institutionalisierung bei den Fachwissenschaften einverstanden. Trotz der geforderten Berücksichtigung erziehungswissenschaftlicher Erkenntnisse befürwortet sie im Prinzip die Fach-zu-Fach-Zuordnung im Rahmen der Integration der Pädagogischen Hochschulen in die Universitäten. Sie äußert sich aber kritisch über die im Gesetz über die Zusammenführung dafür vorgesehenen fakultätsinternen Instrumente. Diese garantieren keine genügende Absicherung der Fachdidaktiken in den Fakultäten bei gleichzeitiger Kooperation mit der Erziehungswissenschaft und der Schulpraxis (vgl. Gemeinsame Kommission NRW 1996, S. 83).

Es fallen drei wesentliche Merkmale dieses Berichtes der Sachverständigenkommission für die Reform der Lehrerausbildung im Lande Nordrhein-Westfalen auf:
1. Die Kommission schätzt retrospektivisch und aktuell die Lage der Fachdidaktiken mit einer schonungslosen Offenheit äußerst kritisch ein. Die zukünftigen Aufgaben einer Fachdidaktik muss zwangsweise diese Einschätzungen berücksichtigen und sind im Gegensatz zu den Berichten aus den Jahren 1970-1981 unter diesem Aspekt zu sehen.
2. Trotz dieser veränderten Ausgangslage verbleibt auch dieser Kommissionsbericht in den Kernelementen (Gegenstandauswahl, Legitimation, fachspezi-

2.1 Positionen von Kommissionen und Gremien   71

fische Lehr- und Lernorganisation, hochschuldidaktische Elemente, Interdisziplinarität) auf dem Stand der referierten Berichte aus den Jahren 1970-1981. Es werden diesbezüglich keine wesentlichen neuen Impulse gegeben, die neue Dimensionen einer wissenschaftlichen Fachdidaktik im 21. Jahrhundert eröffnen würden.

3. In Übereinstimmung mit den Aussagen des Deutschen Bildungsrates wird die in der Realität bevorzugte Institutionalisierung bei den Fachwissenschaften nicht vom Grundsatz her in Frage gestellt. Trotz der Kritik an den gesetzlichen Voraussetzungen der vollzogenen Integration der Pädagogischen Hochschulen plädieren die Sachverständigen für eine Beibehaltung dieser Lösung. Die reklamierte Kooperation zwischen Fachdidaktik, Erziehungswissenschaft und Schulpraxis soll in einem neu zu schaffenden Bildungsinstitut für Lehrerinnen und Lehrer (BILL) begünstigt werden. In diesem Institut wird durch Zusammenführung von bisher getrennt arbeitenden Institutionen der Lehrerbildung eine ständige Kooperation und Abstimmung gefördert[52].

2.1.5 Kommission zur Neuordnung der Lehrerausbildung an Hessischen Hochschulen (1997)

Die hessische Kommission[53] beurteilt die Lage der Fachdidaktiken zunächst auf der Grundlage einer ebenfalls kritischen Einschätzung des Status quo. Die Kommission stellt eine allgemeine Geringschätzung gegenüber der Fachdidaktik fest, die sich durch folgende Symptome konkretisieren lässt:

---

[52] Das "BILL" gliedert sich in die vier Aufgabenbereiche Hochschulausbildung, Seminarausbildung, Berufseinmündung sowie Fortbildung für beruflich tätige Lehrerinnen und Lehrer und übernimmt zur Wahrnehmung dieser integrativen Aufgaben Funktionen der Universität, u. a. der Lehrerbildungskommission, der Prüfungsämter, der Studienseminare, der Aus- und Fortbildungsdezernate der Bezirksregierungen, der Schulaufsicht, des Landesinstituts für Schule und Weiterbildung in Soest sowie die Pflege der Kooperationsbeziehungen in kommunalen bzw. regionalen Netzwerken in z. B. gesundheitserzieherischen, kulturellen, sozialpädagogischen Bereichen (vgl. Gemeinsame Kommission NRW 1996, S. 108ff.).

[53] Der Kommission zur Neuordnung der Lehrerbildung in Hessen gehörten an: Bohnsack (Vorsitzender) (Essen), Frommelt (Hessisches Kultusministerium), Heid (Regensburg), Jeuthe (Hessisches Kultusministerium), Messner (Kassel), Nitzschke (Frankfurt am Main), Oser (Fribourg, Schweiz), Stefan Prange (Gießen), Völker (Hessisches Ministerium für Wissenschaft und Kunst), Wolf (Hessisches Ministerium für Wissenschaft und Kunst).

- einseitige Bevorzugung fachwissenschaftlicher statt fachdidaktischer Forschung;
- Absetzbewegung der ursprünglich für Fachdidaktik berufenen Hochschullehrer zur Fachwissenschaft;
- Tendenz, die Betreuung fachdidaktischer Studien und Schulpraktika an den universitären Mittelbau abzuschieben;
- Tendenz bei Stellenbesetzungen, die fachwissenschaftlichen Leistungen höher zu bewerten als fachdidaktische Leistungen und in der Folge wiederum Einschränkung der wissenschaftlichen Autonomie der Fachdidaktik (vgl. Kommission Hessen 1997, S. 50).

Alle genannten Aspekte eröffnen wichtige Problemfelder für den Gang der weiteren Untersuchung, deuten aber auch analog zu der Einschätzung der nordrhein-westfälischen Kommission auf die problematische Entwicklung der Disziplin Fachdidaktik hier im Bundesland Hessen seit Mitte der 70er und Beginn der 80er Jahre.

Bevor die Kommission eine detaillierte Aufgabenbeschreibung der Fachdidaktik vorlegt, betont sie die Notwendigkeit, dass die Fachdidaktik *hochschuldidaktische* und *wissenschaftsdidaktische* Aufgaben wahrzunehmen hat. Das Gremium legt dabei Wert auf die *kritische Funktion* der Fachdidaktik gegenüber der Fachwissenschaft. Kein anderer bisher referierter Bericht betont diese Funktion in diesem Ausmaß. Die hessische Kommission umschreibt diese kritische Funktion anhand der folgenden zwei Problemfelder:

1. Jede universitäre Lehrveranstaltung besitzt auch einen nicht zu unterschätzenden exemplarischen Modellcharakter für die Ausgestaltung und Beurteilung künftiger Unterrichtssituationen durch zukünftige Lehrerinnen und Lehrer.[54] Es wird in diesem Zusammenhang auf den deutlichen Zusammenhang zwischen universitärer Fachsozialisation und späteren pädagogischen Einstellungen und Haltungen hingewiesen[55]. Es ist daher eine zentrale Auf-

---

[54] Alf Hammelrath, Leiter des Staatlichen Prüfungsamtes für Erste Staatsprüfungen in Münster (Westf.), gibt die Aussage eines Prüflings nach Abschluss des Ersten Staatsexamens wieder, die in beeindruckender Weise verdeutlicht, wie stark der Einfluss universitärer Lehrerbildung auf das spätere Lehrerhandeln von diesem Studenten eingeschätzt wird: "Wissen Sie, wie wir gelehrt wurden, werden wir lehren, wie wir geprüft wurden, werden wir prüfen – und wenn wir denn tatsächlich eingestellt werden, dann 35 Jahre lang" (aus: SPD-Landtagsfraktion NRW 1997, S. 46).

[55] Für die Fachsozialisation in den mathematisch-naturwissenschaftlichen Fächern sei exemplarisch auf die Untersuchungen von Fuchs 1966, Reiß 1975 und Reiß 1979 verwiesen. Frech 1976 und Gnad et al. 1980 legen entsprechende Befunde für die Fachsozialisation von Gymnasiallehrern im Allgemeinen vor.

2.1 Positionen von Kommissionen und Gremien 73

gabe der Fachdidaktik, durch entsprechende kritische Einflussnahme auf die Fachwissenschaft, solche Arbeitsformen bei der Gestaltung der Hochschulveranstaltungen zu fördern, die geeignet erscheinen, Einzelkämpfertum zu verhindern und dagegen Eigenaktivität, Selbststeuerung, Handlungsfähigkeit, Kooperationsbereitschaft und soziale Kompetenzen zu begünstigen (vgl. Kommission Hessen 1997, S. 49)[56].

2. Universitäre Stoffpläne und Gegenstände der fachwissenschaftlichen Studien angehender Lehrer haben sich auch dem Kriterium des Berufsbezugs und der Verwendung im späteren Berufsalltag zu stellen. In Bezug auf die Lehrerbildung regt die Kommission dabei an, sich mit der Position auseinander zu setzen, die "Fachwissenschaften erwiesen ihre Relevanz für die Schule dadurch, dass sie ihre Bedeutung für die Bearbeitung von Lebensproblemen bzw. für die Urteils- und Handlungskompetenz der Schülerinnen und Schüler verdeutlichten: sie müßten etwa zur Bearbeitung von 'Schlüsselproblemen' beitragen" (Kommission Hessen 1997, S. 50). In diesem Punkt tangiert dieser Bericht offensichtliche Forschungsdesiderata, die in der Frage münden, welcher Grad fachwissenschaftlicher Fundierung und fachlicher Grundlagen für eine eigenständige Ausübung unterrichtlicher Lehraufgaben fachabhängig, schulstufen- und schulartabhängig notwendig ist[57]. Der Fachdidaktik wird nun die Aufgabe zugewiesen, in dieser Hinsicht eine Kontrollinstanz mit Blick auf die jeweilige Fachwissenschaft zu bilden.

Bevor in dem Kommissionsbericht eine detaillierte Auflistung einzelner Aufgaben der Fachdidaktik erfolgt, legt das Gremium eine Formulierung der zentralen Funktion der Fachdidaktik mit folgenden Worten vor: "Die Fachdidaktiken haben die Aufgabe, die bildenden, d. h. die erfahrungs- und welterschließenden Momente des wissenschaftlichen Fachwissens aufzuspüren und schulstufenspezifisch unterrichtliche Darstellungs- und Bearbeitungsformen zu erkunden, welche Kindern und jungen Menschen, ausgehend von ihren Eigenerfahrungen, Interessen und schon vorhandenen Fähigkeiten, solche Inhalte für ihre gestaltende oder kritische Auseinandersetzung mit Wirklichkeit produktiv machen können"

---

[56] Wittmann belegt anhand einer Umfrage unter aktiven und ehemaligen Studierenden des Lehramtes für die Primarstufe die geringe Häufigkeit innovativer Lehransätze bei Lehrveranstaltungen des Lehramtsstudiums für die Primarstufe (vgl. Wittmann et al. 1997b).

[57] Das infolge des exponentiell zunehmenden und stetig diversifizierenden Wissens in allen Forschungsbereichen immer dringender werdende Problem der stofflichen Überfrachtung, Ineffektivität und Irrelevanz universitären Wissens legt eine solche Überprüfung nahe. Die Kommission betont an anderer Stelle sogar, dass die Idee einer geradlinigen Umsetzung oder gar direkten technischen Anwendung wissenschaftlicher Theorien oder Ergebnisse auf die Praxis in Frage gestellt werden kann (vgl. Kommission Hessen 1997, S. 43).

(Kommission Hessen 1997, S. 85). Diese Aufgabenbeschreibung orientiert sich an allgemeindidaktischen Prinzipien und Kategorien wie Schülerorientierung, Problemorientierung und Selbsttätigkeit. Gleichzeitig wird der zentrale Aspekt der Fachdidaktik, nämlich das Aufspüren der Bedeutung der Wissenschaftsinhalte des Faches für unser Weltverständnis deutlich. Das besondere Anliegen der Kommission liegt in der Feststellung, dass das wissenschaftliche Fachwissen keineswegs mit den Inhalten der teilweise gleichnamigen Schulfächer identisch ist (vgl. Kommission Hessen 1997, S. 84). Aus dieser eigentlich völlig evidenten, in der Praxis mancher Beteiligter aber nicht unbedingt zwingenden Tatsache heraus, kommt das Gremium zu dem Schluss, dass das universitär vermittelte *Wissenschaftswissen* durch fachdidaktische Bemühungen erst für die jeweilige Schülergruppe zum *Bildungswissen* transformiert werden muss (vgl. Kommission Hessen 1997, S. 84). Aus diesem Verständnis heraus kann Fachdidaktik als das Zentrum universitärer Lehrerbildung angesehen werden.

Zu den klassischen Aufgabengebieten zählt auch dieses Gremium die folgenden Aspekte:
- Behandlung von Lehr- und Lernprozessen in der Schule mit Blick auf den Bildungswert des jeweiligen Faches, dessen Inhalte und deren Auswahl, die Unterrichtsformen und -methoden sowie Medien;
- Die Begründung für die Einrichtung, die unterrichtliche Bedeutung und den Bildungswert des betreffenden Schulfaches zu überprüfen, gegebenenfalls in Frage zu stellen oder zu ergänzen und zu revidieren;
- Auswertung empirischer Ergebnisse der Unterrichtsforschung;
- Analyse von unterrichtsorganisatorischen und lernpsychologischen Voraussetzungen;
- Entwicklung von Unterrichtsmodellen;
- Interdisziplinäre Kooperation der Fachdidaktiken und Fächer;
- wissenschaftsdidaktische Auseinandersetzung mit den Fragen des Berufsbezugs der Fachwissenschaften und der Etablierung teilnehmer- oder handlungsorientierter universitärer Lehrformen;
- Beratung von Studierenden über Studienwege, die für ihre Berufsziele geeignet erscheinen (vgl. Kommission Hessen 1997, S. 86-89).

Die Kommission setzt sich nachdrücklich für eine Förderung des eigenen wissenschaftlichen Nachwuchses innerhalb der Fachdidaktik ein und empfiehlt, qualifizierten Lehrern durch befristete Stellen "im Hochschuldienst" eine Weiterqualifizierung (in der Regel Promotion) zu ermöglichen. Durch diese Mög-

2.1 Positionen von Kommissionen und Gremien 75

lichkeit könnte insbesondere das Problem gemildert werden, die geforderte wissenschaftliche und schulpraktische Doppelqualifikation nachzuweisen.

In der Frage der Institutionalisierung wird die Einrichtung eines "Zentrums für Bildungsforschung und Lehrerausbildung (ZBL)" an jeder Universität gefordert. Diese Forderung impliziert jedoch keine direkte Zuordnung zu diesem Zentrum der mehrheitlich bislang bei den Fakultäten installierten Fachdidaktiken (vgl. Kommission Hessen 1997, S. 125 und 136ff.). Dieses Zentrum soll auch die immer wieder beklagte mangelnde Abstimmung der Studieninhalte und Ausbildungsteile der 1. und 2. Phase der Lehrerausbildung aufbauen und verbessern. Hervorzuheben ist das Recht des ZBL zur Durchführung schul- und unterrichtsbezogener sowie fachdidaktischer Promotion und Habilitationen (vgl. Kommission Hessen 1997, S. 139).

2.1.6 Arbeitsgruppe Lehrerbildung der Hochschulrektorenkonferenz (1997)

Die vorliegende Stellungnahme der Arbeitsgruppe Lehrerbildung der Hochschulrektorenkonferenz (HRK) (vgl. Arbeitsgruppe HRK 1997) knüpft an die Überlegungen der HRK zu den Eingangsqualifikationen eines Hochschulstudiums (Anforderungen an das Abitur) an und stellt sich die Aufgabe, auf dieser Grundlage Konsequenzen für die Lehrerbildung zu formulieren. Obwohl die Kommission keinen in sich geschlossenen Katalog von Aufgaben der Fachdidaktik formuliert, werden in der Stellungnahme Positionen bezogen, die eindeutige Aussagen zur Funktion und zur Aufgabe der Fachdidaktik innerhalb des Lehramtsstudiums erkennen lassen. Zunächst macht diese Arbeitsgruppe auf drei, auch für die weitere Diskussion relevante Aspekte aufmerksam:

- Die häufig anzutreffende Lehrstuhlbezeichnung für ein Fach und seine Didaktik (z. B. "Lehrstuhl für Geographie und seine Didaktik") erschwert eine eindeutige und trennscharfe Zuordnung. Diese dabei bewusst gewählte Stellung *zwischen* Fachwissenschaft und der Didaktik des korrespondierenden Unterrichtsfaches lässt bereits Rückschlüsse auf das Verständnis einer so titulierten Didaktik zu.

2. Konkretisierungen: Aufgaben der Fachdidaktik

- Die dagegen eindeutige Bezeichnung einer Stelle (z. B. "Lehrstuhl für Mathematikdidaktik") garantiert nicht automatisch ein entsprechendes Lehr- und Forschungsangebot in der Praxis[58].
- Die Varianzen zwischen den 16 Bundesländern sind darüber hinaus extrem hoch. Dabei ist zusätzlich zu berücksichtigen, dass aufgrund der Autonomie der Hochschulen in Fragen der inhaltlichen Ausgestaltung der staatlich geregelten Lehramtsstudiengänge unter den Hochschulen *eines* Bundeslandes große Schwankungsbreiten auftreten. Die HRK erfasst diese Unterschiede anhand der Relation zwischen der Zahl der Lehramtsstudierenden und der fachdidaktischen Lehrkapazität (Stellen bzw. Stellenäquivalente) an den einzelnen Hochschulen und konstatiert hier einen Unterschied, der dem Faktor 2,5 zwischen dem niedrigsten und dem höchstem Wert entspricht (vgl. Arbeitsgruppe HRK 1997, S. 5).

Die weitere Einschätzung der Lage ist ähnlich nüchtern und realistisch wie die bisher erörterten Berichte: Die Arbeitsgruppe geht von einer schwachen Stellung der Fachdidaktik gegenüber der Fachwissenschaft aus und führt dies auf das noch relativ junge Alter und die geringe Anerkennung ihrer Forschungsleistungen zurück (vgl. Arbeitsgruppe HRK 1997, S. 6). Die Arbeitsgruppe sieht jedoch in den in wachsendem Maße gestellten und bewilligten Forschungsanträgen an die Deutsche Forschungsgemeinschaft von Seiten der Fachdidaktik einen ersten Hinweis auf die Tendenz, "ihre weitgehende Beschränkung auf die Übersetzung fachwissenschaftlicher Inhalte in Schulstoff oder auf die Vermittlung von Unterrichtstechniken zu überwinden und sich mehr und mehr als wissenschaftliche Disziplin zu entwickeln" (Arbeitsgruppe HRK 1997, S. 6).

Als Kennzeichen für eine solche Entwicklung in Richtung auf eine eigenständige Wissenschaftsdisziplin nennt die Arbeitsgruppe folgende Aufgaben:

- Erforschung der auf ein Fach oder eine Fächergruppe bezogenen, altersspezifischen Wissenserwerbs- und Vermittlungsprozesse;

---

[58] Diese Feststellung wird auch von Seiten des Ministeriums für Wissenschaft und Forschung des Landes NRW vertreten, das ausdrücklich hervorhebt, dass die bloße Wiedergabe der Bezeichnung einer Professorenstelle mit 'x und seine Didaktik' keine Hinweise auf die reale Bedeutung der Fachdidaktik in der Lehre und Forschung zulässt. Der Bericht des Ministeriums über fachdidaktische Stellen an nordrhein-westfälischen Hochschulen spitzt dieses Dilemma sogar zu und nimmt in seiner statistischen Erfassung der fachdidaktisch ausgewiesenen Stellen berechtigterweise an, dass Anteile der Fachdidaktik, die weniger als 20% des Deputats einer Stelle ausmachen, als Indiz für das Fehlen einer systematischen Auseinandersetzung mit Fragen der Fachdidaktik und der aktuellen Entwicklung dieses Wissenschaftszweiges gewertet werden müssen (vgl. Ministerium für Wissenschaft und Forschung NRW 1998, S. 1).

2.1 Positionen von Kommissionen und Gremien 77

- Entwicklung von Lehr- und Lernmitteln;
- Überprüfung der Bewährung ausgewählter Lehr- und Lernmittel in konkreten Unterrichtsprozessen;
- Verständnis altersspezifischer Lernprozesse - unter Einbeziehung der psychischen und sozialen Ausgangsbedingungen;
- Entwicklung und Erprobung neuer Lehr-Lern-Ansätze;
- Herstellung der Verbindung zwischen Fachwissenschaften, Erziehungswissenschaften und den Unterrichtsfächern;
- Befähigung zu kompetenter Auswahl, Anordnung und Darstellung von Lehrinhalten;
- Berücksichtigung außerschulischer Forschungsfelder in der Aus- und Weiterbildung von Jugendlichen und Erwachsenen (vgl. Arbeitsgruppe HRK 1997, S. 6).

Im Bericht der Arbeitsgruppe ist ein eigener Abschnitt der geforderten *Reorganisation der Fachdidaktik* gewidmet. Bereits im Abschnitt über die Charakteristika der fachdidaktischen Studienelemente klingt ein allgemeines Unbehagen über die Art der Institutionalisierung an. Berechtigterweise wird moniert, dass den Studierenden der Lehramtsstudiengänge infolge der Aufsplitterung in unterschiedliche Lehrämter und in die einzelnen fachlichen Bestandteile (zwei, manchmal drei Fachwissenschaften, fachdidaktische, erziehungswissenschaftliche und gesellschaftswissenschaftliche Studienanteile) ein institutioneller Ort fehlt, dem sie sich zuordnen können. Diese Forderung nach einem solchen Ort, der eine zu einem früheren Zeitpunkt innerhalb der Ausbildung einsetzende berufliche Identifikation ermöglichen würde und Orientierung sowie Perspektiven vermitteln könnte, erscheint aufgrund der Vielfalt der Fächerkombinationen und Lehrämter dringend notwendig und sinnvoll. Der Vergleich zwischen den modernen Massenhochschulen und den überschaubaren Pädagogischen Akademien und Hochschulen ("Bildnerhochschulen") der Vor- und Nachkriegszeit zeigt deutlich, welcher enorme Wandel sich im Rahmen der Verwissenschaftlichung der Lehrerbildung vollzogen hat[59]. Die Arbeitsgruppe stellt dabei fest, dass auch die Erziehungswissenschaften sowie die "innerhalb der Fachwissenschaften überwiegend isolierten Fachdidaktiken" (Arbeitsgruppe HRK 1997, S. 7) keine Integrationsfunktion wahrnehmen und nicht den notwendigen curricularen Zusammenhang herstellen. Zum Ausgleich dieser Defizite schlägt die Kommission

---

[59] Diese Feststellung muss zumindest für die Lehrämter für die Grund- Haupt und Realschule bzw. für die sonderpädagogischen Lehrämter gemacht werden. Inwieweit ein wirklich substanzieller Wandel bei den Lehrämtern für die Sekundarstufe II bzw. für das Lehramt am Gymnasium eingetreten ist, bleibt eine der zu untersuchenden Fragen.

zwei Modellvarianten vor, um eine bessere institutionelle Verankerung der Fachdidaktik zu ermöglichen:

Variante 1: Bildung interdisziplinärer Zentren für fachdidaktische Forschung und Lehre: Neuartig bei diesem Vorschlag im Vergleich zu den bisher geplanten Zentren für Lehrerbildung ist, dass je nach Größe der Hochschule zwei bis drei solcher fachdidaktischen Zentren an jeder Hochschule eingerichtet werden sollen, die dann interdisziplinär affine Fächer aufnehmen. Denkbare Fächergruppen sind:
- Mathematik, Naturwissenschaften, Technik;
- Geschichte, Politik- und Sozialwissenschaften;
- Sprachen.

Dieser Vorschlag verknüpft einerseits den Gedanken, fächerübergreifende Strukturen im fachdidaktischen Sektor zu bilden, da der Aufbau vollständig selbstständiger Lehrstühle für Fachdidaktik sämtlicher Schulfächer an allen Universitäten unrealistisch und nicht finanzierbar scheint. Andererseits wird dem Ansatz Rechnung getragen, die Fachdidaktiken hinreichend nahe bei den korrespondierenden Fachwissenschaften zu belassen (Doppelmitgliedschaften in beiden Einrichtungen), aber trotzdem ihren besonderen *gemeinsamen* Auftrag zu unterstreichen. Neben koordinierenden Aufgaben, die diese Zentren wahrnehmen sollen, betont die Arbeitsgruppe die Notwendigkeit eigener Rechte, wie die Verwaltung zeitlich befristeter Forschungsbudgets sowie die Beteiligung an Berufungs-, Promotions- und Habilitationsverfahren.

Variante 2: Verbindung der Fachdidaktiken mit den Fachbereich Erziehungswissenschaften: Diese Lösung wird nur dann als effektiv und förderlich angesehen, wenn die erziehungswissenschaftlichen Forschungsleistungen ein besonderes Profil an der Hochschule entwickelt haben. Die Integration der Fachdidaktiken in die bereits bestehenden Einrichtungen der Erziehungswissenschaft würde sicherlich materielle und personelle Ressourcen sparen, da nicht von Grund auf neue Zentren wie in der Variante 1 vorgeschlagen, gegründet werden müssten. Die Arbeitsgruppe sieht aber auch die Gefahr einer möglichen Abkoppelung von der jeweiligen Fachwissenschaft. Diese Tendenz würde eine irreparable Schädigung der Fachdidaktiken verursachen, da auf Dauer eine rückkoppelnde Wirkung bzw. eine kritische Funktion der Fachdidaktik in Bezug auf die Fachwissenschaft unmöglich würde. Genauso nachteilig könnte sich die dabei entstehende Größe des Systems auf die notwendigen Lehr- und Forschungsleistungen auswirken.

2.1 Positionen von Kommissionen und Gremien   79

2.1.7 Konferenz der Vorsitzenden der Fachdidaktischen Fachgesellschaften (KVFF) (1997)

Die Konferenz der Vorsitzenden der Fachdidaktischen Fachgesellschaften (KVFF)[60] hat in den Jahren 1995 bis 1997 Positionspapiere erstellt, die u. a. als Reaktion auf Stellungnahmen der Hochschulrektorenkonferenz (HRK) entstanden sind, in denen eine stärkere Rückbindung der Fachdidaktik an die Schulpraxis durch die Berufung promovierter Schulpraktiker anstelle der Einrichtung fachdidaktischer Professuren auf Lebenszeit vorgeschlagen wurde (vgl. KVFF 1995, KVFF 1996a,b sowie KVFF 1997a,b). Diese Forderungen der HRK, die den zentralen Nerv der in der KVFF organisierten Fachdidaktiker berühren, stoßen auf deutliche Ablehnung und führen im Gegenzug zu pointierten Auffassungen, welche Funktionen eine wissenschaftlich organisierte Fachdidaktik zu übernehmen hat.

Im Mittelpunkt der Überlegungen der KVFF steht die These, dass angesichts der umwälzenden Veränderungen in gesellschaftlichen und sozialen Kontexten von Kindern und Jugendlichen neue Anforderungen an das Bildungssystem und damit auch ein Wandel in den Kriterien für eine professionelle Lehrerbildung zu reklamieren ist. Die KVFF stellt daher umso eindringlicher fest, dass Fachdidaktik zur Initiierung und Steuerung nachhaltiger und zunehmend komplexerer Bildungsprozesse *die* zentrale Komponente professioneller Lehrerbildung darstellt. Fachdidaktik steht somit nach Ansicht der KVFF im Zentrum der gesamten Lehrerbildung.

Fachdidaktik wird als die Wissenschaft vom fachspezifischen Lehren und Lernen innerhalb und außerhalb von Schule definiert (vgl. KVFF 1995, S. 1). Als wichtigste Forschungsarbeiten werden angesehen:

---

[60] Die KVFF umfasst die folgenden fachdidaktischen Fachgesellschaften: Symposium Deutschdidaktik, Fachverband Moderne Fremdsprachen (FMF), Konferenz der Geschichtsdidaktik, Verband der Geschichtsdidaktiker Deutschlands e.V., Arbeitsgemeinschaft Fachdidaktik der Naturwissenschaften und der Mathematik (AFNM), Fachgruppe Chemieunterricht der Gesellschaft Deutscher Chemiker (GDCh), Fachausschuss der Didaktik der Physik der Deutschen Physikalischen Gesellschaft (DPG), Sektion Politische Wissenschaft und politische Bildung der Deutschen Vereinigung für politische Wissenschaft, Arbeitskreis für Religionspädagogik (AfR), Sektion Sportpädagogik der Deutschen Vereinigung für Sportwissenschaft (DVS), Deutsche Gesellschaft für Fremdsprachenforschung (DGFF), Hochschulverband für Geographie und ihre Didaktik e.V., Gesellschaft für Didaktik der Mathematik (GDM), Sektion Fachdidaktik im Verband Deutscher Biologen e.V. (VDB), Gesellschaft Didaktik der Chemie u. Physik (GDCP), Deutsche Vereinigung für politische Bildung, Arbeitsgemeinschaft Katholischer Katechetik-Dozenten (AKK), Gesellschaft für Didaktik des Sachunterrichts e.V. (GDSU).

- Auswahl, Legitimation und didaktische Rekonstruktion von Lerngegenständen;
- Festlegung und Begründung von Zielen des Unterrichts;
- methodische Strukturierung von Lernprozessen unter Berücksichtigung der psychischen und sozialen Ausgangsbedingungen von Lehrenden und Lernenden;
- Entwicklung und Evaluation von Lehr-Lernmaterialien;
- Behandlung von Fragen der Wahrnehmung und Beurteilung von Wissenschaft in der Gesellschaft;
- kritische Begleitung von Bildungspolitik (vgl. KVFF 1995, S. 2).

Grundtenor dieser Auflistung ist die These, dass eine wissenschaftlich orientierte Fachdidaktik durch die Verzahnung von Forschung und Lehre die Studierenden theoriegeleitet an die Schulpraxis heranführt. Schulpraxis stellt dabei aber nur *ein* Praxisfeld der Fachdidaktik dar. Zur Realisierung dieser Aufgabenstellung fordert die KVFF die Sicherung und den Ausbau fachdidaktischer Professuren und wendet sich mit Nachdruck gegen die von der HRK geäußerten Überlegungen, die Fachdidaktik an Hochschulen und Universitäten durch zeitweise abgeordnete (promovierte) Lehrer und Lehrerinnen vertreten zu lassen.

Zu den konkreten im Rahmen des Lehramtsstudiums zu erbringenden Aufgaben der Fachdidaktik zählt die KVFF die folgenden Aspekte: Erwerb von Kompetenzen in der theoriegeleiteten Analyse und Reflexion sowie der Weiterentwicklung und Gestaltung von

(1) fachbezogenen Lernvorgängen;
(2) fachbezogenem Unterricht;
(3) curricularen Elementen (vgl. KVFF 1997b, S. 1).

Zur Bündelung fachdidaktischer Kompetenz schlägt auch die KVFF die Einrichtung von "Zentren für fachdidaktische Forschung und Lehrerbildung" vor (vgl. KVFF 1996b, S. 3). Schon in dieser Bezeichnung des Zentrums stellt die KVFF deutlich heraus, dass Lehrerbildung nur *eine* Aufgabe der Fachdidaktik sein kann. Notwendige Voraussetzung für eine wissenschaftsorientierte Lehrerbildung ist aber die Etablierung eigener Forschungsprojekte, die die besonderen Fragestellungen fachlicher Unterrichtsprozesse theoriegeleitet eruieren. Folglich benennt die KVFF die folgenden Funktionen, die von dem genannten Zentrum zu erfüllen sind:

- "Entwicklung und Abstimmung von Forschungsprojekten;
- curriculare Abstimmung von Lehramtsstudiengängen;
- Herstellung systematischer Kontakte zu Praxisfeldern;

2.1 Positionen von Kommissionen und Gremien 81

- Förderung und Qualifizierung des wissenschaftlichen Nachwuchses" (KVFF 1996b, S. 3).

Neben den bereits bekannten klassischen Aufgabenzuweisungen wird von der KVFF die Notwendigkeit eigener Forschungsanstrengungen besonders herausgestellt. So wird als ein Kriterium für die Berufung auf eine fachdidaktische Professur die Habilitation oder habilitationsähnliche Leistungen *in der Didaktik des Faches* gefordert und nicht etwa auch die Möglichkeit des Nachweises solcher Leistungen in der korrespondierenden Fachwissenschaft. Entsprechend dieser Forderung wird auch die Abordnung promovierter Lehrer an die fachdidaktischen Lehrstühle zum Zwecke der Habilitation gefordert (vgl. KVFF 1996a, S. 3). Diese Passagen zeigen eine wesentlich autonomere Haltung und Einstellung gegenüber der Fachwissenschaft als sie in allen anderen referierten Positionspapieren zum Tragen kommt. Man vermisst allerdings eine deutlichere Aussage zum Verhältnis zwischen Fachdidaktik und Fachwissenschaft, wie sie etwa im hessischen Kommissionsbericht zur Neuordnung der Lehrerbildung mit der Forderung nach einer "kritischen Funktion" zum Ausdruck kommt.

2.1.8 Gemischte Kommission Lehrerbildung der KMK (1999)

Die von der Kultusministerkonferenz (KMK) im September 1998 eingesetzte Kommission, die sich aus Wissenschaftlern verschiedener Hochschulen und Fachleuten der Bildungsadministration zusammensetzt[61], legt bereits im Herbst 1999 einen Abschlussbericht zu den Perspektiven der Lehrerbildung vor (vgl. Terhart 2000). Die Kommission macht in ihrem Bericht Aussagen zu allen drei Phasen der Lehrerbildung und setzt sich auf der Basis einer kritischen Analyse der Reformbemühungen der vergangenen drei Jahrzehnte mit den bestehenden und zukünftigen Standards einer professionellen Lehrerbildung auseinander.

Statt eines grundsätzlichen Systemwechsels plädiert die Kommission für eine breit gefächerte qualitative Weiterentwicklung gewachsener Strukturen.

---

[61] Mitglieder der Gemischten Kommission waren auf Seiten der *Wissenschaft*: Blum (Kassel), Harth (Potsdam), Kell (Siegen), Oser (Fribourg), Pekrun (Regensburg), Prenzel (Kiel), Sandfuchs (Dresden), Terhart (Vorsitzender) (Bochum). Auf der Seite der *Bildungsadministration* gehörten der Kommission an: Erhard (Bayern), Karpen (Schleswig-Holstein), Lange (HRK), Lange (stellvertretender Vorsitzender) (Hamburg), Mäck (Baden-Württemberg), Pernice (Saarland), Portune (Sachsen), Reinhardt (Niedersachsen). Der Abschlussbericht wurde am 23.08.1999 verabschiedet und dem Präsidenten der KMK zugeleitet.

2. Konkretisierungen: Aufgaben der Fachdidaktik

Obwohl der in Deutschland praktizierten universitären Lehrerbildung ein im internationalen Vergleich hohes fachwissenschaftliches Niveau attestiert wird, stellt die Kommission gravierende Mängel in der Ausprägung pädagogisch-didaktischer Kompetenzen fest. Das Fehlen eines interdisziplinären Diskurses und einer strukturierten gegenseitigen Abstimmung von fachwissenschaftlichen, fachdidaktischen und erziehungswissenschaftlichen Studienelementen wird als ein gravierendes Defizit der aktuellen Lehrerbildung innerhalb der ersten Phase angesehen. Da die genannten Studienelemente weitgehend unverbunden nebeneinander angeboten und vom Lehramtsstudenten voneinander isoliert wahrgenommen werden, gewährleistet die gegenwärtige Lehrerbildung kein kumulatives, kohäsives und miteinander vernetztes Lernen im Rahmen eines professionsorientierten Studiums. Die Kommission stellt dazu explizit fest: "Die Lehrangebote sind fächerübergreifend, z. T. sogar fachintern nicht koordiniert, statt der Einheit eines Studienganges existiert ein weithin unkoordinierter, lückenhafter Flickenteppich. (...) Die fachdidaktischen und die erziehungswissenschaftlichen Studien (...) geraten an den Rand der Aufmerksamkeit" (Terhart 2000, S. 27ff.). Die Kommission fordert neben der erhöhten Kooperation und Vernetzung bestehender Studienelemente eine stärkere Ausrichtung aller Lehramtsstudiengänge an den Erfordernissen des späteren Berufsfeldes. Die in den berufsorientierten Studienelementen vorherrschende Beliebigkeit der Angebote muss in den Augen der Kommission wirksam überwunden werden.

Die von der KMK eingesetzte Gemischte Kommission weist der Fachdidaktik bei der strukturellen Veränderung der beschriebenen defizitären Ausgangssituation eine zentrale Rolle zu. Die Kommissionsmitglieder sind sich in der Einschätzung einig, dass das jeweilige Schulfach kein Abbild der korrespondierenden Fachwissenschaft darstellt, sondern dass auch schon innerhalb der ersten Phase der angehende Lehrer die Transformierbarkeit fachwissenschaftlicher Gegenstände auf Denkprozesse und -voraussetzungen des Schülers problematisieren muss. Fachdidaktik fungiert in diesem Sinne als Schnittstelle zwischen der Fachwissenschaft und den Eigengesetzlichkeiten des Schulfaches. Die frühzeitige Einbeziehung motivations- und lernpsychologischer Detailkenntnisse in das Lehramtsstudium aller Lehrämter und Schulformen gewährleistet neben der fachlichen Kompetenz eine realistische Beurteilung des Verhältnisses zwischen Theorie und Praxis des späteren Berufsfeldes.

Zur Wahrnehmung dieser komplexen Aufgabe sind die Fachdidaktiken nach Ansicht der Kommission in ihrer gegenwärtigen inneren und äußeren Verfassung nicht oder nur unzureichend in der Lage: Die Kommission moniert die nur unzureichende Abstimmung und gegenseitige Beeinflussung fachwissen-

2.1 Positionen von Kommissionen und Gremien 83

schaftlicher und fachdidaktischer Studienelemente, die zunehmende Tendenz, fachdidaktische Lehrveranstaltungen durch abgeordnete Lehrer durchführen zu lassen und die damit nur zögerlich voranschreitende Etablierung als eigenständige, forschende Wissenschaftsdisziplin.[62]

Zur Wahrnehmung ihrer zentralen Aufgabe innerhalb der Lehrerbildung ist die Fachdidaktik aber auf eine enge Zusammenarbeit mit dem korrespondierenden Fach, sowie den Unterrichts- und Humanwissenschaften angewiesen (vgl. Terhart 2000, S. 103). Die spezifisch integrierende Sichtweise der Fachdidaktik vermittelt dem Studenten die Notwendigkeit, zur Analyse des Bildungswertes eines Gegenstandes pädagogische und psychologische Theorien und Modelle in die rein fachwissenschaftliche Perspektive mit einzubeziehen. Aufgrund der Fülle der fachwissenschaftlichen Gegenstände plädiert die Kommission für eine exemplarische Auswahl fachdidaktischer Studien, an denen der angehende Lehrer alters- und umweltspezifische Lernzugänge erarbeitet (vgl. Terhart 2000, S. 103).

Ein solches Verständnis von Fachdidaktik setzt einen deutlich erhöhten Stundenumfang voraus. Die Kommission kritisiert in diesem Zusammenhang die in einigen Bundesländern insbesondere für das gymnasiale Lehramt in qualitativer wie quantitativer Hinsicht nur marginale Bedeutung der Fachdidaktik am gesamten Lehramtsstudium. Um den wissenschaftlichen Status der Fachdidaktik auch langfristig nicht zu gefährden, fordert die Kommission, in jedem Fach (gegebenenfalls in jedem Lernfeld) die Fachdidaktik durch eine Professur zu vertreten (vgl. Terhart 2000, S. 104). Erst eine forschungsorientierte Fachdidaktik kann den komplexen und vielschichtigen Anforderungen, die an die Analyse und Reflexion von Bedingungen und Zielen fachlichen Lernens und Lehrens gestellt werden, gerecht werden.

---

[62] Zur Situation der Fachdidaktiken stellt die Gemischte Kommission unmissverständlich fest: "Die fachdidaktischen Studien sind - sofern überhaupt vorgesehen - oft nur eine quantitativ unbedeutende, inhaltlich kaum mit den anderen Studienkomponenten koordinierte Ergänzung der fachwissenschaftlichen Studien. Personell sind die Fachdidaktiken mitunter ausschließlich durch erfahrene Praktiker aus der Schule oder durch Vertreter des jeweiligen Fachs repräsentiert, die fachdidaktische Lehre im Nebenamt leisten. Dies ist mitverantwortlich dafür, dass sich die Fachdidaktiken nur zögerlich als forschende Disziplin an Universitäten bzw. wissenschaftlichen Hochschulen etabliert haben. Die Zahl fachdidaktischer Promotionen und Habilitationen ist viel zu gering gewesen, um die eigene Disziplin akademisch zu reproduzieren. Dies hat zu einem eklatanten Nachwuchsmangel geführt" (Terhart 2000, S. 85).

2.2 Positionen und Forderungen von Erziehungswissenschaftlern und Fachdidaktikern

2.2.1 Timmermann (1972)

Timmermann gibt bereits 1972, also in der Frühphase der universitären Etablierung der Fachdidaktiken einen Sammelband (vgl. Timmermann 1972a) heraus, in dem verschiedene Autoren Vorstellungen, Ziele und Aufgaben sowie erste Erfahrungen über fachdidaktische Forschung und Lehre an Universitäten publizieren. Er selbst äußert sich umfassend zu seinem Verständnis von Fachdidaktik und fasst die Aufgaben der Fachdidaktik in Forschung und Lehre an der Universität in sieben Punkten schlaglichtartig zusammen:

1. Untersuchung der Prinzipien einzelner Bildungsvorgänge eines Faches bzw. Fachbereichs: Timmermann versteht diese Aufgabe als einen wissenschaftstheoretischen Vorgang, in dem der Fachdidaktiker die zentralen Begriffe seines Faches daraufhin befragt, welche Funktion sie im Zusammenhang aller Lern- und Bildungsvorgänge haben, wie sie im Lernprozess entstehen und wo sie ihren strukturellen Ort haben. Es geht also zunächst um eine Klärung der zentralen Begrifflichkeiten des eigenen Faches, die dann in den Gesamtzusammenhang des Lernprozesses gestellt werden müssen. Die Fachdidaktik zeigt auf, welche Bedeutung diese Begriffe und Kategorien des Faches für das Lernen des Schülers besitzen. Dies geschieht zunächst dadurch, dass sie solche Kategorien ermittelt, zusammenstellt und in einem weiteren Schritt praktikable Wege konstruiert, diese Kategorien im Rahmen eines Bildungsvorganges kennen zu lernen und bewusst zu machen. Als Beispiele für solche zentralen Begriffe und Kategorien führt er beispielhaft aus der Geschichtswissenschaft an: Zeit, Geschichte, Anfang, Entwicklung, Situation, Entscheidung, Kontinuität, Diskontinuität, Wandel (vgl. Timmermann 1972b, S. 21).

2. Untersuchung der soziokulturellen und individuellen Bildungsvoraussetzungen für die Entwicklung von Bildungsaufträgen, die aus den zentralen Kategorien und Begriffen des jeweiligen Faches zu entwickeln sind: Unter Einbezug soziologischer und psychologischer Untersuchungsmethoden, aber auch unter Berücksichtigung allgemeindidaktischer und schulpädagogischer Erkenntnisse erfolgt hier die wissenschaftlich fundierte Erörterung der notwendigen Frage, unter welchen Voraussetzungen z. B. in einem bestimmten sozialen Brennpunkt, in einer bestimmten geographischen Region oder einer bestimmten Schulart ein

2.2 Positionen von Erziehungswissenschaftlern und Fachdidaktikern 85

fachlicher Unterrichtsgegenstand zum Thema einer Unterrichtsreihe werden kann (vgl. Timmermann 1972b, S. 22).

3. Disposition von Entscheidungen im Bildungsbereich im Hinblick auf demokratische und bildungspolitische Prämissen: Die Konstruktion von Bildungsgängen sowie die Entscheidung über Bildungsziele und -organisationen ist nur im Rahmen rechtsstaatlicher und demokratischer Willensbildungen möglich. Aufgabe der Fachdidaktik innerhalb dieses Prozesses ist es, den an der Willensbildung beteiligten gesellschaftlichen Gruppierungen und den politischen Entscheidungsträgern Erläuterungen und Argumente für die Bildungsbedeutsamkeit des jeweiligen Faches zu geben (vgl. Timmermann 1972b, S. 22).

4. Einbettung des fachspezifischen Bildungsbereichs in eine fächerübergreifende Gesamtbildungskonzeption: Nur eine interdisziplinäre Gesamtsicht der Fachprobleme kann der Komplexität der damit verknüpften Lern- und Bildungsprozesse gerecht werden (vgl. Timmermann 1972b, S. 22). Wenn auch Timmermann heutige Begriffe wie vernetztes Lernen[63], globales Denken oder fächerübergreifender Unterricht nicht verwendet, stellt er doch den besonderen Auftrag der Fachdidaktik heraus, sich aus fachimmanentem Denken zu lösen und fachdidaktische Zugänge zu einem Gesamtkonzept von Bildung zu entwerfen, das der Mehrdimensionalität der fachlichen Bildungsprozesse gerecht zu werden versucht.

5. Mikrosystematisches Erfassen von atomaren Lernvorgängen und Aufzeigen von Möglichkeiten, solche Lernvorgänge zu fördern: Neben dem Entwurf von Gesamtkonzeptionen fachlicher und überfachlicher Bildung (vgl. Punkt 4) steht die Beobachtung, Beschreibung und Analyse von einzelnen fachlichen Lernphasen und -sequenzen quasi als Grundlage für darüber hinaus gehende Ansätze zunächst im Vordergrund fachdidaktischer Arbeit. Timmermann sieht hier die Notwendigkeit, vor allem die Interdependenzen von Motivationen, sozialen Interaktionen und z. B. die Effizienz des Medieneinsatzes kritisch zu erfassen (vgl. Timmermann 1972b, S. 23).

6. Zielorientierte, inhaltliche und methodische Strukturierung von konkreten, zusammenhängenden, fachlichen Lehrgängen: Hier kommt es Timmermann auf

---

[63] Hier sind insbesondere die Erfordernisse der *vertikalen* Vernetzung (Anbindung an die Sachstrukturen eines Faches, d. h. Verknüpfung mit dem Vorwissen der Schüler) sowie der *horizontalen* Vernetzung (Verankerung des Gegenstandes mit der Umwelt und den außerschulischen Kontexten des Lernenden) zu beachten.

die Notwendigkeit an, trotz aller Bemühungen um die wissenschaftstypische Erörterung allgemeiner Gesamtkonzepte, nicht den Blick auf die reale Schulsituation zu verlieren. Es geht also bei dieser Aufgabe um den Entwurf von Lernstrukturen, die geeignet sind, praxisrelevante Beiträge zu einer idealtypischen Annäherung an übergeordnete Bildungsziele zu leisten (vgl. Timmermann 1972b, S. 23). Es soll also auch der Versuch unternommen werden, neben der Analyse von elementaren Lernschritten eine Konzeption für übergreifende und zeitlich ausgedehntere Lernabschnitte zu entwerfen.

7. Reflexion der eigenen Theorien und Entwicklung eigenständiger wissenschaftlicher Methoden: Erst in der Konfrontation mit der realen Lernsituation entsteht eine reflexive und selbstkritische fachdidaktische Theorie, die immer wieder zu Modifikationen unter ständiger Berücksichtigung gesellschaftlicher und unterrichtlicher Bedingungen bereit ist. Nachdem die fachdidaktische Theorie und die mit ihr verbundenen Methoden wesentliche Impulse und Ansätze aus der Wissenschaftstheorie des Faches erhalten hat, wirkt die Theorie der Fachdidaktik auf die Wissenschaftstheorie des Faches zurück. Timmermann geht zusätzlich davon aus, dass die Allgemeine Didaktik von den zu entwickelnden fachdidaktischen Theorien beeinflusst wird (vgl. Timmermann 1972b, S. 23).

Die von Timmermann angeführten Aufgaben in Forschung und Lehre geben ein sehr emanzipiertes und weit gestecktes Bild von Fachdidaktik wieder. Der Grundtenor dieses Aufgabenkataloges setzt Akzente, die in einigen Punkten sogar der Konzeption von Fachdidaktik, die durch den Deutschen Bildungsrat bereits 1970 vorgestellt wurde, hinausgehen. Timmermann fordert einen bildungspolitischen Einfluss, den Fachdidaktik durch die Disposition von Entscheidungen im Vorfeld demokratischer Willensbildungen wahrzunehmen hat (vgl. Punkt 3.). Dieser Aspekt, den kein bisher vorgestellter Aufgabenkatalog nennt, ist aus der besonderen Lage Anfang der 70er Jahre zu verstehen, die durch eine Fülle von einschneidenden bildungspolitischen Strukturentscheidungen und umwälzenden gesamtgesellschaftlichen Veränderungen verbunden war. Timmermann geht folgerichtig davon aus, dass nur durch eine aktive Partizipation auch in bildungspolitischen Bereichen die neue Wissenschaftsdisziplin ihrer Aufgabe, nämlich den Bildungswert des von ihr vertretenden Faches auch außerhalb der eigenen "scientific community" zu verdeutlichen, gerecht wird.

Ein weiterer relevanter Aspekt in dem Aufgabenkatalog von Timmermann, der sich von den bisherigen Entwürfen abhebt, stellt die Selbstreflexion eigener Theorien und die Forderung nach Entwicklung eigener wissenschaftlicher Me-

2.2 Positionen von Erziehungswissenschaftlern und Fachdidaktikern

thoden dar (vgl. Punkt 7.). Beide Aspekte scheinen insbesondere in retrospektivischer Betrachtung als dringend notwendig, um dem Anspruch wissenschaftlicher Autonomie zu entsprechen. Timmermann stellt damit heraus, dass solche Ansprüche sich nicht selbstverständlich erfüllen, sondern gerade in einem interdependenten Wissenschafts- und Handlungsfeld, wie sie das Konstrukt Fachdidaktik nun einmal darstellt, das Bemühen um solche selbstkritischen Reflexionen und eigenständigen Methoden notwendige Voraussetzung für eine überzeugende Außenwirkung ist.

Auffällig und bemerkenswert erscheint die Tatsache, dass Timmermann die Auffassung vertritt, Lehrerausbildung stelle nur eine sekundäre Aufgabe der Fachdidaktik dar (vgl. Timmermann 1972b, S. 25). Er hält die Einübung von Lehrverhaltensweisen oder die Entwicklung besonderer Unterrichtsmethoden für eine primäre Aufgabe der Erziehungswissenschaft. Mit dieser Haltung wird nochmals der von Timmermann erhobene Anspruch auf wissenschaftliche Eigenständigkeit betont, da die Einengung auf rein lehrerausbildende Funktionen einer Fortführung rein unterrichtsmethodischer Traditionen entsprechen würde.

Sehr vorsichtig wird abschließend auch der hochschuldidaktische Aspekt angedeutet. Timmermann schätzt die Art der Wissensvermittlung der sich gerade an den Universitäten etablierenden fachdidaktischen Einrichtungen mit den folgenden Worten ein: "Das herkömmliche Vorlesungsverfahren trat bei fachdidaktischen Lehrveranstaltungen weithin zurück" (Timmermann 1972b, S. 25). Innovatives Potential in Bezug auf neue Formen universitärer Wissensvermittlung, das einerseits Kritiker aber auch andererseits konstruktive Prozesse in den betroffenen Fachbereichen hervorruft, wird auch durch Timmermann insbesondere von der Fachdidaktik gefordert.

2.2.2 Köhnlein (1977)

Köhnlein legt bereits auf der im Jahre 1977 bestehenden breiteren Grundlage erster Erfahrungen mit fachdidaktischer Forschung und Lehre an der Universität eine Analyse der Forschungs- und Entwicklungsaufgaben, hier speziell der Physikdidaktik, vor (vgl. Köhnlein 1977). Als prinzipielles Ziel jedes didaktischen Denkens sieht er die Optimierung und Humanisierung der Lehr- und Lernvorgänge in Schulen und Hochschulen an. Fachdidaktik kann als Integrationswissenschaft[64] angesehen werden, die pädagogische und fachliche Probleme und Erkenntnisse zur Lösung von Fragestellungen benutzt, die von keiner der beteiligten Disziplinen alleine erschöpfend gelöst werden könnten. Köhnlein sieht die Fachdidaktik als einen Teil der Fachwissenschaft, aber auch als Bestandteil der Pädagogik an: "Als eine spezielle Didaktik ist sie jener Teil der Pädagogik, welcher die Bildung und Erziehung des (jungen) Menschen durch dessen lernende Auseinandersetzung mit einer Disziplin zum Gegenstand hat. Als Teil einer Fachwissenschaft umfaßt sie deren *pädagogische Dimension*, die sich in der gebotenen Kürze am besten durch das Begriffspaar 'Lehrbarkeit - Lernbarkeit' bezeichnen läßt" (Köhnlein 1977, S. 285). Diese Vorstellung Köhnleins trifft den Kern des komplizierten Auftrags der Fachdidaktik. Sie steht quasi im Mittelpunkt zweier zunächst konträrer Denklinien, die einerseits durch die Ansprüche und Erfordernisse des Fachs und andererseits durch die Bedingungen des menschlichen (humanen) Lernens aufeinanderstoßen. Der "Nürnberger Trichter" funktioniert nicht, sondern vernünftiges, auf dauerhafte Erkenntnis und langfristige Selbstständigkeit angelegtes Lernen, erfordert komplexe Wege und Brücken, die zwischen dem bloßen Stoff und dem lernenden Individuum gebaut werden müssen. Fachdidaktik muss also in einer Schnittmenge der fachlichen und pädagogischen Dimension lokalisiert werden. Eine professionsorientierte und auf die Lebenswelt von Kindern orientierte Fachdidaktik berücksichtigt somit beide Dimensionen, um in der gemeinsamen Schnittmenge den zunächst gegensätzlichen Ansprüchen gerecht zu werden.

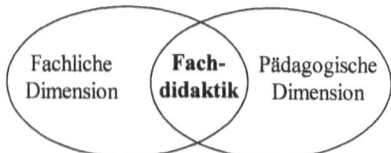

Abb. 5: Fachdidaktik als Schnittmenge von fachlicher und pädagogischer Dimension

---

[64] Gebelein definiert Fachdidaktik als *Integrations- und Metawissenschaft*: "Als Metawissenschaft ist es die Aufgabe der Fachdidaktik, ausgehend von den Grundlagen der jeweiligen Fachwissenschaft Auswahlkriterien für Inhalte zu erarbeiten, die von allgemeiner Bedeutung und deshalb für den Unterrrricht relevant sind. Anders gesagt: Bezüglich des Lehrstoffes müssen die Fragen Was? Wozu? Warum? gestellt werden und Begründungen für die Auswahl gegeben werden. (...) Als Integrationswissenschaft ist die Fachdidaktik um die Planung und Steuerung von Lehr- und Lernprozessen - also um die Fragen Was? Wie? - im Unterricht bemüht, dies unter den Bedingungen, unter denen Unterricht stattfindet" (Gebelein 1978, S. 746).

2.2 Positionen von Erziehungswissenschaftlern und Fachdidaktikern 89

Köhnlein wirft mit dem Begriff "pädagogische Dimension"[65] einen Aspekt in die Diskussion ein, der den Kern der fachdidaktischen Aufgabenstellung berührt. Das Ermitteln jener pädagogischen Facetten und Spuren, die in jedem Fachwissen substanziell enthalten sind, macht fachdidaktische Arbeit aus. Zur Wahrnehmung dieser "Schnittstellenfunktion" erforscht die Fachdidaktik Ziele, Voraussetzungen, Bedingungen, Inhalte, Methoden, Formen und Mittel des Lehrens und Lernens. Köhnlein betont die Notwendigkeit, sich dabei der Erkenntnisse und Forschungsmethoden anderer wissenschaftlicher Disziplinen zu bedienen, wie z. B. ihrer fachlichen Bezugswissenschaften, der Schulpädagogik, der Psychologie, der Soziologie, der Philosophie und dem zu diesem Zeitpunkt populären Gebiet der Kybernetik (vgl. Köhnlein 1977, S. 286). Im Einzelnen nennt Köhnlein die folgenden Forschungs- und Entwicklungsaufgaben[66]:

- Erforschung der fachspezifischen Erkenntnisprozesse und ihrer Bedeutung für Lehre und Unterricht;
- Analyse und Strukturierung der wissenschaftlichen Disziplin unter dem Gesichtspunkt der Lehrbarkeit;
- Untersuchung der Funktion des Faches im Gesamtcurriculum;
- Erforschung der fachspezifischen Lehr- und Lernprozesse;
- Erarbeitung von Entscheidungsvoraussetzungen und Entscheidungsbegründungen für die Lehr- bzw. Lernziele;
- Entwicklung einer fachspezifischen Unterrichtstheorie;
- Entwicklung fachbezogener Medien;
- Erforschung der erzieherischen Implikationen fachspezifischer Studien;
- Entwicklung, Erprobung und Revision fachlicher und fachübergreifender Curricula;
- Unterrichtsforschung als Prozessanalyse (vgl. Köhnlein 1977, S. 287).

Die von Köhnlein genannten Funktionen fallen durch die besondere Berücksichtigung pädagogischer Aspekte und Bezüge, die das fachliche Lernen kennzeich-

---

[65] In der Physikdidaktik wird dieser Begriff durch die Arbeiten Wagenscheins prägend, der als erster einen Weg gewiesen hat, die Physik im "genetisch-sokratischen Sinne" (Wagenschein) zu denken und auf diese Weise die *pädagogische Dimension* der Physik aufzuzeigen. Seine fachdidaktischen Arbeiten müssen als ein herausragend einfühlsames Beispiel gewertet werden, um ein sensibles Verständnis für diesen komplexen, aber notwendigen Brückenbau zwischen Fachwissen und Schüler zu entwickeln (vgl. exemplarisch: Wagenschein 1960, 1989, 1992 sowie: von Hentig 1982 und Redeker 1993). Zur Aktualität des Ansatzes von Wagenschein äußern sich Bußmann und Soostmeyer 1996 (vgl. Bußmann et al. 1996).

[66] Die Aufgaben sind hier verkürzt wiedergegeben.

nen, auf. In der Tradition Wagenscheins stehend, nimmt er als Naturwissenschaftsdidaktiker den Begriff der *pädagogischen Dimension* eines Faches auf und stellt ihn in den Mittelpunkt der fachdidaktischen Arbeit. Eng damit verknüpft ist die Frage nach dem Entstehen des Wissens und den Bedingungen, unter denen das fachliche Wissen gewachsen ist. Erst der Nachvollzug, wie das zu vermittelnde Wissen entstanden ist und welcher ursprüngliche Weg im Erkenntnisprozess vollzogen wurde, eröffnet dem Lehrer die Möglichkeit, die Ergebnisse dieser Prozesse adressatengerecht zu vermitteln. Für den Lehrer steht also nicht das Ergebnis im Vordergrund, sondern die *Genese* und die Entwicklung, also eben jene Schwierigkeiten, Ecken und Kanten sowie Einbahnstraßen, die mit jeder Erkenntnis und jedem Forschungsprozess untrennbar verbunden sind. Nicht das fertige Produkt, sondern das Wissen um die oftmals verschlungenen Wege dorthin benötigt der angehende Lehrer, um die Komplexität des Denkens und Lernens seiner Schüler zu verstehen. Köhnlein betont, dass für den Lehrer nicht Forschung und Entwicklung, also die Fähigkeit, das Wissen zu erweitern und anzuwenden, sondern der Auftrag, es zu vermitteln, d. h. es als pädagogische Aufgabe zu begreifen und für die nachfolgende Generation verstehbar, erlernbar, kritisierbar und damit auch fortsetzbar zu machen, im Zentrum seiner Berufsaufgabe steht (vgl. Köhnlein 1977, S. 288).

Auffallend an der Darstellung Köhnleins ist, dass weder ein hochschuldidaktischer und bildungspolitischer Einfluss noch eine kritische Funktion in Bezug auf die Fachwissenschaft reklamiert wird. Diese Haltung kann als typisch für die Haltung vieler Naturwissenschaftsdidaktiker angesehen werden. Simonsohn hält als Physikdidaktiker sogar eine unmittelbare Einflussnahme von Seiten der Fachdidaktik auf die Fachwissenschaft Physik für unmöglich. Er schreibt solche Aufgaben, die die Grundlagen der Fächer mitbestimmen und damit neue Entwicklungen vorantreiben, eher den geisteswissenschaftlichen Fachdidaktiken zu (vgl. Simonsohn 1985, S. 254).

In der Frage der Institutionalisierung geht Köhnlein von einer fachwissenschaftlichen Zuordnung aus und schlägt darüber hinaus zur Gewährleistung einer nicht nur von Zufällen abhängenden Kooperation zwischen den Bezugsdisziplinen und der Fachdidaktik eine zentrale Einrichtung vor. In diesem fachbereichsübergreifenden Zentrum soll die interdisziplinäre Kommunikation in fachdidaktisch relevanten Fragen intensiviert und der Bezug zu den gemeinsamen Grundwissenschaften ermöglicht werden (vgl. Köhnlein 1977, S. 291).

2.2.3 Beckmann (1978, 1992)

Die Auffassungen Beckmanns über die Aufgaben, Funktionen und die Dimension der Fachdidaktik werden zunächst bereits an der systematischen Einordnung dieser Disziplin in das Berufsfeld von Lehrern deutlich. Eine erste Einteilung ergibt sich durch die vier unstrittigen Elemente der Lehrerbildung:

1. Erziehungswissenschaftliche,
2. **fachdidaktische**,
3. fachwissenschaftliche,
4. schulpraktische Elemente,

werden spätestens seit Beginn der 70er Jahre als konstitutive Bestandteile der Lehrerbildung *aller* Lehrämter betrachtet, also auch für die Lehrämter des Gymnasiums bzw. der Sekundarstufe II, wobei die Gewichtung dieser Elemente auch in Abhängigkeit von der angestrebten Schulform oder Schulstufe zu breiten Meinungsverschiedenheiten führt.

Beckmann nimmt eine Charakterisierung des Berufsfeldes von Lehrern durch die Angabe von I. *Berufsaufgaben*[67], den II. *Berufswissenschaften* und den III. *Bezugswissenschaften*[68] vor:

Abb. 6: Differenzierung des Berufsfeldes von Lehrern (vgl. Beckmann 1985b, S. 500-502).[69]

---

[67] Die hier genannten Berufsaufgaben zeichnen sich im Vergleich zu den vom Deutschen Bildungsrat genannten Aufgaben des Lehrers (Lehren, Erziehen, Beurteilen, Beraten, Innovieren) durch einen deutlicheren Bezug zur tatsächlichen Praxis aus (Unterrichtsvorbereitung, Korrekturen, Aufsicht, Konferenzen, Klassenfahrten, Elternkontakt).

[68] Es wird hier vom Studium von in der Regel 2 bis 3 Fachwissenschaften ausgegangen.

In kritischer Beurteilung der Verwissenschaftlichung der Lehrerbildung, die dem komplizierten Verhältnis von Schulfach und Fachwissenschaft nicht gerecht wird, zählt er die Fachwissenschaften zu den sogenannten Bezugswissenschaften des Lehrers. Die Fachdidaktik betrachtet Beckmann dagegen als eine Berufswissenschaft im engeren Sinne. Diese Systematik lässt bereits den besonderen Anspruch an Lehrerbildung erkennen, den Beckmann aus erziehungswissenschaftlicher Sicht einfordert. Nicht die Fachwissenschaften stehen im Zentrum der Berufsaufgaben, sondern einzig die *pädagogische Dimension* des Faches; das bedeutet eine klare Abwehr einer Ableitung fachdidaktischer Aussagen aus der Fachwissenschaft. So bildet das jeweilige *Schulfach*[70] den Mittelpunkt des Interesses fachdidaktischer Forschungsanstrengungen unter Anwendung des in der Allgemeinen Didaktik eingeführten Methodeninstrumentariums (vgl. Beckmann 1978, S. 216). Die Bezeichnung "Bezugswissenschaft" für die Fachwissenschaften in der Lehrerbildung stellt heraus, dass das jeweilige Schulfach unterschiedlich starke Bezüge zur Fachwissenschaft herstellt[71], aber keine Verkleinerung der Fachwissenschaft darstellt.

Beckmann steht für eine konsequente Orientierung des Schulfaches an Werten wie Humanität und Nächstenliebe, also jene Prinzipien, die dem Leben junger Menschen eine Richtung weisen und sie dazu befähigen sollen, dem Leben und dem Menschen zu dienen (vgl. Beckmann 1978, S. 217). So stellt er unmissverständlich fest: "Wissenschaft hat die Aufgabe der Forschung, das Schulfach aber die Aufgabe der Erziehung und Bildung" (Beckmann 1978, S. 217). Diese Haltung prägt natürlich auch Beckmanns Auffassungen über Fachdidaktik. Es geht ihm sicherlich nicht um eine Distanz zur Fachwissenschaft, wohl aber um ein pädagogisches Ethos vom Kinde aus, dem sich fachwissenschaftliche Stringenz unterzuordnen hat. Fachdidaktik wird in diesem Bild nicht

---

[69] Die *Pädologie* ist auch als Wissenschaft vom *gesunden* Kind unter Berücksichtigung von Wachstum und Entwicklung zu verstehen in Abgrenzung zur *Pädiatrie* als Teilgebiet der Medizin, das sich mit den *Krankheiten* des Säuglings- und Kindesalters befasst.

[70] Es wird hier bereits auf das komplizierte und *nicht* lineare Verhältnis zwischen Schulfach und (nicht immer) korrespondierender Fachwissenschaft hingewiesen.

[71] Beckmann unterscheidet zwischen Fächern, die eine große Nähe zur Fachwissenschaft aufweisen (z. B. Mathematik) und anderen, die eine geringe Nähe (z. B. Deutsch) oder keinen Bezug (z. B. Kunst, Musik) besitzen. Flitner spricht von szientistischen Fächern, zu denen er die Mathematik, Physik, Chemie und die "exakten Teile" der Biologie sowie die formale Logik zählt. Er unterscheidet insgesamt zwischen vier Fächergruppen (vgl. Flitner 1977, S. 948). Interessant erscheint in diesem Zusammenhang die Feststellung Frechs, dass Mathematiker und Physiker sich den fachlichen Anforderungen der Schule am ehesten gewachsen fühlen, dass ihnen jedoch die Analyse schulischer Probleme als soziale und pädagogische Fragestellungen vermutlich schwerfallen wird (vgl. Frech 1976, S. 89).

2.2 Positionen von Erziehungswissenschaftlern und Fachdidaktikern

als "verkleinerter Maßstab" zu dem bekannten "Großmuster" der Fachwissenschaft verstanden, sondern besitzt eine eigene Dignität, dem speziellen Auftrag der schulischen Bildung gerecht zu werden. Forschungsgegenstand der Fachdidaktik kann also nur das Schulfach sein.

Folglich lokalisiert Beckmann die Fachdidaktik zwischen Fachwissenschaft und Schulpädagogik und betont, dass beide Wissenschaften als Hilfswissenschaften der Fachdidaktik fungieren (vgl. Beckmann 1992a, S. 394). Beckmann leitet damit folgende Forschungs- und Lehraufgaben der Fachdidaktik ab:

- Formulierung der Ziele des Unterrichtsfaches;
- Aufgreifen allgemeindidaktischer Theorien oder Kategorien;
- Aufdecken der pädagogischen Dimension des Unterrichtsfaches;
- Bemühen um einen Minimalkonsens, was an Kenntnissen und Fertigkeiten in dem einzelnen Unterrichtsfach gefordert werden muss;
- Klärung der Stellung des Faches innerhalb des Fächerkanons sowie der erzieherischen Dimension des Faches und dessen Beiträge zur Wertevermittlung;
- Auswahl der Inhalte;
- Analyse und Kritik der fachlichen Lehrpläne;
- Kriterien zur Beurteilung der fachlichen Unterrichtswerke;
- Aufarbeitung und Erprobung von fachspezifischen Methoden, Medien, Empfehlungen zur Unterrichtsvorbereitung, Lehrgängen, Kursen;
- Erforschung der Interessenlage und des Fragehorizontes der Schüler;
- Klärung von fächerübergreifenden Aufgaben bzw. Vorhaben

(vgl. Beckmann 1978, S. 218 und Beckmann 1992a, S. 394).

Beckmann sieht die Notwendigkeit, eine "kopernikanische Wendung" (Beckmann 1978, S. 218) der Fachdidaktik zu vollziehen. Nicht fachwissenschaftliche Denkmuster prägen die Disziplin Fachdidaktik, sondern die pädagogische Dimension des Unterrichtsfaches bestimmt die Aufgaben und die Funktion dieser eigenständigen Wissenschaft[72].

Kein bis hier untersuchter Aufgabenkatalog weist eine so konsequente Orientierung an den Bedürfnissen und Erfordernissen des Schülers und seiner Lern-

---

[72] Auch Bruhn betont im Hinblick auf die Physikdidaktik: "Sie ist also diejenige Wissenschaft, die sich mit der Bildungs- und Erziehungsdimension der Physik beschäftigt" (Bruhn 1991, S. 117). An gleicher Stelle arbeitet er auch den Unterschied zur Fachwissenschaft heraus: "Der Physiker interessiert sich als Physiker eigentlich nie für das Lernen und Lehren von Physik. Ihn interessiert die Gewinnung neuer physikalischer Erkenntnisse und Theorien, aber nicht die Reflexion der Gewinnung dieser Erkenntnisse, nicht das Werden der Theorie" (Bruhn 1991, S. 117).

situation auf. Fachdidaktik hat den Auftrag, einen Beitrag zur Bewahrung der geistigen Überlieferung, zur Erschließung und Deutung der gegenwärtigen Welt und zur Vorbereitung auf das spätere mehrdimensionale Leben als Erwachsener zu leisten (vgl. Beckmann 1992a, S. 393). Beckmann fordert daher, dass das Postulat reiner Wissenschaftsorientierung, das in drastischer Weise die Lehrerbildung seit Beginn der 70er Jahre gewandelt hat, kein Muster für fachdidaktisches Denken sein darf. Erst wenn die Fachdidaktik in der Lage ist, das schulpraktische Handeln des Lehrers theoriegeleitet zu fördern und damit einen Beitrag zur Humanisierung und Ausrichtung an Wertmaßstäben zu leisten, wird sie ihrem mehrdimensionalen Auftrag gerecht. Diese Auffassung schließt ein, im jeweiligen Fach solche Wertmaßstäbe zu entwickeln und unterrichtlich zu vermitteln.

2.2.4 Nachtigall (1979)

Nachtigall stellt zunächst als Physikdidaktiker heraus, dass die Physikdidaktik den stringenten Objektivierungsanspruch der eigenen Bezugswissenschaft[73] nicht übernehmen kann, da sie als Integrationswissenschaft weder von der Fachwissenschaft, noch von der Sozialwissenschaft wie der Psychologie oder der Pädagogik allein deduzierbar ist (vgl. Nachtigall 1979, S. 38). Sie stellt dagegen eine eigenständige Wissenschaft in Forschung und Lehre wie in Theorie und Praxis dar, die Methoden und Inhalte anderer Wissenschaften adaptiert, physikalisch modifiziert und originär integriert (vgl. Nachtigall 1979, S. 38). Nachtigall stellt somit unmissverständlich klar, dass jeder Ansatz, der eine bloße "Transkription" fachwissenschaftlicher Denk- und Forschungsmuster in die Probleme der Fachdidaktik zum Ziel hat, zwangsläufig an den multidimensionalen Fragestellungen der Fachdidaktik scheitern muss. Ausgehend von diesen Grundpositionen führt Nachtigall sechs Problem- und Aufgabenfelder der Fachdidaktik aus, die nicht nur speziell der Physikdidaktik gelten[74]:

---

[73] Nachtigall bezieht sich hier auf die für die Naturwissenschaften typische Vorgehensweise, die Abhängigkeit einer Größe von mehreren Parametern durch Variation eines Parameters bei Konstanthalten der übrigen Parameter zu analysieren.

[74] Die Darstellung aus der Sicht der Physikdidaktik ist hinreichend allgemein gefasst, so dass Aspekte, die für alle Fachdidaktiken von Bedeutung sind, hier resümiert werden.

2.2 Positionen von Erziehungswissenschaftlern und Fachdidaktikern

1. Legitimation des Schulfaches im Kanon der Fächer des Bildungswesens
Nur durch die Beantwortung der Frage, welchen konkreten Beitrag das jeweilige Schulfach zu einer ethischen sowie intellektuell-kognitiven Entwicklung des Schülers im Hinblick auf eine Identitätsfindung des jungen Menschen leistet, kann das Schulfach im Konzert anderer oder theoretisch möglicher Fächer existieren. Die jeweilige Fachdidaktik hat dabei aber auch selbstkritisch zu prüfen, ob nicht neue Fächer oder fächerübergreifende Strukturen günstigere Lösungen darstellen, optimale Hilfen für eine Selbstverwirklichung des Individuums zu geben (vgl. Nachtigall 1979, S. 39-40). Lenzen betont diesen Aspekt in gleicher Weise für die Physikdidaktik: "Die Didaktik eines Faches ist eine eigenständige Integrationswissenschaft sui generis, deren Hauptaufgabe die Behandlung des Legitimationsproblems, früher hieß das die Frage nach dem Bildungsgehalt eines Faches, d. h. die Auswahl und didaktische Strukturierung der Ziele und Inhalte des Faches Physik sein muß" (Lenzen 1985, S. 249).

2. Erarbeitung von Lehr-Lerntheorien
Zentrales Anliegen dieser fachdidaktischen Aufgabe ist es, unter Einbeziehung allgemeiner Lehr- und Lerntheorien, natur- und geisteswissenschaftlicher Methoden und unter Berücksichtigung fachwissenschaftlicher, gesellschaftlicher, psychischer und physischer Bedingungen des Lernenden, Einsichten in den Prozess des Verstehens und des Verständlichmachens des jeweiligen Faches zu entwickeln. Hier steht z. B. in den naturwissenschaftlichen Fächern die Sensibilisierung für die unterrichtliche Einschränkung auf altersgemäße intellektuelle Entwicklungsschritte, die den Schüler nicht als passiven Informationsabsorber ansehen, sondern ihm Chancen zur Partizipation geben, im Vordergrund (vgl. Nachtigall 1979, S. 40-41).

3. Begründung von Ziel-Inhalt-Zusammenhängen
Nachtigall arbeitet in diesem Zusammenhang die bereits in den vorherigen Abhandlungen anderer Autoren genannte These heraus, dass kein Schulfach als verkleinertes Abbild seiner wissenschaftlichen Entsprechung angesehen werden darf. Die Auffassung vieler Fachsystematiker, alle Inhalte der eigenen Wissenschaft seien geradezu auch geborene Inhalte des korrespondierenden Schulfaches, klammert in unzulässiger Weise die für jeden Fachdidaktiker unverzichtbare Frage nach der didaktischen Legitimation des Stoffes aus. Solch eine Haltung begünstigt in den Augen Nachtigalls eine Zentrierung auf den Stoff und das bloße Kennenlernen und Abspeichern von Fakten anstelle einer Konzentration

auf Prozesse der Erkenntnisgewinnung, konzeptueller Begründungszusammenhänge und der Frage nach der sozialen Verantwortung der Wissenschaft.

4. Der Aspektcharakter des Faches im Prozess des Lehrens und Lernens
Die Exaktheit und Klarheit z. B. naturwissenschaftlichen Wissens ist trügerisch. Der Eindruck, den ein Lehrbuch der Physik vermittelt, spiegelt nicht den wahren Verlauf des Suchens und Fragens, des Umkehrens und Verwerfens der häufig anders gestellten Fragen wieder. Im Lehrbuch wird der Lösungsweg klinisch rein, das heißt häufig rückwärts ablaufend dargestellt. Es treten hier keine Zweifel mehr auf, beim Lernenden wird so nicht der Prozesscharakter, sondern eher der Eindruck einer fertigen, vollkommenen Wissenschaft erzeugt. Popper beschreibt diesen Zustand damit, dass das Ideal des absoluten Wissens nicht existiert und zum Idol geworden ist (vgl. Popper 1973, S. 225). Aufgabe der Fachdidaktik ist es nun, nicht nur das Ergebnis zu betrachten, sondern vor allem den Prozess der Erkenntnisgewinnung zu beleuchten und zu analysieren, um die Prozesshaftigkeit des Forschens und Lernens zu betonen. Damit wird Wissenschaft auch ein Stück weit menschlicher. Fachdidaktik kann so die zunehmende Tendenz zur Entfremdung etwas kompensieren. In den Augen Nachtigalls ist es gerade eine Aufgabe der Naturwissenschaftsdidaktik, diese immer größer werdende Kluft zwischen menschlichen Emotionen und nüchterner Erkenntnis wieder zu überbrücken.

5. Aufstellen, Erproben und Bewerten von Unterrichtsmodellen
In diesem Problemfeld steht die theoriegeleitete Praxis ebenso wie die praxisorientierte Theorie im Mittelpunkt fachdidaktischer Forschungsanstrengungen. Nur in beiden Denkrichtungen können alternative Handlungsempfehlungen entwickelt werden, die unterrichtspraktisch die Multiperspektivität und Multidimensionalität schulischer Realität erfassen. Auf der einen Seite muss die Entwicklung einer Theorie immer an den Erfordernissen der Praxis ausgerichtet sein, andererseits sollen praktische Erfahrungen zurück in den Prozess der Theoriebildung geführt werden. Nachtigall wendet sich aber eindeutig gegen jegliche Rezeptologie, die sich ausschließlich an der Sachlogik orientiert und allein daraus methodische Handreichungen stringent ableitet (vgl. Nachtigall 1979, S. 43). Er bezeichnet Fachdidaktik als ein "offenes und dynamisches System" (vgl. Nachtigall 1976, S. 128 ff.), das in seiner ganzen Komplexität, seinen Wechselbeziehungen, Wechselwirkungen und Verknüpfungen betrachtet werden muss.

2.2 Positionen von Erziehungswissenschaftlern und Fachdidaktikern   97

6. Lehrerausbildung
Auch Nachtigall benennt dieses Aufgabengebiet erst an letzter Stelle, spricht aber von einer originären Zuständigkeit der Fachdidaktiker in Fragen der Lehrerausbildung[75]. Er wendet sich sowohl gegen eine isolierte rein pädagogische Ausbildung als auch gegen eine ausschließlich fachliche Wissensvermittlung. Nachtigall hält das Lehramtsstudium erst dann für wissenschaftlich, wenn die Bedingungen des Unterrichtsprozesses, der Lehr- Lernprozess selbst und die Ergebniskontrolle nach begründeten Kriterien geprüft und in engen Theorie-Praxisbezügen von angehenden Lehrern erfahren werden (vgl. Nachtigall 1979, S. 44). Fachdidaktik muss aufbauend auf den Ergebnissen der ersten 5 Aufgabengebiete diesen integrativen Prozess einer fachgebundenen Erziehungssituation erfassen und dem Lehrer Kompetenzen im Hinblick auf die für die Berufsausübung notwendige Handlungssicherheit vermitteln.

2.2.5 Bayrhuber (1995)

Bayrhuber skizziert 1995 rückblickend auf nahezu drei Jahrzehnte Entwicklungsgeschichte der Fachdidaktik unterschiedliche Konzeptionen, die aus seiner Perspektive heraus das Erscheinungsbild dieser Wissenschaft prägen. Jede dieser Konzeptionen von Fachdidaktik beinhaltet eigene Funktionen und Aufgaben. Bayrhuber unterscheidet die folgenden vier Verständnisse, die aus verschiedenen Blickwinkeln jeweils sehr unterschiedliche Aspekte und Dimensionen der Fachdidaktik beleuchten:

1. Fachdidaktik als Wissenschaft: Die theorieorientierte Arbeit an fachdidaktischen Instituten und Lehrstühlen der Universitäten und Pädagogischen Hochschulen verfolgt aus seiner Sicht als Biologiedidaktiker in der Naturwissenschaftsdidaktik drei Hauptforschungsrichtungen:
a) Analysen der verschiedenen Determinanten des Unterrichts; Durchführung von Lehr- bzw. Lernprozessstudien;
b) Beiträge zur Bereicherung des experimentellen Unterrichts;

---

[75] Weltner nimmt ebenfalls die folgende Position ein: "Vornehmste Aufgabe der Fachdidaktik sollte immer die Orientierung an der praktischen Arbeit sein, der Ausbildung von Lehrern" (Weltner 1993, S. 8).

c) Didaktische Rekonstruktion naturwissenschaftlicher Inhalte im Hinblick auf den konkreten Unterricht und im Hinblick auf die Lehrplanrevision (vgl. Bayrhuber 1995, S. 310).

2. Fachdidaktik als Meisterlehre: Mit dieser plakativen Umschreibung kennzeichnet Bayrhuber die Arbeit von Fachdidaktikern in der zweiten Phase der Lehrerausbildung, also der Fachleiter an den Studienseminaren, die nicht nur Kenntnisse auf dem Gebiet der wissenschaftlichen Fachdidaktik, sondern auch "Lehrkunst" vermitteln. Bayrhuber betont die Bedeutung dieser praxisorientierten Arbeit bei der Umsetzung der wissenschaftlichen Fachdidaktik in konkreten Unterricht.[76]

3. Fachdidaktik als Schwellendidaktik: Nicht theoretische Ausführungen und didaktische Analysen prägen den Unterrichtsalltag eines Lehrers, sondern allenfalls praxisorientierte Materialien, die unmittelbar in die unterrichtliche Arbeit einmünden können, werden von einer Vielzahl von Lehrern tatsächlich angenommen und genutzt. Während Bayrhuber diese Art der Didaktik nicht grundsätzlich kritisch sieht, sondern Zeitmangel und Überlastung als mögliche Gründe einer mangelnden Rezeption wissenschaftlich fundierter Grundlagenliteratur nennt (vgl. Bayrhuber 1995, S. 312), wertet Jungblut diese Art von Darstellungen mit den folgenden Worten: "Die Darstellungen von 'teaching skills', die auf Machbarkeit bedacht sind, gehen in ihrem Aussagewert nicht über einen beliebigen Eklektizismus hinaus" (Jungblut 1986, S. 404). Beckmann äußert sich zu diesem nicht neuartigen Phänomen bereits 1964: "Man hält sich dann an die weitverbreitete Kompendienliteratur (Rezeptpädagogik)[77], 'so daß das unter-

---

[76] Lenzen bezieht eine wesentlich kritischere Position zum Umgang der Wissenschaft Fachdidaktik mit Erfahrungsberichten von Praktikern: "Nur wenn die Fachdidaktik darauf verzichtet, beliebige Techniken aus dem Erfahrungsschatz des verdienten Lehrers in die Lehrerausbildung zu bringen, hat sie eine Chance, als Wissenschaft ernst genommen zu werden und einen festen Platz in der neuen, integrierten Lehrerausbildung zu erhalten" (Lenzen 1985, S. 251). Sauer resümiert: "Wenn Fachdidaktik in den Rang einer Wissenschaft gehoben werden soll, müssen die Studenten mit didaktischer Literatur konfrontiert werden, die nach Diktion, Methoden und Ergebnissen die Kriterien der Wissenschaftlichkeit erfüllt. Sie müssen unterscheiden lernen zwischen Praktiker-Darstellungen, die viele ungeprüfte subjektive Erfahrungen enthalten, hypothetischen Aussagen, theoretischen Reflexionen und verifizierten Ergebnissen" (Sauer 1968, S. 241).
[77] Der auf Blankertz zurückgehende Begriff der *'Kompendienliteratur'* wird auch von Fischler kritisch aufgegriffen: "Eine auf die Lehrfunktion reduzierte Fachdidaktik konnte nur ein Torso bleiben und zwar in zweifacher Hinsicht: Unter dem Zwang, konkrete Handlungsanweisungen geben zu müssen, entstand eine Literatur, die sich in Ermangelung eines wis-

2.2 Positionen von Erziehungswissenschaftlern und Fachdidaktikern

richtliche Tun unverhältnismäßig weit unter dem Niveau der großen Bildungstheoretiker liegt' (Zitat Heimann)" (Beckmann 1964, S. 73). Einhellige Meinung aller Autoren ist, dass dieser Entwicklung durch die verkaufsorientierte Strategie der Schulbuchverlage, sich auf die Produktion solcher gut verständlichen Kompendienwerke zu konzentrieren, Vorschub geleistet wird.

4. *Fachdidaktik als Reduktionsdidaktik*: Bayrhuber arbeitet einen Trend heraus, der typisch für die Entwicklung in vielen Fachdidaktiken zu sein scheint: Viele Fachdidaktiker verstehen sich selbst als bloße Übersetzer von Fachinhalten in altersgemäße und schulorientierte Darstellungen, um Laien Wissenschaft verständlich zu machen und sie ihrem Vorwissen anzupassen. Aus der Sicht Bayrhubers kann es aber nicht nur darum gehen, die Sprache der Originalarbeiten in adressatenspezifische Texte umzuformulieren. Er arbeitet am Beispiel der Gentechnik heraus, dass die Fachdidaktik auf der Basis gesicherter Sachkenntnisse in einem zweiten Schritt im Hinblick auf die Kommunikation der Wissenschaftler mit der Öffentlichkeit die Aufgabe besitzt, Wege der moralischen Bewertung wissenschaftlichen Handelns sowie Methoden der ethischen Begründung aufzuzeigen. Es wird offensichtlich, dass zwischen einer solchen Funktion und der Forderung nach einer reinen Reduktionsdidaktik grundsätzlich verschiedene Auffassungen über die Aufgaben der Fachdidaktik liegen.

Die von Bayrhuber vorgenommene Klassifizierung fachdidaktischer Arbeit orientiert sich nicht an einzelnen, von möglichst vielen Beteiligten zu übernehmenden Aufgaben und Funktionen. Bayrhuber zeigt zunächst drei Dimensionen von Fachdidaktik auf, die sich idealtypisch für die unterschiedlichen Statusgruppen (Wissenschaftler, Fachleiter, Fachlehrer) herauskristallisiert haben. Er nennt hier das wissenschaftliche Verständnis, die Interpretation als Meisterlehre und die rein pragmatische Ausrichtung vieler Schulpraktiker. Alle drei Dimensionen umfassen auch typische Aufgaben, die in den bisher analysierten Kommissions- und Autorenmeinungen genannt wurden. Es wäre jedoch falsch, die Einteilungen Bayrhubers so zu interpretieren, dass jede angesprochene Statusgruppe aus-

---

senschaftlich abgesicherten Fundaments mit Darstellungen im Sinne einer Meisterlehre begnügen mußte" (Fischler 1980b, S. 259). Jungblut zum gleichen Phänomen: "Es ist zuzugeben, daß sich die fachdidaktische Literatur über viele Jahre hin in einer vorwissenschaftlichen Kompendienliteratur erschöpft hat. In solchen 'Gebrauchsanweisungen für den Unterricht' finden sich eine Fülle von nützlichen Anregungen für den schulischen Alltag, ohne daß jedoch systematisierende Kategorien in Hinsicht auf eine Theoriebildung erkennbar werden" (Jungblut 1972, S. 611).

schließlich ihre Konzeption von Fachdidaktik vertritt. Es kann als unrealistisch betrachtet werden, eine wissenschaftliche Reflexion über ein fachdidaktisches Thema ohne Berücksichtigung der praxisorientierten Literatur zu erstellen. Genauso falsch wäre die Annahme, dass in der Ausbildung von z. B. Studienreferendaren beheimatete Fachleiter an Studienseminaren jegliche Rezeption fachdidaktischer Grundlagenwerke verweigern oder Schulpraktiker nur für kompendienartige Schwellendidaktik empfänglich sind[78]. Die Ablehnung einer reinen Reduktionsdidaktik betrifft alle angesprochenen Gruppen und stellt somit eine Absage an ein allzu technizistisches Verständnis der mehrdimensionalen Aufgaben der Wissenschaft Fachdidaktik dar.

Die Unterscheidung in verschiedene Konzeptionen von Fachdidaktik ergibt eine Sichtweise, die die z. T. völlig unterschiedlichen Rezeptions-, Arbeits- und Erscheinungsformen von Fachdidaktik aufzeigt. Bayrhuber legt keine trennscharfen Kategorisierungen von Fachdidaktik vor; das Herausarbeiten von deutlich erkennbaren Strömungen hilft aber, sich den facettenreichen Aspekten und Aufgaben der Fachdidaktik anzunähern.

---

[78] Dazu Willer aus der Sicht des Physikdidaktikers: "Die Theorie der Vermittlung physikalischer Erkenntnisse im Unterricht ist nicht die einzige Aufgabe der Fachdidaktik; daneben steht mit gleichem Gewicht deren Praxis. Hauptaufgabe der Fachdidaktik aber ist weder die Theorie noch die Praxis, sondern die Anstrengung, beide miteinander zu verknüpfen" (Willer 1985, S. 265). Im Sinne einer Arbeitsdefinition formuliert Achtenhagen: "Unter Fachdidaktik wird die Vorbereitung, Durchführung und Kontrolle von Lehrplan- und Unterrichtsentscheidungen (im weitesten Sinne) verstanden. Sie hat erziehungswiss. Theorie und Unterrichtspraxis zu verbinden" (Achtenhagen 1973, S. 287). Unter gleicher Zielsetzung definiert Achtenhagen im Jahr 1981 Fachdidaktik so: "Aufgabe einer Fachdidaktik ist es, für unterrichtliches Handeln schlüssige Entscheidungshilfen bereitzustellen und diese im theoretischen Zusammenhang zu begründen. Eine solche handlungsorientierte Theorie soll angeben, welche Handlungen, unter welchen Umständen, von welchen Personen, mit Aussicht auf welchen Erfolg ausgeführt werden können" (Achtenhagen 1981, S. 275).

2.3 Zusammenfassung und Ausblick

Die Analyse verschiedener Kommissionsberichte und Aussagen von Einzelpersonen zu den Aufgaben und der jeweils aktuellen Situation der Fachdidaktik an den Universitäten lässt die vielfältigen inhaltlichen und strukturellen Problemfelder der zu untersuchenden fachdidaktischen Wissenschaftslandschaft offen zu Tage treten. Steht noch in den reformorientierten Plänen des Deutschen Bildungsrates im Jahre 1970 eine fachdidaktische Durchdringung des gesamten Fachstudiums der angehenden Lehrer deutlich im Vordergrund, wird diese Einschätzung bei den nachfolgenden Berichten zunehmend verdrängt. Das durch den Deutschen Bildungsrat zum Ausdruck gebrachte emanzipatorische Verständnis der Fachdidaktik gegenüber der Fachwissenschaft weicht einer im weiteren Verlauf der Entwicklung immer stärker werdenden Vereinnahmung durch die Fachdisziplinen. Der Rückgang der Lehramtsstudentenzahlen und die Lage der öffentlichen Finanzhaushalte führen zusätzlich in den 80er Jahren zu einer massiven Schwächung sowie personellen und institutionellen Auszehrung der Fachdidaktiken.

Expertisen, die Ende der 90er Jahre erstellt wurden, fordern daher eine erneute Orientierung der Fachdidaktik auf die zentralen berufs- und handlungswissenschaftlichen Dimensionen des Lehrberufs. Das Engagement der Fachdidaktik in Forschung und Lehre führt so zu einem identitätsstiftenden Rahmen für alle Lehramtsstudiengänge einer Universität. Dabei steht weniger die reine Fachsozialisation als vielmehr eine möglichst frühe wissenschaftsgeleitete, forschungsorientierte Auseinandersetzung mit Fragen der Berufsausübung und des professionellen Lehrerhandelns im Vordergrund. Zur Sicherstellung dieser Forderungen wird u. a. die Einrichtung von Zentren für Lehrerbildung gefordert, die eine Koordination aller lehrerbildenden Veranstaltungen einer Universität wahrnehmen sollen. Die Gemischte Kommission Lehrerbildung, die von der Kultusministerkonferenz Ende der 90er Jahre eingesetzt wurde, knüpft schließlich weitgehend an das durch den Deutschen Bildungsrat ursprünglich induzierte Verständnis von Fachdidaktik an, indem sie Fachdidaktik als das zentrale Medium der lehrerbildenden Studiengänge an der Universität ansieht. Sie erteilt damit den vielerorts anzutreffenden Beliebigkeiten in der Wahrnehmung fachdidaktischer Lehre und Forschung eine deutliche Absage und intendiert eine Verstärkung der forschungsorientierten Potenzen innerhalb der Fachdidaktiken.

Es wird im weiteren Verlauf der Untersuchung zu klären sein, inwieweit die immer wieder reklamierte wissenschaftliche Autonomie der Fachdidaktik tatsächlich realisiert wurde. Aus erziehungswissenschaftlicher Perspektive steht darüber hinaus die Frage im Vordergrund, inwieweit die Berücksichtigung der von Beckmann aufgeworfenen pädagogischen Dimension des Schulfachs in Theorie und Praxis verfolgt wurde. Als äußeres Merkmal der zunehmenden fachwissenschaftlichen Beeinflussung der Fachdidaktik bzw. der Lehrerbildung insgesamt muss die Frage der Institutionalisierung der neugegründeten oder integrierten fachdidaktischen Lehr- und Forschungseinrichtungen analysiert werden. Das folgende Kapitel diskutiert daher zunächst die verschiedenen Modelle fachdidaktischer Institutionalisierung. Darauf aufbauend werden die Besonderheiten und vielschichtigen Problemfelder der fachdidaktischen Personalentwicklung und Nachwuchsförderung dargestellt.

3. Analyse der Institutionalisierung von Fachdidaktik

3.1 Fragen der äußeren Struktur

3.1.1 Modelle fachdidaktischer Institutionalisierung

Mit dem Beginn der Entwicklung fachdidaktischer Lehr- und Forschungseinrichtungen stellt die Frage der Institutionalisierung die Fachdidaktik vor grundlegende Entscheidungen und damit verbundene Problemfelder. Wenn auch solche äußeren Strukturfragen nicht grundsätzlich immer einen gravierenden Einfluss auf die sicherlich bedeutendere inhaltliche Entwicklung ausüben[79], so wird doch gerade in der Gründungsphase der Erfolg dieser neuen Disziplin durch die institutionelle Zuordnung zumindest partiell mitbestimmt. Der Physikdidaktiker Weltner macht auf prägnante Weise deutlich, in welcher Situation sich viele der Fachdidaktiker befinden, die in die jeweiligen Fachwissenschaften integriert wurden: "In einem Fachbereich Physik gibt es nur Physiker. Und Physiker erwarten vom Didaktiker, daß er ein guter Physiker ist. In aller Regel interessieren sie sich sonst ganz und gar nicht für das, was er tut. Einzige Ausnahme: Als Väter oder Großväter klagen Kollegen gelegentlich über den miserablen Physikunterricht ihrer Kinder und Enkel. Dann fragen sie, was wir täten, um hier für Besserung zu sorgen" (Weltner 1993, S. 5). Nimmt man das in diesem Zitat ausgedrückte Dilemma ernst, und die Fülle an unterschwelligen Belegen in der Literatur für die darin ausgedrückte Lage lässt dieses zu, hat die Frage der Institutionalisierung einen ganz entscheidenen Einfluss auf den Erfolg, die Durchsetzungsfähigkeit und die Wirkung fachdidaktischer Arbeit. Der Standort der Fachdidaktiken im System der Wissenschaften bestimmt letztlich die Definition und das Aufgabenverständnis der Disziplin mit.

Grundsätzlich bieten sich sowohl für die an den Universitäten neugegründeten bzw. neu etablierten fachdidaktischen Lehr- und Forschungseinrichtungen

---

[79] Zur eigentlichen Bedeutung solcher Strukturfragen äußert sich Willer: "Wer einen Garten düngt, tut mehr für das Gedeihen seiner Pflanzen, als wer sich um die Einteilung der Beete sorgt" (Willer 1985, S. 272). Als Reaktion auf die Situation der Fachdidaktiker könnte man entgegnen: Die Kornblume unter dem mächtigen Eichenwald benötigt zunächst Licht und Wasser im Gewächshaus, um gedeihen zu können. Ob allerdings eine künstliche Atmosphäre als Schonraum die inhaltlichen Probleme der Fachdidaktik grundsätzlich lösen würde, bleibt fraglich.

als auch für die aus den Pädagogischen Hochschulen integrierten Bereiche folgende Institutionalisierungsmodelle an:[80]

1. Einbindung in die bestehenden Fakultäten der korrespondierenden Fachwissenschaften in Form von Instituten, Lehrstühlen, Seminaren oder Arbeitsgruppen;
2. Einbindung als Teildisziplinen in die erziehungswissenschaftlichen Fakultäten bzw. Fachbereiche;
3. Gründung eigenständiger fachdidaktischer Zentren, die eine Bündelung aller Fachdidaktiken außerhalb von Fachwissenschaft oder Erziehungswissenschaft vornehmen.[81]

Es ist von vorneherein sinnvoll, darauf zu verweisen, dass keines der drei genannten Modelle einseitig ausschließlich Vorzüge aufweist. Es ist im Gegenteil das Kennzeichen jedes Modells, mit Vorzügen *und* Schwächen behaftet zu sein, so dass eine genaue Abwägung und Diskussion der verschiedenen Optionen Klarheit über die Folgen der gewählten Entscheidung verschafft. Eine einseitige Favorisierung *eines* Lösungsvorschlags würde der durchaus großen Tragweite der jeweiligen Entscheidung nicht gerecht.

Aus heutiger Sicht können allerdings retrospektivisch offensichtliche Folgen der in den 70er Jahren getroffenen Entscheidungen benannt werden. Das Problem ist dabei sehr eng mit der politisch gewollten Integration der Pädagogischen Hochschulen in die Universitäten verknüpft. Diese Integration wurde in den verschiedenen Bundesländern individuell unterschiedlich realisiert[82], so dass sich auch die fachdidaktische Institutionalisierung unter föderalistischer Wissen-

---

[80] Konrad ergänzt den Katalog noch um die folgenden Modelle, die aber im tatsächlichen Verlauf der Institutionalisierung der Fachdidaktik keine Bedeutung mehr hatten:
• Integration in die Bezirksseminare innerhalb der 2. Ausbildungsphase;
• Etablierung als eigenständige Wissenschaftsdisziplinen ohne Einbindung in bestehende Fakultäten (vgl. Konrad 1975a, S. 3).

[81] Die Arbeitsgruppe Lehrerbildung der Hochschulrektorenkonferenz schlägt die Zusammenfassung affiner Fachdidaktiken (z. B. Mathematik, Naturwissenschaften, Technik bzw. Geschichte, Politik- und Sozialwissenschaften bzw. Sprachen) zu interdisziplinären Zentren für fachdidaktische Lehre und Forschung vor. Doppelmitgliedschaften in den eigenen Fakultäten sichern die notwendige Anbindung zur Fachdisziplin (vgl. Arbeitsgruppe Lehrerbildung der HRK 1997, S. 21).

[82] In Baden-Württemberg existieren noch heute 6 eigenständige Pädagogische Hochschulen. Nach den Vorschlägen der Strukturkommission Lehrerbildung 2000 sollen diese aber als eigenständige Erziehungswissenschaftliche Fakultäten in benachbarte Universitäten integriert werden (vgl. Ministerium für Wissenschaft und Forschung Baden-Württemberg 1993, S. 155).

3.1 Fragen der äußeren Struktur

schaftshoheit und damit einhergehender Pluralität[83] vollzog. Die vielfältigen politischen und pädagogischen Aspekte, die mit der PH-Integration verbunden sind, können hier allerdings nicht näher dargestellt und analysiert werden. Lenzen bezeichnet die Integration sogar als eine "Zwangsverehelichung", die Jahre zuvor noch als eine "Liebesehe" von den Standesorganisationen der Volksschullehrer ersehnt wurde (vgl. Lenzen 1979, S. 56)[84]. Das Interesse wird dagegen stärker auf die fachdidaktischen Belange fokussiert. Die Fachdidaktik stellt unbestritten das Feld dar, auf dem sich die PH-Integration faktisch ereignet und sich bewähren muss. Sie bedeutet hier nicht nur eine institutionelle Entscheidung, sondern erweist sich als eine Reform mit inhaltlichen und substanziellen Folgen.

Die Einbindung der gesamten Lehrerbildung in die Universitäten stellt allerdings das Ergebnis eines jahrzehntelangen Ringens um Lehrerbildungskonzepte dar: Regenbrecht weist darauf hin, dass Karl-Heinrich Becker als Preußischer Kultusminister noch in den 20er Jahren eine Eingliederung der Lehrerbildung in die Universitäten ablehnt, interessanterweise aber sein Sohn, Helmut Becker[85], gut fünfzig Jahre später, die genau gegenteilige Auffassung vertritt und sich vehement für die PH-Integration in die Universitäten einsetzt (vgl. Regenbrecht 1994, S. 287).

Bereits hier kann aber vorweggenommen werden, dass die weitgesteckten Erwartungen, die mit der PH-Integration verbunden waren, nicht realisiert wurden. Insbesondere das komplexe Ziel einer Harmonisierung der Lehrerbildung durch stärkere Schul- und Praxisorientierung auf der Seite der Gymnasiallehrerbildung sowie fachwissenschaftliche Intensivierung im Studiengang der angehenden Grund-, Haupt- und Realschullehrer, ist in den Augen vieler Autoren klar verfehlt worden: "Es kann keine Rede davon sein, daß sich aus der Integration der eher praxisorientierten Ausbildung an den früheren Pädagogischen Hochschulen und der eher wissenschaftsorientierten Ausbildung an den Universitäten ein neues Profil der Ausbildung der Lehrerinnen und Lehrer herausgebildet hätte, das gleichermaßen an Wissenschaft und Praxis angeschlossen wäre" (Gemeinsame Kommission für die Studienreform im Land NRW 1996, S. 73).

---

[83] Es existieren nicht weniger als 42 (sic!) verschiedene Lehramtsbezeichnungen in den 16 Bundesländern Deutschlands (vgl. Terhart 2000, S. 57).

[84] Weniger weist darauf hin, dass die Forderung nach Ausbildung der Volksschullehrer an Universitäten bereits 1848 vom Allgemeinen Deutschen Lehrerverein erhoben wurde (vgl. Weniger 1952, S. 442).

[85] Becker, Helmut, ehem. Leiter des Berliner Max-Planck-Instituts für Bildungsforschung und Mitglied der Bildungskommission des Deutschen Bildungsrates

Es wird vielmehr eine weitgehende Loslösung aus der ehemaligen Verklammerung mit der Schulpraxis und der Trend zu einer Wissenschaftsgläubigkeit konstatiert[86]. Für die an der Integration maßgeblich beteiligte Fachdidaktik bedeutet dies, dass es an den aufnehmenden Universitäten nicht gelungen ist, ein überzeugendes, eigenständiges Profil der Fachdidaktiken zu entwickeln, die ihre Identität im Kontext der Einzelwissenschaften, in Arbeitsteilung und Kooperation mit deren Teilgebieten, gewissermaßen als Brückenkopf zur Erziehungswissenschaft und Erziehungspraxis hätte entwickeln können (vgl. Gemeinsame Kommission für die Studienreform im Land NRW, S. 82). Klafki spricht von "inhaltlich fragwürdigen, in sich widersprüchlichen Halbwahrheiten", die dadurch entstanden sind, dass die beteiligten Fachwissenschaften ihr Selbstverständnis nicht entscheidend geändert haben (vgl. Klafki 1988, S. 28). Eine solche Modifikation des eigenen Wissenschaftsverständnisses könnte der Anfang einer neuen didaktischen Interpretation der Grundlagen der Fachwissenschaften sein, eine Auffassung, die nicht nur der Fachdidaktik einen unmittelbaren Zugang zur Bezugswissenschaft eröffnen würde, sondern auch der Fachwissenschaft selbst neue Impulse für eine konstruktive Zusammenarbeit mit fachdidaktischen Dimensionen geben könnte. Es muss jedoch auch nach vollzogener PH-Integration weiterhin von einer antagonistischen Auffassung über Lehrerbildung ausgegangen werden, die sich in einem fachwissenschaftlich ausgerichteten Bild des Gymnasiallehrers und einer pädagogischen Akzentuierung des Lehrers der anderen Schulformen manifestiert. Radtke stellt dazu fest: "Gleichzeitig waren die Verlockungen einer Statusaufwertung der Volksschullehrerausbildung durch ihre Verwissenschaftlichung und Integration in die Universität so groß, daß bei aller Skepsis gegenüber der Umstellung ein Zwang zu Kompromißbildungen bestand, die die Form eines pluralen Nebeneinanders mehrerer Verständnisse von Lehrerausbildung unter einem organisatorischen Dach annahmen" (Radtke 1995, S. 27).

---

[86] Radtke et al. bezeichnen die von der Universität als Folge der Integration einzubringenden Ausbildungselemente wie Fachdidaktik oder Durchführung von Schulpraktischen Studien als "sperrig" für den Ablauf ihres gewohnten Lehrbetriebs (vgl. Radtke et al. 1995, S. 14). Er fasst das Ergebnis der Integrationsbemühungen kritisch so zusammen: "Die Organisation Universität/Fachbereich hat es also verstanden, die mit der Integration der PH an sie herangetragenen Ansprüche auf Vermittlung von Theorie und Praxis rhetorisch hochzuhalten, um den eigenen Ausbau zu fördern bzw. den Bestand zu erhalten. Sie hat aber diesen Anspruch selbst in den Erziehungswissenschaften so eingekapselt, daß der Organisationskern unbehelligt blieb und (weiter) das tun kann, was in der Universität mit Gratifikation versehen und mit Karrieremustern ausgestattet ist: Wissenschaft. Die Integration der Pädagogischen Hochschule in die Universität konnte der Eigenrationalität des Wissenschaftssystems erwartungsgemäß nichts anhaben" (Radtke et al. 1995, S. 48).

3.1 Fragen der äußeren Struktur

Grundsätzlich lassen sich bezogen auf die "alten" Bundesländer zunächst folgende Integrationsmodelle festhalten:

1. **Integration in die Fachwissenschaften:** Die Bundesländer *Nordrhein-Westfalen*[87], *Bayern*[88] und *Hessen*[89] bilden hier die wichtigsten Beispiele für eine fachwissenschaftliche Integration.

2. **Integration in die Erziehungswissenschaften:** An der Universität *Hamburg* gehören die Fachdidaktiken geschlossen dem Fachbereich Erziehungswissenschaften an. Kramp sieht diese Tatsache als Folge der traditionellen "Didaktik-Abstinenz" der Universität und der daraus resultierenden Weigerung, die Didaktik-Dozenten des alten Pädagogischen Institutes in die fachwissenschaftlichen Bereiche zu integrieren (vgl. Kramp 1975, S. 2).

3. **Fachdidaktisches Zentrum:** Diese Sonderform wird von der Mehrheit der Fachdidaktiker der ehemaligen Pädagogischen Hochschule *Berlin* und von der Mehrheit der Fachbereiche der Freien Universität Berlin befürwortet[90]. Es kommt zur Gründung eines "Zentralinstituts für Unterrichtswissenschaf-

---

[87] Als Ausnahme ist die Universität *Köln* zu nennen. Hier bilden die Fachdidaktiken zusammen mit der Erziehungswissenschaft einen Fachbereich (Erziehungswissenschaftliche Fakultät). Diese sogenannte "Fakultätslösung" ist aufgrund des massiven Widerstandes der Universität so entstanden.

[88] Als einzige Ausnahme hat sich in Bayern an der Universität Erlangen-Nürnberg ein anderes Modell etabliert: Dort wurden die Lehrstühle für Fachdidaktik nicht den jeweiligen Fächern, sondern der Erziehungswissenschaftlichen Fakultät zugeordnet und diese am Standort der ehemaligen Pädagogischen Hochschule Nürnberg belassen (vgl. Walter 1988, S. 138).

[89] Im Zuge der Integration existierten hier zunächst neben den Fakultäten sogenannte "Abteilungen für Erziehungswissenschaft", die von einigen Beteiligten als "Pädagogische Hochschulen in den Universitäten" bezeichnet wurden (vgl. Merkelbach 1992, S. 8). Merkelbach stellt insgesamt kritisch zu den Integrationsbemühungen im Bundesland Hessen fest: "Auch unter dem weiten, von der Öffentlichkeit schwer einsehbaren Mantel der Universität ist die alte zweigeteilte Ausbildung für das Niedere und Höhere Schulwesen erhalten geblieben" (Merkelbach 1992, S. 9).

[90] Der Senat der Georg-August-Universität Göttingen (Niedersachsen) hat am 14.02.1996 ebenfalls der Einrichtung eines Fachdidaktik-Instituts, in dem die Fachdidaktiken aller Fachbereiche zusammengefasst werden, zugestimmt (vgl. Senat der Universität Göttingen 1996). Der Status und die Aufgaben dieses zunächst dem Fachbereich Erziehungswissenschaften zugeordneten Instituts sind so angelegt, dass die fächerübergreifende Kooperation und besonders die Förderung des wissenschaftlichen Nachwuchses gesichert werden. In § 2 der "Empfehlungen zum Fachdidaktik-Institut" heißt es daher ausdrücklich: "Die Promotionsordnungen der in Frage kommenden Fachbereiche werden erweitert, indem sie unter angemessener Beteiligung der Fachdidaktiker fachdidaktische Arbeiten zur Promotion zulassen. Bei Habilitationen wird analog verfahren" (Gemeinsame Kommission für die Lehrerausbildung der Universität Göttingen 1995, S. 3).

3. Analyse der Institutionalisierung von Fachdidaktik

ten und Curriculumentwicklung", später "Zentralinstitut für Fachdidaktiken"[91].

In allen anderen Bundesländern existieren nur geringe Modifikationen der aufgezeigten Modelle; in der Mehrzahl muss von einer fachwissenschaftlichen Integration ausgegangen werden (vgl. Gudjons 1992, S. 53). Für die naturwissenschaftlichen Fachdidaktiken stellt Nentwig in einer 1994 erhobenen Studie empirisch fest, dass 46% der fachdidaktischen Professuren an deutschen Hochschulen den Fachwissenschaften, 39% kombinierten mathematisch-naturwissenschaftlichen Fakultäten und nur 15% den erziehungswissenschaftlichen oder anderen geistes- bzw. sozialwissenschaftlichen Fakultäten zugeordnet wurden (vgl. Nentwig 1996, S. 242).

Als bundesweite Besonderheit müssen das der Kieler Universität angeschlossene Institut für die Didaktik der Naturwissenschaften (IPN)[92] und das der Bielefelder Universität angeschlossene Institut für die Didaktik der Mathematik (IDM) hervorgehoben werden. Beide Einrichtungen gelten sowohl in ihrer Struktur als auch in den jeweiligen Forschungsleistungen als einzigartig. Es existieren keine vergleichbaren fachdidaktischen Lehr- und Forschungseinrichtungen für die anderen Fächergruppen an anderen Orten der deutschen Hochschullandschaft.[93]

---

[91] Meyer bezweifelt den Erfolg dieses Konstruktes: "Es gibt immer wieder die fast schon narzistische Beteuerung, daß die Kooperation zwischen Allgemeindidaktikern und Fachdidaktikern besser werden müsse, aber wenn man von den 'alten' Reformvorhaben absieht (Kollegschule NRW, Herwig Blankertz; Oberstufenkolleg, Hartmut von Hentig) gibt es kaum Kooperation in der alten Bundesrepublik, auch dort nicht, wo sie zu den definierten Aufgabenstellungen gehört, wie im Didaktischen Zentrum der Freien Universität Berlin" (Meyer 1994b, S. 272). An der Technischen Universität Berlin wurden die Fachdidaktiken dagegen den jeweiligen Fächern zugeordnet.

[92] Vgl. dazu: Institut für die Didaktik der Naturwissenschaften 1976.

[93] Blankertz sieht in der Herausbildung solcher Spezialinstitute sogar die einzige Möglichkeit, "Hochschullehrer für die Fachdidaktiken an den Universitäten bereitzustellen, die sich wissenschaftlich von vornherein als Fachdidaktiker verstehen - mit Selbstbewußtsein und nicht mit dem Minderwertigkeitskomplex dessen, der sich mit der Didaktik zufrieden geben muß, weil es zu Höherem nicht reichte" (Blankertz 1984, S. 279). Er fordert die exemplarische Einrichtung solcher Institute auch für die Sprach- und Gesellschaftswissenschaften (vgl. ebd., S. 279).

3.1 Fragen der äußeren Struktur 109

3.1.2 Diskussion der Integrationslösungen

Im Verlauf der weiteren Diskussion sollen die fachwissenschaftliche und die erziehungswissenschaftliche Integrationslösung gegeneinander abgewogen und analysiert werden. Nur diese beiden Integrationsmodelle spielten in der tatsächlichen Entwicklung eine quantitativ nennenswerte Rolle.[94] Heursen beschreibt den Integrationsprozess mit pragmatischen Worten: "Je nach der besseren Reputation der einen - Erziehungswissenschaft - oder der anderen - Fachwissenschaft - schlugen sich die Vertreter der Fachdidaktiken auf die entsprechende Seite. Im Umfeld der pädagogischen Akademie sicherte die Erziehungswissenschaft die Wissenschaftlichkeit der Studien; im Umfeld der Universitäten die Fachwissenschaften" (Heursen 1986b, S. 435). Bei der retrospektivischen Einschätzung der PH-Integration muss aber auch der gesellschaftspolitische Aspekt (Vereinheitlichung der Lehrerbildung) sowie finanzpolitische Gründe (Einsparmöglichkeiten aufgrund der Ausnutzung von Synergieeffekten) berücksichtigt werden.[95] Die Fachdidaktik befindet sich also in einem Geflecht allzu verschiedener, uneinheitlicher Interessen und divergierender Überzeugungen.

3.1.2.1 Fachwissenschaftliche Integration

Die Gruppe derjenigen Fachdidaktiker, die für die fachwissenschaftliche Integrationslösung plädieren, besteht zu großen Teilen aus Didaktikern, die ursprünglich als Gymnasiallehrer oder Fachwissenschaftler eher beiläufigen Kontakt mit erziehungswissenschaftlichen Fragen hatten (zum größten Teil nur innerhalb des Philosophikums) und die auch in ihrer bisherigen Lehrtätigkeit den Schwerpunkt stärker in der fachwissenschaftlichen Arbeit einordneten. Die mit der Reform des Schulwesens und der Lehrerbildung verknüpfte Forderung nach wissenschaftsorientiertem Unterricht unterstützt dabei den Trend zur fachwissenschaft-

---

[94] Minutiöse Darstellungen und Analysen des gesamten Integrationsprozesses der Pädagogischen Hochschulen in die Universitäten und neugegründeten Gesamthochschulen im Land Nordrhein-Westfalen sind Peters 1996 sowie Stock 1979 zu entnehmen. Das Gesetz über die "Zusammenführung" der Hochschulen datiert in NRW auf den 19.12.1978.

[95] Wittmann geht davon aus, dass in Nordrhein-Westfalen in den 80er Jahren infolge der PH-Integration der Fachdidaktik und den Bereichen der auf Lehrerbildung bezogenen Pädagogik etwa 50% der Stellen entzogen wurden. Er nennt den Ausbau der Universitätskliniken in Aachen und Düsseldorf als einen entscheidenen Grund für diese Streichungen im Bereich der Lehrerbildung (vgl. Wittmann 1997a, S. 51).

lichen Ausrichtung. In der Überzeugung dieser Fachdidaktiker ist nur der in einem theoriegeleiteten Studium ausgebildete Lehrer in der Lage, die jedem schulischen Lernprozess immanenten interdependenten Eigengesetzlichkeiten zu identifizieren. Darüber hinaus kann nur derjenige Lehrer curriculare Innovationsbereitschaft und -fähigkeit vorweisen, der die grundlegenden Strukturen und Forschungsperspektiven des eigenen Faches vertieft erlebt hat. Eine Fachdidaktik, die darauf abzielt, wissenschaftliche Verhaltensweisen beim Schüler zu induzieren, hat in der Nähe der Fachwissenschaft ihren eigentlichen Bezugspunkt und erfährt dort die notwendige Orientierung.[96] Zenner umschreibt eine solche Auffassung fachdidaktischen Selbstverständnisses mit folgenden Worten: "Die Fachdidaktiken in der Bundesrepublik haben sich seit der Mitte der sechziger Jahre immer eindeutiger als Teilgebiet der entsprechenden Fachwissenschaften entwickelt" (Zenner 1990b, S. 15). Nach Abwägung und kritischer Beurteilung der bisherigen Entwicklung der in Nordrhein-Westfalen überwiegend den Fächern zugeordneten Fachdidaktiken kommt auch die Gemeinsame Kommission für die Studienreform im Land NRW im Jahr 1996 zu der Feststellung, es bei der Einordnung der Fachdidaktiken in die jeweiligen Bezugsdisziplinen zu belassen[97] (vgl. Gemeinsame Kommission für die Studienreform NRW 1996, S. 83).

Zur Gruppe der für die fachwissenschaftliche Integration stimmenden Fachdidaktiker gehört allerdings auch eine wachsende Zahl derjenigen Hochschullehrer aus den ehemaligen Pädagogischen Hochschulen, die durch eine offensichtliche Zuwendung zur Fachwissenschaft eine stärkere Anerkennung und Legitimation ihrer Forschungen innerhalb der Universität erreichen möchten. In diesem Verhalten zeigt sich eine gefährliche Tendenz, die einer vermeintlich größeren akademischen Wertschätzung nacheifert und damit den eigentlichen Kern fachdidaktischer Arbeit, der zweifellos an den Pädagogischen Hochschu-

---

[96] Exemplarisch für eine Vielzahl von Äusserungen in der Literatur, die vehement für eine fachwissenschaftliche Integration plädieren, wird die Meinung des Deutschen Vereins zur Förderung des mathematischen und naturwissenschaftlichen Unterrrichts e.V. angeführt: "Die Fachdidaktik ist nur in allerengster Verbindung mit dem Fach zu betreiben, sie ist nicht etwa ein auf das spezielle Fach angewandte allgemeine Didaktik oder Methodenlehre. Der Ort fachdidaktischer Forschung und Lehre ist der Fachbereich des betreffenden Faches, nicht der Fachbereich Erziehungswissenschaft. (...) Ein falscher Weg wäre es, die allgemeinen erziehungswissenschaftlichen Studien auf Kosten der reinen Fachausbildung zu verstärken, wie es an einigen Stellen geschieht" (Deutscher Verein zur Förderung des mathematischen und naturwissenschaftlichen Unterrichts 1978, S. 370).
[97] Die finanzpolitischen Rahmenbedingungen, die Ende der 90er Jahre jede bildungspolitische Entscheidung unter das Diktat der "Kostenneutralität" stellt, nimmt maßgeblich Einfluss auf eine solche Feststellung.

len initialisiert wurde, zunehmend den vordergründig universitär anerkannteren Forschungstrends opfert. Plöger fasst diesen Umstand so zusammen: "Kollegiale Anerkennung war ihnen (den Fachdidaktikern der Pädagogischen Hochschulen, W.T.) in der Regel nur sicher, wenn sie sich der Fachdisziplin verbunden fühlten und sich darin durch entsprechende Publikationen auswiesen" (Plöger 1991, S. 88). Dieses offensichtliche Dilemma macht einen Mangel an fachdidaktischem Selbstbewusstsein deutlich. Dieser Umstand hat seine Ursache in dem Vorwurf aus dem Lager vieler Fachwissenschaftler, die Auseinandersetzung mit Anwendungs- und Praxisfeldern sei nicht primäre Aufgabe universitärer Forschung. Die Aufgabengebiete dieser Kollegen werden daher als zweitrangig und nicht mit dem tradierten Wissenschaftsverständnis vereinbar angesehen.[98] Adler et al. fassen diese Beobachtung so zusammen: "Am schärfsten tritt eine Spannung notwendig dort auf, wo eine institutionelle Zuordnung von Fachdidaktik zu einer Einzelwissenschaft erfolgt ist, nämlich an den fachdidaktischen Lehrstühlen der Universitäten" (Adler et al. 1996, S. 53).

3.1.2.2 Erziehungswissenschaftliche Integration

Die Befürworter einer Integration der Fachdidaktik in die Erziehungswissenschaften sehen dagegen in der fachwissenschaftlichen Integration nicht nur den Verlust jeglicher fachdidaktischen Autonomie, sondern auch die Gefahr, zu einem "Anhängsel" der Fachwissenschaften zu werden.[99] Sie sehen in der fach-

---

[98] Klafki merkt kritisch zu diesem Phänomen an: "(...) entschied sich die eindeutige Mehrzahl der Vertreterinnen und Vertreter von Fachdidaktiken dafür, daß ihre Disziplinen und sie als Hochschullehrerinnen und Hochschullehrer nicht den erziehungswissenschaftlichen Fachbereichen oder Fakultäten, sondern den jeweiligen sogenannten 'Fachwissenschaften' (...) zugeordnet wurden. Es wäre interessant, über das darin zum Ausdruck kommende wissenschaftliche Selbstverständnis der betreffenden Kolleginnen und Kollegen, die sich so entschieden haben, nachzudenken und u. a. auch der Frage nachzugehen, ob sich die Betreffenden bewußt waren, daß sie innerhalb der jeweiligen Fachbereiche meistens in eine extreme Minderheitenposition geraten mußten, und den Wirkungen nachzuspüren, die sich aus der neuen institutionellen Zuordnung im Hinblick auf den Versuch ergeben haben, sich im Kreise der Fachwissenschaftler des jeweiligen Fachbereichs nun selbst als kompetente Wissenschaftler auszuweisen" (Klafki 1994a, S. 48).

[99] Kramp formuliert dies so: "Indessen läßt sich nicht verkennen, daß die Integration der Fachdidaktik in die fachwissenschaftlichen Fachbereiche (...) eher als andere Lösungen dazu führen kann (und z. T. dazu benutzt wird), den Auftrag der Didaktik zu restringieren, die Anforderungen an die Vertreter der Fachdidaktik entsprechend zu senken und das Ansehen ihrer Disziplin also zu mindern (...)" (Kramp 1975, S. 3).

wissenschaftlichen Institutionalisierung die Herausprägung einer reinen Fachapologetik, die gleichzeitige Stabilisierung des tradierten Fächerkanons sowie eine Vernachlässigung der Grenzbereiche fachdidaktischen Interesses. Nicklis bringt sein Unbehagen gegen die Integration der Lehrerbildung in die Universitäten so zum Ausdruck: "Lehrerbildung ist eine Aufgabe eigener Art, die in einer hyperspezialisierenden und obendrein reformgeschädigten Universität (...) schlecht untergebracht ist. (...) Lehrerbildung und mit ihr die Pädagogik haben in der Universität eine schlechte Heimstatt gefunden, weil sie dort Tendenzen ausgesetzt sind, die für sie selbst auf Dauer ruinös sind. Der Lehrer als bloßer Fachspezialist nach Analogie eines Verfahrenstechnikers, Informatikers, Versicherungsmathematikers, eines Finanz- oder REFA-Experten wäre geradezu kulturwidrig" (Nicklis 1989, S. 89 und S. 95f.). Gerade solche Hochschullehrer, die aus der positiv erfahrenen Atmosphäre und Tradition der Pädagogischen Hochschule kommen und aufgrund ihrer häufig langjährigen Schulerfahrung entsprechend praxisorientiert denken, plädieren für ein erziehungswissenschaftlich ausgerichtetes Modell. Häufig ergibt sich auch durch die mit der eigenen Biographie zwangsläufig entstandene Distanz zur Fachwissenschaft eine größere Affinität zur Erziehungswissenschaft. Wesentlich für eine Verselbstständigung der Fachdidaktik, losgelöst von den Strukturen und vorgegebenen Standards der Fachdisziplin, scheint die Zuerkennung eigener akademischer Rechte wie die Absicherung von fachdidaktischen Promotions- und Habilitationsverfahren. Wissenschaftliche Weiterqualifizierung sollte für den Nachwuchs nicht automatisch den Zwang bedeuten, sich auf die Fachwissenschaft wegen einer vermeintlich größeren Akzeptanz zu orientieren und gleichzeitig von der Fachdidaktik sich abwenden zu müssen. Zu einer Lösung durch Integration in die Erziehungswissenschaften äußert sich Posch: "Zusammenarbeit mit den Fachwissenschaften wird dadurch nicht unmöglich, aber sie geschieht dann zwischen gleichberechtigten Partnern" (Posch 1983, S. 32). Als ein angelsächsisches Beispiel für eine gelungene Loslösung der Fachdidaktik von der fachwissenschaftlichen Bevormundung kann die Universität Cambridge genannt werden. Dort betreut das "Institute of Education" die pädagogische, schulpraktische und fachdidaktische Lehrerbildung. Posch sieht diesen Umstand als maßgeblichen Grund für hochwertige und anerkannte fachdidaktische Forschung an diesem Institut: "Das Vertrauen in die Bedeutung der eigenen Tätigkeit und die mit der Trennung verbundene relative Autonomie führten dazu, daß sie sich von den Urteilen der Fachwissenschaftler nicht mehr abhängig fühlten. Sie müssen nicht mehr vorgeben, Mathematiker oder Philosophen zu sein" (Posch 1983, S. 31).

3.1 Fragen der äußeren Struktur

Neben diesen konträren Varianten werden auch Mischformen in die Diskussion eingebracht. Beckmann plädiert für eine Ansiedlung der Fachdidaktiken in der Erziehungswissenschaftlichen Fakultät, wobei jedoch gleichzeitig eine Zweitmitgliedschaft in der jeweiligen fachwissenschaftlichen Fakultät abgesichert werden soll.[100] Er begründet die Zuordnung zur Erziehungswissenschaftlichen Fakultät mit einer größeren Nähe zu schulpraktischen Fragen wie fächerübergreifendem Unterricht, Projektunterricht oder der Förderung von Schlüsselproblemen (vgl. Beckmann 1993, S. 477). In der Etablierung einer solchen universitären berufswissenschaftlichen Fakultät für Lehrer sieht Beckmann eine Antwort auf drängende pädagogische Herausforderungen, die mit dem Lehrberuf verknüpft sind. Das spezifische Professionswissen, das für die Ausübung eines Lehramtes erforderlich ist, kann am besten in einer solchen Institution, die sich bei der Auseinandersetzung mit Fragen von Bildung und Erziehung wissenschaftlichen Standards verpflichtet fühlt, gelebt und vermittelt werden. Eine solche Fakultätslösung ermöglicht die Ausprägung eines gemeinsamen pädagogischen Berufsethos, vermittelt Identifikationsmöglichkeiten mit dem Lehrberuf und sichert die Realisierung des unaufgebbaren kontinuierlichen Praxisbezuges (vgl. Beckmann 1980, S. 553). Ähnlich wie in den traditionellen Fakultäten der Medizin, Jurisprudenz und Theologie, in denen Berufswissenschaften gelehrt und erforscht werden, vermittelt die Erziehungswissenschaftliche Fakultät die leitenden Grundideen der Pädagogik. Nach Auflösung der Pädagogischen Hochschulen, die weitgehend als Sammelpunkt pädagogischer Forschung und Praxis galten, stellt eine Erziehungswissenschaftliche Fakultät das wissenschaftliche Forum für pädagogische Theorie und Praxis innerhalb der Universität dar. Die notwendige Zweitmitgliedschaft der Fachdidaktiker in ihrer jeweiligen Fachdisziplin sichert dabei die unverzichtbare Anbindung an aktuelle fachwissenschaftliche Entwicklungen und gibt darüber hinaus der Fachdidaktik die Möglichkeit, der Fachwissenschaft gegenüber kritische Impulse in Bezug auf Stoffauswahl, Methodik der Lehrveranstaltungen sowie wissenschaftstheoretische und interdisziplinäre Diskurse der Arbeit zu formulieren. Richter regt bereits 1971 an, diese Doppelmitgliedschaft in Anlehnung an angelsächsische Vorbilder im Sinne eines "joint appointments" abzusichern (vgl. Richter 1971, S. 185).

---

[100] Beckmann äußert sich zur Frage der fachdidaktischen Institutionalisierung: "Die derzeitige Lösung der Fach-zu-Fach-Zuordnung ist ein Verhängnis für die Lehrerbildung; anzustreben wäre eine erziehungswissenschaftliche Fakultät für die Ausbildung aller pädagogischen Berufe. Dort wären auch die Fach- und Bereichsdidaktiken anzusiedeln; durch Zweitmitgliedschaften kann der Kontakt mit den Bezugswissenschaften abgesichert werden" (Beckmann 1991b, S. 686).

Unter Bezugnahme auf die anderen, fast selbstverständlich anerkannten Berufsfakultäten formuliert Beckmann: "Die wichtigen Lebensbereiche des Heilens, der Rechtsprechung und der Verkündigung haben ihre zuständigen Berufsfakultäten mit entsprechender Forschungskapazität. Nach wie vor ist der wichtige Lebensbereich der Erziehung weithin ohne eine entsprechende institutionelle Lösung" (Beckmann 1985b, S. 503). Auch die Kommission zur Neuordnung der Lehrerbildung an Hessischen Hochschulen macht auf diese gravierende Lücke, die als äußeres Merkmal der Lehrerbildung bedeutende Folgen[101] für das Selbstverständnis pädagogischer Arbeit beinhaltet, aufmerksam: "Verglichen mit anderen Studiengängen, die ebenfalls mit einem staatlichen Examen abschließen, haben die Lehramtsstudien kaum eine ihrem öffentlichen Stellenwert angemessene Anerkennung gefunden" (Kommission zur Neuordnung der Lehrerausbildung an Hessischen Hochschulen 1997, S. 136). Otto verweist ebenfalls auf die Tatsache, dass es paradoxerweise nur den Medizinern bislang gelungen sei, ohne Imageverlust innerhalb einer Berufsfakultät berufspraktische Elemente dauerhaft zu integrieren. Er fordert daher, die "Praxisrelevanz der Didaktiken als ein Konstituens der Lehrerausbildung und als Modell für andere Studiengänge, die auch auf Berufe vorbereiten" (Otto 1983, S. 537), zu nutzen. Eine erziehungswissenschaftliche Fakultät mit integrierter Fachdidaktik wäre damit nach Beckmann ein notwendiger Fixpunkt für alle an der Lehrerbildung Beteiligten. Das Fehlen solch eines zentralen Ortes, der für Studenten wie Lehrende ein gemeinsames Zentrum und vor allem eine Chance zur beruflichen Identifikation bieten würde, muss als ein großes Manko in der bisherigen universitären Lehrerausbildung angesehen werden. Mit der Integration der Fachdidaktiken in die Erziehungswissenschaftliche Fakultät wird in den Augen Beckmanns darüber hinaus die Möglichkeit wissenschaftlicher Qualifikationen in Form fachdidaktischer Promotionen und Habilitationen wesentlich verbessert.

Auch die mit dem Staatsexamen verbundenen Prüfungsmodalitäten erschweren die Ausprägung eines besonderen fakultätsinternen Bewusstseins für die Wahrnehmung von Funktionen innerhalb der Lehrerbildung. Im Gegensatz zu den universitätseigenen Abschlussprüfungen (Magister-, Diplom- oder Doktorprüfungen) unterliegen die Staatsprüfungen einer besonderen nichtuniversitären Aufsicht durch die Staatlichen Prüfungsämter. Die aus den verschiedenen Fakultäten stammenden Prüfer sehen ihren jeweiligen Anteil am Staatsexamen

---

[101] Die Folgen eines fehlenden Theorie-Praxis Diskurses vergleicht Otto berechtigt mit der Situation in der Medizin: "Man stelle sich einmal vor: Ärzte wollten von der Medizin nichts wissen, und die Medizinische Wissenschaft ignorierte die ärztliche Praxis" (Otto 1989, S. 43).

3.1 Fragen der äußeren Struktur

des Studierenden eher als eine von außen kommende "Serviceleistung" der eigenen Fakultät an. Lehrerbildung wird folglich nicht als ein zentrales Element fakultätseigener Aufgaben interpretiert, sondern eher als eine beiläufige, untergeordnete Pflicht.[102] Die Kommission Lehrerbildung der Kultusministerkonferenz weist aber berechtigt darauf hin, dass "im Kontext von Kapazitätsberechnungen ganze Fächer und Fakultäten überhaupt nur existieren, weil sie an der Lehrerbildung beteiligt sind" (Terhart 2000, S. 85).

3.1.2.3 Zentrum für Lehrerbildung

Ohne an der mehrheitlich vorgenommenen fachwissenschaftlichen Institutionalisierung der Fachdidaktiken grundsätzlich etwas zu ändern, besteht im Rahmen aktueller Reformvorhaben die Tendenz, durch sogenannte *"Zentren für Lehrerbildung und Schulforschung"* eine Koordinierung der Lehrerbildung an der Universität zu begünstigen.[103] Mit Hilfe eines solchen Zentrums kann die an einigen Hochschulen erfolgreich verlaufene Arbeit der Senatskommission für Lehrerausbildung mit einer neuen Infrastruktur erheblich ausgebaut und formell abgesichert werden. Dieses Modell, das alle an der Lehrerbildung Beteiligten aus den unterschiedlichen Phasen (also auch Fach- und Seminarleiter aus der zweiten Phase sowie Schulleiter bzw. Vertreter der Schulaufsicht als Beteiligte der Berufseinstiegsphase bzw. der Fortbildung, d. h. dritten Phase) institutionell zusammenführen soll, stellt allerdings in den Augen der von der Kultusminister-

---

[102] Verstärkt wird dieser Eindruck nach außen, dass den Vorsitz der jeweiligen (auch fachwissenschaftlichen Prüfung) ein Mitglied des Staatlichen Prüfungsamtes wahrnimmt. Zu solchen Vorsitzenden werden Fachleiter, Seminarleiter, Schulleiter, Vertreter der Schulaufsicht, aber auch in der Praxis ausgewiesene Lehrer berufen.

[103] Zu den wichtigsten Veröffentlichungen, die die Einrichtung solcher Zentren für Lehrerbildung an allen Universitätsstandorten fordern, gehören: Bildungskommission NRW 1995, S. 315; Gemeinsame Kommission für die Studienreform NRW 1996, S. 99; Kommission Schulpädagogik/Didaktik - Lehrerausbildung der Deutschen Gesellschaft für Erziehungswissenschaft 1997, S. 17; Kommission zur Neuordnung der Lehrerausbildung an Hessischen Hochschulen 1997, S. 136; Terhart 2000, S. 109.
In Nordrhein-Westfalen wurde 1994 ein Modellversuch zur Einrichtung von Zentren für Lehrerbildung (ZfL) ausgeschrieben. Im Jahr 1997 wurde der zunächst für drei Jahre angelegte Modellversuch um zwei Jahre verlängert. An den nordrhein-westfälischen Hochschulen in Aachen, Bielefeld, Bochum, Dortmund, Münster, Paderborn, Siegen und Wuppertal wurden bereits Lehrerbildungszentren eingerichtet. Blömeke sowie Rinkens et al. geben genauere Informationen über diese Entwicklung (vgl. Blömeke 1998 sowie Rinkens et al. 1999).

konferenz zu Fragen der Lehrerbildung eingesetzten Kommission kein Korrektiv zur bestehenden fachwissenschaftlichen Verortung dar.[104] Diese Kommission warnt davor, mit solchen Zentren neue Fakultäten innerhalb der Universitäten zu schaffen. Eine auf Fragen der Lehrerbildung reduzierte Fakultät würde die restlichen Kräfte innerhalb der Universität von ihrer Mitverantwortung für Fragen der Lehrerbildung entlasten (vgl. Terhart 2000, S. 109). Die ausschließliche institutionelle Einbindung der fachdidaktischen Einrichtungen in solche Zentren wäre demnach ein falsches Signal an die mit der Lehrerbildung befassten Fachwissenschaftler aller Disziplinen. Eine Beschränkung dieser Zentren für Lehrerbildung auf rein administrative und organisatorische Aufgaben erschwert jedoch andererseits die Förderung forschungsbezogener Potenzen, die die Ausprägung einer selbstbewussten wissenschaftlichen Identität fachdidaktischer Forschungen ermöglichen sollen.

Gemeinsame Forderung aller Kommissionsberichte, die die Einrichtung solcher Zentren für Lehrerbildung anregen, ist die Etablierung einer Institution, die *quer zu den Fächern* Verantwortung für die Lehrerbildung übernimmt. Zu solchen nach innen gerichteten Aufgaben werden die Förderung fachdidaktischer Promotions- und Habilitationsverfahren, die Ausarbeitung von Studien- und Prüfungsordnungen für Lehramtsstudiengänge, die Beteiligung bei Berufungsverfahren für Professuren in Lehramtsstudiengängen sowie die Koordination schulpraktischer Studien und schulbezogener Forschung gezählt (vgl. Terhart 2000, S. 111 bzw. Kommission zur Neuordnung der Lehrerausbildung an Hessischen Hochschulen 1997, S. 138ff.) Neben dieser übergeordneten *inner*universitären Koordinierungsfunktion besteht aber auch das nach *außen* gerichtete Anliegen, eine Verzahnung der bisher weitgehend voneinander abgeschotteten ersten und zweiten bzw. dritten Phase der Lehrerbildung durch wechselseitige Kooperationsangebote zu erreichen. Eine solche Einbindung der Studienseminare, Prüfungsämter und Fortbildungsdezernate der Schulaufsicht in die Zentren für Lehrerbildung gewährleistet den für die Fachdidaktik wesentlichen Berufspraxisbezug wissenschaftlicher Theorien und damit ein curriculares Ge-

---

[104] Auch Köhnlein stellt bereits 1977 fest (ohne die vorgenommene fachwissenschaftliche Institutionalisierung in Frage zu stellen): "Eine nur noch informelle, von Zufällen abhängige Beziehung zu den Disziplinen, die in den Erziehungswissenschaftlichen Fachbereichen zusammengefaßt waren, reicht nicht aus. Die interdisziplinäre Verflechtung der Fachdidaktik und ihr Praxisbezug müssen institutionell abgesichert werden. Hierfür wird ein *fachbereichsübergreifendes Zentrum* (zentrale Einrichtung) vorgeschlagen, von dem aus auch die schulpraktischen Studien (Praktika) wissenschaftlich begleitet werden können (...)" (Köhnlein 1977, S. 291).

3.1 Fragen der äußeren Struktur

samtkonzept der Lehrerbildung.[105] Die Vorschläge reichen dabei von gemeinsam organisierten Lehrveranstaltungen bis zu befristeten Abordnungen von Lehrkräften zum Zwecke der Weiterqualifizierung. Zentrales Anliegen solcher Reformanstrengungen ist es, die Arbeit von Fachwissenschaftlern, Fachdidaktikern, Erziehungswissenschaftlern und Pädagogischen Psychologen innerhalb der Universität zu verknüpfen und mit der Berufswirklichkeit des Lehrers zu konfrontieren. Eine solche im Rahmen der Hochschuldidaktik dringend erforderliche gegenseitige Abstimmung zwischen den für die Lehrerbildung zuständigen Disziplinen ist eine notwendige Voraussetzung für vernetztes und kumulatives Lernen im Studium des angehenden Lehrers. Das Erleben solcher interdisziplinären Diskurse hat wiederum bedeutsame Einflüsse auf das vom Lehramtsstudenten dabei implizit erworbene Verständnis von Unterricht.

Es erscheint bemerkenswert, dass in keinem der genannten Kommissionsberichte eine institutionelle Loslösung der Fachdidaktiken aus den Fachwissenschaften und ausschließliche Konzentration der Fachdidaktiken in den Zentren für Lehrerbildung gefordert wird. Durch das Zentrum für Lehrerbildung wird stets eine *Doppelstruktur* der Fachdidaktik angestrebt, d. h. die Anbindung einerseits an die Fachwissenschaft, andererseits aber auch an die Erziehungswissenschaft und andere verwandte Disziplinen. Die Einrichtung von Lehrerbildungszentren wird nicht als Korrektiv zur Fach-zu-Fach-Zuordnung angesehen, sondern bietet eine zusätzliche Option zur fakultätsübergreifenden Zusammenarbeit und Einbindung bislang universitätsfremder Einrichtungen der Lehrerbildung.[106]

---

[105] Die Bildungskommission NRW fordert 1995 sogar, die bestehenden Studienseminare und Prüfungsämter vollständig aufzulösen und in das Zentrum für Lehrerbildung einzugliedern. In diesem Kommissionsbericht wird die *Rolle der Fachdidaktik* im Zentrum für Lehrerbildung *nicht* angesprochen (vgl. Bildungskommission NRW 1995, S. 313ff.). Radtke und Webers weisen kritisch darauf hin, dass die Einbindung von Fachleitern und Lehrern in die eigentlich inneruniversitären Aufgaben der Lehrerbildung politisch mit damit verbundenen Spareffekten motiviert ist: "Die derzeitigen Reformbemühungen sind nicht in erster Linie von internen Sachproblemen der bestmöglichen Gestaltung der Ausbildung angetrieben, sondern von extern gesetzten Sparzwängen. (...) Zentren für Lehrerbildung, in welcher Spielart auch immer, sind im Kontext der derzeit einsetzenden Deregulierungspolitik ein weiterer Versuch der effektiveren Bewirtschaftung vorhandener Kapazitäten in Hochschule, Seminar und Schule. (...) Die Einsparung geht allerdings auf Kosten der Wissenschaftlichkeit und der Professionalisierung" (Radtke/ Webers 1998, S. 213-214).

[106] Die Lehrerbildungskommission des Senats der Martin-Luther-Universität Halle-Wittenberg lehnt z. B. in einem Positionspapier zur Lehrerbildung die völlige Abtrennung der Fachdidaktiken von den Fächern durch die Einrichtungen eines Zentrums für Lehrerbildung ab: "Diskutiert wird die Abtrennung der Fachdidaktiken von den Fächern und ihre

3.2 Fragen der inneren Struktur

3.2.1 Qualifikationsvoraussetzungen für Fachdidaktiker

Die Entwicklung der Wissenschaftsdisziplin Fachdidaktik an den Universitäten wird massiv u. a. durch den persönlichen Werdegang der in ihr tätigen Wissenschaftler beeinflusst. Eine objektive Einschätzung und Beurteilung der fachdidaktischen Entwicklung gelingt daher nur unter Berücksichtigung der spezifischen Qualifizierungen, der Tätigkeitsvoraussetzungen und damit verbundenen tatsächlichen Berufungspraxis. Auch dieser Teilaspekt der fachdidaktischen Realität korreliert stark mit der historischen Entwicklung der Fachdidaktik, die ihren Ursprung an den Pädagogischen Hochschulen besitzt.

Klaus Weltner, Physikdidaktiker an der Universität Frankfurt, gibt 1993 aus Anlass seiner Emeritierung einen aufschlussreichen Kurzbericht über seine eigene Biographie, die in vielfältiger Weise die Brisanz dieses Themas offenbart: "Nach dem Studium der Physik an der TH Hannover erreichte mich während meiner Promotion eine Anfrage der PH Osnabrück, ob ich Lust hätte, mich auf eine Dozentur für Didaktik der Physik und Chemie zu bewerben. Ich hatte nie an eine derartige Laufbahn gedacht, aber Schule hatte für mich einen hohen Stellenwert und somit auch die Aufgabe, Lehrer auszubilden. Damals sagte mein Doktorvater, Prof. Bartels: 'Weltner, Sie sind wohl verrückt, bleiben Sie hier, machen Sie weiter Plasmaphysik.' Auch meine Freunde gaben mir zu bedenken: 'Klaus, willst Du Dein Leben der Frage widmen, wie man kleinen Kindern Physik beibringt?" (Weltner 1993, S. 4). Diese sehr persönlichen, in dieser Offenheit nicht häufig anzutreffenden Aussagen verdeutlichen, welche rationalen, aber auch irrationalen Parameter einen bedeutsamen Einfluss auf die ursprüngliche und später universitäre Entwicklung der Fachdidaktik genommen haben. Weltner steht zum Zeitpunkt seiner Äußerungen (im Jahr seiner Emeritierung) nicht unter einem Zwang zum Euphemismus. Er schätzt dagegen seine damalige und aktuelle Situation in dem genannten Aufsatz (Hauptvortrag auf einer Tagung der Deutschen Physikalischen Gesellschaft 1993) sehr selbstkritisch und realistisch ein. Der Tenor dieser Anmerkungen stellt nochmals unmissverständ-

---

Ansiedlung in Zentren für Lehrerbildung der Universitäten. Dies widerspräche der Struktur der Martin-Luther-Universität, die die Fachdidaktiken sinnvollerweise in den Fächern verortet und Quer- bzw. Kooperationsstrukturen im Zentrum für Schulforschung und Fragen der Lehrerbildung und in den Lehrerbildungskommissionen institutionalisiert hat" (Lehrerbildungskommission des Senats der Martin-Luther-Universität Halle-Wittenberg 1997, S. 1).

3.2 Fragen der inneren Struktur

lich die große Barriere zwischen Universität und Pädagogischer Hochschule sowie die ebenso bedeutsame unterschiedliche soziale Reputation der unterschiedlichen Zweige der Lehrerbildung dar. Besonders deutlich tritt diese Tatsache auch in der folgenden Überzeugung von König aus dem Jahr 1978 hervor: "(...), daß innerhalb eines fachwissenschaftlichen Fachbereichs nicht selten diejenigen Mitarbeiter mit fachdidaktischen Aufgaben betreut werden, von denen man eigentlich keine Ergebnisse in fachwissenschaftlicher Forschung erwartet - möglicherweise ausgehend von der impliziten Annahme, es ginge doch in der Fachdidaktik lediglich um bloße 'Vermittlung' bereits vorliegender fachwissenschaftlicher Ergebnisse" (König 1978, S. 130).

Gleichermaßen wird deutlich, dass es einen klassischen Weg zum "Fachdidaktiker" nicht gab und sich bis heute ein solcher Weg nicht herauskristallisiert hat. Neben rationalen Karrieregründen und der Chance zur Absicherung der eigenen Stelle scheint vor allem auch der Zufall oder eher indifferente Interessen bzgl. Schule und Lehrerbildung bei der Entscheidung, sich in der Fachdidaktik zu engagieren, eine Rolle zu spielen. Eine bewusste und differenzierte Vorstellung, welche Dimensionen Fachdidaktik in der Wissenschaft außerhalb der Aufgabe "Lehrerbildung" einnimmt, ist nur schwach ausgeprägt.

Trotzdem lassen sich "Typen" oder "Karrieremuster" von Fachdidaktikern klassifizieren, wenngleich individuelle Unterschiede und Abweichungen die Regel sind:

A) An Universitäten ausgebildete promovierte Fachwissenschaftler, teilweise mit Schulerfahrung (und dementsprechenden Staatsexamina) oder ohne Schulpraxis, werden meist ohne Habilitation zu Professoren an Pädagogischen Hochschulen berufen und als solche im Rahmen des Integrationsprozesses an fachdidaktische Lehr- und Forschungseinrichtungen der Universitäten übergeleitet;

B) Fachwissenschaftler mit Promotion und fachwissenschaftlicher, gelegentlich fachdidaktischer Habilitation bewerben sich auf neugeschaffene Fachdidaktik-Professuren an den Universitäten (und Gesamthochschulen). In der Minderzahl kann in diesen Fällen kurzzeitige Schulpraxis wegen des starken Lehrermangels Ende der 60er und Anfang der 70er Jahre nachgewiesen werden (Erteilung nebenamtlichen Unterrichts);

C) Lehrer mit Erstem und Zweitem Staatsexamen, fachwissenschaftlicher oder fachdidaktischer Promotion und Habilitation sowie mindestens dreijähriger Schulpraxis nach Abschluss des Referendariats.

Die ersten beiden Typen A und B bilden mit Abstand die am häufigsten vertretene Gruppe. Typ C stellt den aus heutiger Sicht von Ministerien und Berufungskommissionen konstruierten Idealfall dar[107], der sich allerdings in der Realität in der absoluten Minderheit befindet. Für den Bereich der Didaktiken der Naturwissenschaften legt Nentwig 1996 folgende Zahlen einer 1994 erhobenen Untersuchung vor (vgl. Nentwig 1996, S. 238ff.):

- Von insgesamt 679 an deutschen Hochschulen (Universitäten, Gesamthochschulen und noch existierenden Pädagogischen Hochschulen) lehrenden Professoren (217) und Angehörigen des Mittelbaus (432) antworteten 302 Befragte. Bezogen auf die unterschiedlichen Statusgruppen gibt Nentwig keine Rücklaufquote an;
- Bezogen auf die Professoren innerhalb der Rücklaufgruppe gilt: 61% besitzen ein Staatsexamen, 42% ein Diplom (3% haben beide Abschlüsse erworben);
- 62% der Professoren haben ein Referendariat oder eine ähnliche schulpraktische Ausbildung durchlaufen. Interessanterweise besteht ein hochsignifikanter Zusammenhang zwischen der Ausrichtung des ersten Studienabschnitts und dem Nachweis des Referendariats: 88% der Professoren mit Erstem Staatsexamen, aber nur 30% derjenigen mit Diplom können ein Referendariat nachweisen.
- 93% der Professoren wurde promoviert, wobei 81% dieser Promotionen fachwissenschaftlichen und 19% fachdidaktischen oder allgemein geisteswissenschaftlichen Ursprungs ist.
- 44% der Lehrstuhlinhaber sind habilitiert und zwar 54% mit einem fachwissenschaftlichen, 46% mit einem fachdidaktischen Thema.

Wenngleich diese Erhebung aufgrund ihrer deutlichen Nichtrepräsentativität (geringe Rücklaufquote, Beschränkung auf Naturwissenschaftsdidaktiken) mit starker Zurückhaltung interpretiert werden muss, können zumindest Tendenzen an ihr abgelesen werden:

- Verglichen mit den Einschätzungen anderer Autoren, die von einem wesentlich geringeren Prozentsatz ausgehen, besitzen auch in dieser Teilgruppe

---

[107] Meyer beschreibt diesen "Idealfall" und die mit dieser Anforderungsbreite verknüpften Probleme: "The ministries of cultural and educational affairs prefer candidates that have finished a teacher education, provide evidence of probationary teaching ('Referendariat') and practice at school over a period of three years, that have done their Ph.D. and their second level Ph.D. ('Habilitation'). (...) As a consequence, chair committees, faculties, and ministries generally have difficulties finding candidates for chairs in teacher education who come up to both requirements, the scholarly biography and a school career, and both on the highest possible level of achievement. On the one hand, they will find the creative, critical, and non-practical orientated educational researcher, and on the other hand, they will find the 'solid' high school teacher with a Ph.D. degree but with meager or average scholarly background, who thinks it interesting and demanding to become a university teacher (for students of all types of school) after many years of teaching" (Meyer 1997b, S. 5).

3.2 Fragen der inneren Struktur 121

"nur" 62% der Professoren schulpraktische Erfahrungen bzw. haben das Referendariat absolviert. Nentwig gibt keine ergänzenden Angaben, wie hoch der Prozentsatz der Professoren mit Referendariatserfahrung ist (Referendariat und "schulpraktische Erfahrung" werden zusammen erfasst). Es fehlen ebenso genauere Spezifizierungen, welchen quantitativen und qualitativen Umfang an Unterrichtstätigkeit die Angabe "schulpraktische Erfahrung" voraussetzt. Die Studie macht keine Angaben, inwieweit darüber hinaus tatsächlich hauptamtlich eigenverantwortliche Unterrichtserfahrungen als z. B. Klassenleiter einer Erprobungsstufenklasse oder als Leistungskursleiter innerhalb der Oberstufe über einen *längeren* Zeitraum gewonnen wurden. Nur auf der Grundlage einer solchen *wirklichen Berufsausübung* können aussagekräftige Urteile über die Unterrichtsrealität und die Umsetzbarkeit pädagogischer und fachdidaktischer Theoriebildungen getroffen werden.[108]

- Die persönliche Biographie der meisten naturwissenschaftlichen Lehrstuhlinhaber ist dominant fachwissenschaftlich geprägt.[109] Gewichtet man die Promotion als einen wichtigen Einschnitt und einen bestimmenden Faktor für die weitere wissenschaftliche Orientierung, fällt auf, dass nur 19% hier eine fachdidaktische Akzentuierung vorgenommen haben. Auch die Habilitationen werden in der Mehrheit durch fachwissenschaftliche Leistungen erbracht.[110]

---

[108] Dieses notwendige, gegenseitige Wechselspiel zwischen praktischen und theoretischen Phasen, das z. B. in der Medizin sowohl in der universitären als auch praktischen Ausbildung junger Ärzte und insbesondere in der Qualifizierung des wissenschaftlichen Nachwuchses selbstverständlich erscheint, ist innerhalb der Lehrerbildung weiterhin stark unterentwickelt: Die Habilitation eines Mediziners außerhalb des Erfahrungshorizontes des Krankenhauses erscheint unmöglich, dieselbe Qualifikation eines Fachdidaktikers ohne langjährige praktische Unterrichtserfahrung stellt weiterhin nicht die Ausnahme dar.

[109] Sandfuchs beschreibt dieses Phänomen der fachdidaktischen Entwicklung in den 70er Jahren so: "Auch der erhebliche Lehrerbedarf erzwigt die quantitative Ausweitung des Lehrpersonals der Hochschulen bei gleichzeitigem fast völligem Generationenwechsel, wobei die Fachdidaktiken nicht mehr auf das traditionelle Rekrutierungsfeld aufstiegsorientierter Lehrer mit breiter Unterrichtserfahrung zurückgreifen können. Es werden stattdessen junge Fachwissenschaftler berufen, die sich der fachdidaktischen Tradition meist nicht verpflichtet fühlen oder bewußt mit ihr brechen und zugleich das Feld der Bezugswissenschaften erweitern" (Sandfuchs 1990, S. 18). Schwartze bestätigt diese Entwicklung innerhalb der Mathematikdidaktik: "Auch kann sich, durch den gemeinsamen Fachbereich begünstigt, eine bedenkliche Berufungspraxis herausbilden, durch welche bei Bewerbern für eine Didaktikprofessur die mathematische Komponente stark überbewertet, ja in einzelnen Fällen sogar von didaktischem Expertentum vollkommen abgesehen wird" (Schwartze 1992, S. 402).

[110] Vorab sei hier bereits vermerkt, dass die geringe Anzahl fachdidaktischer Promotionen und Habilitationen durch die Fach-zu-Fach-Zuordnung und gleichzeitige Einbindung in bestehende Promotions- und Habilitationsordnungen, die in den meisten Fällen überhaupt keine

- Lehrstuhlinhaber des Typs C weist Nentwig in seiner Statistik nicht gesondert aus; sie können aber aufgrund des vorliegenden Datenmaterials als eine zu vernachlässigende Größe interpretiert werden.[111]

Das von Nentwig angegebene Datenmaterial gibt bereits den drastischen Wandel der fachdidaktischen Biographien wieder: Beckmann weist auf die Tatsache hin, dass bei Gründung der ehemaligen Preußischen Pädagogischen Akademien der Direktor noch die Aufgabe und Kompetenz besaß, persönlich das Dozentenkollegium auszuwählen. "Das Ergebnis waren jeweils aktive und engagierte Kollegien, die aber mit sehr unterschiedlichen Akzentsetzungen Lehrerbildung betrieben" (Beckmann 1991a, S. 276). Für die Berufung auf eine Professur an den Pädagogischen Hochschulen war in der Regel eine mehrjährige Berufstätigkeit als Lehrer, ein Zweitstudium mit Promotion und die Auswahl in einem anspruchsvollen Bewerbungsverfahren Voraussetzung (vgl. Beckmann 1991a, S. 276). Als Folge eines primär auf Erziehung ausgerichteten Verständnisses von Schule und Lehrerbildung war eine fachwissenschaftliche Qualifizierung in Form einer Habilitation zwar neben der Schulerfahrung möglich, aber längst nicht die Regel. Spreckelsen ermittelt bei einer Umfrage im Jahr 1969 für Hochschullehrer an den Pädagogischen Hochschulen in der Fachdidaktik Physik und Chemie unter 79 Befragten und einer Rücklaufquote von 87,4%, dass 64% der Hochschullehrer fachwissenschaftlich promoviert wurden, aber nur 3% habilitiert sind. Die überwältigende Mehrheit der befragten Hochschullehrer verfügt aber über Schulpraxis, nur 14,5% geben an, keine Schulerfahrung zu besitzen. Spreckelsen weist auch darauf hin, dass nur noch in den Bundesländern Bremen, Rheinland-Pfalz und Bayern Fachdidaktiker *ohne* Doktorgrad an Pädagogischen Hochschulen berufen wurden (vgl. Spreckelsen 1969, S. 458).

Mit der Integration der Pädagogischen Hochschulen in die Universitäten wandelten sich schlagartig auch die Anforderungen an die Kandidaten für eine fachdidaktische Professur. Die Stellen werden nun innerhalb der jeweiligen fachwissenschaftlichen Fakultät ausgeschrieben und besetzt. Als Folge dieses

---

fachdidaktische Qualifizierungen vorsehen, verursacht wird. Ebenfalls muss aufgrund der Altersstruktur der meisten Professoren zum Zeitpunkt der Erhebung (1994) davon ausgegangen werden, dass fachdidaktische Qualifizierungen in den meisten dieser Fälle faktisch noch gar nicht möglich waren.

[111] Bezogen auf den "Typ C" der fachdidaktischen Laufbahn weist Meyer darauf hin, dass insbesondere Frauen mit Kindern nur unter größten Belastungen diesem Idealbild entsprechen können: "Such an 'ordinary' academic curriculum vitae can seldom be provided by our young scholars. Especially for women with children it is difficult to meet the criterions within a reasonable period of time" (Meyer 1997b, S. 5).

3.2 Fragen der inneren Struktur

Umstandes erfolgt der Nachweis der Eignung nun hauptsächlich durch eine fachwissenschaftliche Promotion, Habilitation und entsprechende Forschungsbelege durch Publikationen in Fachorganen.[112] Die einheitlich für schulpädagogisch oder fachdidaktisch ausgewiesene Stellen geforderte dreijährige Schulpraxis[113] oder fachdidaktische Forschungsbelege werden zwar formaljuristisch (z. B. in Ausschreibungstexten) verlangt, kann aber in der Praxis aufgrund einer zu geringen Zahl an Bewerbern, die diese Bedingung erfüllen, nur in wenigen Fällen eingelöst werden.[114] Schulz legt dieses Dilemma im Zusammenhang mit der nur zögerlichen Implementierung Schulpraktischer Studien in den Studiengängen für Gymnasial- bzw. Sekundarstufe II und I - Lehrer offen: "Neu geschaffene und bereits vorhandene Lehrstühle für Fachdidaktik wurden in den Zeiten des expandierenden Stellenmarktes zwischen 1970 und 1980 nicht immer aufgaben- und inhaltsorientiert besetzt. So wurden in zahlreichen Fällen der geforderte 'Berufspraxisbezug' oder zwingend nachzuweisende Berufszeiten in der Lehrerausbildung nicht mehr reklamiert. Geradezu grotesk erscheint die Tatsache, daß in der 'Einweisungsverfügung' neuer Hochschullehrer auf die pflichtmäßige Beteiligung an der Gestaltung der Schulpraktischen Studien der Lehramtsstuden-

---

[112] In den Berufungsausschüssen haben die Fachvertreter in der Regel die Mehrheit. Duit weist zusätzlich darauf hin, dass bei vielen Stellenbewerbern neben der mangelnden fachdidaktischen und schulpraktischen Erfahrung häufig auch eine professionelle Kompetenz im Umgang mit sozialwissenschaftlichen Forschungsmethoden fehlt (vgl. Duit 1995a, S. 100).

[113] Als Beispiel sei § 49 (Einstellungsvoraussetzungen für Professorinnen und Professoren) Absatz (6) des nordrhein-westfälischen Universitätsgesetzes (UG) (ehem. Wissenschaftliches Hochschulgesetz, Wiss HG) in der Fassung vom 03.08.1993 genannt: "Auf eine Stelle, deren Aufgabenumschreibung die Wahrnehmung erziehungswissenschaftlicher oder fachdidaktischer Aufgaben in der Lehrerbildung vorsieht, soll nur berufen werden, wer eine dreijährige Schulpraxis nachweist" (Hochschulrektorenkonferenz 1994, S. 175).

[114] Der Mathematikdidaktiker Bauersfeld beschreibt 1990 dieses Dilemma: "Das in der Bundesrepublik nun einheitliche Verlangen nach einer dreijährigen Schulpraxis als Voraussetzung für die Besetzung einer Fachdidaktik-Professur (...) hat im Verein mit der Habilitationsvoraussetzung das Problem noch verschärft. Kann man Wissenschaftler und Lehrer zugleich sein? Im allgemeinen: Nein. (Ausnahmen verweisen gerade auf das Nicht-Normale.) (...) Die Probleme dieser Institution Schule im akademischen Schonraum wissenschaftlich zu bearbeiten, ist eine grundsätzlich andere Praxis als die Praxis eines Lehrers in der Schule mit ihrem permanenten Handlungsdruck und ihren aktuellen Selektions- und Entscheidungszwängen" (Bauersfeld 1990, S. 281). Die Leiterin eines Studienseminars für die Primarstufe drückt dieses Dilemma mit den folgenden Worten aus: "Aus eigener Anschauung kann ich zur Primarstufenausbildung an den Universitäten sagen, dass sie so gut wie gar nicht mehr zu retten ist. Das liegt unter anderem daran, dass dort Menschen lehren, die die Grundschule vielleicht aus eigener Kindheitserinnerung oder aus der vermittelten Erfahrung anderer kennen, nicht jedoch wie sie heute ist, seit neue Richtlinien gelten" (Altenburg, Erika, in: SPD-Landtagsfraktion NRW 1997, S. 36).

ten verzichtet wird" (Schulz 1994, S. 126). Als Folge dieser verfehlten und an den eigentlichen fachdidaktischen Zielen vorbeilaufenden Berufungspraxis stellt sich eine weitere Verfestigung der fachwissenschaftlichen Umklammerung ein.[115] Sandfuchs weist darauf hin, dass genuine Aufgabengebiete der Fachdidaktik, die in fachwissenschaftlichen Kreisen aber keine Anerkennung finden, an Lehrbeauftragte oder den Mittelbau delegiert werden. "Schließlich können wir nicht vorbeisehen an jenem Fachdidaktiker-Typus, der sich gänzlich in die Fachwissenschaft zurückgezogen und die Didaktikvermittlung an den Mittelbau der Universität 'delegiert' hat. Das ist der Etablierung der Fachdidaktik eher schädlich, denn was ist von einer Disziplin zu halten, die bei einigen ihrer Vertreter nicht im Zentrum ihrer wissenschaftlichen Arbeit steht" (Sandfuchs 1990, S. 11). Als Folge eines solchen Selbstverständnisses muss insbesondere in den Augen der betroffenen Studenten ein desolates, ja völlig wissenschaftsfernes Bild von Fachdidaktik entstehen. Wenn die theoriegeleitete Vorbereitung, Durchführung und Analyse von z. B. Schulpraktischen Studien alleinige Aufgabe des Mittelbaus oder externer Lehrbeauftragter bleibt, manifestiert sich die Vorstellung, Fachdidaktik stellt den Rahmen für eine fachliche Unterrichtslehre dar, reduziert sich auf Lehrerausbildung und findet weitgehend außerhalb der sonst bekannten Wissenschaftssphären statt. Auf diese Weise kann Fachdidaktik ihrem primären Ziel, Prozesse des Lernens und Lehrens theoriegeleitet zu konstruieren und zu reflektieren, nicht gerecht werden.[116] Als Folge der beschriebenen Entwicklungstendenzen stellt sich ein Zustand großer Unsicherheit unter Lehrenden wie Studierenden ein, welche spezifischen Aufgaben Fachdidaktik in Forschung und Lehre eigentlich übernimmt. In vielen Berufungskommissionen

---

[115] Wittmann beklagt seine Ohnmacht gegenüber dem Trend zur Fachwissenschaft, der in Berufungsverfahren offensichtlich wird: "Ohne etwas daran ändern zu können, muß ich ständig mit ansehen, daß immer mehr Personen berufen werden, die in der Lehrerausbildung und der fachdidaktischen Entwicklungsforschung, wenn überhaupt, nur noch marginale Qualifikationen aufzuweisen haben und deren Interesse für Fachdidaktik und Lehrerbildung höchst zweifelhaft ist. Viele Stellen, die zur Zeit der Pädagogischen Hochschulen noch mit gestandenen Fachdidaktikerinnen und Fachdidaktikern besetzt waren, sind heute von Personen besetzt, die sich von Lehrerbildung und Fachdidaktik mehr oder weniger offen distanzieren" (Wittmann 1997a, S. 54).

[116] Peter Heesen, Vorsitzender des nordrhein-westfälischen Philologenverbandes, sieht in der verfehlten Berufungspraxis auch einen Hauptgrund für den mangelnden Stellenwert fachdidaktischer Studienelemente: "Wenn (...) die fachdidaktischen Studien nicht den ihnen zukommenden Stellenwert besitzen, so gründet dieses Problem weniger in mangelnden Vorgaben der Ausbildungsordnungen, sondern vielmehr auf der Berufungspraxis an Hochschulen unseres Landes. Es wäre sicher von Vorteil, wenn hier Fachdidaktiker einen höheren Stellenwert erhielten und die fachdidaktischen Studien vertieft werden könnten" (Heesen 1997, S. 174).

3.2 Fragen der inneren Struktur

kommt darüber hinaus eine erkennbare Distanz gegenüber den gesellschaftskritischen Dimensionen, die fachdidaktisches Arbeiten begleiten, hinzu. Zenner äußert sich zu diesem Phänomen aus dem Blickwinkel der Geschichtsdidaktik, von deren Bezugsdisziplin man eigentlich sogar ein natürliches Interesse an gesellschaftspolitischen Prozessen annehmen darf, auf folgende Weise: "Ein Großteil der Unklarheiten bezieht sich - vor allem in Berufungsverfahren - auf den Umfang von rein fachlicher Forschung, die häufig allein positiv gewertet wird und worin allein die wissenschaftliche Glaubwürdigkeit eines Fachdidaktikers gesehen wird. Hinzu tritt teilweise ein Unbehagen gegenüber den theoriebestimmten und gesellschaftsrelevanten Fragestellungen, die eine gewisse Bedeutung in den Fachdidaktiken besitzen" (Zenner 1990b, S. 15).

Auf der Seite der Fachdidaktiker wird dagegen zunehmend die Forderung artikuliert, auf klassische Habilitationsleistungen nicht zu insistieren, sondern habilitationsähnliche Qualifikationen bei der Berufung von Fachdidaktikern mit Schulpraxis zu akzeptieren. Timmermann nennt sogar das Bestehen auf universitätsübliche Habilitationsverfahren "unbillig und praktisch nicht zu bewältigen", wenn Doppelstudium und Praxisreflexion halbwegs ernst genommen werden (vgl. Timmermann 1972b, S. 31).

Durch die Aufsplitterung der Fachdidaktiken in eine Vielzahl von universitären Einzelfakultäten gelingt es ihr nicht mehr, mit Hilfe einer zentralen Interessensvertretung den gemeinsamen Kern der fachdidaktischen Arbeit herauszustellen und zu erläutern. Man kann sogar feststellen, dass solch eine fachdidaktische Lobby nicht existiert und die jeweilige Fachdidaktik selbst innerhalb der Lehrerschaft häufig unverstanden bleibt und ihre Funktion nicht akzeptiert wird. Bereits 1973 beurteilt daher Wittmann das Verhältnis zwischen Fachdidaktikern und Praktikern an den Schulen als gespannt und analysiert die Beziehung mit großer Detailkenntnis: "Das gegenwärtige Verhältnis zwischen Lehrern und Fachdidaktikern ist trotz einzelner sehr guter Kontakte im Ganzen noch keineswegs befriedigend. Auf Seiten der Praktiker sind noch viele Vorurteile, Lethargie und Besserwisserei zu überwinden. Die Fachdidaktiker ihrerseits werden lernen müssen, bescheidener aufzutreten, mehr zuzuhören, sich in Aus- und Fortbildung einfacher und verständlicher auszudrücken und den wirklichen Problemen der Praxis nicht auszuweichen" (Wittmann 1973, S. 126). Für junge Wissenschaftler entsteht so nach außen ein wenig attraktives Erscheinungsbild und als Folge eine geringe Motivation, sich im Bereich der Fachdidaktik zu engagieren.

3.2.2 Nachwuchsförderung innerhalb der Fachdidaktik

3.2.2.1 Spezifika der fachdidaktischen Nachwuchsförderung

Sucht man nach tieferliegenden Ursachen für die Misere bei der bereits erörterten Berufungspraxis, stößt der Beobachter unweigerlich auf die Probleme der fachdidaktischen Nachwuchsförderung. Parallel zur äußeren Expansion der Fachdidaktik innerhalb der Universitäten stellt sich im Bereich der akademischen Qualifizierungen keine entsprechende Entwicklung ein.[117] Richter weist bereits 1971 darauf hin, dass eine erfolgreiche Entwicklung der Fachdidaktik im Wissenschaftsbetrieb nur mit Hilfe einer langfristig angelegten Nachwuchsförderung gelingt: "Schwieriger als die institutionelle wird die Frage der Besetzung und der akademischen Laufbahn für diese weitgehend neue Disziplin bei dem notorischen Mangel an erziehungswissenschaftlichen, zum Teil auch fachwissenschaftlichem Nachwuchs zu lösen sein" (Richter 1971, S. 185). Auch Timmermann beklagt 1972 das Fehlen einer eigenen fachdidaktischen Nachwuchsförderung. Er ist der Meinung, dass diese Lücke nur durch das "Wohlwollen" einiger Lehrstuhlinhaber klassischer Disziplinen gefüllt werden kann, die ihren Assistenten die Zeit und Möglichkeit geben, "am Rande" ihres eigenen wissenschaftlichen Gebietes, also mit Schnittmengen zur Fachdidaktik, zu forschen (vgl. Timmermann 1972b, S. 32).

Der Kern dieses Problems liegt in der fachdidaktischen Multiperspektivität der Fragestellungen und der daraus zwingend erforderlichen interdisziplinären Denk- und Arbeitsweise der nachwachsenden Wissenschaftler. Zusätzlich zu der erwarteten Doppelqualifikation in der Fachwissenschaft *und* in der Erziehungswissenschaft tritt der Anspruch auf Nachweis von Praxiserfahrungen, die eine Reflexion des Theorie-Praxis Dialoges erst ermöglichen.[118] Nach dem Abschluss eines fachwissenschaftlichen Studiums (mindestens 5 Jahre), dem Nachweis einer mindestens dreijährigen Schulpraxis nach Abschluss des Referendariats (zusammen 5 Jahre) und zwingend nachzuweisender Promotion und Habilitation (zusammen ebenfalls mindestens 5-8 Jahre) stellt dieser Forderungskatalog für

---

[117] Auch die expansive Entwicklung der Erziehungswissenschaften stand unter permanenten Nachwuchsschwierigkeiten. Bereits 1958 bemerkt dazu Flitner: "Veraltete Vorstellungen von der Aufgabe und dem Verfahren dieser Disziplin halten sich zähe und sind die Ursache, weshalb auch der wissenschaftliche Nachwuchs auf diesem Gebiete spärlich bleibt" (Flitner 1958, S. 3).

[118] Mangold/Oelkers stellen dazu fest: "Die Qualifikationszeit ist insgesamt zu lang, zu heterogen und zu wenig berechenbar, so dass der Nachwuchsmangel nicht zufällig entstanden ist" (Mangold/Oelkers 2000, S. 17).

3.2 Fragen der inneren Struktur 127

die meisten Kandidaten eine außerordentliche zeitliche, fachliche und persönliche Belastung dar.[119] Dazu bestehen seit dem drastischen Rückgang der Einstellungszahlen Anfang der 80er Jahre selbst für hochqualifizierte Bewerber mit Erstem und Zweitem Staatsexamen kaum Chancen, überhaupt eine Möglichkeit zur praktischen Ausübung ihres Berufes zu erhalten. Auch nach Abschluss des Zweiten Staatsexamens gelingt es Ende der 80er Jahre häufig nur Kandidaten mit Mangelfächern, tatsächlich praktische Berufserfahrung zu erlangen. Fachdidaktiker mit Diplom, Erstem Staatsexamen oder Magisterabschluss dürfen schon allein aus rechtlichen Gründen außerhalb des Referendariats bzw. ohne Zweitem Staatsexamen keinen Unterricht in der Schule erteilen.[120] Die Bildungskommission NRW stellt folglich in ihrer Denkschrift 1995 fest: "Die Nachwuchslage in den Fachdidaktiken ist schwierig; es stehen hier und in den Erziehungswissenschaften immer weniger Lehrende zur Verfügung, die neben einer wissenschaftlichen Qualifikation auch über Erfahrungen in der Schulpraxis verfügen" (Bildungskommission NRW 1995, S. 308).

Für die zukünftige Entwicklung der Fachdidaktik stellt der Altersaufbau eine zusätzliche Problematik dar. Nach einer Phase des massiven Aufbaus mit häufig jungen Wissenschaftlern in den 70er Jahren begegnet man gegen Ende der 90er Jahre in vielen Fächern einer zunehmenden Überalterung. Merzyn bestätigt bereits 1989 anhand einer Untersuchung der Physikdidaktik in Niedersachsen diesen Trend: Während sich 1973 die Mehrheit der Hochschullehrer der Physikdidaktik im Alter zwischen 35 und 40 befand, steuert dieses Maximum erwartungsgemäß bis 1993 auf die Altersklasse zwischen 55 und 60. Für den akademischen Mittelbau ergibt sich ein ähnliches Bild mit einigen unwe-

---

[119] Wegen der überlangen Ausbildungszeiten fordert Regenbrecht, dem wissenschaftlichen Nachwuchs in den Fachdidaktiken eine wirksame Unterstützung zu gewähren. Er regt insbesondere an, in den Promotionsordnungen den besonderen Belangen der Fachdidaktiken Rechnung zu tragen (vgl. Regenbrecht 1994, S. 300).

[120] Das nordrhein-westfälische Ministerium für Wissenschaft und Forschung stellt 1998 dazu fest: "Die jahrelange Nichteinstellung von Lehrkräften an den Schulen hat einer ganzen Generation von Lehramtsstudierenden den Erwerb eigener Schulpraxis als Grundlage für fachdidaktische wissenschaftliche Arbeiten erst sehr spät oder gar nicht möglich gemacht. So liegt bei einer Reihe von formal für Hochschullehrertätigkeit qualifizierten (=habilitierten) Bewerbern die nach § 49 Absatz 6 UG erforderliche mindestens dreijährige Schulpraxis nicht vor. Dies zwingt in einer erheblichen Anzahl von Berufungsvorgängen dazu, im Wege einer Ausnahmegewährung auf die Erfüllung der Praxisvorschrift zu verzichten; sie droht zur Farce zu werden. Anderseits weist die einzige genuine Qualifikationsstellenart, Wissenschaftliche/r Assistent/in (C1), mit der Festsetzung eines relativ niedrigen Höchstalters eine nahezu unüberwindbare Besetzungssperre für Bewerber auf, die erst ihre schulpraktische Ausbildung beendet und weitergehende schulische Praxis erworben haben" (Ministerium für Wissenschaft und Forschung des Landes NRW 1998, S. 3).

sentlichen Fluktuationen (vgl. Merzyn 1989, S. 40). Insbesondere in der Gruppe der jüngeren Fachdidaktiker (wissenschaftliche Mitarbeiter, wissenschaftliche Assistenten, Akademische Räte, Studienräte im Hochschuldienst) verzeichnet Merzyn mit sinkenden Lehrereinstellungszahlen ebenfalls eine drastische Abnahme.[121] Es deutet sich also bei einer äußerst schlechten Nachwuchslage ein akuter Ersatzbedarf für freiwerdende Professuren an. Nentwig schätzt anhand der 1994 erhobenen Umfrage für die Naturwissenschaftsdidaktiken ab, dass nur ca. zwei Drittel der durch Emeritierungen freiwerdenden Stellen durch bereits zu diesem Zeitpunkt habilitierte Naturwissenschaftler wiederbesetzt werden können.[122] Er weist darauf hin, dass darüber hinaus die tatsächlich fachdidaktisch habilitierten Kandidaten einer wachsenden Konkurrenz fachwissenschaftlich habilitierter Bewerber gegenüberstehen werden (vgl. Nentwig 1996, S. 241).

Für den Bereich der Fremdsprachendidaktiker kommt Zydatiß 1997 zu analogen Ergebnissen: Er nennt die Lage des wissenschaftlichen Nachwuchses in allen fremdsprachendidaktischen Disziplinen desolat und fordert dringend mehr Qualifikationsstellen für wissenschaftliche Mitarbeiter (BAT IIa) (vgl. Zydatiß 1997, S. 3). Die Ausstattung mit C1-Stellen, die als Habilitationsstellen den Nachwuchs sichern könnten, ist in dieser Fächergruppe besonders schwach ausgeprägt. In Übereinstimmung mit der Entwicklung in den Naturwissenschaftsdidaktiken deutet sich also in der Fremdsprachendidaktik ebenfalls bei einer äußerst schlechten Nachwuchslage ein akuter Ersatzbedarf an. In der Englischdidaktik bestehen bundesweit (einschließlich der neuen Bundesländer) sechs solcher C1-Stellen, in der Französisch- und Russischdidaktik keine Stelle (vgl. Zydatiß 1997, S. 3). Er beklagt ebenfalls den Mangel an Lehrern bzw. Studienräten, die auf Zeit zum Zwecke einer fachdidaktischen Qualifizierung an die Universitäten abgeordnet werden.

Die Strukturkommission Lehrerbildung im Land Baden-Württemberg kommt zu dem Schluss, dass im schulpädagogischen und fachdidaktischen Bereich die Arbeits- und Forschungsinteressen an den traditionellen Universitäten

---

[121] Nachtigall stellt 1984 die fehlende Perspektive für qualifizierte Nachwuchswissenschaftler fest: "Der wissenschaftliche Nachwuchs, also junge Leute, die z. B. in Physikdidaktik promovierten oder gar habilitierten, sehen nach Ablauf der Assistentenzeit keine Chance für die Weiterarbeit in der Physikdidaktik" (Nachtigall 1984, S. 71).

[122] Weltner bestätigt diese Feststellung für die Physikdidaktik und beklagt eine fehlende Perspektive für die Nachwuchsförderung: "In diesen und in den folgenden Jahren scheidet eine nicht unerhebliche Anzahl von Physikdidaktikern aus ihrem Amte aus. Dies ist ein äußerer Grund, sich mit dem Nachwuchsproblem zu befassen. Es gibt aber noch einen inneren Grund: Es existiert kein geschlossener Ausbildungsweg für Fachdidaktiker. Noch immer wird man Fachdidaktiker eher zufällig als planmäßig" (Weltner 1993, S. 7).

3.2 Fragen der inneren Struktur

nur in Ansätzen ausgebildet sind. Dementsprechend wurden Habilitationen im Bereich der Fachdidaktik an baden-württembergischen Universitäten bisher überhaupt nicht durchgeführt[123] (vgl. Ministerium für Wissenschaft und Forschung Baden-Württemberg 1993, S. 134f.).

3.2.2.2 Fachdidaktische Promotionen und Habilitationen

Beckmann stellt bereits 1980 fest, dass es für qualifizierte Lehrer in der Praxis immer schwieriger wird, sich durch eine Abordnung an die Universität zum ausdrücklichen Zweck der Promotion bzw. Habilitation weiterzuqualifizieren (vgl. Beckmann 1980, S. 553). Die Einbindung der Fachdidaktiken in die Erziehungswissenschaftliche Fakultät stellt seiner Meinung nach die günstigste institutionelle Lösung dar, auch solche fachdidaktische Promotionen und Habilitationen zu fördern und diese auf einem anerkannten wissenschaftlichen Niveau durchzuführen (vgl. Beckmann 1993, S. 476). Die Sicherstellung fachdidaktischer Qualifizierungsmöglichkeiten stellt eine wesentliche Voraussetzung für den notwendigen Aufbau der für eine forschende Disziplin typischen wissenschaftlichen Infrastruktur dar. Die Rekrutierung des eigenen wissenschaftlichen Nachwuchses hängt dabei unmittelbar davon ab, akademische Qualifizierungen vorzunehmen, um sich auf diesem Weg in Berufungsverhandlungen und bei sonstigen Stellenbesetzungen gegenüber der fachwissenschaftlichen Einflussnahme und Konkurrenz zu behaupten. Die mehrheitliche Fach-zu-Fach-Zuordnung der fachdidaktischen Forschungseinrichtungen besitzt allerdings einen erheblichen Einfluss auf die Möglichkeiten, fachdidaktische Promotionsvorhaben auch tatsächlich zu realisieren. In der Mehrheit ist in den Promotionsordnungen der fachwissenschaftlichen Fakultäten die Annahme einer fachdidak-

---

[123] Ein Habilitationsrecht besteht an den noch existierenden Pädagogischen Hochschulen des Landes Baden-Württemberg nicht. Die Anzahl der Promotionsverfahren an den Pädagogischen Hochschulen ist sehr gering; das Durchschnittsalter der Promovierten liegt bei 41 Jahren und stellt daher in den meisten Fällen keine realistische Basis für weitergehende Qualifizierungen dar (vgl. Ministerium für Wissenschaft und Forschung Baden-Württemberg 1993, S. 135). In Nordrhein-Westfalen erhielten die Pädagogischen Hochschulen dagegen bereits 1970 das Promotionsrecht, 1971 das Habilitationsrecht (vgl. Regenbrecht 1994, S. 299). Nentwig äußert sich dazu: "Im engeren Sinne fachdidaktische Themen sind erst nach 1970 in Dissertationen bearbeitet worden. Es ist sicher kein zufälliges Zusammentreffen, daß die meisten Pädagogischen Hochschulen genau seit dieser Zeit den Rang wissenschaftlicher Hochschulen erhielten" (Nentwig 1990, S. 114).

tisch akzentuierten Dissertation nicht explizit vorgesehen.[124] In solchen Fällen kann ein Promotionsvorhaben nur innerhalb der erziehungswissenschaftlichen Fakultät abgeschlossen werden. Dieses Faktum hat natürlich einen erheblichen Einfluss einerseits auf die Reputation der Fachdidaktik innerhalb des eigenen Faches, andererseits aber auch auf die Möglichkeit, geeignete Kandidaten zur Mitarbeit in der Fachdidaktik zu motivieren. Auch hier stellt sich ganz praktisch die Frage, wie das gegenseitige Verhältnis zwischen Fachwissenschaft und Fachdidaktik gestaltet wird. Die häufig anzutreffende Überzeugung von Fachwissenschaftlern, Fachdidaktik sei jedem Fach von Natur aus gegeben, steht im Widerspruch zu der gleichzeitigen Verweigerung, fachdidaktische Dissertationen innerhalb der Fachwissenschaft anzunehmen.[125] Bei dieser Überzeugung handelt es sich dagegen vielfach um eine vorgeschobene Ansicht, die tatsächlich unausgesprochene, massive Vorbehalte und eine ablehnende Haltung gegenüber den Inhalten und Methoden der Fachdidaktik zum Vorschein bringt. Diese Akzeptanzverweigerung stellt für die Fachdidaktik eine institutionelle, künstliche Barriere[126] innerhalb des universitären Systems dar. Der Physikdidaktiker Jung äußert sich zu diesem Themenkomplex: "Dennoch stellt sich die Frage nach dem Wissenschaftscharakter der Physikdidaktik auch immer wieder ganz praktisch, etwa im Zusammenhang von Berufungsverhandlungen oder von Promotionen. Sieht man sich an, was an Dissertationen in diesem Feld bisher vorliegt, dann kommt man rasch zu dem Schluß, daß sie überwiegend in erziehungswissenschaftlichen und anderen, nichtphysikalischen Fachbereichen abgeliefert wurden und werden - ich habe in meinem Institut gerade ein aktuelles Beispiel: eine Dissertation über didaktische Probleme der Quantenmechanik wird im

---

[124] Bruhn äußert sich zu den Folgen der fehlenden Zulassung fachdidaktischer Promotionen und Habilitationen innerhalb der jeweiligen Fachwissenschaften: "Es ist für die Situation fachdidaktischer Forschung keinesfalls gleichgültig, in welcher Rechtskonstruktion Promotionen und Habilitationen vollzogen werden können. Sowohl das Ausmaß als auch die Gegenstände fachdidaktischer Forschung sind hiervon in der Vergangenheit nachhaltig geprägt worden. Die naturwissenschaftlichen Fachdidaktiken müssen in Zukunft eigene Promotionsordnungen erhalten" (Bruhn 1991, S. 123).

[125] Mayr beschreibt seinen Werdegang als Fremdsprachendidaktiker während seiner Promotionszeit so: "War ich nur noch ein 'Linguist', ein 'Didaktiker' oder gar schon ein 'Pädagoge'? Wiederholt wurde mir angedeutet, daß ich ja 'an der Romanistik sei', doch die fachwissenschaftlichen Aspekte in meiner Dissertation und Forschungsarbeit nicht zu sehr vernachlässigen und auch 'im Fach' breiter werden sollte, anstatt mich vom Fach zu entfernen" (Mayr 1988, S. 75).

[126] Nachtigall spricht als Physikdidaktiker von *Hürden*, die dadurch gesetzt werden, dass nur fachphysikalische Kriterien für die Beurteilung physikdidaktischer Promotionen und Habilitationen von Fachwissenschaftlern durchgesetzt werden (vgl. Nachtigall 1979, S. 46).

3.2 Fragen der inneren Struktur

Fachbereich Erziehungswissenschaften abgewickelt" (Jung 1990, S. 317). Wittmann bestätigt dieses Phänomen in der Mathematikdidaktik und führt die unzureichenden Rahmenbedingungen in den fachwissenschaftlichen Fachbereichen an, die der Fachdidaktik keine Entwicklungsmöglichkeiten bieten. Er weist darauf hin, dass zwei seiner besten Mitarbeiter, die inzwischen auf Professuren berufen wurden, nicht im Fachbereich Mathematik promovieren konnten und auf den Fachbereich Erziehungswissenschaften ausweichen mussten, da die gemeinsame Promotionsordnung der Fachbereiche Mathematik/Physik/Chemie der Universität Dortmund Promotionen im Bereich Didaktik der Primarstufe nicht zulässt (vgl. Wittmann 1997a, S. 53). Als Folge dieser Ausgangssituation findet Fachdidaktik häufig außerhalb des sonst traditionellen Forschungsgefüges, das sich innerhalb der etablierten Forschungsdisziplinen in Oberseminaren, Doktorandenkolloqien, Sonderforschungsbereichen oder anderen Postgraduiertenveranstaltungen manifestiert, statt. Die eigentlich notwendige Entwicklung und Ausprägung eines eigenen theoretischen Fundaments verläuft daher schleppend und eher defizitär. Bauersfeld stellt dazu 1971, also noch in der Gründungsphase der meisten universitären fachdidaktischen Einrichtungen fest: "Mithin muß festgestellt werden, daß die mehr theoretischen Bereiche der Didaktik in der Lehre an unseren Hochschulen fast keine Bedeutung haben. Ein Grund dafür ist sicher der geringe Grad der theoretischen Entwickeltheit des Faches selbst. (...) Diese der Fachentwicklung feindliche Tendenz wird bisher unterstützt und verstärkt durch das Fehlen von graduierten Studenten (Diplomanden und Doktoranden), die ein Angebot an theoretisch grundlegenden Lehrveranstaltungen erzwingen würden" (Bauersfeld 1971, S. 111). In diesem Zusammenhang muss darauf verwiesen werden, dass die Fachdidaktiken mit Ausnahme der Beteiligung an den Staatsexamina der Lehramtskandidaten somit von der Vergabe von akademischen Abschlüssen weitgehend ausgeschlossen bleiben. Überlegungen, eigene fachdidaktische Diplome, z. B. im Rahmen von Aufbaustudiengängen zu vergeben, konnten sich nicht durchsetzen.[127] Als Folge dieser ungünstigen Ausgangssituation bleiben fachdidaktische Karrierechancen weitgehend aus. Sie verlaufen im Gegensatz zu fachwissenschaftlichen Laufbahnen häufig eher zu-

---

[127] Wittmann berichtet zur geplanten Vergabe fachdidaktischer Diplome: "Mit der Fach-zu-Fach-Zuordnung mußten wir in Dortmund unsere Pläne für einen fachdidaktischen Aufbaustudiengang zusammen mit den Fachdidaktik-Kollegen der naturwissenschaftlichen Fächer begraben. In den angelsächsischen Ländern und in Frankreich gibt es seit Jahrzehnten fachdidaktische Diplome, die für die Nachwuchsbildung von größter Wichtigkeit sind. Wir haben Anfang der achtziger Jahre aus dem Ausland immer wieder Anfragen nach einem solchen Diplomstudiengang erhalten. Mittlerweile hat es sich herumgesprochen, daß Deutschland hier nichts zu bieten hat" (Wittmann 1997a, S. 53).

fällig, erfordern mehr Einsatz, Energie und Durchhaltevermögen, so dass damit das Ausbleiben fachdidaktischer Promotionen und Habilitationen erklärbar wird (vgl. Mayr 1988, S. 77). Merzyn stellt für die Physikdidaktik als zusätzliche Beeinträchtigung Ende der 80er Jahre fest, dass sich durch den enormen Rückgang der Lehramtsstudentenzahlen auch die Zahl physikdidaktischer Promotionen auf bundesweit nur noch 1-2 pro Jahr reduziert hat (vgl. Merzyn 1989, S. 41).

Es liegen aus einigen Fachbereichen detailliertere Daten bzgl. der abgeschlossenen Promotionen bzw. Habilitationen vor. Bauersfeld nennt 1990 für die Mathematikdidaktik folgende nach Ländern und Zeiträumen geordneten Zahlen abgeschlossener Promotionen und Habilitationen. Die Messzahl in der letzten Spalte gibt dabei die Anzahl der Dissertationen relativ zur Bevölkerungszahl des jeweiligen Landes an; die Messzahl der Bundesrepublik Deutschland (nur "alte" Bundesländer) wurde dabei gleich 1 gesetzt.

Zeitraum Land	1973-75	1976-78	1979-81	1982-84	Summe	Messzahl
BRD	5	30	40	22	97	1
DDR	40	57	63	71	231	8
Österreich	3	6	5	2	16	1,3
USA	852	977	1.127	881	3.837	10

Abb. 7: Anzahl der abgeschlossenen Promotionen und Habilitationen in Mathematikdidaktik nach Ländern und Zeiträumen; die Messzahl ist bezogen auf die Bevölkerungszahl der jeweiligen Länder und für die BRD gleich 1 gesetzt (vgl. Bauersfeld 1990, S. 284)

Die Zahlen weisen einerseits den in allen Ländern expansiven Trend der Mathematikdidaktik in den 70er Jahren nach, zeigen aber deutliche Unterschiede zwischen den untersuchten Ländern auf. Verglichen mit der Entwicklung in den USA und der ehemaligen DDR liegen die mathematikdidaktischen Promotions- bzw. Habilitationszahlen in der Bundesrepublik und Österreich auch relativ zur Bevölkerungszahl deutlich unter dem Niveau der USA bzw. ehemaligen DDR. Wenngleich landesspezifische Besonderheiten bzgl. der Bildungsgesamtheit und den Anforderungen an die jeweiligen Qualifikationen berücksichtigt werden müssen, belegt diese Statistik doch die defizitäre Entwicklung im Bereich fachdidaktischer Nachwuchsentwicklung in Westdeutschland im Vergleich zu den anderen untersuchten Staaten.[128] Auffällig ist das Nachlassen der Promotions-

---

[128] Die nordrhein-westfälische Ministerin für Wissenschaft und Forschung Brunn stellt dazu 1997 fest: "(...) Deshalb sollten wir nicht nur die Praxis, sondern auch die wissenschaftli-

3.2 Fragen der inneren Struktur 133

zahlen Anfang der 80er Jahre; dieses Phänomen kann durch das drastische Absinken der Lehramtsstudentenzahlen und den damit verbundenen Stellenstreichungen in diesem Zeitraum erklärt werden.

Für die fremdsprachendidaktischen Fächer bestätigt Sauer mit einer quantitativen Untersuchung den massiven Anstieg der Promotionszahlen in den 70er und 80er Jahren. Bezogen auf alle fremdsprachlichen Didaktiken gibt er folgende Anzahl an Dissertationen an, die in Westdeutschland (ohne ehemalige DDR) entstanden sind (16 der aufgeführten 302 Arbeiten sind in deutscher Sprache an den Universitäten Edinburgh, Odense und Zürich verfasst worden):

Zeitraum	Anzahl
1843-1943	19
1957	1
1962-1969	7
1970-1979	53
1980-1989	128
1990-1995	94

Abb. 8: Anzahl fremdsprachendidaktischer Dissertationen in Deutschland (ohne DDR) nach Zeiträumen; 16 der angegebenen insgesamt 302 Dissertationen entstanden an ausländischen Universitäten (vgl. Sauer 1988 und Sauer 1995)[129]

Analysiert man die oben aufgeführten fremdsprachendidaktischen Arbeiten nach ihrem fachlich-institutionellen Kontext, erkennt man erst ab 1973 Dissertationen im rein fachdidaktischen Bereich. Alle vorherigen Arbeiten entstanden entweder an einer erziehungswissenschaftlichen oder fachwissenschaftlichen Fakultät

---

che Arbeit in der Didaktik unterstützen. Dazu gehört nicht zuletzt, dass wir den wissenschaftlichen Nachwuchs in der Didaktik fördern und mehr Möglichkeiten zur Promotion und Habilitation in diesem Bereich einräumen. Das halte ich für außerordentlich wichtig" (Brunn, Anke, in: SPD-Landtagsfraktion NRW 1997, S. 29). Bonati stellt für die Qualifizierung von Fachdidaktikern in der Schweiz kritisch fest: "Fachdidaktiker müssen tatsächlich in dreierlei Hinsicht beschlagen sein. (...) Die Qualifizierung erfolgt grundsätzlich autodidaktisch und dauert einige Zeit, weil die Aufgabe schwierig ist. Eine systematische Ausbildung ist nötig. (...) Auf längere Sicht sollte es möglich werden, auch in der Schweiz Lizentiats- und Doktorarbeiten in Fachdidaktik zu schreiben und sich habilitieren zu können" (Bonati 1991, S. 220).

[129] Sauer nennt zusätzlich die am häufigsten vertretenen Hochschulstandorte der angenommenen fremdsprachendidaktischen Dissertationen (Anzahl der Dissertationen in Klammern, bezogen auf den Zeitraum bis 1995): 1. Hamburg (26), 2. Berlin (20), 3. Bielefeld (18), 4. München (17), 5. Giessen (14), 6. Bochum (13), 7. Kiel (13), 8. Göttingen (11), 9. Frankfurt a. M. (9), 10. Duisburg (8) (vgl. Sauer 1995). Sauer legt in der zitierten Zusammenstellung eine vollständige Liste der Dissertationen mit Kurzkommentaren vor.

(vgl. Sauer 1988, S. 57). Dies belegt auch in dieser Fächergruppe die in den 70er und 80er Jahren gewachsene Autonomie der Fachdidaktik. Seit ca. 1994 ist jedoch auch in dieser Fächergruppe ein stetiger Rückgang der Promotionszahlen aufgrund von Stellenstreichungen und dem drastischen Kürzen von Personalmitteln zu verzeichnen. Auch Nentwig bestätigt diese Entwicklung und geht von einer weiteren Verschlechterung der äußeren Randbedingungen aller Fachdidaktiken infolge der sich weiter verschärfenden Sparzwänge der öffentlichen Haushalte Anfang der 90er Jahre aus (vgl. Nentwig 1996, S. 237).

Für den Bereich der naturwissenschaftsdidaktischen Dissertationen legen Nentwig et al. 1983 *international* vergleichende Untersuchungen vor, die auch nach Fächern differenziert ausgewiesen werden. Folgende Anzahlen fachdidaktischer Dissertationen werden bis 1983 registriert:

Fächer Land	Biologie/ Ökologie	Chemie[130]	Physik[131]	Naturwiss. allgem.	Technik	Soz.wiss. mit Bezug zur Naturw.	Σ[132]
BRD	13	17	24	12	13	11	78
DDR	75	84	80	23	58	21	318
Finnland	2	-	-	-	-	-	2
Frankreich	3	1	1	-	2	-	7
Großbritannien	12	24	8	34	5	13	88
Niederlande	-	-	-	1	1	-	2
Österreich	1	1	5	1	1	1	7
Schweden	-	-	-	1	-	1	1
Schweiz	2	-	1	-	-	1	3

Abb. 9: Anzahl naturwissenschaftsdidaktischer Dissertationen nach Ländern und Fächern bis 1983 (vgl. Nentwig et al. 1983, S. 9)

---

[130] Die Gesellschaft für Didaktik der Chemie und Physik (GDCP) veröffentlicht im Internet die Themen sowie die Namen der Autoren und Betreuer der an deutschen Hochschulen angenommenen Dissertationen in Chemie und Physikdidaktik unter: http://www.physik.hu-berlin.de/ger/gruppen/didaktik/gdcp/diss.htm (Stand: 21.11.2000). Für den Zeitraum 1990-2000 werden 68 abgeschlossene bzw. noch in Bearbeitung befindliche bzw. geplante chemiedidaktische Promotionsprojekte sowie 18 chemiedidaktische Habilitationen genannt. Entsprechend werden für den gleichen Zeitraum 45 physikdidaktische Promotionsprojekte und 10 Habilitationsverfahren aufgeführt.

[131] Für das Fach Physik liegen Zusammenstellungen aller physikdidaktischen Dissertationen, die in Westdeutschland bis 1985/86 angenommen wurden, vor (vgl. Weltner 1987 und ohne Angabe des Verfassers 1987).

[132] Die Summe der Arbeiten in einer Zeile ist nicht immer gleich der in der letzten Spalte genannten Anzahl, da Mehrfachzuordnungen erfolgten.

3.2 Fragen der inneren Struktur

Auch diese Auswertung weist die enorme Häufigkeit fachdidaktischer Promotionen in der ehemaligen DDR nach. Ähnlich wie in der von Bauersfeld vorgelegten, auf mathematikdidaktische Promotionen und Habilitationen bezogenen Statistik, liegt eine etwa viermal höhere Anzahl solcher naturwissenschaftsdidaktischer Arbeiten in der ehemaligen DDR vor. Verglichen mit anderen europäischen Staaten kann allerdings neben Ost- und Westdeutschland nur noch Großbritannien einen nennenswerten Beitrag zu den erfassten Dissertationen leisten. Aufgrund der von Nentwig et al. vorgelegten Studie darf angenommen werden, dass die Nachwuchsbemühungen innerhalb der Naturwissenschaftsdidaktik nur in den USA, Deutschland und Großbritannien einen beachtlichen Status eingenommen haben.

Die Anzahl der in den USA bis 1983 angefertigten naturwissenschaftsdidaktischen Promotionen wird auf ca. 2.100 geschätzt. Eine Stichprobenzählung für die USA ergab für die folgenden Jahre die jeweils in Klammern gesetzten Anzahlen solcher Doktorarbeiten: 1970 (231), 1975 (209) und 1979 (244) (vgl. Nentwig et al. 1983, S. 9). Nentwig et al. weisen darauf hin, dass in den USA, wo die Etablierung der Naturwissenschaftsdidaktik auf eine längere Tradition zurückblicken kann, auch ein eigener naturwissenschaftsdidaktischer Doktorgrad (sci.ed. bzw. Ed.D.) verliehen wird (vgl. Nentwig et al. 1983, S. 7).

3.2.3 Struktur und Entwicklung des Personals in der Fachdidaktik

Jede Wissenschaft lebt und entwickelt sich erst durch die in ihr forschenden und lehrenden Personen. Die Genese fachdidaktischen Wissens ist daher fundamental von der Einrichtung und dem langfristigen Erhalt entsprechender Professuren, Stellen im Mittelbau sowie der Förderung durch Sachmittel abhängig. Umgekehrt stellt natürlich die Bereitstellung von Personal- und Sachmitteln noch keine hinreichende Voraussetzung für die tatsächliche Realisierung der erwarteten Lehr- und Forschungsanstrengungen dar. Eine Analyse des Datenmaterials über die fachdidaktischen Personalstrukturen erlaubt daher nur sehr begrenzte Aussagen, inwieweit die Entwicklung der Fachdidaktik auch inhaltlich voranschreitet. Die bloße Ausweitung der universitären Stellenpläne im Bereich der Fachdidaktik garantiert sicherlich nicht automatisch auch eine größere fachdidaktische Autonomie und eine damit verbundene nachhaltige Reform der Lehrerbildung. Die in der Mehrzahl vorgenommene Institutionalisierung der Fachdidaktik bei der korrespondierenden Fachwissenschaft ermöglicht den dadurch expandierenden Fakultäten, fachdidaktische Bereiche für anschließende Stellenstreichungen und Stellenumwidmungen zu verwenden. Heursen beschreibt diesen Vorgang so: "Denn in dem Maße, in dem sie sich als Appendix der Fachwissenschaft versteht, gerät sie in die Gefahr, (...) als Verschiebebahnhof fachwissenschaftlicher Personalpolitik zu fungieren" (Heursen 1984b, S. 85). Es herrscht weitgehender Konsens bei den kritischen Beobachtern der Entwicklung, dass die Fachdidaktik von den aufnehmenden Fachwissenschaften sowohl im Falle der PH-Integration als auch im Falle der fachdidaktischen Neuansiedlung innerhalb der Universitätsfakultäten, auch aus Gründen der Kapazitätserweiterung und damit verbundenen Expansion der Finanzzuweisungen aufgenommen wurden (vgl. Heursen 1984b, S. 85; Wittmann 1997a, S. 51ff.). Die Förderung genuin fachdidaktischer Forschung stand dabei in vielen Fällen zunächst nicht dominant im Vordergrund. Heursen stellt fest, dass diese Stellen im Zuge des Nachlassens der bildungspolitischen Euphorie Mitte der 80er Jahre dann als "Verfügungsmasse für die Kürzungspolitik" (Heursen 1984b, S. 84) genutzt wurden.[133] Die Gemeinsame Kommission für die Studienreform im Land Nordrhein-Westfalen stellt zu dieser Entwicklung ebenfalls kritisch fest: "Zu Zeiten der Überfüllungskrise auf dem schulischen Arbeitsmarkt und des Ausbleibens der Nachfrage nach Studienplätzen in Lehramtsstudiengängen diente die Fachdidaktik (...) als Steinbruch zum Umbau der Universitäten. Insbesondere die betreffenden Nachwuchsstellen wurden als erste gestrichen und Stellen, die aus den ehemaligen pädagogischen Hochschulen an die Universitäten übergeleitet wurden, kw[134]-gestellt. Folge ist vielerorts eine Auszehrung der Fachdidaktiken" (Gemeinsame Kommission für die Studienreform NRW 1996, S. 82). Die nordrhein-westfälische Ministerin für Schule und Weiterbildung Behler bestätigt ebenfalls diesen Befund: "(...) die personelle Situation der Fachdidaktik ist, ich möchte es euphemistisch formulieren, sehr verbesserungswürdig" (Behler, Gabriele, in: SPD-Landtagsfraktion NRW 1997, S. 19). Solche oder ähnliche Zitate

---

[133] Heursen weitet seine Kritik am nachlassenden Interesse an der Lehrerbildung Mitte der 80er Jahre auch auf die Erziehungswissenschaften aus: "Man kann im übrigen die erziehungswissenschaftlichen Fachbereiche von dieser Einschätzung nicht gänzlich ausnehmen. Vielmehr verstärkt sich der Eindruck, um es vorsichtig zu sagen, daß die notwendige Orientierung an der Lehrerbildung zur Zeit auch von Kollegen der erziehungswissenschaftlichen Fachbereiche eher verdrängt wird und sie ihre Identität aus einem - wie immer definierten - bodenständigen, jedenfalls nicht berufsorientierten Verständnis der Erziehungswissenschaft ziehen" (Heursen 1984b, S. 84).

[134] kw = künftig wegfallend, kann wegfallen

3.2 Fragen der inneren Struktur 137

prägen auch die Stellungnahmen und Kommentare der fachdidaktischen Verbände. Das vorhandene Datenmaterial[135] zur Personalstruktur in der Fachdidaktik in der deutschen Hochschullandschaft soll nun auf solche signifikanten Veränderungen hin untersucht werden. Die Analyse bezieht sich auf die folgenden Erhebungen:[136]

1. **Wissenschaftliches Sekretariat für die Studienreform im Land NRW 1978**: Bei dieser Veröffentlichung handelt es sich um eine Erhebung der fachdidaktischen Stellen, die getrennt nach Universitäten, Gesamthochschulen und (1978 in NRW noch existenten) Pädagogischen Hochschulen erfolgt. Die Besonderheit dieser Statistik besteht in der Tatsache, dass nach dem anfänglichen Gründungsschub fachdidaktischer Stellen Anfang bis Mitte der 70er Jahre an Universitäten und Gesamthochschulen mit dieser Statistik auch Daten noch *vor* der Integration der Pädagogischen Hochschulen in NRW vorliegen.

---

[135] Die vorhandenen Erhebungen stellen teilweise nur sehr unvollständig und mit großer Unsicherheit behaftet die tatsächliche Stellenlage in den Fachdidaktiken dar. Die unterschiedlichen Formen der fachdidaktischen Institutionalisierungen, föderale Besonderheiten der Lehrerbildung sowie zusätzlich die Autonomie der einzelnen Hochschule machen eine vollständige Erfassung aller fachdidaktisch ausgewiesenen Stellen fast unmöglich. Es treten insbesondere Schwierigkeiten in der Erhebungsmethode bei allen Einzeluntersuchungen hervor. Das Verschicken von Fragebögen mit geringer Rücklaufquote oder die Untersuchung von Vorlesungsverzeichnissen erscheinen ungeeignet, eine vollständige Erfassung der Stellen zu gewährleisten.

[136] Neben den genannten Erhebungen existieren noch weitere Statistiken über den Bestand fachdidaktischer Stellen und Lehrveranstaltungen an deutschen Hochschulen: Sauer 1966, Spreckelsen 1969, Trutwig et al. 1972, Büchel et al. 1972, Klopfer et al. 1972, Merzyn 1989, Bayerisches Staatsministerium für Unterricht, Kultus, Wissenschaft und Kunst 1996, Ministerium für Wissenschaft und Forschung des Landes NRW 1998. Diese Erhebungen finden in dieser Untersuchung jedoch keine Berücksichtigung, da sie sich entweder nur auf ein Fach beschränken oder nur *ein* Bundesland zu *einem* Zeitpunkt erfassen und damit aufgrund fehlender Daten aus der Vergangenheit keine Vergleichsmöglichkeiten über z. B. einen längeren Zeitraum gestatten.
Zusätzlich ist kritisch anzumerken, dass sichere Daten über fachdidaktische Stellen an den deutschen Hochschulen über die genannten Quellen hinaus nicht verfügbar sind und auch nicht kontinuierlich erhoben werden. Ein entscheidender Grund für diese gravierende Lücke ist sicherlich die hohe Diversifizierung fachdidaktischer Forschungseinrichtungen. Als Folge bleibt festzuhalten, dass fachdidaktische Forderungen nach Stellensicherung bzw. -ausbau z. B. im politischen Raum kaum argumentativ belegbar und damit nur schlecht durchsetzbar sind.

2. **Hochschulrektorenkonferenz 1997**: Diese Erhebung weist getrennt nach Besoldungs- bzw. Statusgruppen die Stellenanzahl in den einzelnen Bundesländern nach. Sie stellt damit die aktuellste Statistik dar, die den *gesamten* Bestand an fachdidaktischen Stellen in West- und Ostdeutschland erfasst.
3. **Nentwig 1988b bzw. Nentwig 1996**: Nentwig (IPN Kiel) legt 1988 erstmalig eine Untersuchung vor, die die *Naturwissenschafts*didaktik an den Hochschulen statistisch erschließt. Neben den institutionellen Aspekten untersucht Nentwig ergänzend die inhaltlichen Kategorien naturwissenschaftsdidaktischer Forschung. Nach der Wiedervereinigung legt Nentwig 1996 aktuelles Zahlenmaterial in analoger Systematik vor.
4. **Zydatiß 1997**: In dieser Schrift erfasst Zydatiß sämtliche *fremdsprachen*didaktischen Stellen an den Hochschulen in West- und Ostdeutschland. Die Statistik differenziert zwischen Professuren, dem akademischen Mittelbau und Lektoratsstellen und ermöglicht getrennte Aussagen für jedes Bundesland.

Die Aufbereitung und Analyse des Datenmaterials erfolgt nun unter vier verschiedenen Perspektiven:

a) Vergleich des Bestandes fachdidaktischer Stellen *in einem Bundesland* (hier: NRW) zwischen *1978* und *1997*;
b) Vergleich des Bestandes fachdidaktischer Stellen, differenziert nach Status- und Besoldungsgruppen, in *West-* und *Ost*deutschland im Jahre 1997;
c) Vergleich der fachdidaktischen Personalstruktur innerhalb der *Naturwissenschafts*didaktik *vor* (1988) und *nach* (1996) der Wiedervereinigung;
d) Vergleich der fachdidaktischen Personalstruktur innerhalb der *Fremdsprachen*didaktik zwischen *West-* und *Ost*deutschland im Jahre 1997.

Die gewählten vier Perspektiven ermöglichen zeitliche, fachliche und regionale Längs- bzw. Querschnitte, die ein möglichst facettenreiches Bild der Personalstrukturen ergeben sollen. Die Komplexität und Vielschichtigkeit der fachdidaktischen Erscheinungsformen an den Hochschulen erfordert eine solche vieldimensionale Betrachtungsweise.

3.2 Fragen der inneren Struktur

zu a):

NRW (1978)	Prof.	Mittelbau	Summe
Universitäten	34	21	55 (5,1%)
Gesamthochschulen	243	70	313 (28,8%)
Päd. Hochschulen	302	415	717 (66,1%)
Summe	579 (53,4%)	506 (46,6%)	1.085 (100%)

Abb. 10: Anzahl fachdidaktischer Professuren und Stellen im Mittelbau an Universitäten, Gesamthochschulen und Pädagogischen Hochschulen im Land Nordrhein-Westfalen 1978 (vgl. Wissenschaftliches Sekretariat für die Studienreform NRW 1978 und eigene Berechnungen)

NRW (1997)	Prof.	Mittelbau	Summe
Universitäten und Gesamthochschulen Summe	308 (49,7%)	312 (50,3%)	620 (100%)

Abb. 11: Anzahl fachdidaktischer Professuren und Stellen im Mittelbau an Universitäten und Gesamthochschulen (nach Integration der Pädagogischen Hochschulen) im Land Nordrhein-Westfalen 1997 (vgl. Hochschulrektorenkonferenz 1997 und eigene Berechnungen)

Betrachtet man zunächst die Situation im Jahr 1978 fällt auf, dass die nordrhein-westfälischen Universitäten bis zu diesem Zeitpunkt sich nur sehr zögerlich an den Reformschritten im Bereich der Lehrerbildung beteiligen. Zu diesem Zeitpunkt werden insgesamt nur 55 fachdidaktisch ausgerichtete Stellen an den Universitäten registriert, was einem Anteil von 5,1% aller fachdidaktischen Stellen in NRW entspricht. Der mit Abstand größte Anteil der fachdidaktischen Stellen ist mit 717 Stellen (66,1% aller Stellen) weiterhin an den noch bestehenden Pädagogischen Hochschulen zu finden.

Der Vergleich zwischen den beiden Tabellen macht dann den drastischen Abbau fachdidaktischer Stellen in NRW zwischen 1978 und 1997 deutlich. Die Gesamtzahl der fachdidaktischen Stellen an allen Hochschulen ist absolut von 1.085 auf 620 gesunken. Besonders auffällig dabei ist, dass fast 20 Jahre nach der Integration der Pädagogischen Hochschulen die Gesamtzahl der fachdidaktischen Professuren an den Universitäten und Gesamthochschulen im Jahre 1997 (308) annähernd der Anzahl *vor* der Integration alleine an den Pädagogischen Hochschulen im Jahre 1978 (302) entspricht. Auch unter Berücksichtigung des massiven Rückgangs der Lehramtsstudentenzahlen in den 80er Jahren macht sich hier eine deutliche Schwächung der Fachdidaktik bemerkbar. Die Vermutung, dass die Fachdidaktik aufgrund der fachwissenschaftlichen Integration zum Angriffspunkt von Stellenstreichungen und Kürzungsvorhaben in den 80er Jahren geworden ist, wird von diesen Zahlen bestätigt.[137] Die relativen Verschiebungen innerhalb der Statusgruppen sind im Vergleich zu den absoluten Veränderungen marginal. Dennoch muss festgestellt werden, dass 1997 bereits 50,3% der fachdidaktischen Stellen im Mittelbau angesiedelt sind (gegenüber nur 46,6% im Jahre 1978).

---

[137] Merkelbach merkt dazu im Jahre 1989 mit Bezügen auf die Entwicklung im Fach Germanistik an der Universität Frankfurt/Main an: "Bei rückläufigen Studentenzahlen im Lehrerstudium und rapide steigenden Zahlen im Magisterstudium erhielt diese universitätsinterne Umwidmung von fachdidaktischen Stellen eine nachträgliche Rechtfertigung. Inzwischen ist das fachdidaktische Lehrangebot des ehemaligen Deutschdidaktischen Seminars, das konsequenterweise heute 'Institut für deutsche Sprache und Literatur' heißt, auf ein Minimum geschrumpft" (Merkelbach 1989, S. 14).

3.2 Fragen der inneren Struktur 141

zu b):

"alte" Bundes-länder (1997)	C4	C3/C2 [138]	C1	A13-A16	BAT Ia/IIa
Baden-Württemberg	60	191	2	111	44
Bayern	61	47	62	157	21
Nordrhein-Westfalen	164	143	34	193	83
Niedersachsen	80	77	19	100	57
Schleswig-Holstein	23	43	8	53	10
Hessen	24	43	-	55	33
Rheinland-Pfalz	31	34	1	39	16
Berlin	18	41	10	11	47
Hamburg	9	39	10	4	4
Bremen	21	-	1	9	-
Saarland	2	-	-	4	3
						Gesamtsumme
Summe	493 (21,0%)	658 (28,0%)	147 (6,3%)	736 (31,3%)	318 (13,4%)	2.352 (100%)

Abb. 12: Anzahl und Art fachdidaktischer Stellen in den *alten* Bundesländern (Stand 1997) (vgl. Hochschulrektorenkonferenz 1997 und eigene Berechnungen)[139]

"neue"Bundes-länder (1997)	C4	C3/C2	C1	A13-A16	BAT Ia/IIa
Brandenburg	11	7	-	-	42
Meckl.-Vorpommern	-	13	13	18	7
Sachsen	9	29	3	6	58
Sachsen-Anhalt	7	22	8	18	25
Thüringen	4	15	3	1	21
						Gesamtsumme
Summe	31 (9,1%)	86 (25,3%)	27 (7,9%)	43 (12,6%)	153 (45,0%)	340 (100%)

Abb. 13: Anzahl und Art fachdidaktischer Stellen in den *neuen* Bundesländern (Stand 1997) (vgl. Hochschulrektorenkonferenz 1997 und eigene Berechnungen)

---

[138] C2-Professuren an den Universitäten sind auslaufend und nur noch im Einzelfall anzutreffen.
[139] Es ergeben sich 1997 insgesamt 1.149 Stellen für alle fachdidaktisch ausgewiesenen C2-, C3- und C4-Stellen in den alten Bundesländern. Zum Vergleich: Otto nennt im Jahr 1983 unter Bezugnahme auf eine Untersuchung der Berliner Forschungsstelle für Lehr- und Unterrichtsplanung an der Freien Universität eine Zahl von weit über 1.000 fachdidaktischen C2-C4-Stellen an Pädagogischen Hochschulen, Universitäten und Gesamthochschulen (vgl. Otto 1983, S. 527).

Zunächst belegt die Tabelle den Aufbau einer universitären Infrastruktur mit fachdidaktischen Einrichtungen in allen neuen Bundesländern. Besonders auffällig an den Zahlen für die neuen Bundesländer ist die auch in einigen alten Bundesländern anhaltende Tendenz, nur wenige fachdidaktische *C4*-Professuren einzurichten.[140] Beträgt immerhin der Anteil der C4-Professuren an allen fachdidaktischen Stellen in den alten Bundesländern noch 21,0%, beläuft sich dieser Anteil in den neuen Bundesländern nur auf 9,1%. Bezieht man die übrigen Besoldungsgruppen für Professoren (C2 und C3) in die Beobachtung mit ein, ergibt sich auch hier ein ähnliches Bild: Nur 34,4% aller fachdidaktischen Stellen in den neuen Bundesländern sind Professuren (C2 bis C4), in den alten Bundesländern beträgt dieser Anteil jedoch 49,0%. Umgekehrt beträgt der Anteil im Mittelbau bzw. abgeordneter Lehrer (Studienräte im Hochschuldienst) (A13-A16) und wissenschaftlicher Angestellter (BAT Ia/IIa) im Osten 57,6%, im Westen dagegen nur 44,7%. Der Aufbau fachdidaktischer Einrichtungen in den neuen Bundesländern erfolgte demnach bereits mit der Tendenz, den Mittelbau bzw. abgeordnete Lehrer verstärkt mit der Wahrnehmung fachdidaktischer Lehraufgaben zu beauftragen. Auffällig ist darüber hinaus der mit 45% relativ große Angestelltenanteil (BAT Ia/IIa) in den neuen Bundesländern. Sowohl in den alten als auch in den neuen Bundesländern ist der Anteil der verbeamteten Wissenschaftlichen Assistenten (C1) mit 6,3% (West) bzw. 7,9% (Ost) vergleichbar gering. Die Förderung des wissenschaftlichen Nachwuchses dürfte unter diesen Umständen nur sehr schwierig zu realisieren sein.

---

[140] Auffällig ist z. B., dass in Mecklenburg-Vorpommern an beiden Universitätsstandorten (Rostock und Greifswald) ausschließlich fachdidaktische *C3*-Professuren eingerichtet wurden. Diese Angabe wird durch einen Bericht der Arbeitsgruppe Lehrerausbildung vom 17.01.1997 bestätigt (vgl. Kultusministerium des Landes Mecklenburg-Vorpommern 1997a, S. 10). Es fällt auf der anderen Seite im Vergleich mit anderen Ländern die in Mecklenburg-Vorpommern relativ hohe Anzahl an C1-Stellen für Nachwuchswissenschaftler auf.
Auch die Rheinisch-Westfälische Technische Hochschule Aachen bestätigt in einem Schreiben der Senatskommission für Lehre, Studium und Studienreform vom 20.05.1997 an den Autor, dass freiwerdende C3-Professuren in Zukunft vorrangig der Fachdidaktik zugeordnet werden sollen (vgl. Rheinisch-Westfälische Technische Hochschule Aachen 1997a und 1997b).

3.2 Fragen der inneren Struktur 143

zu c):

Naturwissen-schaftsdidaktik **nur West** **(1988)**	Prof.	Mittelbau	
Naturw. allgem.	6	9	
Biologie	61	64	
Chemie	37	37	
Physik	51	45	
Sachunterricht	30	27	
			Gesamtsumme
Summe	185	182	367
	(50,4%)	(49,6%)	(100%)

Abb. 14: Anzahl fachdidaktischer Professuren und Stellen im Mittelbau in *West*deutschland in der Naturwissenschaftsdidaktik 1988, aufgeschlüsselt nach Fächern (vgl. Nentwig 1988b, S. 22 und eigene Berechnungen)

Naturwissen-schaftsdidaktik **West und Ost** **(1996)**	Prof.	Mittelbau	
Biologie	82	139	
Chemie	67	117	
Physik	75	131	
Sachunterricht	23	45	
			Gesamtsumme
Summe	247	432	679
	(36,4%)	(63,6%)	(100%)

Abb. 15: Anzahl fachdidaktischer Professuren und Stellen im Mittelbau in *West- und Ost*deutschland in der Naturwissenschaftsdidaktik 1996, aufgeschlüsselt nach Fächern (vgl. Nentwig 1996, S. 238 und eigene Berechnungen)

Nentwig legt in seiner Untersuchung aus dem Jahre 1996 keine nach West- und Ostdeutschland differenzierten Daten vor. Ein direkter Vergleich der Stellen nur für westdeutsche Hochschulen zwischen 1988 und 1996 ist daher nicht möglich.

Die Zahlen belegen allerdings, dass im Zeitraum zwischen 1988 und 1996 fast eine Verdoppelung (von 367 auf 679) der fachdidaktischen Stellen innerhalb der Naturwissenschaftsdidaktik stattgefunden hat. Diese Beobachtung kann nicht alleine mit den zusätzlich eingerichteten Stellen in den neuen Bundesländern erklärt werden. Hier spiegelt sich eine langsam wieder anwachsende Anzahl von Lehramtsstudenten Anfang bis Mitte der 90er Jahre wieder, die nach dem drastischen Einbrüchen in den 80er Jahren auch die Stellenzahl in den Naturwissenschaftsdidaktiken ansteigen lässt. Besonders offensichtlich zeigt der Vergleich zwischen 1988 und 1996 in der Naturwissenschaftsdidaktik aber die Unterschiede in den Anteilen bei den Professuren an der Gesamtstellenzahl: Sind 1988 immerhin 50,4% aller naturwissenschaftsdidaktischen Stellen von Professoren bekleidet, beträgt dieser Anteil 1996 (West und Ost) nur noch 36,4%. Der bereits unter b) im direkten West-Ost-Vergleich erkennbare Trend, Lehraufgaben an den Mittelbau bzw. an abgeordnete Lehrer zu delegieren, zeichnet sich hier ebenfalls deutlich ab.[141]

zu d):

Fremdsprachen-didaktik **nur West (1997)**	Prof.	Mittelbau (ohne Lektoren)	
Englisch	69,5	55,5	
Französisch	28,5	18,5	
Ital./Span./Port./Russisch	2	-	
Deutsch als Fremdsprache	28	26	
			Gesamtsumme
Summe	128 (56,1%)	100 (49,91%)	228 (100%)

Abb. 16: Anzahl fachdidaktischer Professuren und Stellen im Mittelbau in *West*deutschland in der Fremdsprachendidaktik 1997, aufgeschlüsselt nach Fächern (vgl. Zydatiß 1997 und eigene Berechnungen)

---

[141] Im Sitzungsprotokoll vom 20.11.1995 der Gemeinsamen Kommission für Lehrerausbildung (GKL) an der Georg-August-Universität Göttingen heißt es dazu exemplarisch: "Auf den Vorbehalt der Vertreter des MWK (Hessisches Ministerium für Wissenschaft und Kunst) am 14.01.1993 war die GKL gehalten, zur Versorgung der Fachdidaktik innerhalb des Studiums für das Lehramt an Gymnasien eine sog. 'Mischlösung' zu erarbeiten, die sowohl hauptamtlich Lehrende wie auch Lehrbeauftragte berücksichtigt. Damit mußte aus Ersparnisgründen die ursprüngliche Konzeption der Ausstattung jedes Unterrichtsfaches mit mindestens einer C3/C4-Professur aufgegeben werden" (Gemeinsame Kommission für die Lehrerausbildung der Georg-August- Universität Göttingen 1995, S. 4).

3.2 Fragen der inneren Struktur

Fremdsprachen-didaktik **nur Ost** **(1997)**	Prof.	Mittelbau (ohne Lektoren)	
Englisch	5	12	
Französisch	1	4	
Ital./Span./Port./Russisch	2	11	
Deutsch als Fremdsprache	6	10	
			Gesamtsumme
Summe	14 (27,5%)	37 (72,5%)	51 (100%)

Abb. 17: Anzahl fachdidaktischer Professuren und Stellen im Mittelbau in *Ost*deutschland in der Fremdsprachendidaktik 1997, aufgeschlüsselt nach Fächern (vgl. Zydatiß 1997 und eigene Berechnungen)

Die von Zydatiß vorgelegten Daten erlauben eine Differenzierung zwischen westlichen und östlichen Bundesländern. Der bereits bei den Naturwissenschaftsdidaktikern erkennbare Trend zur Verlagerung von Stellen in den Mittelbau wird für die Fremdsprachendidaktiken durch die Zahlen von Zydatiß besonders stark bestätigt: Beträgt in Westdeutschland 1997 der Professorenanteil an allen fremdsprachendidaktischen Stellen 56,1%, sind in den östlichen Bundesländern nur 27,5% dieser Stellen von Professoren besetzt. Insgesamt ist festzuhalten, dass die Didaktiken der fremdsprachlichen Fächer sowohl im Westen wie im Osten sicherlich nicht an jeder Universität durch eine Professur pro Fremdsprache vertreten wird. Die Vertretung der Englischdidaktik durch eine Professur ist vor allem an den Standorten, die entsprechende Institute der ehemaligen Pädagogischen Hochschulen integriert haben, gesichert. Die Fachdidaktik der romanischen Sprachen ist dagegen sehr viel schwächer an den Hochschulen vertreten (vgl. Zydatiß 1997, S. 3).

3.3 Zusammenfassung und Ausblick

Im Rahmen der Reformbemühungen in den 60er und 70er Jahren steht die universitäre Etablierung *aller* Zweige der Lehrerbildung als ein prägendes Ziel im Vordergrund. Eng damit verknüpft ist daher auch die Überführung bzw. Integration der bereits an den Pädagogischen Hochschulen existenten fachdidaktischen Institutionen an die Universitäten: Als Folge der generell für alle lehrerbildenden Studiengänge angestrebten Wissenschaftsorientierung kommt es in der Mehrzahl zu einer Ansiedlung der integrierten oder neugegründeten Fachdidaktiken bei den Fachwissenschaften. Diese Form der Institutionalisierung spiegelt das in der Mehrheit vorherrschende Selbstverständnis einer Fachdidaktik wieder, die auf der Grundlage einer fachwissenschaftlichen Profilierung eine wissenschaftliche Aufwertung und akademische Konsolidierung anstrebt. Die in den Pädagogischen Hochschulen vorherrschende bewusste Identifikation mit dem Berufsziel "Lehrer" wird an den Universitäten durch eine zunehmende Ausrichtung auf fachwissenschaftliche Prinzipien verdrängt. Aktuelle Ansätze versuchen durch die Einrichtung von "Zentren für Lehrerbildung" die bislang an den Universitäten fehlende Koordination fachwissenschaftlicher, erziehungswissenschaftlicher, fachdidaktischer und schulpraktischer Studienelemente der lehrerbildenden Studiengänge zu erzielen.

Die Gründung und Entwicklung fachdidaktischer Zeitschriften bzw. Fachgesellschaften spiegelt den stürmischen äußeren Aufbau der universitären Fachdidaktik in den 70er Jahren des 20. Jahrhunderts wieder, wenngleich sowohl durch Fachdidaktiker selbst als auch durch außenstehende Beobachter deutliche Kritik an der Wissenschaftlichkeit der unterschiedlichen Publikationen geäußert wird. Die noch junge Wissenschaft Fachdidaktik steht auch hier zwischen der Verpflichtung zur theoriegeleiteten Grundlagenforschung einerseits und den notwendigen Verifikationen ihrer Aussagen innerhalb der Schulpraxis andererseits.

Die universitäre Etablierung verändert auch die formalen Qualifikationsvoraussetzungen für Fachdidaktiker. Steht noch an der Pädagogischen Hochschule die unmittelbare Schulerfahrung neben einer fachwissenschaftlichen, erziehungswissenschaftlichen oder fachdidaktischen Promotion im Vordergrund, werden als Folge der fachwissenschaftlichen Integration fachdidaktische Professuren an den Universitäten nicht selten mit reinen Fachwissenschaftlern besetzt, die in vielen Fällen keine oder nur marginale fachdidaktische bzw. schulpraktische Erfahrungen besitzen. Die in den Hochschulgesetzen für die Besetzung fachdidaktischer Professuren bundeseinheitlich geforderte dreijährige Schuler-

3.3 Zusammenfassung und Ausblick 147

fahrung kann aus Mangel an Bewerbern, die darüber hinaus ihre wissenschaftliche Qualifikation durch eine Promotion und Habilitation nachgewiesen haben, nur in den seltensten Fällen erfüllt werden. Die für den Aufbau autonomer Wissenschaftsstrukturen notwendigen Qualifizierungen des fachdidaktischen Nachwuchses werden in quantitativer Hinsicht nur unzureichend vollzogen. Häufig berücksichtigen die Promotions- und Habilitationsordnungen der fachwissenschaftlichen Fakultäten fachdidaktische Arbeiten nicht, so dass eine gezielte Nachwuchsförderung nur selten betrieben werden kann.

Die Untersuchung der fachdidaktischen Stellenpläne an deutschen Hochschulen belegt den seit den 80er Jahren vorherrschenden Trend zum Abbau der Stellen und Verlagerung der fachdidaktischen Aufgaben an den Mittelbau bei gleichzeitig kontinuierlichem Rückgang der entsprechenden C4-Stellen. Der in der Zukunft zu erwartende Bedarf schulpraktisch erfahrener und durch wissenschaftliche Qualifikationen ausgewiesener Fachdidaktiker kann nicht gedeckt werden. Nur eine gezielte Ergänzung bzw. Änderung der bestehenden Promotions- und Habilitationsordnungen (zur Anfertigung fachdidaktischer Arbeiten innerhalb der fachwissenschaftlichen Fakultäten) kann dieses Dilemma grundsätzlich beheben. Der gezielte Aufbau des fachdidaktischen Nachwuchses gelingt nur durch die Einrichtung von Nachwuchsstellen, die durch junge Lehrer im Rahmen einer Abordnung bzw. Freistellung zum Zwecke der Promotion bzw. Habilitation besetzt werden. Auf diesem Wege könnte die derzeit bestehende Distanz zwischen Fachwissenschaft und Fachdidaktik sowie zwischen Universität und Schulpraxis konsequent und dauerhaft verringert werden.

Das folgende Kapitel analysiert das komplizierte Verhältnis zwischen der Fachdidaktik und den weiteren zentralen Berufswissenschaften des Lehrers. Die für eine autonome wissenschaftliche Identität notwendige Vergewisserung über den eigenen wissenschaftstheoretischen Standort beinhaltet sowohl Bezüge zur Allgemeinen Didaktik als auch zur korrespondierenden Fachwissenschaft. Der im 5. und 6. Kapitel zu leistende Entwurf eines autonomen wissenschaftsorientierten Verständnisses von Fachdidaktik erfordert daher zunächst die Klärung und Bewusstmachung dieser problematischen wechselseitigen Beeinflussungen und Interdependenzen.

4. Fachdidaktik im Kontext der Berufswissenschaften des Lehrers

Die folgende Abbildung verschafft einen ersten Überblick über das komplizierte und vielschichtige Beziehungsgefüge der unterschiedlichen Berufswissenschaften des Lehrers:

Abb. 18: Fachdidaktik als Zentrum der Berufswissenschaften des Lehrers

Die in dieser Abbildung vorgenommene Positionierung der Fachdidaktik in den Mittelpunkt, quasi im Fadenkreuz aller anderen Berufswissenschaften, stellt keine allgemein anerkannte Auffassung dar. Es stellen sich in diesem Zusammenhang insbesondere exemplarisch folgende Fragen:
- Liegt der Schwerpunkt in der tatsächlichen Praxis fachdidaktischer Arbeit in einer ausgeglichenen Berücksichtigung aller anderen Berufswissenschaften, d. h. findet eine *gleichwertige* Beachtung fachwissenschaftlicher, erziehungswissenschaftlicher und allgemeindidaktischer Theorien und Konzepte im Sinne einer integrierenden Funktion der Metawissenschaft Fachdidaktik statt?
- Besteht überhaupt die Notwendigkeit, ein ausgeglichenes Verhältnis zwischen den genannten Berufswissenschaften aufrechtzuerhalten oder ist es nicht ge-

4.1 Fachdidaktik und ihr Verhältnis zur Allgemeinen Didaktik 149

radezu für die Anerkennung als Wissenschaftsdisziplin und für die Analyse bestimmter fachdidaktischer Fragestellungen förderlich, die jeweilige Schwerpunktsetzung im Einzelfall vorzunehmen, um damit den jeweiligen Spezifika der Problemstellung individuell gerecht zu werden?

- Ist es für einen Fachdidaktiker überhaupt möglich, innerhalb dieses komplizierten Gefüges eine ausgewogene Berücksichtigung aller drei Schwerpunkte (Erziehungswissenschaft, Fachwissenschaft und Allgemeine Didaktik) sowie der anderen peripheren, für die Erörterung wichtiger Detailfragen von Unterricht aber ebenso grundlegenden Spezialgebiete (Psychologie, Philosophie, Anthropologie, Soziologie usw.) in Personalunion zu gewährleisten?
- Welchen Einfluss besitzen die eigene wissenschaftliche Biographie, institutionelle und strukturelle Vorgaben sowie klassische Denkmuster im Wissenschaftsbetrieb auf die Positionierung im beschriebenen Kräftedreieck?

Die in den Fragen aufgeworfenen strukturellen Probleme, die aus dem mehrdimensionalen und integrativen Charakter fachdidaktischer Arbeit heraus zwangsläufig entstehen, erfordern eine eingehende Analyse der verschiedenen Beziehungen zwischen der Fachdidaktik und den anderen Berufswissenschaften des Lehrers, die in den folgenden Abschnitten geleistet werden soll.

4.1 Fachdidaktik und ihr Verhältnis zur Allgemeinen Didaktik

4.1.1 Bestandsaufnahme der Entwicklung

Alle bisher referierten Positionen und Argumentationen, die die Aufgaben und Funktionen von Fachdidaktik als eigenständige Wissenschaft vom Fachunterricht und andererseits als konstitutives Element universitärer Lehrerbildung begründen, sehen im Verhältnis zwischen Allgemeiner Didaktik und Fachdidaktik einen Parameter, der die bisherige und zukünftige Entwicklung der jungen Disziplin Fachdidaktik gravierend beeinflusst. Trotzdem muss der häufig postulierte Universalitätsanspruch der Allgemeinen Didaktik von Beginn an stark eingeschränkt werden, da allgemeindidaktische Modelle in der konkreten Auseinandersetzung mit den Fragen des jeweiligen Faches nicht grundsätzlich übertragbar sind: "Bezogen auf andere didaktische Disziplinen ist Allgemeine Didaktik nicht das institutionalisierte Über-Ich, der allgemeine Didaktiker nicht eine Art Evaluierungsinstanz. Allgemeine Didaktik ist eine Instanz, die auf das Allgemeine im Ganzen der didaktischen Fragestellung insistiert, damit auf *eine* Dimension des didaktischen Feldes. Fachdidaktik bringt die (ganze) didaktische Fragestellung im Aspekt eines definierten Unterrichtsgegenstandes (-inhalts) zu Sprache" (Klingberg 1994, S. 77). Die Allgemeine Didaktik besitzt somit höchstens einen übergreifenden *Modell*charakter; die Erfordernisse einer eigenen fachdidaktischen Theoriebildung können aber nicht durch allgemeindidaktische Aussagen substituiert werden.

Wie die Betrachtung der historischen Wurzeln der Fachdidaktik innerhalb der Volksschullehrerbildung gezeigt hat, bestehen enge Verflechtungen zwischen der allgemeindidaktischen Arbeit an den Pädagogischen Akademien bzw. später Pädagogischen Hochschulen und der Ausprägung eines Wahlfachstudiums, das durch die Verringerung der Fächerzahl und einer allmählichen Verwissenschaftlichung durch die korrespondierende Fachwissenschaft gekennzeichnet war. Diese Entwicklung kann als eine wesentliche Wurzel des jungen Pflänzlings Fachdidaktik angesehen werden. Damit wird aber sofort deutlich, dass durch die personelle und inhaltliche Schwerpunktsetzung der Arbeit im Bereich der Allgemeinen Didaktik an den Pädagogischen Hochschulen von Beginn an die Sorge um ein ausgeglichenes Verhältnis zwischen der Allgemeinen Didaktik und der sich langsam entwickelnden Fachdidaktik im Zentrum der Diskussion stand. Auch der 5. Pädagogische Hochschultag vom 1. bis 5.10.1962 in Trier, der als "Geburtsstunde" der wissenschaftlichen Entwicklung der Fachdidaktik in Deutschland betrachtet werden kann, ist von dieser Diskussion geprägt. Kennzeichnend und richtungsweisend für die gesamte spätere Entwicklung muss die folgende von Klafki auf dem 5. Pädagogischen Hochschultag abgegebene Einschätzung gewertet werden:

"Zu verabschieden ist die Vorstellung irgend einer Art von Hierarchie der miteinander Sprechenden, zu verabschieden damit auch die Vorstellung, als könne hier an irgendeiner Stelle das Verhältnis der Ableitung oder der Anwendung walten, dergestalt, daß etwa die Allgemeine Didaktik, sich ihrerseits vermeintlich aus einer vorweg formulierten Bildungstheorie herleitend, Prinzipien entwickeln könnte, aus denen die Besondere Didaktik, in unserem Falle die der Volksschule, und aus ihr wiederum die Fachdidaktiken ihre Ergebnisse abzuleiten vermöchten, oder als könnte die Allgemeine Didaktik Erkenntnisse zutage fördern, welche jene anderen didaktischen Disziplinen nur auf ihr besonderes Gegenstandsfeld anzuwenden bräuchten, um gültiger Ergebnisse sicher zu sein. Solchen Vorstellungen gegenüber gilt es zu betonen, daß das Gespräch zwischen den Sachwaltern der verschiedenen Abstraktionsebenen didaktischen Denkens

4.1 Fachdidaktik und ihr Verhältnis zur Allgemeinen Didaktik

als ein Verhältnis partnerschaftlich verbundener und aufeinander angewiesener Gleichberechtigter verstanden werden muß. Aussagen der Allgemeinen Didaktik und der Besonderen Didaktik sind überhaupt nur im Verantwortungsbereich der Fach- bzw. Bereichsdidaktiken verifizierbar" (Klafki 1963, S. 27).

Deutlicher Tenor dieser normativen Einschätzung Klafkis ist die These, dass erst in der Gestalt der Fachdidaktik allgemeindidaktische Theoriebildungen eine unterrichtliche Realität und damit Wirklichkeitsbezüge fachlicher Natur erfahren, d. h. in den Worten Klafkis "verifizierbar" werden und somit eine Legitimationsgrundlage der Allgemeinen Didaktik darstellen. Auch in einer anderen Passage seines programmatischen Referats betont Klafki, dass es sich bei allen Erscheinungsformen des didaktischen Fragens und Denkens "nicht um ein Mehr oder Weniger an spezifisch pädagogischem Gehalt oder an pädagogischer Geltung der Aussagen, sondern um unterschiedliche Ebenen der Abstraktion" (Klafki 1963, S. 26) handelt. Es wird klar herausgestellt, dass weder die rein fachwissenschaftliche Perspektive ohne Untermauerung durch eine Theorie des Unterrichts noch die Allgemeine Didaktik ohne fachliche Bezüge und Konkretisierungen allein praktikabel erscheinen.

Geht man von diesen eigentlich günstigen Ausgangsbedingungen für die weitere Entwicklung der Fachdidaktik aus und fragt sich, wie die stürmische Entwicklung 30 Jahre später von demselben Autor resümiert wird, erscheint das Ergebnis ernüchternd: Klafki spricht 1994 von "Kontroversen, Mißverständnissen, ausdrücklichen oder nur angedeuteten Vorwürfen, wechselseitiger Unzufriedenheit", darüber hinaus von "Frontlinien" (Klafki 1994a, S. 45) zwischen Vertretern der Allgemeinen Didaktik und Vertretern einzelner oder mehrerer Bereichs- und Fachdidaktiken. Dietrich fasst einen Teil des beklagten Nebeneinanders, des fehlenden Bezuges und der mangelnden Zusammenarbeit zwischen Fachdidaktik und Allgemeiner Didaktik mit dem Terminus "Allgemeine Didaktik ist wie Stricken ohne Wolle" (Dietrich 1994, S. 235) zusammen. Sie bringt damit den Vorwurf zum Ausdruck, Allgemeine Didaktiken seien häufig generalisierende Theorien ohne praxisrelevante Verifizierbarkeit. Auf der anderen Seite der "Frontlinie" steht der Vorwurf der Allgemeindidaktiker, die eine gefährliche Blickverengung der Fachdidaktiker konstatieren. Der Vorwurf lautet, Fachdidaktiker orientieren sich vornehmlich an ihren Fachwissenschaften und schaffen auf diese Weise ein wertfreies, verkleinertes Abbild ihres Faches, das keine pädagogischen und humanwissenschaftlichen Leitideen berücksichtigt.[142]

Dem Beobachter stellt sich die Frage, wie es zu einer solch schädlichen Entwicklung innerhalb von ca. 30 Jahren, also einer Menschheitsgeneration kommen konnte. Aus einer offenen und fruchtbaren Kooperationsbereitschaft, beginnend mit den Pädagogischen Hochschultagen der frühen 60er Jahre, hat sich eine Disparität und ein eher gespanntes Verhältnis zwischen den fachdidaktischen und allgemeindidaktischen Disziplinen entwickelt. Plöger nennt Indizien, die die resümierte Distanz und fehlende Diskussionsatmosphäre zwischen Fachdidaktikern und Vertretern der Allgemeinen Didaktik belegen: Er legt Symptome offen, die einerseits Versäumnisse der Allgemeinen Didaktik (1. und 2.), andererseits aber auch Defizite der Fachdidaktik (3. und 4.) und fehlende wechselseitige Bezüge (5.) diagnostizieren:

1. Die durch Klafki maßgeblich repräsentierte bildungstheoretische Didaktik berücksichtigt in den Augen Plögers im Gegensatz zu anderen allgemeindidaktischen Modellen durchaus auch das Verhältnis zu den Fachdidaktiken[143]. Er sieht aber hier einen Paradigmenwechsel vollzogen, da sich im Widerspruch zu dem 1962 von Klafki propagierten partnerschaftlichen und gleichberechtigten Verhältnis eine eher dependente Beziehung entwickelt hat. Plöger begründet diese Feststellung damit, dass die allgemeindidaktischen Fragestellungen in den neueren Arbeiten der kritisch-konstruktiven Didaktik zugleich auch für die fach- und bereichsdidaktischen Überlegungen als verbindlich erklärt wurden, ohne den jeweiligen Fachdidaktiken eigene Adaptionsmöglichkeiten zu eröffnen (vgl. Plöger 1994a, S. 25).[144]

---

[142] Otto und Schulz belegen diesen Vorwurf anhand eines Beispiels aus der Religionspädagogik und resümieren: "Dies zeigt deutlich, wie eine fachwissenschaftliche Auffassung, wie die einseitige Abhängigkeit von dieser fachwissenschaftlichen Auffassung, die Einsicht in die Notwendigkeit allgemeindidaktischer Reflexionen verstellt" (Otto/Schulz 1987, S. 94).

[143] L. Roth stellt dazu fest: "In Klafkis Modell kommt der Fachwissenschaft und Fachdidaktik eine entscheidende Bedeutung zu. Der Lehrer mußte das Fach, das er unterrichtete, wissenschaftlich studiert haben, um über das angemessene Fachwissen zu verfügen, das der jeweils konkrete Inhalt erfordert. Er muß darüber hinaus auch entscheiden können, ob dieser Inhalt im strukturellen Zusammenhang des entsprechenden Faches relevant ist. Nur relevante Inhalte eines Faches werden in fachdidaktischer Reflexion ausgewählt" (Roth, L. 1980b, S. 21).

[144] Im Zuge der generellen Expansion pädagogischer und speziell auf die Lehrerausbildung bezogener Einrichtungen fällt es den Fachdidaktiken sicherlich schwieriger, aufgrund ihres diversifizierten Erscheinungsbildes ein schlagkräftiges Pendant zu der allgemeindidaktischen Theoriebildung zu entwickeln. Klafki, Heimann, Otto, Schulz u. a. bilden bereits

4.1 Fachdidaktik und ihr Verhältnis zur Allgemeinen Didaktik   153

2. Plöger sieht ebenfalls bereits in der Art und Weise, in der allgemeindidaktische Modelle in den 70er und 80er Jahren publiziert wurden, ein Zeichen für die fehlende Gesprächsbereitschaft. Nur die Darstellung von Aschersleben (vgl. Aschersleben 1983, dort insbesondere die Seiten 28-57) berücksichtigt innerhalb einer allgemeindidaktischen Theorie den Forschungsstand verschiedener Fachdidaktiken und erlaubt somit Verweise und Rückbezüge zwischen den Disziplinen innerhalb einer geschlossenen Darstellung.

3. Kommt es bei den gesellschafts- und geisteswissenschaftlichen Fachdidaktiken zumindest zu einer Hinterfragung allgemeindidaktischer Modelle im Hinblick auf mögliche Impulse für die eigene Disziplin, stellt Plöger berechtigterweise fest, dass sich die mathematisch-naturwissenschaftlichen Fachdidaktiken primär auf eine fachwissenschaftlich orientierte Sachanalyse der Gegenstände konzentrieren und erst sekundär die Legitimation von Unterrichtsmethoden oder Lernzielen mit Hilfe allgemeindidaktischer Modelle hinterfragen (vgl. Plöger 1994a, S. 26).[145]

4. Die Auswirkungen allgemeindidaktischer Theoriebildungen auf die tatsächliche Unterrichtsgestaltung bleiben gering. Es kann zwar von einer Beeinflussung hinsichtlich der äußeren Legitimation von Bedingungsfeldern, Lernzielen, Gegenständen und Themenformulierungen, z. B. bei der Konstruktion von Stundenentwürfen gesprochen werden, eine langfristige Orientierung an allgemeindidaktischen Prinzipien und Kategorien findet aber kaum statt. Plöger stellt ernüchternd fest: "Die Fachdidaktiker haben es versäumt, diese Modelle auf die Planung von Fachunterricht hin auszulegen und dadurch auf ihre Tragfähigkeit hin zu überprüfen" (Plöger 1994a, S. 27). Es liegt der Verdacht nahe, dass im Zuge der Verwissenschaftlichung der Lehrerbildung allgemein-

---

sehr früh in allen Phasen der Lehrerbildung monolithische Säulen, an denen kein Student oder in der Praxis stehender Lehrer mehr vorbeikommt. Die Theoriebildungen der Fachdidaktiken erscheinen dagegen zögerlicher und uneinheitlicher. Für den einzelnen Studenten wie Lehrer ergibt sich zusätzlich die Schwierigkeit und Herausforderung, in mindestens zwei, häufig nicht unbedingt affinen Fächern diese aufkommende Theoriebildung zu überblicken.

[145] Fischler spricht in diesem Zusammenhang von einem Misstrauen gegenüber den hermeneutischen und ideologiekritischen Positionen der Allgemeindidaktiker. Die Kritiker der Allgemeinen Didaktik, zu denen man sicherlich einige Naturwissenschaftsdidaktiker zählen dürfte, vermissen innerhalb der allgemeindidaktischen Theoriebildung jene Sachlogik, die ja insbesondere den Naturwissenschaften immanent ist. "Es ist verständlich, daß besonders die Naturwissenschaftler mit der wissenschaftstheoretischen Einordnung ihrer Didaktiken Schwierigkeiten haben. Müssen sie es doch als schmerzlich empfinden, daß ihrer durch logische Stringenz gekennzeichnete Wissenschaft eine von methodologischem Durcheinander geprägte Didaktik zur Seite steht" (Fischler 1980b, S. 285).

didaktische Theoriebildungen zwar den äußeren Rahmen und die Legitimation für die fachdidaktische Praxis darstellen, von einer bewussten Ausrichtung und Orientierung an solchen nicht fachgebundenen Kategorien kann aber keine Rede sein[146].

5. Es muss darüber hinaus von einem nur geringen Interesse an einem beiderseitigen Dialog zwischen den Vertretern der Fachdidaktiken und der Allgemeinen Didaktik ausgegangen werden, was Plöger anhand der geringen Anzahl von Publikationen zu diesem Thema abliest: "Seit Ende der 70er Jahre liegen nur wenige Schriften vor, die das Interesse am Gespräch zwischen den beiden Disziplinen wachzuhalten versuchen" (Plöger 1994a, S. 27).

Die dargelegten Indizien für eine nachlassende oder teilweise nicht mehr vorhandene Kooperationsbereitschaft zwischen der Fachdidaktik und Vertretern der Allgemeinen Didaktik lassen sich auch durch konkrete Aussagen, hier z. B. aus dem Bereich der Physikdidaktik belegen: Jung schreibt über das Verhältnis der Physikdidaktik zur Allgemeinen Didaktik: "Generell läßt sich jedoch sagen, und das ist ein weiterer Grund für die relative Distanz zwischen Physikdidaktik und Allgemeiner Didaktik, daß die Fachdidaktiker bei der Beschäftigung mit diesen 'Modellen' den Eindruck gewinnen (müssen), daß es sich um ziemlich abgehobene, mehr philosophische Gebilde handelt, die ihrem theoretischen Anspruch an Modelle, die sie aus der Physik herleiten, nicht genügen. Vergleicht man z. B. einmal das Bohrsche Atommodell - um bei einem allgemein bekannten physikalischen Modell zu bleiben - mit dem 'Modell' der sogenannten 'lerntheoretischen Didaktik' der Berliner Schule, oder auch dem weiterentwickelten 'Modell' von Schulz, dem 'Hamburger Modell', so fällt nicht nur die Simplizität didaktischer Modelle auf, sondern auch die Magerkeit ihrer Funktion im Vergleich zu physikalischen Modellen auf. (...) Demgegenüber scheinen mir die didaktischen Modelle im besten Falle Systematisierungshilfen zu sein" (Jung 1990, S. 319). Deutlicher und vernichtender kann wohl ein Urteil über die eigene Be-

---

[146] Überspitzt könnte man behaupten, die wissenschaftliche Reputation eines Fachdidaktikers sei schon dadurch gesichert, mindestens eine der gängigen allgemeindidaktischen Konzeptionen als Grundlage und Rechtfertigung fachdidaktischer Äußerungen zu verwenden. Ohne diese "Absicherung" läuft man Gefahr, sich dem Vorwurf einer reinen Unterrichtsmethodik auszusetzen. D. h. der Weg der Fachdidaktiken hin zu einer eigenständigen Wissenschaftlichkeit wird durch die ebenfalls starke Inflation allgemeindidaktischer Theoriebildungen in den 60er und 70er Jahren wesentlich gestützt. Es kommt in diesem Prozess also nicht auf die inhaltliche Reflexion der allgemeindidaktischen Theorie an, sondern eher auf die bloße Übertragung und Verwendung dieser Theorien im Sinne einer Absicherung bzw. Legitimation der eigenen fachgebundenen Arbeiten.

4.1 Fachdidaktik und ihr Verhältnis zur Allgemeinen Didaktik

zugsdisziplin des Physikdidaktikers Jung nicht ausfallen[147]. Es spiegelt aber auch die naheliegende Tendenz der Fachdidaktiker wieder, Maßstäbe und Leistungsvermögen der eigenen Fachwissenschaft auf Methoden und Modelle der Allgemeinen Didaktik anzulegen. Natürlich ist es legitim, solche Vergleiche anzustellen. Es sollte dabei aber der Gegenstand der Forschung, in diesem Fall in der Physik die unbelebte Natur, die sich geradezu exemplarisch für eine exakt verifizierbare Modellbildung anbietet und im anderen Fall das Geschehen des Unterrichts, das vielen eben nicht genau lokalisierbaren und steuerbaren Parametern unterliegt, bei solchen Vergleichen deutlich unterschieden werden. Diese massive Diskrepanz muss dann auch bei der Beurteilung der Ergebnisse und Modelle berücksichtigt werden. Das Zitat scheint typisch für die Auffassung vieler Fachdidaktiker zu sein, die ihre eigenen wissenschaftlichen Wurzeln mehr im Bereich der Fachwissenschaften lokalisieren als in einer interdisziplinären fachdidaktischen Herkunft.

Wenngleich jede Pauschalisierung vermieden werden muss, kann hier von einer großen Distanz zwischen den Methoden und Gegenständen der Naturwissenschaften und entsprechenden Verfahren der Geistes- bzw. Gesellschaftswissenschaften gesprochen werden. Da die Allgemeine Didaktik als Teildisziplin der Erziehungswissenschaft sich hauptsächlich hermeneutischer Verfahren bedient, naturwissenschaftliche Disziplinen diesen Erkenntnisweg aber faktisch ausschließen, wird die damit auch im methodischen Bereich notwendige Integrationsleistung in den jeweiligen naturwissenschaftlichen Fachdidaktiken besonders herausgefordert.

---

[147] Jung fügt sogar die sarkastische Bemerkung an, dass die Bedingungsfelder, die in den genannten Modellen zum Ausdruck kommen, "jedem ziemlich rasch einfallen müßten, der sich hinsetzt und eine Stunde über die Bedingungen von schulischem Unterricht nachdenkt" (Jung 1990, S. 320).

4.1.2 Ursachen der entstandenen Beziehungslosigkeit zwischen der Allgemeinen Didaktik und den Fachdidaktiken

Die im vorhergehenden Abschnitt erläuterten Phänomene überraschen nicht, wenn man die Komplexität der fachdidaktischen Aufgaben berücksichtigt. Einerseits muss die Disziplin Fachdidaktik als eine sich etablierende eigenständige Wissenschaft, die in vielen unterschiedlichen Facetten auftritt, innerhalb eines traditionsbestimmten Systems ihren Weg und jeweilige Identität suchen, andererseits hat sie im Rahmen einer sich drastisch wandelnden und reformierenden Lehrerbildung eine eigenständige Funktion wahrzunehmen, die auch Rückwirkungen auf die fachwissenschaftlichen und erziehungswissenschaftlichen Studienanteile zwangsläufig beinhaltet.

Unter Berücksichtigung dieser Ausgangslage können drei Ursachenkomplexe für die fehlende gegenseitige Rezeption und Befruchtung zwischen der Allgemeinen Didaktik und den Fachdidaktiken konstatiert werden:

1. Die Verwissenschaftlichung der Lehrerbildung;
2. Die unkritische Rezeption allgemeindidaktischer Theoriebildungen durch Fachdidaktiker;
3. Der Absolutheitsanspruch allgemeindidaktischer Theorien, alle relevanten Faktoren, die den Unterricht bestimmen, zu erfassen
(vgl. Plöger 1994a, S. 27).

Diese Ursachenkomplexe werden in den folgenden Abschnitten näher ausgeführt und analysiert.

4.1.2.1 Verwissenschaftlichungsprozesse der Lehrerbildung

Die Orientierung der Lehrerbildung an der Entwicklung der universitären Wissenschaftslandschaft, ausgehend von den Anfängen der Volksschullehrerseminare des 19. Jahrhunderts, in denen die als Meisterlehre verstandene Vorbereitung auf die praktische Arbeit als Lehrer und Erzieher zunächst im Mittelpunkt der Lehrerbildung stand, bis zur Integration der Pädagogischen Hochschulen in die Universitäten, die in den meisten Bundesländern Anfang der 80er Jahre abge-

4.1 Fachdidaktik und ihr Verhältnis zur Allgemeinen Didaktik

schlossen wurde[148], begleitet quasi strukturprägend die Geschichte der Lehrerbildung der vergangenen zwei Jahrhunderte. Diese bereits in vorangegangenen Abschnitten aufgezeigte Entwicklung, die als eine der wesentlichen Wurzeln der Fachdidaktiken angesehen werden muss, stellt einen Versuch dar, die komplexe Synthese zwischen *pädagogischen und fachlichen* Anforderungen an den Beruf des Volksschullehrers bzw. heutigen Grundschul-, Hauptschul-, Realschul- oder Sekundarstufe I-Lehrers bereits im Studium zu ebnen. Verwissenschaftlichung bedeutete hier zunächst ganz pragmatisch, eine rein pädagogisch-praktische Ausbildung durch stärker werdende fachliche Spezialisierungen zu untermauern. Dies drückt sich zunächst im *Wahlfachstudium* der angehenden Volksschullehrer aus und findet seinen vorläufigen Höhepunkt in der sicherlich auch durch bildungsökonomische und bildungspolitische Gründe bewirkten Integration der Pädagogischen Hochschulen in die Universitäten. Das Ziel "Verwissenschaftlichung" bietet gleichzeitig die Chance, die seit langem geforderte Aufwertung der Lehrer*besoldung* auch formell zu legitimieren.[149]

An der Pädagogischen Akademie bot die Allgemeine Didaktik übergeordnete Orientierungen und theoretische Rahmenvorgaben für fachliche Konkretisierungen. Diese Funktion erfüllte sie im Rahmen einer an den Erfordernissen des späteren Berufs als Volksschullehrer ausgerichteten Ausbildung von Kompetenzen eines Lehrers, der alle Fächer in Personalunion vertritt. Die Ausprägung des Fachlehrerprinzips entzog schließlich der Allgemeinen Didaktik die Legitimation einer unmittelbaren Sachwalterin der Berufspraxis (vgl. Keitel 1983, S. 597).

---

[148] Eine Periodisierung dieser Entwicklung nimmt Beckmann vor (vgl. Beckmann 1968). Eine Ausnahme bildet Baden-Württemberg. Hier existieren weiterhin Pädagogische Hochschulen. Eine Integration in die Universitäten ist aber in Planung (vgl. Ministerium für Wissenschaft und Forschung Baden-Württemberg 1993).

[149] Etzold sieht einen unmittelbaren Zusammenhang zwischen dem Ziel der Verwissenschaftlichung, der Statusangleichung zwischen Lehrern und Juristen sowie der mangelnden Berufsorientierung im Studium: "Lehrer wollten vom Staat genauso behandelt werden wie die Juristen – mit verhängnisvollen Langzeitfolgen für die Lehrerbildung: Das unausrottbare Bildungsideal, nach dem der Mensch erst mit dem Akademiker anfängt, hat zur Verwissenschaftlichung eines Berufes geführt, dessen eigentlicher Inhalt, der Umgang mit Kindern und Jugendlichen, nur am Ende und am Rande der Ausbildung vorkommt" (Etzold 1997).

158   4. Fachdidaktik im Kontext der Berufswissenschaften des Lehrers

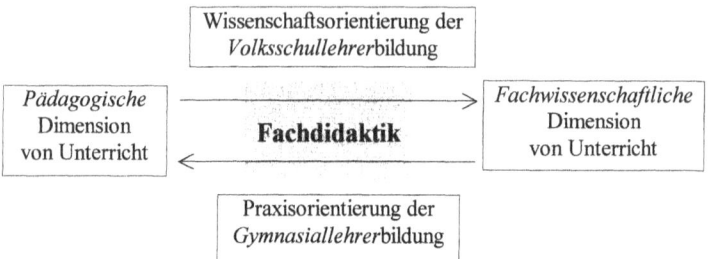

Abb. 19: Fachdidaktik als verbindendes Element zwischen Verwissenschaftlichungsprozessen der Volksschullehrer- und Praxisorientierungen der Gymnasiallehrerbildung

Auf der anderen Seite muss der völlig konträre Weg der Gymnasiallehrerbildung betrachtet werden. Ausgehend vom Humboldtschen Bildungsideal und einer zunächst rein fachwissenschaftlichen Ausbildung wurde erst sehr spät mit den einsetzenden Reformanstrengungen der 70er Jahre, die maßgeblich durch die Veröffentlichungen des Deutschen Bildungsrates initiiert wurden[150], eine Hinzunahme erziehungswissenschaftlicher, fachdidaktischer und schulpraktischer Studienanteile in die erste Ausbildungsphase realisiert. Abbildung 19 veranschaulicht die beiden beschriebenen Entwicklungslinien, die zwar optisch konträr verlaufen, in der Substanz aber das Entstehen der Fachdidaktik als eine Integrationswissenschaft erst unterstützten und ermöglichten. Ohne die grundlegenden Vorarbeiten der Pädagogischen Hochschulen und deren fachdidaktischen Vertreter wäre nicht der Nährboden für eine (wenn auch zunächst sehr geringe) Akzeptanz fachdidaktischer Lehrveranstaltungen im Studium angehender Gymnasiallehrer entstanden. Gleichzeitig verdeutlicht die Abbildung, dass der Fachdidaktik eine nahezu unlösbare Aufgabe gestellt wurde, nämlich einerseits den Wunsch nach fachwissenschaftlicher Fundierung zu erfüllen (im Rahmen der Studiengänge für Lehrer der Primarstufe und der Sekundarstufe I) und andererseits pädagogische Dimensionen innerhalb der Fachwissenschaften aufzuzeigen (in den Studiengängen der Lehrämter der Sekundarstufe II).[151]

---

[150] vgl. Deutscher Bildungsrat 1970
[151] Timmermann beurteilt die ambivalente Situation im Jahr 1972 so: "Es wird zwar häufig gesagt, die Pädagogischen Hochschulen hätten sich profiliert durch ihre Fachdidaktiken, die Universitäten hingegen durch ihre Fachwissenschaften. (...) Tatsächlich zeigt sich aber bei den Fachdidaktikern der Pädagogischen Hochschulen ein deutliches Unbehagen über die wissenschaftliche Qualität ihrer Fachdidaktiken. Forderung nach Fachdidaktik wird hier nicht nur aus dem Motiv gestellt, die verschiedenen Lehrerausbildungsgänge anzunähern und den zukünftigen Sekundarstufenlehrer zu entwickeln, sondern häufig aus dem

4.1 Fachdidaktik und ihr Verhältnis zur Allgemeinen Didaktik 159

Maßgeblichen Einfluss auf die Entwicklung hatten in diesem Prozess die Forderungen des Deutschen Bildungsrates, der im Jahre 1970 in seinem "Strukturplan für das Bildungswesen" eine dominante Orientierung der Fachdidaktik an der jeweiligen Fachwissenschaft forderte.[152] Die Ausrichtung auf wissenschaftliche Arbeitsweisen und Methoden wurde zu einem Leitprinzip des Unterrichts und der Schule erhoben. Das Primat der Wissenschaftsorientierung, quasi zum Garant für eine fundierte und progressive universelle Bildungsreform auf allen Stufen und Formen des Bildungssystems erhoben, stellt umgekehrt einen schweren Schlag für eine pädagogische Intensivierung der fachdidaktischen Arbeit dar. Nicht die Motivation des Schülers und die damit notwendige didaktisch-methodische Reflexion steht zunächst im Vordergrund fachdidaktischer Gründungsarbeiten, sondern das Bemühen um eine fachwissenschaftliche Anerkennung und Reformierung des Curriculums. "Für die Vertreter der Fachdidaktik war es nun eine Reputationsfrage, sich eher als Fachwissenschaftler oder als Pädagoge zu verstehen. Kollegiale Anerkennung war ihnen in der Regel nur sicher, wenn sie sich der Fachdisziplin verbunden fühlten und sich darin durch entsprechende Publikationen auswiesen" (Plöger 1994a, S. 32). Konsequenterweise erfolgte die Zuordnung der Fachdidaktiken im Rahmen der Integration der Pädagogischen Hochschulen in die Universitäten bis auf wenige Ausnahmen (z. B. Bremen, Hamburg, Berlin) als Fach-zu-Fach-Zuordnung.

Beide angesprochenen Reformstränge, auf der einen Seite die "Pädagogisierung" der Gymnasiallehrerbildung (bzw. Sekundarstufe II-Lehrerbildung) und die fachwissenschaftliche Intensivierung der Volksschullehrerbildung (bzw. Sekundarstufe I-Lehrerbildung) werden durch die angestrebte Wissenschaftsorientierung konsequent beeinflusst. Die in der Mittlerrolle befindliche Fachdidaktik steht unter permanentem Legitimationsdruck und wird diesem Zwang inner-

---

Motiv, die eigene Fachdidaktik überhaupt erst als Wissenschaft auszubilden. Im Gegensatz hierzu fordern viele Universitätslehrer der herkömmlichen Fachwissenschaften mehr Einübung in schulische Praxis; Forderung nach Fachdidaktik wird von ihnen sehr unreflektiert verstanden als Forderung nach Umsetzung von Wissenschaftsergebnissen in brauchbare Inhalte für den Schulunterricht und Einübung bewährter Vermittlungsmethoden" (Timmermann 1972b, S. 17).

[152] Plöger nimmt mit den folgenden Worten Stellung zur Aufgabenbeschreibung der Fachdidaktik durch den Deutschen Bildungsrat: "Dieser Katalog von Aufgaben läßt deutlich erkennen, daß das Verständnis des Fachdidaktikers von seiner Disziplin und vom zugehörigen Fachunterricht maßgeblich durch den Gegenstand und die Methoden der jeweiligen fachwissenschaftlichen Bezugsdisziplin bestimmt werden sollte. Unterricht mußte daher streng wissenschaftsorientiert geplant und durchgeführt werden; dementsprechend war eine ständige Revision der Lehrpläne erforderlich, um den Unterrichtsstoff an die 'neuesten Erkenntnisse der fachwissenschaftlichen Forschung' anzugleichen" (Plöger 1994a, S. 31).

halb der Universität verständlicherweise durch fachwissenschaftliche Ausrichtung und Profilierung am ehesten gerecht. Auch die institutionelle Lokalisierung im Rahmen der Fach-zu-Fach-Zuordnung verstärkt diesen Trend maßgeblich und erschwert eine Berücksichtigung erziehungswissenschaftlicher Dimensionen.

Klafki stellt in seiner Rückschau auf diesen Prozess 1994 fest: "Der entscheidende Grund für das Versickern der Diskussion zwischen Allgemeiner Didaktik und Fachdidaktiken ist (...) eine fragwürdige Engführung des Verwissenschaftlichungsprozesses der Fachdidaktiken seit den 60er Jahren gewesen" (Klafki 1994a, S. 47). Diese "Engführung" geht einher mit dem Verlust an Kontakten zur Erziehungswissenschaft, wie sie z. B. in der institutionellen Begegnung innerhalb der Pädagogischen Hochschule in idealer Weise begünstigt wurde. Auch die persönliche Biographie vieler Dozenten an den Pädagogischen Hochschulen, die z. B. als promovierte Gymnasiallehrer aus der pädagogischen Praxis kommend in ihrer Person bereits eine Symbiose von Theorie und Praxis darstellten, unterstützte den Diskurs zwischen den Disziplinen. Solch eine Symbiose taucht als Folge des allgemeinen Verwissenschaftlichungsprozesses an den neugegründeten oder integrierten fachdidaktischen Instituten nur noch bedingt auf. Klafki spricht in diesem Zusammenhang von einem "Verlust an differenziertem pädagogischem bzw. didaktischem Problembewußtsein" (Klafki 1994a, S. 47). Die Forderung nach Wissenschaftlichkeit bezog sich nicht nur auf die fachwissenschaftlichen Ausbildungsanteile, sondern insbesondere auch auf die spezifischen Fragen der Praxis (Methodenwahl, Auswahlentscheidungen, Artikulation, Leistungsdiagnostik, Strukturfragen des Unterrichts usw.), die einer theoretisch fundierten Forschung bedürfen, um zu einem begründbaren und nicht nur auf "zufälligen Weisheiten" beruhendem Handlungsrepertoire zu gelangen. Die wichtige didaktische Frage nach der Relevanz fachspezifischen Wissens, die ja auch für Schüler letztlich eine entscheidende Bedeutung als Motivationsfaktor im Lernprozess hat, sollte eigentlich im Zentrum solcher wissenschaftlicher Bemühungen stehen. Von den anfänglichen Zielen ist aber vielfach nur noch eine fachwissenschaftliche Spezialisierung und Differenzierung geblieben (vgl. Müller-Michaels 1993, S. 152).

Deutlich tritt diese Klage immer dort zum Vorschein, wo die universitäre Fachsystematik die Intentionen einer berufswissenschaftlichen Orientierung, die an den ehemaligen Pädagogischen Hochschulen noch im Vordergrund stand, überlagert. So besteht für Lehramtsstudenten (insbesondere der Primarstufe und Sekundarstufe I) an solchen Universitäten, die nicht über autarke und selbstbewusste Fachdidaktiken verfügen, der Eindruck, die Ausbildung der angehenden

4.1 Fachdidaktik und ihr Verhältnis zur Allgemeinen Didaktik

Lehrer sei nur eine notwendige Pflicht, die die Dozenten von ihren eigentlichen forschungsorientierten Interessen im Rahmen der Ausbildung von Diplomanden und Doktoranden abhält. Wenn die "Verwissenschaftlichung" der Lehrerbildung zu solchen Mustern verkommt, ist sie kontraproduktiv und wird der eigentlichen Intention, das Verständnis von Lehr- und Lernprozessen zu begünstigen, nicht mehr gerecht. Der Prozess der Wissenschaftsorientierung aller Lehrämter ist daher zwingend auf eine funktionierende Fachdidaktik, die in das bestehende fachwissenschaftliche und erziehungswissenschaftliche Forschungssystem integriert ist, angewiesen. Lehrerausbildung innerhalb der Universität benötigt daher die Fachdidaktik, um im Zielkonflikt zwischen Berufsorientierung und Verwissenschaftlichung zu vermitteln und auszugleichen.

4.1.2.2 Rezeption allgemeindidaktischer Theoriebildungen durch Fachdidaktiker

Die bisher dargelegten Auffassungen und Konzepte von Fachdidaktik belegen, dass diese Wissenschaft sich nicht losgelöst von ihren Bezugswissenschaften konstituieren und entwickeln kann. Der übergreifende Zusammenhang fachdidaktischer Arbeit, der sich in einer kritischen Auseinandersetzung mit unterschiedlichen Konzepten fachlichen Lehrens und Lernens darstellt, erfordert einen Rahmen, der u. a. durch Theoriebildungen der Allgemeinen Didaktik zur Verfügung gestellt wird. Dieser Rahmen stellt dann einen Grundbestand gemeinsamer Begrifflichkeiten bereit, der z. B. im Sinne der kritisch-konstruktiven Didaktik jungen Menschen ein mehrperspektivisches Welt- und Selbstverständnis nahelegt und sie damit zu eigenen Urteilen und Entscheidungen sowie zu selbstverantwortlichem Handeln befähigt (vgl. Klafki 1994a, S. 54)[153]. Die jeweilige Fachdidaktik ist also entscheidend auf eine kritische, fachbezogene Reflexion der Allgemeinen Didaktik angewiesen. "Sie, die Allgemeine Didaktik, steckt aber im Keim sozusagen immer schon in den Fach- und Bereichsdidaktiken darinnen. So unverzichtbar also die Konkretisierung, Erprobung und Überprüfung allgemeindidaktischer Aussagen im Feld der Fach- und Bereichsdidaktiken ist (...), so unverzichtbar ist auch die Auseinandersetzung der Fach- und

---

[153] Im Sinne des z. B. von der kritisch-konstruktiven Didaktik geprägten Bildungsverständnisses stehen Begriffe wie etwa: Selbstbestimmung, Freiheit, Emanzipation, Autonomie, Mündigkeit, Vernunft, Selbsttätigkeit, Humanität, Objektivität im Zentrum der Theoriebildung (vgl. Klafki 1994b, S. 19-21).

Bereichsdidaktiken mit der Allgemeinen Didaktik (und, so ergänze ich hier, (...) der Allgemeinen Schulpädagogik oder Schultheorie)" (Klafki 1994a, S. 54).

Diese notwendige Auseinandersetzung erfolgt häufig unkritisch und ist durch einseitige Bevorzugung *eines* Modells gekennzeichnet.[154] Der erforderliche Transfer auf eigene fachgebundene Fragestellungen muss dagegen aber immer wieder vor allem von Seiten des Fachdidaktikers durch die Betrachtung *unterschiedlicher* allgemeindidaktischer Ansätze optimiert werden. Auch Beckmann unterstützt diese Feststellung, indem er schreibt: "Das Verhältnis zwischen Allgemeiner Didaktik und Fachdidaktik ist nicht deduktiver Art, sondern es geht um einen Wechselbezug. Zunächst mag die Fülle der Konzeptionen und Ansätze der Allgemeinen Didaktik schrecken; man muß aber zur Kenntnis nehmen, daß das eigentlich nicht ein Spezifikum der Allgemeinen Didaktik ist, sondern ein Spezifikum von Wissenschaft überhaupt. (...) Wünschenswert ist eine Offenheit der Fachdidaktik für verschiedene Richtungen der Allgemeinen Didaktik" (Beckmann 1985a, S. 25). Plöger merkt ebenfalls kritisch an, dass der *Modell*charakter der zu Rate gezogenen Ansätze erkenntnistheoretisch unreflektiert bleibt und er bezweifelt, "ob die Vertreter der Fachdidaktiken die allgemeindidaktischen Theorien in ihrer Reichweite (...) mit der notwendigen kritischen Distanz rezipiert haben" (Plöger 1994a, S. 32).[155]

Die diesen Aussagen immanente Kritik kann als eine Folge des zunehmenden Verwissenschaftlichungsprozesses angesehen werden. Infolge eines quantitativ wachsenden Stellenkegels in der Erziehungswissenschaft in den 70er Jahren kommt es auch hier zu einer Ausdifferenzierung, Spezialisierung und Diversifizierung zuvor noch überschaubarer Forschungsbereiche. Als Ergebnis muss in vielen Teilgebieten eine zunächst fehlende Systematik und Stringenz in Aufbau, Inhalt und Methode festgestellt werden. Beckmann betont, dass diese "Bildungseuphorie der 70er Jahre" und die damit verknüpften "höchst zweifelhaften weiteren Differenzierungen der Erziehungswissenschaft" nicht institutionell abgesichert wurde und eher dem "mehr oder weniger zufälligen Interesse von

---

[154] Plöger bezieht dazu wie folgt Stellung: "Problematisch dabei ist vor allem der Sachverhalt, daß der einzelne Ansatz nicht im Verhältnis zu den anderen relativiert, sondern für sich genommen eher verabsolutiert wird" (Plöger 1994a, S. 33).

[155] Zusätzlich wirft Plöger Fachdidaktikern vor, dieselben Fehler, die ihnen bei der unkritischen Übernahme allgemeindidaktischer Theorien unterlaufen, auch im Umgang mit fachwissenschaftlichen "Moden" zu begehen. Er weist dieses anhand einiger Beispiele aus der Deutschdidaktik nach (vgl. Plöger 1994a, S. 33-34).

4.1 Fachdidaktik und ihr Verhältnis zur Allgemeinen Didaktik 163

Hochschullehrern" überlassen blieb (Beckmann 1994, S. 116).[156] Diese Defizite, die typisch für jeden Wachstums- und Ausbauprozess sind, stehen im krassen Gegensatz zu den gesicherten und gewachsenen Strukturen traditioneller Fachwissenschaften, deren fachdidaktische Vertreter, in der Mehrzahl von der Erfahrung einer rein fachwissenschaftlichen Ausbildung geprägt, sich nun in der Erziehungswissenschaft einem "buntscheckigen Gemisch von Moden" (Gudjons 1992) gegenübersehen.[157] Als Folge solch gegensätzlicher Erfahrungen und Biographien kann die eher oberflächliche oder einseitige Beschäftigung mancher Fachdidaktiker mit Theoriebildungen der Allgemeindidaktiker angesehen werden. Gegenseitige Akzeptanzvorbehalte und diametrale Differenzen in den Methoden und Gegenständen der beteiligten Wissenschaften dürften insbesondere in den mathematisch-naturwissenschaftlichen Fachbereichen ein großes Ressentiment gegenüber allgemeindidaktischen Modellen hervorgerufen haben.[158] Geißler resümiert diese Tatsache mit den folgenden Worten: "Allgemeine Didaktik wirkt auch heute noch für viele als eine Art Reizwort und löst dann vielerorten Aversionen aus" (Geißler 1983, S. 13). Diese Vorbehalte und sicherlich auch wissenschaftstheoretisch begründbaren Schwierigkeiten bei der notwendigen Zusammenarbeit spiegeln sich in der weitgehend fehlenden gegenseitigen wissenschaftlichen Bezugnahme zwischen Fach- und Allgemeindidaktikern wider. Meyer weist in diesem Sinne darauf hin, dass es abgesehen von den Reformvorhaben "Kollegschule NRW" (Blankertz) bzw. "Oberstufen-Kolleg, Bie-

---

[156] Beckmann fordert dagegen: "Aber die Erziehungswissenschaft darf sich nicht in partielle Bereiche auflösen, sondern diese müssen den pädagogischen Grundgedanken als konstitutives Merkmal bewahren" (Beckmann 1994, S. 116).

[157] Pollak spricht mit Bezug auf den Professionalisierungstrend in der Pädagogik sogar davon, dass als Folge der Versozialwissenschaftlichung und Pluralisierung der Erziehungswissenschaft sie erfolglos nach Sicherheiten sucht, dabei aber sehr erfolgreich Unsicherheiten produziert (vgl. Pollak 1998, S. 36). Radtke und Webers betonen, dass Desintegration und Theorienpluralismus in der Erziehungswissenschaft insbesondere den Lehramtsstudenten die notwendige Integration theoretischen Wissens in die berufliche Praxis erschwert (vgl. Radtke/Webers 1998, S. 205). In der Realität degeneriert das "erziehungswissenschaftliche Begleitstudium" nicht selten zum Füllmaterial für Freistunden im ansonsten dominant fachwissenschaftlich geprägten Stundenplan. Nicht die Erziehungswissenschaft prägt damit das berufliche Selbstverständnis des Lehramtsstudenten, sondern eher die Fachwissenschaft.

[158] Keck et al. bestätigen, dass "Fachdidaktiker in den Naturwissenschaften tendenziell eher mit fachbezogenen als mit didaktisch-pädagogischen Fragen beschäftigt sind, also der Blick auf die Allgemeine Didaktik zuweilen eher flüchtig-rezeptologisch erfolgt und sich vor allem auf Fragen der Methodik konzentriert" (Keck et al. 1990b, S. 337). Gleichzeitig monieren Keck et al. aber auch eine mangelnde Kenntnisnahme der fachdidaktischen Arbeiten von Naturwissenschaftlern durch Allgemeindidaktiker (vgl. Keck et al. 1990b, S. 338).

lefeld" (von Hentig) kaum eine nennenswerte Kooperation zwischen den angesprochenen Beteiligten gegeben hat (vgl. Meyer 1994b, S. 271ff.).[159]

4.1.2.3 Anspruch und Praktikabilität allgemeindidaktischer Modelle

Die Rolle, die allgemeindidaktische Modelle und Theorien in der wissenschaftlichen Diskussion, aber auch im praktischen Alltag der Lehrerbildung und Unterrichtstätigkeit haben, ist ambivalent. Auf der einen Seite steht der Wunsch nach Strukturierungs-, Planungs- und Analysehilfen im praktischen Alltag des Unterrichts. Tatsächlich darf auch angenommen werden, dass ein hoher Grad an Sensibilisierung angehender und ausgebildeter Lehrer für Planungs- und Reflexionsprozesse von solchen Modellen ausgeht und eine möglichst große Anzahl von Einflussfaktoren und Bedingungen unterrichtlicher Handlungsfelder unter Berücksichtigung der Modelle bereits im Vorfeld antizipiert werden und so das Erreichen unterrichtlicher Zielvorgaben begünstigt wird[160]. Achtenhagen geht in diesem Sinne davon aus, "daß die Allgemeine Didaktik in hohem Maße die formale Struktur von Unterrichtsentwürfen beeinflußt hat", obwohl er ebenfalls eine "mangelnde Wirkung der allgemeindidaktischen Modelle bei der Lösung von Unterrichtsproblemen" feststellt (Achtenhagen 1981, S. 283).

---

[159] Meyer schließt eine solche Kooperation auch für das Didaktische Zentrum der Freien Universität Berlin aus, das durch seine besondere institutionelle Struktur eigentlich für die Realisierung der Forderungen zumindest von den äußeren Bedingungen her prädestiniert wäre (vgl. Meyer 1994b, S. 272).

[160] Lütgert wendet sich gegen diese Annahme und sieht die Theorielastigkeit vieler Allgemeiner Didaktiken als Grund für die zunehmende Flucht in die pädagogische (und fachdidaktische) Kompendienliteratur: "Die Modelle der Didaktik werden nicht bloß zu den 'Hoch-Zeiten des Lehrerlebens', also zu Prüfungen und Visitationen, angewendet und eingesetzt, sie dienen vielmehr als legitimatorischer Schild, unter dessen Schutz die didaktische Subkultur der Schulbücher fröhliche Urständ feiert" (Lütgert 1981, S. 587). Oelkers resümiert ebenfalls kritisch die Verwendung Allgemeiner Didaktiken und fordert eine stetige Erprobung und Revision der jeweiligen Prämissen: "Man lernt sie als Schemata für eine nichtschematisierbare Praxis, sie werden akzeptiert, weil sie sich selbst 'didaktische Modelle' nennen und 'Didaktik' (oder 'Methodik') den Kern der Ausbildung ausmachen soll. Was sie tatsächlich nützen, ob sie den Effekt erzeugen, den sie versprechen, ist fraglich. Ihr Transfer wird weder erprobt noch kontrolliert, anders wäre unverständlich, warum sich identische Modellannahmen über Jahrzehnte im Ausbildungssystem halten können" (Oelkers 1996, S. 37).

4.1 Fachdidaktik und ihr Verhältnis zur Allgemeinen Didaktik 165

Klafki schränkt den Universalitätsanspruch allgemeindidaktischer Modelle in seiner kritisch-konstruktiven Didaktik zunächst stark ein:

- "Ein Unterrichtsplanungskonzept, das für die Praxis handlungsorientierend sein soll, wird so geartet sein müssen, daß es zum einen auf die durchschnittliche heutige Unterrichtssituation der Mehrzahl unserer Lehrer und Schüler beziehbar ist, zum anderen aber Entwicklungsmöglichkeiten nicht nur offen hält, sondern selbst darauf verweist" (Klafki 1994b, S. 267).

- "Unterrichtsplanung im hier vertretenen Sinne kann nie mehr als ein offener Entwurf sein, der den Lehrer zu reflektierter Organisation, Anregung, Unterstützung und Bewertung von Lernprozessen und Interaktionsprozessen, also zu flexiblem Unterrichtshandeln befähigen soll" (Klafki 1994b, S. 269).

Wenngleich diese Einschränkungen eine relative Offenheit im Planungsprozess bzw. die Möglichkeit einer individuellen, auf die konkrete Lernsituation und -gruppe bezogenen Einzelfallentscheidung ermöglichen, wird doch im gleichen Passus betont, dass sich fachdidaktische Fragestellungen an übergeordneten allgemeindidaktischen Kriterien zu orientieren haben. Wörtlich heißt es: "Die allgemeindidaktischen Fragedimensionen werden mit dem Anspruch formuliert, daß sie auch für die bereichs- und fachdidaktischen Überlegungen verbindlich sind"[161] (Klafki 1994b, S. 266). Offenheit wird augenscheinlich zwar für den jeweiligen Planungsprozess des Lehrers in der konkreten Anwendungssituation zugestanden, in der abstrakteren Beziehungsebene zwischen der Allgemeinen Didaktik und der Fachdidaktik wird jedoch der Anspruch erhoben, umfassende Fragedimensionen aufzuwerfen, die auch für fachimmanente Planungsprozesse verbindlich erklärt werden. Tatsächlich lässt sich diese Forderung auch an dem Klafkischen "Perspektivenschema zur Unterrichtsplanung"[162] erkennen. Eine praktische Handhabung dieses Perspektivenschemas gelingt nur durch fachspezifische Projezierungen. Solche Projezierungen haben sich aber unabhängig von der jeweiligen, sicherlich sehr speziellen Wissens- und Methodenstruktur der

---

[161] Klafki relativiert diese Feststellung im gleichen Absatz: "Ob dieser Anspruch zu Recht erhoben wird, muß allerdings in der Diskussion mit den Bereichs- und Fachdidaktiken immer wieder neu geklärt werden" (Klafki 1994b, S. 266).

[162] Das von Klafki als "vorläufig" titulierte Perspektivenschema zur kritisch-konstruktiven Unterrichtsplanung beinhaltet eine Bedingungsanalyse, die den *Begründungszusammenhang* (1. Gegenwartsbedeutung, 2. Zukunftsbedeutung, 3. exemplarische Bedeutung), die *thematische Strukturierung* (Lernziele und ihre Erweisbarkeit bzw. Überprüfbarkeit), die Bestimmung von *Zugangs- und Darstellungsmöglichkeiten* (u. a. durch Medieneinsatz) und schließlich die *methodische Strukturierung* des Lehr-Lernprozesses umfasst (vgl. Klafki 1994b, S. 272).

Fachwissenschaft an diesen fixierten allgemeindidaktischen Fragedimensionen verbindlich zu orientieren.

Kritik wird auf Seiten der Fachdidaktiker stets dann geäußert, wenn Allgemeindidaktiker einen grundsätzlichen Anspruch auf Vollständigkeit bei der Erfassung von Einflussfaktoren und Bedingungen des Unterrichts erheben.[163] Als Folge dieses Universalitätsanspruchs der Allgemeindidaktiker ist eine dominante Beeinflussung der Ausbildung und Handlungspraxis angehender Lehrer durch allgemeindidaktische Theorien festzustellen. Als Kritik gegenüber der Allgemeinen Didaktik kann also zusammenfassend festgehalten werden, dass solche Modelle per se jeweils nur bestimmte Dimensionen oder Aspekte der Komplexität unterrichtlicher oder didaktischer Wirklichkeit erfassen können und somit sie selbst diese Aspekthaftigkeit hervorheben und betonen müssten. Als notwendige Folge sollten Allgemeindidaktiker ihren Allumfassungsanspruch auch prinzipiell damit aufgeben (vgl. Klafki 1994a, S. 61). Diese Einschränkungen werden aber von den meisten allgemeindidaktischen Theorien nicht vorgenommen.[164]

Klafki nimmt zu solchen Einwänden Stellung und weist sie mit einem theoretischen (1.) und praktischen (2.) Argument ab:

1. Die Forderung nach Einschränkung einer didaktischen Theorie auf Erfassung von Teilaspekten unterrichtlicher Wirklichkeit setzt zugleich die Annahme eines äußerst komplexen Gesamtzusammenhangs voraus. Die Erforschung dieser Komplexität, die durch Begriffe wie "Didaktisches Problemfeld" erfasst wird, stellt nach Klafki aber gerade ein "unverzichtbares, regulatives Prinzip des allgemeindidaktischen Erkenntnisstrebens" (Klafki

---

[163] Plöger rückt diese Beobachtung in den Mittelpunkt seiner Kritik, wenn er die Theoriebildungen von Allgemeindidaktikern folgendermaßen umschreibt: "Jeder nimmt in Anspruch, die 'wichtigsten', 'typischen', und 'notwendigen' Aspekte von Unterricht zu thematisieren. Wenn dabei auch nicht behauptet wird, man berücksichtige alle Faktoren des Unterrichtsgeschehens, so wird dennoch ein gewisser Anspruch auf inhaltliche Vollständigkeit erhoben, wenn es heißt, 'alle wesentlichen' Aspekte seien in die Konstruktion des Modells eingeflossen" (Plöger 1994a, S. 37).

[164] Blankertz zur Kritik an der Theoriebildung der Allgemeinen Didaktik: "Der Theorie gegenüber ist die Kritik berechtigt, insofern diese Theorie von den Mängeln der Praxis ablenkt, teils durch ideologische Bestätigung und Überhöhung, teils durch Spekulationen über die Zielproblematik, die von vornherein von jedem Praktischwerden abgeschnitten sind. Darüber hinaus ist die Kritik berechtigt, weil die Sätze der pädagogischen Theorie häufig strengeren Maßstäben der intersubjektiven Überprüfbarkeit nicht oder nur teilweise genügen" (Blankertz 1975, S. 11). Zu der geforderten Operationalisierung von Lernzielen nimmt er wie folgt Stellung: "Jederzeit sei feststellbar, ob die Schüler die jeweils angegebenen Lernziele erreicht hätten oder nicht. Wir werden sehen, daß in diesem Urteil eine beträchtliche Überschätzung der Didaktik liegt" (Blankertz 1975, S. 12).

4.1 Fachdidaktik und ihr Verhältnis zur Allgemeinen Didaktik 167

1994a, S. 62) dar. Eine Addition von Aspekttheorien kann also nicht im Kern didaktischer Erkenntnis stehen.[165]

2. Aus praktischer Sicht muss in den Augen Klafkis die Allgemeine Didaktik zumindest das anstreben, was die tägliche Aufgabe des Praktikers in der Unterrichtswirklichkeit darstellt, nämlich ein Bewusstsein für den *gesamten* pädagogischen Zusammenhang unterrichtlichen und erzieherischen Handelns zu entwickeln und zu praktizieren: "Wenn didaktische Theorie dazu dienen soll, den Praktikern Hilfe zur Aufklärung ihrer Handlungssituation zu bieten, sie dabei zu unterstützen, ihr pädagogisches Handeln bewußter und begründeter zu vollziehen, als es ihnen ohne Theorie möglich wäre, dann müssen Allgemeindidaktiker auch an den (...) Entwürfen zu einer didaktischen Gesamttheorie arbeiten. Denn es ist nicht begründbar, den Praktikern jene Aufgabe zuzumuten, vor der man als Theoretiker resignieren würde, wollte man beim Pluralismus von Aspekttheorien stehen bleiben (...)" (Klafki 1994a, S. 62). Begreift man in diesem Sinne Unterricht als einen hochkomplexen, multiperspektivischen Interaktionsprozess, in dem erzieherische und fachliche Strukturen auf kognitiver und emotionaler Basis entstehen und sich entwickeln, müssen Modelle der Allgemeinen Didaktik versuchen, diese Universalität zu erfassen.

Die Kritik an allgemeindidaktischen Modellen beschränkt sich jedoch nicht nur auf den durch sie erhobenen Universalitätsanspruch. Mit jedem allgemeindidaktischen Modell ist zugleich das Bemühen der Autoren verknüpft, ihr jeweiliges theoretisches Bildungs- und Unterrichtsverständnis zu legitimieren. Lütgert weist darauf hin, dass die theoretisch-legitimatorische Wurzel dabei in zunehmendem Maße wuchert, die pragmatische dagegen verdorrt, d. h. die ursprüngliche Funktion der Modelle, Lehrerstudenten und Lehrer für den Unterricht handlungsfähig zu machen, dabei zunehmend verloren geht (vgl. Lütgert 1981, S. 579). Die primäre Funktion solcher Modelle, praxisorientierte Hilfen zur Entscheidungsfindung im Rahmen der Unterrichtsplanung zu geben, ist somit nicht mehr gegeben.[166] In der Folge stellt sich eine Überforderung der in der Praxis

---

[165] Meyer folgt den Argumenten Klafkis und führt den Gedanken im Hinblick auf die Funktion der Fachdidaktik weiter aus: "Die Allgemeine Didaktik erhebt m. E. zu Recht den Anspruch, das Ganze des didaktischen Geschäftes zu thematisieren. Aber: Jedes Fach, jede Fachwissenschaft, jede Fachdidaktik beansprucht zu ihrem Teil jeweils auch das Ganze" (Meyer 1994b, S. 274).

[166] Exemplarisch wird auf die Kritik von Lütgert verwiesen: "Mit der zunehmenden Elaboration der Modelle werden dem Lehrer jedoch keine komplexitätsreduzierenden Analyse- und Planungsinstrumente an die Hand gegeben, sondern vielmehr zusätzliche Ansprüche

stehenden Lehrer oder Referendare ein, die unter dem Druck einer wissenschaftsorientierten Legitimation und Propädeutik stehend, jede Phase ihres Unterrichts unter allgemeindidaktischen Gesichtspunkten prüfen sollen. Lütgert beschreibt dieses spezielle Theorie-Praxis-Dilemma mit folgenden Worten: "Die Lage ist paradox. Wissenschaftler, die von dem Zeitdruck der Praxis befreit sind, weisen Lehrern, die unter Praxisdruck stehen, die unteilbare Verantwortung für die inhaltliche Planungsarbeit zu und beschäftigen sich gleichzeitig damit, die Standards, mit denen die Qualität der Planung zu beurteilen ist, laufend zu erhöhen. Weder Klafki noch Schulz überprüfen kritisch die Tauglichkeit ihrer didaktischen Modelle für die Unterrichtsanalyse und -planung" (Lütgert 1981, S. 580). Es kann also von einer deutlichen Akzentverschiebung innerhalb der Allgemeinen Didaktik von einer unterrichtspragmatischen Intention zu einer methodologischen Grundsatzdiskussion ohne praktische Handlungsrelevanz gesprochen werden.[167]

Praxisferne, Ideologieanfälligkeit, politisch-gesellschaftskritische Überfrachtung sind weitere Schlagworte, in denen häufig aus der Sicht von Fachdidaktikern die geringe Praktikabilität allgemeindidaktischer Modelle umschrieben wird.[168] Dabei setzt sich die Allgemeine Didaktik ohne die Bezugnahme auf konkrete fachliche (oder zumindest fachübergreifende) Gegenstände bzw. Themen des Unterrichts grundsätzlich der Gefahr einer Verselbstständigung aus. Konrad nimmt dazu Stellung, indem er betont, dass Erziehungswissenschaftler, insbesondere Allgemeindidaktiker, Prozesse des Lehrens und Lernens nicht nur von sozialen oder politischen Bezugsaspekten her konstituieren sollten, sondern auch von fachlichen Inhaltsaspekten: "(...) eine Allgemeine Didaktik mag noch so kritisch, emanzipatorisch, kommunikativ oder konstruktiv angelegt sein - sie bleibt leer, wenn sie nicht bis zur Ebene der inhaltlichen Konkretisierung vordringt, auf der sie die Gestalt einer Fachdidaktik erreicht" (Konrad 1975a, S. 8). Diese durch die Kritik an den gesellschaftlichen Umwälzungsprozessen der 70er Jahre geprägte Äußerung macht klar, dass die eigentliche erzieherische Dimension von Unterricht erst in der Konfrontation und aktiven geistigen Auseinan-

---

zugeschoben, denen er im Schulalltag kaum noch gerecht werden kann" (Lütgert 1981, S. 580).

[167] vgl. dazu auch Plöger 1993, S. 373.

[168] Als Kritiker aus dem Lager der Fachdidaktiker sei Otte angeführt, der davon spricht, dass in der Erziehungswissenschaft und Allgemeinen Didaktik normative Orientierungen dominieren und daher sowohl Praxiswirksamkeit als auch theoretische Fruchtbarkeit verfehlt werden (vgl. Otte 1984, S. 102). Heiland formuliert thesenartig, dass die einseitige Praxisentfremdung und Theorielastigkeit der Lehrerausbildung auch durch die Allgemeine Didaktik mit verursacht wurde (vgl. Heiland 1981, S. 514).

4.1 Fachdidaktik und ihr Verhältnis zur Allgemeinen Didaktik

dersetzung mit konkreten Lerngegenständen ihre Gestalt annimmt und die Fachdidaktik sozusagen die eigentlich notwendige Substanz für allgemeindidaktische Theoriebildung darstellt. Einige Fachdidaktiker stellen sogar die Frage, ob die Allgemeine Didaktik überhaupt ohne die fachliche Komponente existieren kann: "Könnte es nicht sein, daß Allgemeine Didaktik nur auf der Grundlage konkreterer Fachdidaktiken möglich ist?" (Jung 1990, S. 318). Sauer ist darüber hinaus der Meinung, dass die Bedeutung der Allgemeinen Didaktiken durch die stürmische Entwicklung der Fachdidaktiken im Kontext ihrer Fachwissenschaften erheblich reduziert wurde (vgl. Sauer 1986, S. 48).

Leitende pädagogische Prämissen, die sich erst in der jeweiligen individuellen Person des Schülers und seiner konkreten Bedürfnisse in fachunterrichtlichen Bezügen äußern, verlieren sich in allgemeindidaktischen Theorien hinter grundsätzlichen Konzepten und Kategorien[169]. Ohne auf das Schülersubjekt einzugehen und dessen gegenwärtige und voraussehbare Lebenswelt zum Ausgangspunkt einer übergreifenden Theorie der Ziele, Inhalte und Methoden schulischer Bildung und Erziehung zu machen, flüchten sich Erziehungswissenschaftler und Allgemeindidaktiker in die abstrakt-emanzipatorischen Konstrukte der "Kritischen Theorie" (vgl. Kremer 1997, S. 82). Beckmann dazu: "Der Vorrang der politisch-gesellschaftlichen Dimension bedeutet eine völlige Politisierung der pädagogischen Arbeit in der Schule und wird den mehrseitigen Aufgaben der Schule und des Unterrichts nicht gerecht. Ansprüche wie Nächstenliebe, Hilfsbereitschaft, Gewissenhaftigkeit, Sachkompetenz haben in diesen Zielvorstellungen keinen Platz" (Beckmann 1978, S. 215). Beckmann tritt hier unmissverständlich gegen gesellschaftspolitisch-emanzipatorische Tendenzen und für die Erziehung zu humanen und christlichen Normen und Wertvorstellungen ein. Nicht die Selbstverwirklichung des Einzelnen als Folge emanzipatorischer Gesellschaftskritik steht im Mittelpunkt der fachunterrichtlichen Erziehung, sondern der Aufbau eines Fundaments geistiger und erziehender Bildung. Demzufolge wehrt sich Beckmann gegen das von Vertretern der Allgemeinen Didaktik[170] propagierte Lernziel "Emanzipation" und tritt engagiert für ein mehrdi-

---

[169] Müller-Michaels formuliert kritisch in diesem Sinne: "Richtige didaktische Ideen sind ohne praktische Folgen geblieben. Weil ihnen keine Wirklichkeit entspricht, sind sie zur Ideologie verkommen, mit der höchstens noch die eigene Stelle legitimiert werden soll" (Müller-Michaels 1993, S. 151).

[170] Gemeint sind vor allem gesellschaftskritische Didaktiker, die sich der "Kritischen Theorie" der Frankfurter Schule verbunden wissen. Walter äußert sich zu diesem Problem in ähnlicher Weise: "In den letzten Jahren erwies sich die Allgemeine Didaktik als besonders ideologieanfällig, wie die Weiterentwicklung der Modelle von Klafki und Schulz sowie die verschiedenen Varianten der progressiven Didaktik zeigen" (Walter 1988, S. 149). Interes-

mensionales Verständnis von Bildung ein, welches durch die geisteswissenschaftliche Didaktik vertreten wurde. Folgende Zielsetzungen stehen im Mittelpunkt einer so verstandenen Didaktik:
- "Erschließung und Deutung von gegenwärtiger Welt;
- Vorbereitung auf das Erwachsenendasein im Sinne von 'Leben lehren';
- Absicherung einer geistigen Weite gegenüber noch nicht vorhersehbaren Aufgaben;
- Vermittlung von Kenntnissen und Fertigkeiten;
- Begabungsweckung;
- Wahrung von geistiger Überlieferung (Tradition);
- Zweckfreie Vertiefung in geistige Gehalte" (Beckmann 1978, S. 215).

Eine so verstandene Allgemeine Didaktik versteht sich weniger als gesellschaftskritisches Korrektiv, sondern ist vielmehr bemüht, für Humanität und Verantwortungsbereitschaft dem Nächsten gegenüber einzutreten. Die Vernachlässigung einer solchen Erziehung zur gegenseitigen Achtung und Wertschätzung menschlicher Würde und Einmaligkeit wird von Beckmann vehement kritisiert. Seine Kritik zielt im Kern auf eine zu geringe Beachtung der Bedürfnisse des Kindes und der Umstände, die schulisches Handeln bedingen, d. h. erst durch praktische Erfahrungen im unterrichtlichen Kontext kann die Theoriebildung der Allgemeinen Didaktik zugrundegelegt werden.[171] Eine Ausrichtung an den tatsächlichen äußeren und inneren Faktoren, die das unterrichtliche Planen, Entscheiden, Handeln und Reflektieren entscheidend beeinflussen, steht im Kern allgemeindidaktischen Denkens. Es erscheint also fast unmöglich, als Erzie-

---

sant erscheint in diesem Zusammenhang die Position Klingbergs, der aus der Perspektive eines Didaktikers der ehemaligen DDR starke Bezüge und Parallelen zwischen marxistisch-leninistischen Didaktikansätzen und Entwicklungen im westlichen Teil Deutschlands aufzeigt: "(...) erst in den achtziger Jahren hat es stärkere Bemühungen gegeben, die Didaktikszene der BRD differenzierter zu analysieren und die progressiven Strömungen als diskutabel, ja als verwandt zu interpretieren, insbesondere bei der Rezeption 'linker' Positionen in der westdeutschen Schulentwicklung (etwa im Konzept der integrierten Gesamtschule) oder des Konzepts einer Arbeitsschule auf dem Hintergrund polytechnischer Bildung" (Klingberg 1994, S. 66).

[171] Walter äußert sich dazu in ähnlicher Form: "Nicht mehr geeignet als Hilfe bei der Planung von (...) Unterricht ist die Allgemeine Didaktik auch, wenn sie praxisfern wird. Wenn sie sich von der Unterrichtsrealität abwendet und sich theoretisierend und politisierend nur noch mit sich selbst beschäftigt" (Walter 1988, S. 149).

4.1 Fachdidaktik und ihr Verhältnis zur Allgemeinen Didaktik 171

hungswissenschaftler allgemeindidaktische Theoriebildung ohne praktische Unterrichtserfahrung zu entwickeln.[172]
Folgerichtig führt er folgende *Defizite der Allgemeinen Didaktiken* an:
- "Mangelnde Beachtung der Schulpolitik und des Schulrechts;
- Mißachtung der institutionellen Bedingungen von Schule und Unterricht;
- Fehlende Berücksichtigung der Schularten und Schulstufen;
- Nicht eindeutige Beachtung des Erziehungsauftrags der Schule;
- Ausblenden der Sinnfrage aus Überlegungen über Erziehung und Unterricht;
- (...);
- Völliges Ausblenden der Bedeutung und der vielfältigen Aspekte des Schullebens;
- Einarbeitung der Berufsaufgaben des Lehrens;
- Beratungs- und Beurteilungsprobleme in Schule und Unterricht"

(Beckmann 1981b, S. 108)[173].

Nur die genaue Kenntnis schulorganisatorischer oder schulpraktischer Detailprobleme, die über das Studium von Literaturmeinungen hinaus im persönlichen Kontakt mit den am Lehr-Lernprozess Beteiligten erfahren werden können, ermöglicht den Aufbau einer allgemeindidaktischen Theorie, die von Praktikern rezipiert und in einem kritischen Diskurs erprobt wird.

---

[172] Otto und Schulz äußern sich zu diesem Theorie-Praxis-Problem: "Im Angesicht der Praxis theoretisieren lernen - das wäre die angemessene Form, Unterricht planen zu lernen" (Otto/Schulz 1987, S.92). Als Entgegnung auf den Vorwurf, Allgemeine Didaktik sei folgenlos, halten sie fest: "Bislang ist nicht die Folgenlosigkeit der Didaktik erwiesen, sondern allenfalls die Folgenlosigkeit der von spezifischen Bedingungen abhängigen Art ihrer Lehre. Das gilt für Allgemeine Didaktik wie für Fachdidaktik" (Otto/Schulz 1987, S. 92).
[173] vgl. auch zu den Defiziten der Allgemeinen Didaktik: Beckmann 1985, S. 22.

4.2 Fachdidaktik und ihr Verhältnis zur korrespondierenden Fachwissenschaft

4.2.1 Formulierung forschungsleitender Fragen

In der Diskussion um die problematische Beziehung zwischen der Fachdidaktik und der Fachwissenschaft wird von Geißler eine eher untypische Einschätzung vorgenommen, die aber zunächst sehr deutlich die Bedeutung der Fachdidaktik in der Wissenschaftslandschaft herausstellt: "Indem sich der Fachwissenschaftler den fachdidaktischen Fragen nach Systemüberblicken, Bedeutsamkeiten und Auswahlkriterien zuwendet, geht er folglich keineswegs von seiner Wissenschaft in ihm unzumutbare Randbereiche fort, wie in einem verbreiteten Wissenschaftsverständnis befürchtet wurde, er ist vielmehr bei sich selber und seiner Wissenschaft im ursprünglichen Sinne des Wortes. Fachdidaktik darf deshalb aus wissenschaftsimmanenten wie aus angeschlossenen wissenschaftspolitischen Gründen kein separatum sein" (Geißler, E. E. 1978, S. 205). Geißler nimmt hier eine Position ein, die nicht typisch für die in der Literatur anzutreffenden Aussagen ist. Er betont mit seiner Forderung geradezu die dringende Notwendigkeit, sich als Fachwissenschaftler fachdidaktisch zu orientieren und charakterisiert damit das komplizierte Verhältnis zwischen Fachwissenschaft und Fachdidaktik in einer Form, die den genuinen Ort der Fachdidaktik bei der korrespondierenden Fachwissenschaft ansiedelt, ohne daraus ein dependentes Verhältnis entstehen zu lassen. Fachwissenschaftliche Bestrebungen stehen in seinen Augen grundsätzlich auch unter didaktischen Auswahl-, Ordnungs- und Systematisierungsaspekten, wenn sie allgemein anerkannten Prämissen wissenschaftlicher Forschung und Lehre entsprechen sollen. Kopp drückt den unausweichlichen Kompromiss zwischen fachlicher und pädagogischer Orientierung, der im Kern fachdidaktischer Arbeit stehen muss, mit folgenden Worten aus: "Diese zweiseitige Orientierung, nämlich an dem wissenschaftlich erarbeiteten Gegenstand und am Bildungsvorgang im Kinde, bleibt die wesentliche Aufgabe jeder Fachdidaktik, eine Aufgabe, die einmal mehr durch die Selbstüberschätzung des bloß Wissenschaftlich-Sachlichen und dann wieder durch übertriebene Pädagogisierung verfehlt werden kann" (Kopp 1972, S. 192). Das Finden und Ausloten dieser notwendigen Balance im Kräftespiel zwischen der fachlichen Ordnung einerseits und der Lebenswelt des Schülers andererseits steht im Zentrum fachdidaktischen Denkens und Forschens. Die Lage der Fachdidaktiken scheint sich in den vergangenen Jahrzehnten häufig in einem labilen, indifferenten Gleichgewicht befunden zu haben, so dass eine Bewegung in die eine oder andere Ruhelage je-

4.2 Fachdidaktik und ihr Verhältnis zur Fachwissenschaft 173

derzeit möglich war und ist. Der genaue Standort zwischen den genannten Extrema ist wissenschaftstheoretisch nicht a priori festgelegt.

Häufig wird zunächst die Frage gestellt, wie stark die Fachdidaktik von der korrespondierenden Fachwissenschaft abhängt und eine Ausrichtung an fachwissenschaftlichen Denkmustern durch die Fachdidaktik stattfindet. Eine Annäherung oder gar Orientierung der Fachwissenschaft an fachdidaktischen Kriterien (im oben zitierten Sinne bei Geißler) kann nur sehr selten angenommen werden. Klingberg drückt dieses Dilemma mit der Feststellung aus, dass der Fachdidaktiker permanent in der Gefahr steht, von fachwissenschaftlicher Seite oder generell von "außerpädagogischen Instanzen" vereinnahmt zu werden (vgl. Klingberg 1994, S. 75). Als Folge einer solchen Vereinnahmung sind zwei typische Varianten in der Argumentation feststellbar:

- Die anzustrebende Vermittlungs- und Lehrkompetenz angehender Lehrer ist geradezu automatische Folge einer rein fachlichen Kompetenz: "Wer die Sache beherrscht, kann sie folgerichtig auch schon lehren".[174]
- Das Unterrichten eines Faches ergibt sich linear aus der Frage, wie die Strukturen der Fachdisziplin auf das Niveau und die Besonderheiten des Schulfaches übertragen werden können. In diesem Verständnis ergibt das Schulfach ein Abbild der Wissenschaftsdisziplin, die Fachdidaktik degeneriert dementsprechend zu einer reinen Abbilddidaktik.

(vgl. Klingberg 1994, S. 75).

Für die weitere Auseinandersetzung und Analyse des Beziehungsgeflechts zwischen Fachdidaktik und Fachwissenschaft werden aufbauend auf diesen konträren Denkmodellen nun forschungsleitende Fragen formuliert, die im Laufe der folgenden Unterkapitel eingehender behandelt werden:

1. Welche Bedeutung wird der jeweiligen Fachwissenschaft für die betreffende Fachdidaktik beigemessen? Welchen Einfluss besitzt der durch F. A. Wolf historisch geprägte Grundsatz, dass eine gründliche Sach- und Fachkompetenz im Rahmen der Gymnasiallehrerbildung eine hinreichende Voraussetzung für die Lehrkompetenz darstellt, für die Entwicklung der universitären Fachdidaktik? Welche Rolle spielt die institutionelle Zuordnung der Fachdidaktik innerhalb der Universität bei der Beurteilung der Frage,

---

[174] Dieser Grundsatz bezieht sich auf die ursprünglichen Paradigmen von F. A. Wolf (1759-1824), die im weiteren Verlauf der Untersuchung noch gesondert analysiert werden.

inwieweit sich die Fachdidaktik aus der fachwissenschaftlichen Bevormundung emanzipiert hat?
2. Hat die bisherige Entwicklung der Fachdidaktiken an deutschen Hochschulen eine eigenständige fachdidaktische Position hervorgebracht, die losgelöst von fachwissenschaftlicher Abhängigkeit in Forschung und Lehre eine eigene wissenschaftliche Dignität besitzt? Existiert ein Verständnis für Interdependenzen oder nimmt die Fachdidaktik sich einseitig als Appendix einer autarken und in sich abgeschlossenen Fachwissenschaft war? Stellt die Fachdidaktik ihrerseits Anfragen an die Fachwissenschaft und existiert eine wechselseitige Wahrnehmung, so dass eine Beeinflussung fachwissenschaftlicher Anteile im Lehramtsstudium bzw. anderen Studiengängen im Hinblick auf didaktische Reflexionen oder Berufsorientierung stattfindet?
3. In welchem Maße hat sich eine Ausrichtung von Fachdidaktikern an fachwissenschaftlichen Paradigmen zur vordergründigen Verstärkung ihrer wissenschaftlichen Reputation ausgeprägt? Das heißt, inwieweit hat eine Reduktion fachdidaktischer Komplexität durch die Übernahme linearer fachwissenschaftlicher Orientierungsmuster stattgefunden?

4.2.2 Diskussion fachdidaktischer Entwicklungstendenzen

4.2.2.1 Historische Wurzeln der fachwissenschaftlichen Dominanz

Eine Erklärung für die traditionell vorherrschende fachwissenschaftliche Dominanz und die Ausrichtung auf fachwissenschaftliche Denkmuster im Studium des angehenden Gymnasiallehrers bzw. Sekundarstufe II-Lehrers kann nur aufbauend auf der gewachsenen historischen Entwicklung der Gymnasiallehrerbildung an den Universitäten gegeben werden. Christian Trapp (1745-1818) übernimmt als bedeutendster Theoretiker und Systematiker des Philantropismus im Jahre 1779 an der Universität Halle den überhaupt ersten in Deutschland durch den preußischen Minister von Zedlitz errichteten selbstständigen Lehrstuhl für Pädagogik. Friedrich August Wolf[175] beerbt als Philologe den Lehrstuhl von Trapp in Halle und beginnt, ein neues Selbstverständnis des Standes der Lehrer

---

[175] Friedrich August *Wolf*, 1759-1824, Homerforscher, Freund Goethes und von Humboldts, Begründer der klassischen Altertumswissenschaften

4.2 Fachdidaktik und ihr Verhältnis zur Fachwissenschaft 175

an Höheren Schulen zu etablieren. Dieser Stand, der sich vor den Humboldt-Süvernschen[176] Reformen aus Theologen rekrutierte, sollte sich ausschließlich durch die Studien der Altphilologien auf seine spätere Aufgabe pädagogisch vorbereiten. Flitner beschreibt diesen von Wolf vollzogenen, für unsere Fragestellung bedeutsamen Einschnitt in der Gymnasiallehrerbildung mit den folgenden Worten: "Bisher hatten Theologen die Lehrtätigkeit an gelehrten Schulen ausgeübt; in der Theologie und ihrer philosophischen Vorstufe hatten sie zugleich eine Pädagogik besessen, welche ihnen die Lebensziele deutete, die sittliche Haltung begründete, den Weg in die geistige Existenz öffnete. Jetzt trat die Philologie an die Stelle dieser pädagogischen Theologie" (Flitner 1958, S. 6). Die Auseinandersetzung mit der Stringenz und Exaktheit lateinischer bzw. reichen Semantik griechischer Sprache ebnet im Wolfschen Sinne den Weg in eine Schule, die den Sinn für Humanität, geistige Erschließung der Wirklichkeit und Fragen des Menschseins fördert und entwickelt. An die Stelle der Altphilologien treten in der weiteren Entwicklung im 19. Jahrhundert die sich zunehmend etablierenden Natur- und Gesellschaftswissenschaften bzw. Neuphilologien[177]. Gemeinsames Kennzeichen dieser Entwicklung ist die Tatsache, dass in jedem "neuen" Fach, aufbauend auf den Grundsätzen der Wolfschen Grundeinstellung, "Bildungswerte" enthalten sind, die eine pädagogische Leitlinie für die Lehrerbildung immanent beinhalten. "Dabei werden die traditionellen Schulfächer des realistischen Schultypus ohne weiteres mit den ihnen verwandten Universitätswissenschaften gleichgesetzt und die Voraussetzung gemacht, daß eine wissenschaftliche Beschäftigung mit den pädagogischen Problemen sich erübrige, da das didaktisch Wesentliche sich aus den Einzelwissenschaften problemlos von selbst ergebe" (Flitner 1958, S. 7). In den Augen vieler so vorgeprägter Gymnasiallehrer besitzt das Fach selbst bereits eine pädagogische Dimension sowie die Auseinandersetzung mit fachlichen Fragestellungen einen Bildungsgehalt, der das Denken und Handeln in erzieherischer Form prägt und bestimmt. Eine pädagogische Theorie, vertreten durch eigenständige Lehrstühle, wird von den meisten so geprägten Lehrern für weitgehend überflüssig gehalten.[178] Nach

---

[176] Johann Wilhelm *Süvern*, 1775-1829, seit 1807 Prof. für klassische Philologie in Königsberg, 1809-1818 Geh. Staatsrat in der Unterrichtssektion des Preußischen Ministeriums des Innern

[177] Sauer weist allerdings darauf hin, dass die "Wissenschaftswürdigkeit" der sogenannten neueren Sprachen auch Mitte des 19. Jahrhunderts noch keine Selbstverständlichkeit war. An den meisten Universitäten existierten zu diesem Zeitpunkt noch keine Ordinarien für Englisch oder Französisch (vgl. Sauer 1968, S. 233).

[178] Diese Ansicht vertritt auch noch 1976 Luck in einem in den Physikalischen Blättern verfassten Aufsatz, der unter dem Einfluss der in den 70er Jahren an den Universitäten geführ-

ihrer Überzeugung stellt bereits die logische Stringenz und Dignität ihrer eigenen Fachwissenschaft das für die unterrichtliche Vermittlung notwendige pädagogische Ethos dar.[179] Die Aufgabe der Pädagogik wird lediglich in einer Aufarbeitung und systematischen Unterweisung in methodische und unterrichtspraktische Techniken angesehen, später werden kontinuierlich sich entwickelnde psychologische und soziologische Detailkenntnisse ergänzend in die pädagogische Unterweisung integriert. Übernahm zunächst der Altphilologe auch den Unterricht in den korrespondierenden, neu aufkommenden Universitätsdisziplinen (wenn in diesen Fächern überhaupt an den Höheren Schulen unterrichtet wurde), bildete sich zunehmend der an Fachinstituten ausgebildete Fachgelehrte heraus. Derbolav umschreibt dessen Tätigkeit so: "Bestimmt vom Geist und der Sachlogik seiner Wissenschaft, begann er dort seine Stoffsäule neben anderen im Fächermosaik des neugegliederten Unterrichts aufzubauen (...)" (Derbolav 1958, S. 376). Im Studium der Altertumswissenschaften und der Philosophie wurden die kategorialen Voraussetzungen für jegliche wissenschaftliche Erkenntnis gesehen. Auch nach Ablösung dieses philologisch-philosophischen Grundlagenstudiums durch die fachwissenschaftliche Spezialisierung der Ausbildung bleibt konsequent die Auffassung erhalten, dass mit Beherrschung der fachwissenschaftlichen Systematik die praktische, unterrichtliche Aufgabe des Gymnasiallehrers sich auf methodische und unterrichtstechnische Spezialfragen reduziert.[180]

---

ten hochschulpolitischen Diskussionen geschrieben wurde: "Ich bin sehr im Zweifel, ob eine Lehramtsausbildung bei einem reinen Wissenschaftler, der nur Physik lehrt, nicht besser wäre. Die Didaktik kann man sich zur Not später anlesen, wenn man einmal Physik verstanden hat. (...) Man möge die vorgesehenen Didaktikstellen 'umfunktionieren' zur Vergabe an Gastprofessoren, damit diese derweil den Unterrichtsbetrieb aufrechterhalten" (Luck 1976, S. 373). Eine deutlichere Missbilligung der fachdidaktischen Reformanstrengungen kann wohl nicht formuliert werden.

[179] Sauer referiert diese weit verbreitete Auffassung mit den Worten: "(...), denn es gilt als Prämisse, daß der beste Fachwissenschaftler auch die besten Voraussetzungen für den Lehrberuf mitbringt. Daß dieser Standpunkt nicht die volle Wahrheit enthält, ist schnell einzusehen. (...) Die Fachdidaktik oder die Methodik des Unterrichts haben einen niederen, da abhängigen Rang; sie sind eine Angelegenheit der Praktiker" (Sauer 1968, S. 233-234).

[180] Derbolav schreibt dazu: "Zur Umsetzung seiner Gelehrsamkeit in die didaktische Berufswirklichkeit bedurfte es also keiner allzulangen 'Vorbereitung'" (Derbolav 1958, S. 375). Auch Weniger nimmt bereits im Jahre 1952 zu dieser Entwicklung kritisch Stellung: "Leider findet sich gerade unter den Philologen noch vielfach der grollige Aberglaube, daß die Fachwissenschaft die Entscheidung über ihre Bildungsbedeutung immer schon in sich trage, oder daß der Unterricht nur angewandte und vereinfachte Wissenschaft darstelle, daß der Stoff schon an sich bildende Wirkung habe, daß die Frage der Unterrichtsmethode eine rein praktische sei und was dergleichen handgreifliche, aber weit verbreitete Irrtümer mehr sein mögen" (Weniger 1952, S. 480).

4.2.2.2 Einseitige Orientierung an fachwissenschaftlichen Paradigmen

Die im vorigen Abschnitt dargelegte historische Ausgangslage wird noch einmal von Ewert in einem Gutachten zur Neuordnung des erziehungswissenschaftlichen Studiums für die Lehrämter im Jahre 1970 mit folgenden Worten zusammengefasst: "Insbesondere das Gymnasium bezieht sich als 'Gelehrtenschule' mehr oder weniger ausgesprochen noch heute auf die pädagogischen Maximen eines F. A. Wolf, der in einem Fachstudium der klassischen Philologie zugleich auch die beste Vorbereitung auf den Erzieherberuf sah. Noch heute wird 'Philologe' synonym mit Gymnasiallehrer gebraucht, auch wenn es sich um Naturwissenschaftler, Geographen oder Historiker handelt" (Ewert 1970, S. 148). An anderer Stelle kritisiert Ewert noch deutlicher die aktuellen Folgen dieser Fehleinschätzung: "Die Asymmetrie der Ausbildung in einem Fach und der Ausbildung für das Unterrichten in diesem Fach ist nicht zu übersehen; je ausgeprägter die Ausbildung in einem Unterrichtsfach, um so mehr glaubt man, auf eine erziehungswissenschaftliche Ausbildung verzichten zu können" (Ewert 1970, S. 147). Schmidt bezeichnet die Einschätzung als naiv, dass eine natürlich notwendige, gute Beherrschung der eigenen Fachwissenschaft auch gleichzeitig eine hinreichende Voraussetzung für deren Vermittlung sei (vgl. Schmidt, P.-G. 1978, S. 194). Grundtenor solcher Urteile ist die Tatsache, dass mit der wissenschaftspropädeutischen Ausrichtung der allgemeinbildenden Schule ihr Erziehungsauftrag zunehmend in Vergessenheit gerät.[181] Es ist folglich seit dem Beginn der Bildungseuphorie Ende der 60er und Anfang der 70er Jahre eine verhängnisvolle Rückkopplung zu den angesprochenen historischen Ausgangsbedingungen festzustellen. Ohne sich bewusst auf diese Auffassungen und Traditi-

---

[181] Muckenfuß bezieht sich mit Vehemenz auf die Fehlentwicklung in der Fachdidaktik Physik: "'Wozu sollen Schüler Physik lernen?' - Das ist die Grundfrage aller Fachdidaktik der Physik! Und diese Frage läßt sich eben nicht kraft *physikalischer* Kompetenz beantworten!" (Muckenfuß 1979, S. 143). Wagenschein beurteilt in ähnlich kritischer Weise die Physiklehrerausbildung: "Die Selbstverständlichkeit, daß niemand Physik gut unterrichten kann, wenn er nicht gründlich in diesem Fach Bescheid weiß, wird auch in Kreisen der Physiklehrer immer wiederholt. Weniger oft, fast nie, hört man, was genauso wahr ist: Es ist verhängnisvoll, wenn Physiklehrer nur Physiker sind. Und sehr selten wird bemerkt, daß eine gewisse (die heute vorherrschende) Art der Fachausbildung auf der Hochschule die Fähigkeit, dieses Fach für Kinder zu lehren, schädigt" (Wagenschein, zitiert nach: Nachtigall 1975, S. 43). Die von der Kultusministerkonferenz eingesetzte Kommission Lehrerbildung kommt schließlich zu dem berechtigten Urteil: "Die fachliche Kompetenz ist zwar eine notwendige, aber noch keine hinreichende Bedingung für wirksames Unterrichten in der Schule" (Terhart 2000, S. 49).

onen zu beziehen, kommt es bei der praktischen Realisierung der universitären Reformprojekte in den 70er Jahren doch zu folgenschweren Fehlentwicklungen. Mit dem eigentlichen Bemühen, erziehungswissenschaftliche und fachdidaktische Studienelemente an den Universitäten zu etablieren, entsteht parallel eine Flucht in die vermeintlich angesehenere Fachwissenschaft. Infolge der in der Mehrheit vorgenommenen Integration der fachdidaktischen Bereiche der ehemaligen Hochschulen in die korrespondierenden Fakultäten der aufnehmenden Universitäten ("Fach-zu-Fach-Integration") kommt es neben den veränderten äußeren Merkmalen auch zu einer neuen inhaltlichen Ausrichtung. Müller-Michaels beschreibt diese widersprüchliche, fast paradoxe Entwicklung an den ehemals Pädagogischen Hochschulen aus der Sicht des Deutschdidaktikers: "Wie durch einen Zauberschlag änderten sich im Wintersemester 1975/76 auch die Stellenbezeichnungen: von der fachdidaktischen (Didaktik der deutschen Sprache und Literatur) zur fachwissenschaftlichen Denomination (Germanistik/Linguistik oder Neuere bzw. Literaturgeschichte). Mit dieser Funktionsflucht, wie der damalige Minister Jochimsen diese überraschende Wandlung nannte, sicherten die Hochschulen zwar das fachwissenschaftliche Angebot in den Lehramtsstudiengängen vor allem für die Sekundarstufe II (...), schafften damit aber zugleich die traditionsreichen fachdidaktischen Stellen, insbesondere für den Nachwuchs ab" (Müller-Michaels 1993, S. 152). Als Gründe für eine solche plötzliche Uminterpretation der fachdidaktischen Aufgaben muss neben finanzpolitischen Sparzwängen der allgemeine Trend zur Verwissenschaftlichung (hier insbesondere die Verwissenschaftlichung der Volksschullehrerbildung) sowie pragmatische Interessen der betroffenen Lehrstuhlinhaber, innerhalb der Fakultäten einen eigenen fachwissenschaftlichen Anspruch geltend zu machen, angenommen werden. Diese Entwicklung wird darüber hinaus durch die mehr oder weniger offen geäußerten Urteile der Fachwissenschaftler gestützt, die den wissenschaftlichen Status der Fachdidaktik a priori ablehnen.

Die mit der Integration der Pädagogischen Hochschulen in die Universitäten eigentlich seit den 20er Jahren verfolgten Ziele einer gegenseitigen Angleichung der verschiedenen Zweige der Lehrerbildung führen nun zu einem bedenklichen Wandel der fachdidaktischen Wurzeln. Lenzen schätzt die mit der PH-Integration verbundenen Begleiterscheinungen kritisch ein: "Sollte es nämlich jetzt nicht gelingen, die Fachdidaktik zu einer Integrationswissenschaft sui generis und nicht zum Anhängsel der Fachwissenschaft zu machen, dann haben die 50 Jahre Kampf um die Reform der Lehrerbildung nur einen Achtungserfolg erzielt (...)" (Lenzen 1979, S. 57). Auch noch 1997 wird auf diese Tendenz durch die Kommission Schulpädagogik/Didaktik - Lehrerausbildung der Deut-

4.2 Fachdidaktik und ihr Verhältnis zur Fachwissenschaft 179

schen Gesellschaft für Erziehungswissenschaft deutlich hingewiesen: "Von vielen Fachwissenschaftlern werden sie (die Fachdidaktiker) wissenschaftlich nicht ernst genommen, manche Fachdidaktiker wenden sich der angeseheneren Fachwissenschaft zu" (Kommission Schulpädagogik/Didaktik -Lehrerausbildung der DGfE (1997), S. 11). Neben standespolitischen Interessen treten mit Beginn der finanzpolitischen Kürzungen Anfang der 80er Jahre auch Entwicklungen auf, die nur noch der Wahrung der eigenen fachdidaktischen Stellen dienen. Krohn beschreibt diese Vorgänge im Lager der Fremdsprachendidaktiker mit schonungsloser Offenheit: "Die Reputation der Fremdsprachendidaktik ist geringer als die der zugehörigen Fachwissenschaft. Daher unterliegen sie zumeist. FremdsprachendidaktikerInnen, die in ihrem eigenen - zeitweise verschwiegenen - Selbstverständnis prinzipiell doch eigentlich schon immer eher FachwissenschaftlerInnen waren, versuchen die Heimkehr, ehe sie als FremsprachendidaktikerInnen über den Rand ins Nichts geschoben werden. (...) Wissenschaftlicher Fortschritt ist kaum noch wahrnehmbar. Der Diskurs der 'scientific community' weicht dem Schweigen. Es wird weniger publiziert; weniger des Publizierten gehört zu einer gemeinsamen und fortschreitenden Klärung des Gegenstandsgebietes der Fremdsprachendidaktik unter den zuständigen WissenschaftlerInnen. (...) Heute geschieht der Abbau von Stellen nach außerwissenschaftlichen Gesichtspunkten, und die 'Hackordnung' ist weitgehend fixiert" (Krohn 1988, S. 112).

Neben dieser gravierenden Fehlentwicklung[182] im Bereich der inneren Struktur fachdidaktischen Selbstverständnisses ist ein weiteres Problemfeld zu benennen, dass sich im Bereich der Universitäten herauskristallisiert: Die Besetzung der neugeschaffenen, fachdidaktischen Lehrstühle und sonstigen Forschungseinrichtungen orientiert sich in der heutigen Einschätzung der meisten Autoren und Gutachter zu stark an fachwissenschaftlichen Kriterien. Die in den Universitätsgesetzen durchweg geforderte meist dreijährige Schulpraxis kann neben der obligatorischen Promotion und Habilitation von den wenigsten Be-

---

[182] Lenzen führt ein sehr plastisches Beispiel dieser Fehlentwicklung an: "Man besucht ein Seminar mit dem verheißungsvollen Titel 'Althochdeutsch in Quinta', das ein renommierter Altgermanist an einer ebenso renommierten Universität zum Beleg seines Vertretungsanspruches in der Lehrerausbildung anbietet. Das Seminar erweist sich in der ersten Sitzung bereits als das, was bislang unter dem Titel 'Einführung in das Althochdeutsche' angeboten wurde. Dem verblüfften und düpierten Studenten erklärt der Veranstalter, daß dieses nach seiner Auffassung von Didaktik völlig legitim sei, denn wer selbst in das Althochdeutsche eingeführt worden sei, könne dieses als Lehrer auch tun" (Lenzen 1979, S. 58).

werbern nachgewiesen werden[183]. Auch solche Stelleninhaber, die aus der pädagogischen Praxis kommend, fachdidaktische Lehrstühle besetzen, widmen teils aus vordergründigen Reputationsgründen, teils aus den dargelegten historischen Ursachen, den Schwerpunkt ihrer Arbeit fachwissenschaftlichen Fragen. Schulz analysiert diesen Vorgang so: "Im allgemeinen setzte sich das Studium für alle Lehrämter mit *zwei Fächern* und deren Fachdidaktik durch, was eine Aufwertung und einen Ausbau der *Fachdidaktik* bedeutete. Ihren institutionellen Ort fand sie in fast allen Bundesländern bei der jeweiligen Fachwissenschaft. Dabei traten aber in Bezug auf die inhaltliche Orientierung der Fachdidaktik Probleme auf: Entweder griff sie eine der facettenreichen didaktischen Richtungen auf oder sie wandte sich der 'zuständigen' und 'verläßlichen' Fachwissenschaft zu. Die Suche nach ihrer spezifischen Kompetenz zwischen einer bloßen Unterrichtstechnologie und einer 'Abbilddidaktik' der Fachwissenschaft ist nicht abgeschlossen" (Schulz 1990, S. 512). Nachtigall fasst diese Umstände in dem Erfahrungssatz zusammen: "Die Annahme, daß, wer Physik könne, auch Physik lehren könne, wird durch die Erfahrung widerlegt" (Nachtigall 1975, S. 40). Folgerichtig bezeichnet er mit mathematischer Präzision den Umstand "Physik können" als eine zwar notwendige, aber keinesfalls hinreichende Bedingung für die Frage, ob auch Fähigkeiten vorliegen, dieses Fach erfolgreich zu unterrichten (vgl. Nachtigall 1979, S. 44).

Der Aufbau und die Förderung des eigenen Nachwuchses durch fachdidaktische Promotions- und Habilitationsverfahren scheitert vielfach an der mehrheitlich vollzogenen Institutionalisierung der neugegründeten Fachdidaktiken in die bestehenden fachwissenschaftlichen Fakultäten, die in ihren Promotions- und Habilitationsordnungen fachdidaktische Qualifizierungen häufig behindern oder von vorneherein verhindern.

---

[183] Wittmann beschreibt diesen Vorgang aus aktueller Sicht so: "Immer mehr Vorsitzende von Berufungskommissionen teilen uns lapidar mit, sie könnten nur Fachwissenschaftler auf der Liste präsentieren, weil es geeignete Bewerber mit fachdidaktischer Qualifikation nicht gäbe. Daß in dieser Situation mancher schon berufene Fachdidaktiker mehr oder weniger heimlich oder sogar offen zum Fachwissenschaftler mutiert, paßt ins Bild" (Wittmann 1997a, S. 54).

4.2.2.3 Fachdidaktik als Abbilddidaktik der Fachwissenschaft

Für die in den vorangegangenen Abschnitten offensichtlich gewordene Ausrichtung neu berufener bzw. aus den ehemaligen Pädagogischen Hochschulen integrierter Fachdidaktiker auf die in den jeweiligen Fakultäten absolut dominierende Fachwissenschaft lassen sich hochschul- und personalpolitische Gründe anführen. Allerdings können auch nicht streng objektivierbare psychologische Ursachen, die mit einer gewissen Unsicherheit der von den Pädagogischen Hochschulen stammenden Fachdidaktiker im universitären Terrain zusammenhängen, genannt werden. Die eigentliche wissenschaftliche Heimat der an den Universitäten berufenen Dozenten ist meist die Fachwissenschaft, auch wenn sie selbst ihr eigenes Studium mit dem Ziel "Lehramt" betrieben haben sollten. Da keiner der neu berufenen Dozenten der Fachdidaktik in seinem eigenen Studium "Fachdidaktik" an Universitäten erleben konnte, ist auch eine gewisse persönliche Distanz zur neuen Thematik und prinzipielle Unsicherheit im Umgang mit der Disziplin naheliegend. Häufig mag zunächst nur die Absicherung der eigenen akademischen Laufbahn, aber auch das bewusste Interesse an übergeordneten, wissenschaftstheoretischen, interdisziplinären Fragen oder der Wunsch nach Partizipation an der Neuordnung der Lehrerbildung in einer bildungspolitisch bewegten Zeit, Auslöser einer Bewerbung auf eine fachdidaktische Professur oder auf eine Stelle im Mittelbau gewesen sein. Es steht sicherlich fest, dass die große Zahl der neu geschaffenen und vor allem an den Universitäten zu besetzenden Stellen nicht durch ein Reservoir an fachdidaktisch ausgerichteten Wissenschaftlern besetzt werden kann. Die formale Qualifikationshürde der Habilitation wird in den meisten Fällen nur durch in der Fachwissenschaft ausgewiesene Forscher erfüllt. Das Kriterium einer mindestens dreijährigen Schulpraxis wird entweder aus Mangel an Bewerbern, die dieses Kriterium erfüllen oder aus bewusster bzw. unterschwelliger Geringschätzung dieser Anforderung in vielen Berufungsverfahren zu einer eher untergeordneten Bedingung.[184] Fachdidakti-

---

[184] In der Praxis wird aus Mangel an Bewerbern mit *tatsächlicher* schulpraktischer Erfahrung und Bewährung (darunter ist eine *hauptberuflich* wahrgenommene, mindestens dreijährige Unterrichtstätigkeit *nach* Abschluss des Vorbereitungsdienstes mit *voller* Deputatsverpflichtung zu verstehen) von den jeweiligen Wissenschaftsministerien zumindest der Nachweis verlangt, z. B. Lehrveranstaltungen zu den schulpraktischen Studien oder nebenamtliche Lehrtätigkeiten durchgeführt zu haben. Ein solcher Nachweis, der zunächst nur zur Erfüllung der formaljuristischen Anforderungen genügt, stellt aus der Sicht des Verfassers sicherlich *kein* auch nur annäherndes Äquivalent zu den Erfahrungen eines in der Schulpraxis über einen längeren Zeitraum tätigen Lehrers dar. Diese Erfahrungen, die sich als eine entscheidende und notwendige Grundlage für fachdidaktische Lehr- und For-

sche Qualifizierungen in Form einer fachdidaktischen Promotion oder Habilitation liegen in den seltensten Fällen vor und haben ihren Ursprung zunächst ausschließlich an Pädagogischen Hochschulen. Angesichts der bildungspolitischen Reformschritte stellt die neue Aufgabe jeden mit fachdidaktischer Forschung und Lehre Beauftragten vor eine große Herausforderung, wird doch ein hohes Maß an Innovationspotential von hochschulpolitischer Seite gerade in der Gründungsphase der Fachdidaktik abverlangt.

Neben der bisher erörterten Ausrichtung auf die Fachwissenschaft und den personellen Besonderheiten muss eine weitere, die Entwicklung der Fachdidaktiken prägende Tendenz festgehalten werden. Als Folge des außerordentlich komplexen, interdisziplinären Bedingungsgefüges, das fachdidaktische Problemstellungen naturgemäß kennzeichnet, besteht die Gefahr einer häufig unangemessenen Reduktion dieser fachdidaktischen Komplexität durch Anlehnung und partielle Übernahme komplexitätsreduzierender fachwissenschaftlicher Orientierungsmuster. Als Folge einer solch unreflektierten, die Breite der Problemstellung verkürzenden Analyse, wird Fachdidaktik zu einer reinen Abbilddidaktik und degeneriert in letzter Konsequenz zur bloßen Propädeutik der Fachwissenschaft. Eine solche Auffassung von Fachdidaktik überträgt die Logik und Systematik des Faches auf den Lernvorgang des Schülers und berücksichtigt nicht, welche komplexen kognitiven, affektiven und sozialen Aspekte schulisches Lernen stets impliziert. Diese Übertragung und unmittelbare Projizierung erfolgreicher Methoden und Strukturen der Fachwissenschaft auf Fragen der Fachdidaktik wird dem umfassenderen Anspruch der Fachdidaktik nicht gerecht. Fachdidaktik leistet in einem solchen abbildungsdidaktischen Verständnis eine bloße Transposition fachwissenschaftlicher Gegenstände auf das altersgemäße Niveau des Schülers. Eine derartige Fehlinterpretation der Aufgabe der Fachdidaktik zielt auf eine unmittelbare Vorbereitung des Schülers auf fachwissenschaftliches Denken und Forschen.

Es können verschiedene Symptome einer solchen Verkürzung des fachdidaktischen Auftrags in den Fächergruppen exemplarisch festgestellt werden:
- in den *Naturwissenschaften* geschieht dies etwa durch die einseitige Bindung an mathematische Gesetzmäßigkeiten und logische Hierarchien, die ohne eine

---

schungstätigkeit erweisen, sollten als "conditio sine qua non agitur" eine wirkliche Bedeutung und Wertschätzung in der Berufungspraxis erlangen. Die Handlungswissenschaft Fachdidaktik ist auf solche Schulpraxis zwingend angewiesen, da sie nur in Kontakt mit der Realität zu relevanten Fragestellungen und Ergebnissen gelangen kann.

4.2 Fachdidaktik und ihr Verhältnis zur Fachwissenschaft

Verknüpfung mit z. B. sozialen oder ökologischen Dimensionen zu Prinzipien des Unterrichts werden;
- in den *Gesellschafts- oder Sozialwissenschaften* kann dies durch die einseitige Vermittlung der "richtigen" fachwissenschaftlich gebotenen Interpretation einer Quelle oder eines Textes geschehen, ohne auf die Belange des interpretierenden Subjekts einzugehen und dessen spezielle Lernsituation zu berücksichtigen (vgl. Otto/Schulz 1987, S. 95).

Gemeinsames Kennzeichen solcher "Linearisierungen" ist stets die fehlende Klärung der Bedingungen, unter denen Unterricht stattfindet und von denen der individuelle Lernerfolg ganz wesentlich abhängt. "Der breite Rückzug auf die Bezugsbereiche ist auch deshalb problematisch, weil mit einer Übernahme der Standards aus den Bezugsdisziplinen leider auch sehr oft die dogmatische Einstellung verbunden ist, dies seien die für die Didaktik einzig möglichen Standards" (Wittmann 1992, S. 61)[185]. Der Aufbau einer Abbilddidaktik bedeutet also stets die Vermeidung und Umgehung allgemeindidaktischer Fragestellungen, die erst den notwendigen Bezug zwischen fachlichen Lerninhalten und der spezifischen Lernausgangslage des Schülers aufzeigen. Als Folge einer solch direkten Abbildung des Faches auf den Unterricht wird die Inhaltsdimension von Unterricht rein fachgebunden verkürzt.[186] Aselmeier kennzeichnet eine solche Sicht von Unterricht mit der fiktiven Aussage eines Lehrers: "In meinem Unterricht wird Mathematik betrieben und sonst nichts!" (Aselmeier 1985b, S. 14). Sämtliche nicht fachgebundenen Dimensionen von Unterricht, die aber ihrerseits einen dominanten Einfluss auf das Erreichen fachlicher Lernziele besitzen, werden in einer solchen Sichtweise ausgeblendet. Beckmann bringt diesen Umstand auf die Formel: "Es kann nicht so sein, daß Fachwissenschaft fortge-

---

[185] Bezogen auf die Mathematikdidaktik schreibt Wittmann weiter: "Daraus ergibt sich eine Blindheit gegenüber den zentralen Aufgaben der Mathematikdidaktik sowie eine systematische Unterschätzung oder gar Geringschätzung der konstruktiven Leistungen, die im Kernbereich erbracht werden, bis hin zu der Behauptung, die Mathematikdidaktik im Kernbereich sei keine Wissenschaft" (Wittmann 1992, S. 61).

[186] Die Strukturkommission Lehrerbildung 2000 des Landes Baden-Württemberg stellt in ihrem Abschlussbericht im Jahre 1993 allerdings fest: "Weitgehend überwunden sind Verkürzungen des Verständnisses der Fachdidaktik: Deduktion aus der Fachwissenschaft, Reduktion auf Lehrbarkeit und Vermittlung der Unterrichtsinhalte" (Ministerium für Wissenschaft und Forschung Baden-Württemberg 1993, S. 26). In diesem Sinne bemerken auch Keck et al. bereits 1990: "(...) Herausragend ist dabei die Erkenntnis, daß sich die didaktische Fragestellung als eine selbständige herauskristallisieren konnte unter Abweisung des Odiums einer bloßen fachwissenschaftlichen Reduktionsdisziplin, wie sie für die siebziger Jahre noch typisch war" (Keck et al. 1990b, S. 350).

setzt reduziert wird, um für die einzelnen Schulstufen zu passen" (Beckmann 1978, S. 217).

4.2.2.4 Beziehungsgefüge zwischen Fachdidaktik, Schulfach und Fachwissenschaft

Die Klärung des dreipoligen Verhältnisses zwischen Fachdidaktik, Fachwissenschaft und *Schulfach* ist eine notwendige Aufgabe fachdidaktischer Arbeit, die ebenfalls häufig nicht sorgfältig genug beachtet wird. Als Folge stellen sich die angesprochenen Reduktionsmechanismen und nicht legitimierbaren Simplifizierungen fachdidaktischer Arbeit ein. Im Gegensatz zur Fachwissenschaft ist es die Aufgabe des Schulfaches, eine Synthese zwischen der fachlichen Systematik, dem individuellen Lernvorgang des Schülers und gesellschaftlichen Herausforderungen herzustellen.[187] Schrand stellt in diesem integrativen Prozess die besondere Funktion der Fachdidaktik heraus, als Sachwalterin von Schülerinteressen den Ansprüchen des Schulfaches gerecht zu werden: "Durch ihre Parteinahme für den Schüler ist die Fachdidaktik durchaus verpflichtet, Schüler gegebenenfalls sowohl gegen überzogenen fachlichen Durchsetzungswillen als auch gegen einseitig interessengebundene Tauglichkeitsanforderungen bestimmter gesellschaftlicher Gruppen zu schützen" (Schrand 1981, S. 61). Der in den 70er und 80er Jahren für alle Schulformen und -stufen prägende Trend zur Wissenschaftspropädeutik[188] darf in diesem Sinne aber nicht zur alleinigen Bestim-

---

[187] Beckmann unterstreicht mit Bezug auf Nohl den besonderen Auftrag von Schule: "Neben der notwendigen Beachtung aktueller Belange – gesteuert von der Rücksicht auf die jeweilige Altersstufe, hat Schule auch heute – und wenn es auch antiquiert gilt – das Humane zu wahren, das heißt aber Abwehr jeder Schulung und statt dessen Besinnung auf Werte, die ein Leben erst im letzten Sinne menschlich machen; Vertrauen, Menschlichkeit, Mitleiden, Gefährdung und Tod sind ebenso Grundelemente unseres Lebens wie Freude, Harmonie, unbekümmertes Leben. Neben vielen nötigen Anforderungen sollte Schule einen Freiraum bewahren im Sinne H. Nohls als eines 'zweckfreien Ortes höheren geistigen Lebens'" (Beckmann 1974, S. 14).

[188] Der Auftrag der Gymnasialen Oberstufe wurde dementsprechend in den Richtlinien und Lehrplänen auf die Kernziele "Wissenschaftspropädeutik" und "Lernen in sozialer Verantwortung" fokussiert. Rekus schätzt die zurückliegende Entwicklung kritisch ein: "Es führt wohl kein Weg daran vorbei, daß Unterricht in dem Sinne 'wissenschaftsorientiert' sein und bleiben muß (...). Für unseren Zusammenhang ist aber zunächst der kritische Hinweis wichtig, daß wir in den zurückliegenden Jahren oft über diese definierte Grenze der Wissenschaftsorientierung hinausgeschossen sind" (Rekus 1997, S. 90).

4.2 Fachdidaktik und ihr Verhältnis zur Fachwissenschaft 185

mungsgröße für Unterricht gemacht werden. Das Schulfach stellt eben nicht nur eine Verkleinerung und Simplifizierung der Fachwissenschaft dar, sondern existiert selbstständig mit eigener Problemstellung und vom Fach losgelösten Parametern. Beckmann setzt sich in diesem Sinne mit den komplexen Anforderungen des Schulfaches grundlegend auseinander: "Es ist - auch in der so oft postulierten Verwissenschaftlichung unserer Welt - bedenklich, einen engen Zusammenhang zwischen Fachwissenschaft und Schulfach herzustellen. Das Schulfach ist keine Propädeutik der Wissenschaft, und die Fachdidaktik nicht ein Anhängsel der Fachwissenschaft zur Reflexion über fachadäquate Unterrichtsmethoden, sondern eine Disziplin mit eigenem Forschungsgegenstand und eigenen Fragestellungen" (Beckmann 1978, S. 216). Aus einem solchen Verständnis der komplexen Anforderungen des Schulfaches resultieren demnach auch besondere, auf das Schulfach bezogene Dimensionen fachdidaktischer Arbeit[189].

Dem Schulfach obliegt die Berücksichtigung erzieherischer und bildender Funktionen; die Fachwissenschaft strebt dagegen nach der objektiven Erkenntnis, ohne Rücksichtnahme auf die Belange des forschenden Subjekts. Das bedeutet nicht, dass die Inhalte des Schulfaches im Widerspruch zu den Ergebnissen des Faches stehen dürfen. Auch im Mittelpunkt des Schulfaches stehen zunächst fachliche Lernziele. Aufbauend auf dieser Überzeugung formuliert Beckmann: "Wir sind den Kindern zuerst einmal biblische Geschichten, erwiesene Gehalte der Dichtung, die Tatbestände der belebten und unbelebten Natur schuldig und nicht das Reden über diese Dinge" (Beckmann 1978, S. 218). Innerhalb des Schulfachs tritt aber der fachliche Gegenstand zusätzlich im Rahmen eines kommunikativen, zwischenmenschlichen Prozesses in Kontakt mit den Schülern. Hierbei ist deren Alter, ihr Vorwissen, die kognitiven und sozialen Umstände usw., kurz das komplexe unterrichtliche bzw. didaktische Bedingungsfeld zu beachten. Unterricht "passiert" nicht zufällig, sondern ist ein gesteuerter, geplant ablaufender Prozess, der zwar unbedingt offene, flexible

---

[189] Kramp führt die besondere Aufgabe der Fachdidaktiken bereits 1963 explizit folgendermaßen aus: "Angesichts dieser Probleme gewinnt unsere Frage nach dem Bildungsauftrag und den Bildungsmöglichkeiten der Schulfächer, nach ihrem Zusammenhang und ihren Grenzen, nach der rechten Auswahl, Anordnung und Vermittlung ihrer Bildungsinhalte im Hinblick auf die Gegenwart und Zukunft der heute heranwachsenden Generation besondere Aktualität. Eine befriedigende Antwort darauf wird man aber weder von den Fachwissenschaften noch von der Allgemeinen Pädagogik erwarten dürfen, sondern allein von der wissenschaftlichen Didaktik der einzelnen Fächer und der verschiedenen Schularten, wie sie bisher nur an den Pädagogischen Hochschulen in Forschung und Lehre bewußt wahrgenommen wird" (Kramp 1963, S. 166). Kramp stellt darüber hinaus fest, dass in der Bearbeitung und Lösung dieser Aufgaben das "Schicksal des deutschen Bildungswesens" mitentschieden wird (vgl. Kramp 1963, S. 166).

Strukturen aufweisen muss, aber in seiner Anlage und in seinem Ablauf durchaus gewissen Vorentscheidungen unterliegt. Diese Besonderheit von Unterricht ist Folge der Tatsache, dass Kinder und Jugendliche sich in einer seelischen und körperlichen Entwicklung befinden und die unterrichtliche Auseinandersetzung mit fachlichen Gegenständen diese Entwicklungen berücksichtigen muss.[190] Schulfächer sind eben nicht nur Kopien der entsprechenden Fachwissenschaften, die vereinfacht auf das Niveau der Schule komprimiert und transformiert werden müssen. Im Schulfach wird zusätzlich die Suche nach Lösungspotentialen für Fragen des Lebens und der menschlichen Existenz zum Ausdruck gebracht. Das Schulfach untersucht kritisch die Fachwissenschaft und befragt (dann auf einer sehr hohen Abstraktionsebene befindlich) das Fach nach den Grenzen der Erkenntnismöglichkeit. Das Schulfach sucht nach fachüberschreitenden Sachgebieten und vermittelt damit Strukturkenntnisse und Überblickswissen. Im Rahmen des Unterrichts wird eine reflexive Struktur zwischen dem Gegenstand und dem Schüler aufgebaut; es existieren Rückkopplungen und gegenseitige Einflussnahmen insofern sowohl das Fach das Denken und Empfinden des Schülers bestimmt als auch der Lernfortschritt und das Verständnis des Schülers den Grad der fachlichen Vertiefung und die notwendige didaktische Reduktion steuert. Eine solche Beziehung zwischen forschendem Subjekt und dem Gegenstand der Forschung, wie sie im Schulfach existiert, ist innerhalb der Fachwissenschaft nicht vorhanden und sogar ausdrücklich unerwünscht.[191]

---

[190] Dewey bringt den Gegensatz Schüler - Fach mit den folgenden Worten (hier in einer Übersetzung von Wittmann) zum Ausdruck: "Auf der einen Seite das Kind in seiner Individualität, auf der anderen Seite die Fächer als gesellschaftliche Errungenschaften. Diese Konfrontation liegt allen Auffassungsunterschieden innerhalb der Pädagogik zugrunde. (...) Das Kind wird durch die Fächer aus seiner überschaubaren Umgebung in die weite Welt geführt, bis über die Grenzen des Sonnensystems hinaus. Die kleine Spannbreite seiner persönlichen Erinnerung wird mit den langen Jahrhunderten der Geschichte der Völker konfrontiert. (...) Fächer sind, mit einem Wort, das Ergebnis wissenschaftlicher Bemühungen von Zeitaltern, nicht das Ergebnis aus der Erfahrung des Kindes" (Dewey 1976, S. 1-3). Als Folge dieser Sichtweise resümiert Dewey: "Es bleibt daher buchstäblich nichts anderes übrig, als vom Kind auszugehen. Das Kind, und nicht der Stoff, muß die Qualität und die Quantität des Lernens bestimmen" (Dewey 1976, S. 4). Hammelrath zieht aus dieser Erkenntnis Schlussfolgerungen für die Lehrerbildung: "Worum geht es in der Lehrerausbildung? Geht es um Umgang mit Kindern, oder geht es um fachliche Kompetenz? (...) Diese Stelle ist eine der kritischsten und eine Sollbruchstelle in der gesamten Reformdiskussion um die Lehrerausbildung" (Hammelrath, Alf, in: SPD-Landtagsfraktion NRW 1997, S. 50).
[191] Die Forderung nach subjektinvarianter Forschung ist insbesondere in den Naturwissenschaften grundlegender Bestandteil des eigenen Wissenschaftsverständnisses.

4.2 Fachdidaktik und ihr Verhältnis zur Fachwissenschaft 187

Adler et al. stellen 1996 fest, dass im Rahmen einer empirischen Untersuchung unter Fachdidaktikern mehrheitlich das jeweilige Schulfach und nicht die Fachwissenschaft als primäre Bezugsgröße eigener Forschungsaktivitäten genannt wurde (vgl. Adler et al. 1996, S. 51). Die Autoren machen in diesem Zusammenhang auf die immer schwieriger werdende eindeutige Zuordnung der Schulfächer zu einer Fachdisziplin aufmerksam: "Aus der verstärkten Spezialisierung in den Wissenschaften einerseits und der in den letzten Jahren stärker gewordenen Betonung allgemeinbildender und erzieherischer Aufgaben der Schule andererseits folgt nämlich notwendig eine immer lockerer werdende Beziehung zwischen Einzelwissenschaft und Schulfach" (Adler et al. 1996, S. 51). Als Beispiel ließe sich hier für das Fach Deutsch anführen, dass neben der Germanistik längst auch die Kommunikations- und Medienwissenschaft sowie die Psychologie oder Soziologie einen Zugang zu unterrichtlichen Prozessen gefunden haben. Im Fach Physik sind alle anderen Naturwissenschaften, aber auch zunehmend gesellschaftswissenschaftliche Disziplinen, bei der unterrichtlichen Problematisierung moderner physikalischer Grenzfragen in Betracht zu ziehen. Der traditionelle Fächerkanon bricht im schulischen Kontext zunehmend auf[192]; es bedarf daher innerhalb der fachdidaktischen Arbeit einer stetigen Hinterfragung, welchen besonderen Bildungswert und -auftrag das jeweilige Schulfach besitzt. Die Kommission zur Neuordnung der Lehrerbildung in Hessen drückt dies so aus: "Da die an den Universitäten gelehrten wissenschaftlichen Disziplinen nur teilweise als Schulfächer installiert und diese teilweise unabhängig von den Fachwissenschaften entwickelt bzw. weiterentwickelt wurden, besteht eine Aufgabe der Fachdidaktik darin, Begründungen für die Einrichtung, die unterrichtliche Bedeutung und den Bildungswert des betreffenden Schulfaches zu überprüfen und gegebenenfalls in Frage zu stellen und zu ergänzen oder zu revidierenden Begründungen zu kommen" (Kommission zur Neuordnung der Lehrerbildung an Hessischen Hochschulen 1997, S. 86). In diesem Zusammenhang leistet die Fachdidaktik eine wichtige Legitimationsgrundlage für die Bedründung des jeweiligen Schulfaches im Fächerkanon der Schule. So wundert es nicht, dass parallel zur Ausdifferenzierung und Gründung der ersten Fachdidaktiken die Berechtigung fast aller Schulfächer in Frage gestellt wurde. Heursen sieht hier eine wesentliche Funktion der Fachdidaktik: "Wenn z. B. die Legitimationsgrundlage eines Faches, wie es in fast allen Schulfächern gegen Ende

---

[192] Klafki bemerkt zu diesem Thema: "Es gibt in Wahrheit keine lineare Beziehung zwischen einzelnen hochdifferenzierten Wissenschaften auf ihrem heutigen Entwicklungsstand und den Fächern des Schulunterrichts, zumal dieses Fächerungsprinzip selbst z. T. umstritten ist" (Klafki 1988, S. 32).

der 60er Jahre geschehen ist (...), massiv in Zweifel gezogen werden, dann kann nur eine Reflexion der gesellschaftlich-politischen wie auch der pädagogischen Legitimationsgründe eines Faches durch seine Didaktik selbst dieses Fach aus der Bedrängnis führen und es auf eine neue Grundlage stellen" (Heursen 1984, S. 85). Die Auswahl der an den Schulen unterrichteten Fächer ist das Ergebnis gesellschaftspolitischer, aber auch wissenschaftlicher Einflussnahmen, die zu einem gewissen Teil der institutionellen Absicherung der wissenschaftlichen Disziplinen dienten.[193] Posch beschreibt diesen Prozess so: "Der derzeitige Fächerkanon beruht auf dem System der wissenschaftlichen Disziplinen des 19. Jahrhunderts und ist von der Universität über das Gymnasium in die berufsbildenden höheren Schulen, in die Hauptschule und teilweise bis in die Grundschule vorgedrungen (...). Eine Reihe von akademischen Disziplinen hat sich auf diese Weise im Schulwesen eine eigene Abnehmerorganisation geschaffen, für die fast ausschließlich ausgebildet wird" (Posch 1983, S. 21). Aufgabe der Fachdidaktik ist in diesem Zusammenhang, den eigenständigen Beitrag des betreffenden Schulfaches zur Allgemeinbildung herauszuarbeiten und zu begründen. Kritisch anzumerken ist die Tatsache, dass der damit auch implizierte Ansatz, die Legitimation des eigenen Schulfaches auf den allgemeinbildenden Wert hin selbstkritisch zu hinterfragen, nur selten von den Fachdidaktiken in einer objektiven und unvoreingenommenen Weise geleistet wird. In der Intention, die eigene Existenz nicht zu gefährden, stellt jede Fachdidaktik den Bildungswert des von ihr vertretenen Schulfaches als unverzichtbar heraus. Die aber von Lehrern,

---

[193] Es stellt sich hier die berechtigte Frage, warum z. B. wissenschaftlich weitgehend unangefochtene Disziplinen wie Medizin, Psychologie oder Jura im Schulunterricht einen nur marginalen Raum einnehmen. Diese Frage ist m. E. bisher nicht zufriedenstellend untersucht worden. Die Vermittlung von Kenntnissen aus diesen Disziplinen würde insbesondere Kriterien wie Vermittlung von Selbstständigkeit, Lebensnähe oder Lebensorientierung genügen. Historisch gesehen erscheint die Annahme berechtigt, dass diese Disziplinen durch die Aufnahme in den schulischen Fächerkanon den Charaker einer "Geheimwissenschaft" mit streng geschütztem Berufsethos verloren hätten. Adler et al. äußern sich dazu in folgender Form: "Auch ist darauf hinzuweisen, daß die Aufnahme eines Fachs in den schulischen Fächerkanon in Geschichte und Gegenwart auch mit dessen angenommenen Beitrag zur Allgemeinbildung gefordert und legitimiert wurde. Bestand über diesen Beitrag kein Konsens mehr, so war ein Fach dann auch nicht mehr lange als Bestandteil des Pflichtpensums zu halten. Konkrete Lebensvorbereitung oder ähnliches allein genügt offenbar nicht, um ein Fach im Kanon zu verankern und zu halten" (Adler et al. 1996, S. 50). Otto und Schulz sehen die Ausdifferenzierung der Fächer sehr pragmatisch: "Historisch ist die Ausprägung der Fächer ein Fortschritt in der Ausgestaltung der Institutionen, in der Ziselierung der Selektionsmechanismen, in der Differenzierung der zu verteilenden Chancen und in der Orientierung der allgemeinbildenden Schule an Wissenschaft und Wissenschaftsförmigkeit" (Otto/Schulz 1987, S. 101).

4.2 Fachdidaktik und ihr Verhältnis zur Fachwissenschaft 189

Eltern und Schülern in der schulischen Realität wahrgenommenen grundsätzlichen Unterschiede in der Bedeutung von Schulfächern für außerschulische Ausbildungs- und Studiengänge werden in der Darstellung des Schulfaches durch die jeweilige Fachdidaktik eher ignoriert.

4.2.2.5 Bedeutung der Fachwissenschaft für die Fachdidaktik

Für die Einschätzung und Beurteilung des spannungsreichen Verhältnisses zwischen der Fachdidaktik und der korrespondierenden Fachwissenschaft ist die historische Ausgangsbedingung der Fachdidaktik an den ehemaligen Pädagogischen Hochschulen von besonderer Bedeutung: In der grundlegenden Tendenz, im Rahmen der Volksschullehrerausbildung an den ehemaligen Pädagogischen Akademien bzw. Pädagogischen Hochschulen auch die fachwissenschaftliche Ausbildung durch das Wahlfachstudium zu intensivieren, kam den Fachdidaktikern an den Pädagogischen Hochschulen quasi in Personalunion eine fachwissenschaftliche *und* fachdidaktische Aufgabe zu. Erst mit der Reformierung der Lehrerausbildungsgesetze in den 70er Jahren und ausgehend von den Forderungen des Deutschen Bildungsrates entwickelte sich die heutige personelle Trennung zwischen Fachwissenschaftlern und Fachdidaktikern an den entweder neugegründeten oder aus den Pädagogischen Hochschulen hervorgegangenen und jetzt an der Universität befindlichen fachdidaktischen Institute und Lehrstühle. Dieser Hintergrund ist für die Einschätzung der weiteren Zusammenhänge von großer Bedeutung.

D. h. auch hier verlaufen die beiden Stränge der Lehrerbildung entgegengesetzt und begegnen sich im Brennpunkt Fachdidaktik: Auf der einen Seite steht die sich reformierende Volksschullehrerbildung, die auf der Suche nach fachlicher Qualifizierung eine Trennung von Fachwissenschaft und Fachdidaktik anstrebt[194], und auf der anderen Seite befindet sich die allmählich etwas stärker der

---

[194] Schulz weist darauf hin, dass die Kritiker der Fachdidaktiken sich häufig auf die in ihren Augen unbefriedigende Situation an den ehemaligen Pädagogischen Hochschulen bezogen: "Fachdidaktiker, die an den Universitäten den 'Fächern' zugeordnet wurden, lebten unter dem Anspruch der Kritiker der 'neuen wissenschaftlichen Lehrerbildung', die sich in der Sorge formulierte: Nur keine 'PH-Zustände'! Dieses war eine neuerliche Anspielung auf die Tatsache, daß dort die Fachdidaktik der Erziehungswissenschaft zu-, oftmals in ihrer Wirkung auch untergeordnet war" (Schulz 1994, S. 127).

schulischen Unterrichtspraxis zuwendende Gymnasiallehrerbildung und die damit verbundene Frage nach didaktischer und erziehungswissenschaftlicher Intensivierung bei gleichzeitiger Beibehaltung des fachwissenschaftlichen status quo. Beide Reformanstrengungen liegen im Trend einer allgemeinen Wissenschaftsorientierung und bis dato einmaligen Expansion im Wissenschaftsbetrieb der ausgehenden 60er und 70er Jahre.

So ist es verständlich, dass der Wunsch nach einer fachwissenschaftlichen Fundierung innerhalb der Lehrerbildung auch durch den Deutschen Bildungsrat unmissverständlich eingefordert wird: "Für alle Lehrer im Primar- und Sekundarbereich bedeutet fachliche Ausbildung Studium der Fachwissenschaften. Dieses Studium steht - wenn auch mit unterschiedlicher Gewichtung - im Zentrum der Lehrerausbildung" (Deutscher Bildungsrat 1970, S. 228). Andererseits wird aber gleichzeitig betont, dass "dieses Fachstudium sich nicht so spezialisieren wird wie das Studium des Studenten, dessen Beruf die Fachwissenschaft selber oder eine andere studienbezogene Tätigkeit sein wird; aber dem wissenschaftlichen Anspruch nach darf das Fachstudium des Lehrers nicht hinter anderen Studien zurückstehen" (Deutscher Bildungsrat 1970, S. 228). Grundsätzlich betont das Gremium, dass Lehrer für die Sekundarstufe II ein intensives Fachstudium mit größerem Zeitaufwand betreiben müssen und Lehrer der Sekundarstufe I bzw. Primarstufenlehrer mehr exemplarisch in das Fachstudium eindringen sollen. Grundsätzlich gilt: "Eine oberflächlich-enzyklopädische Bildung für den Lehrer ist in jedem Falle abzulehnen" (Deutscher Bildungsrat 1970, S. 229).

Dieses durchaus vehemente Eintreten für den fachwissenschaftlichen Schwerpunkt im Studium aller Lehrämter wird mit der geforderten curricularen Innovationsfähigkeit durch den Lehrer, die einen engen Kontakt zwischen fachwissenschaftlichen Neuerungen sowie gesellschaftlichen Entwicklungen und deren schulische Umsetzungen ermöglichen soll, begründet.[195] Der Bildungsrat

---

[195] Jung betont, dass eine wesentliche Aufgabe des angehenden Lehrers und damit auch des Fachdidaktikers darin besteht, "festzustellen, was Schulstoff sein soll und was nicht, was am Schulstoff geändert und verbessert werden soll". Um diese Aufgabe wahrzunehmen, muss er seiner Meinung nach den Schulstoff "von einem höheren Standpunkt aus" verstanden haben, die Strukturen seiner Disziplin kennen und damit einen Einblick in die Forschungsmethodik gewinnen (vgl. Jung 1972, S. 38). Merkelbach sieht in einem Vergleich zwischen Gymnasial- und Grundschullehramt eine enge Verbindung zwischen fachwissenschaftlicher und didaktischer Qualität: "Die größere fachwissenschaftliche Kompetenz, das stelle ich bei GymnasialstudentInnen und -lehrerInnen in fachdidaktischen Veranstaltungen immer wieder fest, zeigt sich in der Regel in der auch besseren Qualität fachdidaktischer Reflexion" (Merkelbach 1992, S. 9). Landfried stellt als Präsident der Hochschulrektorenkonferenz unmissverständlich zur Lehrerbildung fest: "Der Lehrer als Erzieher ist eine wichtige Leitbildfunktion, setzt aber fachliche Kompetenz zuallererst voraus. Ohne eine

4.2 Fachdidaktik und ihr Verhältnis zur Fachwissenschaft

sieht aber auch die im Sinne Geißlers angesprochene Verpflichtung der Fachwissenschaft, ihrerseits Brücken zu den didaktisch relevanten Aspekten des Faches zu schlagen: "Verbesserung und Integration der Fachdidaktik innerhalb des Fachstudiums hat nichts mit einer 'Pädagogisierung des fachwissenschaftlichen Studiums' zu tun. Je mehr es gelingt, vom Fachstudium aus die Brücken zur Schulpraxis zu schlagen, und je mehr das Fachstudium auch unter den Bedingungen fachdidaktischer Rationalität betrieben wird, umso wirksamer und weniger zeitbeanspruchend kann die fachwissenschaftliche Ausbildung insgesamt angelegt sein" (Deutscher Bildungsrat 1970, S. 230). Interessant an dieser Argumentation, die Bedeutung der Fachdidaktik auch und besonders für den Fachwissenschaftler herauszustellen, ist die Tatsache, dass Synergieeffekte im Studium zu Zeitersparnis und höherer Effektivität im Ergebnis führen kann. Anregungen von Seiten der Fachdidaktik auf die Fachwissenschaft begünstigen und verbessern die Studienbedingungen in der Lehre und Forschung. Stock formuliert dieses interdependente und nutzbringende Verhältnis folgendermaßen: "Die Fachdidaktik nötigt die Fachwissenschaft, sich mitteilbar zu machen; die Fachwissenschaft verpflichtet die Fachdidaktik, in allen Vermittlungs- und Umsetzungsprozessen die Standards der fachwissenschaftlichen Gegenstandserfassung zu wahren" (Stock 1979, S. 101). Auch hier wird also wieder eine aktive, ja sogar nötigende Rolle von der Fachdidaktik eingefordert, auf die Abläufe innerhalb der Fachwissenschaft einzugehen und diese kritisch zu begleiten. Erfahrungen aus der Praxis zeigen aber, dass eine konstruktive Zusammenarbeit zwischen Fachdidaktikern und Fachwissenschaftlern eine offene und von gegenseitigem Verständnis für die jeweilige Perspektive geprägte Atmosphäre voraussetzt. Geradezu schädlich wäre der Eindruck, dass Fachdidaktiker universelle Experten für alle Fragen der Vermittlung des Faches auch im universitären Sektor darstellen. Eine solche Interpretation ihrer Funktion wäre kontraproduktiv und entspräche auch nicht dem Selbstverständnis fachdidaktischen Denkens. Das fachdidaktische Rollenverständnis (z. B. im Sinne des Deutschen Bildungsrates) umfasst aber dennoch eine aktive Partizipation an fachwissenschaftlichen Studieninhalten mit dem gemeinsamen Ziel, Anstrengungen zur Verbesserung der Lehre innerhalb der Hochschule zu unternehmen und so den Transformationsprozess fachlichen Wissens zu begünstigen.[196] Gleichzeitig wird aber die

---

solide fachliche Kompetenz wird jede Erziehung hohl. Sonst bekommen sie nur einen Moderator, der will, aber nicht kann" (Landfried 1997, S. 13).

[196] Mangold/Oelkers bestätigen diese Sichtweise: "Der Arbeitsbereich und Identitätskern von 'Fachdidaktik' ist Schule. Aber dieser enge Fokus muss konfrontiert werden mit einem an sich *weiten* Bedeutungsfeld. Keine wissenschaftliche Disziplin könnte ohne immanente

4. Fachdidaktik im Kontext der Berufswissenschaften des Lehrers

Einhaltung der fachwissenschaftlichen Forschungsmethoden und –instrumentarien durch die Fachdidaktik für unerlässlich gehalten, obwohl die Fachdidaktik selbst über eigene, zum Teil sozialwissenschaftliche Methoden verfügt. Häußling bedauert, dass im Rahmen dieses Verständnisses einer im Hinblick auf die Fachwissenschaft aktiven und fordernden Fachdidaktik, diese "nur allzu selten ernstzunehmende Beiträge über die Fachwissenschaft selbst und ihre erkenntnis- und wissenschaftstheoretischen Bemühungen vorlegt" (Häußling 1978, S. 296). Solche Äußerungen können als Beleg für ein gespanntes und von Misstrauen und Unverständnis geprägtes Verhältnis gewertet werden.

Die Kommission Schulpädagogik / Didaktik - Lehrerausbildung der Deutschen Gesellschaft für Erziehungswissenschaft geht in ihrem Thesenpapier zur Weiterentwicklung der Ausbildung von Lehrerinnen und Lehrern 1997 noch einen Schritt weiter und betont die Verpflichtung der Fachwissenschaft, durch eine exemplarische Auswahl von schulrelevanten Inhalten eine Orientierung am späteren Beruf des Lehrers zu gewährleisten. "(...) es ist nicht gleichgültig, an welchen Stellen im endlosen Spektrum möglicher wissenschaftlicher bzw. fachwissenschaftlicher Inhalte die angehenden Lehrerinnen und Lehrer sich 'einwurzeln': Es gibt Themenkreise, die der Schule näher sind, und solche die ihr ferner sind. (...) Diese Orientierung auf den Lehrerberuf darf nicht auf die Fachdidaktik abgeschoben werden, um die Fachwissenschaft so nicht von ihrem Bezug auf Berufsperspektiven zu entlasten" (Kommission Schulpädagogik/ Didaktik - Lehrerausbildung der Deutschen Gesellschaft für Erziehungswissenschaft 1997, S. 9). Als Folge dieser berechtigten Forderungen sind in den Vertiefungsgebieten des Hauptstudiums eigene fachwissenschaftliche Lehrveranstaltungen für Lehramtskandidaten notwendig, in denen bereits durch die Art der Darstellung und die Auswahl der Inhalte die spätere berufliche Perspektive offensichtlich wird. In den Studienfächern, in denen Lehramtskandidaten eher zur Minderheit gehören, werden solche Veranstaltungen aus kapazitären Gründen nicht angeboten.[197]

Fachdidaktik überleben, sie muss sich überliefern und dabei neu gestalten, und das ist nur möglich in Form von Lehre, also unter Bezugnahme auf die Didaktik des Faches. In diesem Sinne stellen 'Fachwissenschaften' und 'Fachdidaktik' keine Gegensätze dar, wie in der ideologischen Diskussion immer wieder behauptet worden ist" (Mangold/Oelkers 2000, S. 5).

[197] Tillmann fordert dagegen eine Abgrenzung der fachwissenschaftlichen Inhalte einerseits für Diplom-, andererseits für Lehramtskandidaten: "Für jedes Unterrichtsfach werden gesonderte, wohldurchdachte Curricula für Lehramtsstudierende entwickelt. Bei der exemplarischen Auswahl der Studieninhalte werden die Themen betont, die auch im schulischen Kontext eine Bedeutung haben" (Tillmann, Klaus Jürgen, in: SPD-Landtagsfraktion NRW

4.2 Fachdidaktik und ihr Verhältnis zur Fachwissenschaft

Die Deutsche Mathematiker Vereinigung e. V. versteht in ihrer Denkschrift zur Ausbildung von Studierenden des gymnasialen Lehramtes im Fach Mathematik im Jahre 1979 eine fachwissenschaftliche Vertiefung dagegen als *die* wesentliche Grundlage für dann später im Studium stattfindende fachdidaktische Lehrveranstaltungen: "Während der Universitätsausbildung können deshalb in der sehr begrenzt zur Verfügung stehenden Zeit im Wesentlichen nur die mehr fachbezogenen Aspekte der Fachdidaktik angesprochen werden." (...) "Die Mathematikdidaktik darf daher an der Universität nicht mit anderen Fachdidaktiken oder mit anderen Fächern institutionell zusammengefaßt werden" (Deutsche Mathematiker-Vereinigung e.V. 1979, S. 24). Neben diesem Plädoyer für die institutionelle Ansiedlung der Fachdidaktik bei der jeweiligen Fachwissenschaft ist der gesamte Charakter dieser Schrift durch eine sehr gründliche und intensive Begründung und Darlegung des fachwissenschaftlichen Studiums geprägt, wobei die Berücksichtigung fachdidaktischer Belange einen nur marginalen Raum einnimmt. Der Grundtenor besteht darin, eine solide fachwissenschaftliche Ausbildung zu gewährleisten, die Wissenschaftspropädeutik in der Schule überhaupt erst ermöglicht.[198] Damit ist diese Äußerung typisch für die gerade in den mathematisch-naturwissenschaftlichen Fachdidaktiken vorherrschende Dominanz der Fachwissenschaft. Keck benennt gewichtige und für die weitere Analyse entscheidende Gründe für diese Beobachtung: "Die Didaktiken der Naturwissenschaften und der Mathematik sind wohl am engsten an die korrespondierenden Fachwissenschaften gebunden. Wir sehen dafür mehrere Gründe. Zum einen

---

1997, S. 10). Eine solche Abschottung würde den angehenden Lehrern wichtige Einblicke in die universitäre Denk- und Arbeitsweise vorenthalten. Aber gerade diese Einblicke in den Wissenschaftsbetrieb bilden den Kern der *universitären* Lehrerbildung. Wissenschaft begreifen heißt auch, Erfahrungen über den Wissens*erwerb* und die Wissens*weitergabe* zu machen. Die fachwissenschaftlichen Angebote, die sich speziell an Lehramtsstudenten richten, können also nur (notwendige) *Ergänzungen* des gemeinsamen Gerüstes der Veranstaltungen für Diplom- *und* Lehramtsstudenten sein.

[198] Klämbt sieht ebenfalls einen Zusammenhang zwischen der geforderten Wissenschaftspropädeutik der Gymnasialen Oberstufe und der fachwissenschaftlichen Vertiefung des Lehramtsstudiums. Sein dadurch geprägtes Bild von Fachdidaktik drückt er bereits im Titel des Aufsatzes aus: "Wissenschafts-, nicht schulbezogene Fachdidaktik anbieten. (...) Da unsere Gymnasien die späteren Studenten heranbilden, muß eine enge fachwissenschaftliche Verknüpfung der Lehrerausbildung erhalten bleiben. Nur sie gewährt die fachliche Kompetenz bis zu den Toren der Universitäten. Zumindest in den Naturwissenschaften ändern und erweitern sich ständig die eigentlichen Substrate didaktischer Bearbeitung. Nur der Fachwissenschaftler kann die erforderliche Didaktik den geänderten Substraten kompetent anpassen. (...) Nicht schulfachbezogene Fachdidaktik, sondern wissenschaftsbezogene Fachdidaktik sollte während der wissenschaftlichen Ausbildung gefragt und angeboten werden" (Klämbt 1996, S. 96).

sind es sogenannte 'harte' Wissenschaften, deren Erkenntnisse auf Naturgesetzen und logischem Kalkül beruhen, aus deren Systematik nicht zu Lehrzwecken beliebige Stücke herausgebrochen und isoliert didaktisiert werden können. Zum zweiten handelt es sich um Wissenschaften von hoher gesellschaftlicher Reputation, deren Fachvertreter wohl am ehesten dazu neigen, ihre fachdidaktischen Kollegen 'von oben herab' zu betrachten, da diese in der Regel auf keinem fachwissenschaftlichen Spezialgebiet sonderlich ausgewiesen sind, sondern sich mit 'minderrangigen' Problemen plagen, z. B. wie naturwissenschaftliche Grundbildung Schülern zu vermitteln sei" (Keck et al. 1990b, S. 337).[199]

Die von Keck et al. angegebenen Gründe spiegeln die grundsätzlichen wissenschaftstheoretischen Differenzen zwischen den einzelnen Disziplinen wieder und machen klar, warum jede Fachdidaktik zwar auf der einen Seite ein sehr individuelles Verhältnis zur jeweiligen Fachwissenschaft zwangsläufig entwickeln muss, auf der anderen Seite allen Fachdidaktiken aber die Sorge um die Vermittlung des Schulfaches zum einzelnen Schüler als konstitutives Moment gemeinsam ist. Im Gegensatz zur eher großen Distanz zwischen Fachwissenschaft und Fachdidaktik in der Mathematik und den Naturwissenschaften befindet sich die Situation in der Sprach-, Literatur- oder Geschichtswissenschaft, denen eine fachdidaktische Metaebene aus ihrem fachwissenschaftlichen Selbstverständnis her immanent vorgegeben ist (vgl. Keck et al. 1990b, S. 338). Keck betont, dass diese Wissenschaften per se von ihrem Gegenstand her auf Vermittlung und Verstehen, Kommunikation und Interpretation angelegt sind. Diese Kategorien sind auch in der didaktischen Arbeit grundlegend und führen hier schneller als in den mathematisch-naturwissenschaftlichen Fächern zu einem gemeinsamen Verständnis. Für die Geschichtswissenschaft gilt z. B., dass mit einer ihrer fachwissenschaftlichen Intentionen, nämlich der Vermittlung zwischen Vergangenem und Gegenwärtigen, dem Fach von vornherein ein didaktisches Moment innewohnt. In diesem Kontext spricht der Deutsche Philologenverband 1997 von einer notwendigen Ankoppelung der Fachdidaktik an entsprechende fachwissenschaftliche Forschungen. Er fordert im Rahmen der Gymnasiallehrerausbildung dabei "eine besonders intensive Ausrichtung auf die Fachwissenschaften" sowie

---

[199] Besonders pointiert bringt Harreis diese Tatsache auf den Punkt, indem er das gespannte Verhältnis zwischen mathematisch-naturwissenschaftlichen Disziplinen und der Erziehungswissenschaft durch folgende Beobachtung umschreibt: "In Weiterbildungskursen für Gymnasiallehrer werden Seitenhiebe auf die Didaktik zumeist mit zustimmender Heiterkeit zitiert. Ein Referent, der sich in verdienstvoller Weise der Weiterbildung von Gymnasiallehrern gewidmet hat, pflegte seinen Kurs unter dem Applaus der Teilnehmer mit der Feststellung einzuleiten, daß in diesem nur von Physik und in keiner Weise von Didaktik oder Psychologie die Rede sein werde" (Harreis 1992, S. 398).

4.2 Fachdidaktik und ihr Verhältnis zur Fachwissenschaft

"spezielle vertiefte Kenntnisse in Teilgebieten der Fächer, Wissen über wissenschaftliche Arbeitsweisen, Urteilsvermögen auf seinem Fachgebiet, Kenntnis der Zusammenhänge" (Deutscher Philologenverband 1997, S. 5ff.). Eine Verkürzung der fachwissenschaftlichen Studienanteile wird zurückgewiesen. Gerade auch das vertiefte Studium fachwissenschaftlicher Teil- und Spezialgebiete im Hauptstudium des Studenten gewährt ihm z. B. bei der Bearbeitung von Hauptseminaren, Hauptpraktika oder der Einarbeitung in das Vertiefungsgebiet seiner schriftlichen Examensarbeit wichtige Einblicke in die Arbeitsweisen und Strukturen der Fachwissenschaft. Häufig wird der Student erst zu diesem Zeitpunkt ein vertieftes Studium von Fachzeitschriften, losgelöst von Lehrbüchern und Standardmonographien, betreiben und dadurch in prinzipielle wissenschaftliche Verfahren und Methoden gründlich eingeführt. Gerade die Erfahrung von Forschung *und* Lehre ist ein Spezifikum wissenschaftlicher Arbeitsweise, die große Bedeutung für den angehenden Lehrer hat.[200] Simonsohn hebt diesen Aspekt deutlich hervor und warnt, mit einem von der Fachwissenschaft isolierten Verständnis der Fachdidaktik, den Lehramtsstudenten solche Erfahrungen vorzuenthalten: "Fachdidaktik in der Lehrerausbildung darf nicht dazu führen, daß Lehramtsstudenten davon ausgeschlossen wären, das dynamische, wenn auch konfliktreiche Nebeneinander von qualifizierter fachwissenschaftlicher Forschung und allgemeiner Lehre an der Universität kennenzulernen. Es wäre bedenklich, wenn die Allgemeinbildung der Lehramtsstudenten, auf die Fachdidaktik zielt, gerade diese Lücke hätte: Sie verstünden nichts vom Geist der Forschung in ihrem Fach" (Simonsohn 1985, S. 259).[201] Das gründliche Studium

---

[200] Stock deutet dies folgendermaßen vorsichtig an: "Es zeigt sich doch, daß eine wissenschaftlich solide Entfaltung der Fachdidaktik nur in enger Kooperation mit dem entsprechenden Fachbereich möglich sein wird" (Stock 1979, S. 83). Auch Sauer, der in seinen Ausführungen der Fachdidaktik eine große Bedeutung im Rahmen der Lehrerbildung beimisst und die hohe Qualität fachdidaktischer Arbeit an den Pädagogischen Hochschulen unterstreicht, betont, dass fachdidaktische Forschung nur auf einer soliden fachwissenschaftlichen Grundlage betrieben werden kann (vgl. Sauer 1968, S. 240). Rekus stellt den Unterschied zwischen dem Bildungs- und Erziehungsauftrag des Lehrers und der grundsätzlich anderen Auftrag eines Sozialpädagogen oder Therapeuten heraus: "Lehrer müssen also Fachleute für Unterricht und Erziehung sein, nicht mehr, aber auch nicht weniger. Und eben dieses unterscheidet sie von Sozialpädagogen und Therapeuten" (Rekus 1998, S. 5).

[201] Kopp geht davon aus, dass die Krise einiger Fachdidaktiken auch durch Probleme der Fachdisziplin begründet ist: "Wenn die Fachwissenschaft versagt, wenn ihr Selbstverständnis ungeklärt ist, steht auch die Didaktik vor offenen Fragen. Warum kommt der Geschichtsunterricht heute mit bestimmten Schwierigkeiten nicht zurecht? Weil ihm die historische Wissenschaft kein wirklich tragendes Geschichtsbild schenkt und weil Sinn und Wesen der Geschichte nicht mehr klar gesehen werden" (Kopp 1972, S. 191). Unter Be-

der Fachwissenschaft ist also immer eine notwendige Grundlage für jede fachdidaktische Problematisierung und jedes Weiterdenken im didaktischen Sinne.

Die besondere Forcierung fachwissenschaftlicher Studien vor Beginn einer fachdidaktischen Ausrichtung auf schulrelevante Themen lässt sich aber auch unter arbeitsplatzsichernden Aspekten (Stichwort in diesem Zusammenhang ist die Polyvalenzdiskussion[202] der 80er Jahre) legitimieren. In der speziellen Perspektive des Physikdidaktikers Harreis besteht im Physikstudium und sicherlich auch im übertragenden Sinne in den anderen mathematisch-naturwissenschaftlichen Disziplinen die folgende auf Arbeitsplatzsicherheit abzielende Möglichkeit zur Organisation des Studiums: "Ohne das solide Fundament der fachlichen Ausbildung ist auch eine fachdidaktische Ausbildung wirkungslos. Vor diesem Hintergrund ist im Grundstudium eine teilweise Ausbildung zusammen mit den Diplomphysikern möglich und sogar wünschenswert, da dann ein Studienfachwechsel in beiden Richtungen ohne große Verluste möglich wird" (Harreis 1992, S. 398).[203] Auf den besonderen Wert einer fachdidaktischen Ausbildung für einen Arbeitsplatz auch außerhalb der Schule muss ebenfalls hingewiesen werden. Vielen arbeitsplatzsuchenden Lehrern in den 80er Jahren war der Nachweis methodisch-didaktischer Fähigkeiten und Erfahrungen bei der Suche nach einem adäquaten und qualifizierten Arbeitsplatz in der Industrie besonders hilfreich. In diesem Zusammenhang unterscheidet Schulz zwischen einer anzustrebenden *Professionalisierung* des Lehramtsstudiums, also der Ausrichtung dieses Studiums auf den Beruf, Tätigkeitsbereich oder Tätigkeitsfeld und der Forderung nach *Polyvalenz*, mit der die Ausrichtung der Studiengänge auf mehrere Berufe Ende der 70er und Anfang der 80er Jahre propagiert wurde (vgl. Schulz 1990, S. 514). Die reale Situation auf dem Arbeitsmarkt belegt aber, dass der professionell ausgebildete Lehrer durch die Gewährleistung eines frühzeitigen Berufspraxisbezuges (eben durch fachdidaktische, erziehungswissenschaftliche und schulpraktische Studienelemente) und einer konsequenten Ausrichtung auf fundierte Fachkenntnisse günstigere Chancen auch auf

---

zugnahme auf Wagenschein bezeichnet er die Fachwissenschaft als Ausgang der didaktischen Besinnung (vgl. Kopp 1972, S. 191).

[202] vgl. zur Polyvalenzdiskussion der 80er Jahre exemplarisch Süßmuth 1984.

[203] Harreis schließt eine gemeinsame Ausbildung von Diplomkandidaten und Staatsexamenskandidaten im Hauptstudium allerdings aus (vgl. Harreis 1992, S. 398). Dies entspricht aber nicht der gängigen Praxis, angehende Gymnasiallehrer bzw. Sekundarstufen II-Lehrer auch im Hauptstudium mit Diplomkandidaten parallel auszubilden. Aufgrund der gesetzlich vorgeschriebenen Studien im zweiten Unterrichtsfach und in der Erziehungswissenschaft findet dieses Studium zwar mit quantitativen Reduzierungen, keinesfalls aber qualitativen Einschränkungen statt.

4.2 Fachdidaktik und ihr Verhältnis zur Fachwissenschaft 197

dem außerschulischen Arbeitsmarkt erwirbt. "Tatsächlich haben die bisherigen Versuche zur Vermittlung 'polyvalent' ausgebildeter Lehrer in außerschulische Tätigkeitsfelder keine oder nur sehr geringe Erfolge gezeigt. Der 'professionalisiert' Ausgebildete läßt sich hingegen auch für andere Tätigkeiten wesentlich besser vermitteln" (Schulz 1990, S. 514). Auch Beckmann wendet sich gegen die Forderung nach Polyvalenz im Lehrerberuf und betont, dass eine solche Tendenz im Ergebnis zu einem Dilettantismus in den Schulen führen würde, da die eigentlichen Berufsaufgaben des Lehrers damit bereits im Studium nicht genügend berücksichtigt würden. Er formuliert umgekehrt: "Wissenschaftlichkeit und Berufsbezug gehören in der Lehrerbildung unaufhebbar zusammen" (Beckmann, Hans-Karl, in: Ministerium für Wissenschaft und Forschung Baden-Württemberg 1994, S. 219). Dieses Verständnis von Professionalisierung der Lehrerbildung ist unmittelbar mit der zentralen Stellung und Bedeutung der Fachdidaktik und ihrem engen Verhältnis zur Fachwissenschaft verbunden. Nur die Fachdidaktik gewährleistet gerade diesen wechselseitigen Bezug zum Fach *und* zur angestrebten Berufspraxis. Der Fachdidaktik obliegt es, die Beziehung zum späteren Berufsfeld des Lehrers aufzubauen und somit eine professionelle fachliche Wissensbasis bereitzustellen, die sich durch ihren Bezug zu erziehungswissenschaftlichen Fragedimensionen unter Berücksichtigung motivations- und kognitionspsychologischer Kenntnisse deutlich von dem Studium der Fachwissenschaft abhebt. Die hohe Verantwortung und gesellschaftliche Tragweite des unterrichtlichen Handelns des Lehrers erfordert eine solche professionelle Orientierung bereits innerhalb des Universitätsstudiums. Eine nur randständige Zugabe solcher Kernelemente des Berufsverständnisses nach Abschluss der rein fachwissenschaftlichen Studien, um eine möglichst breite Verwendung auch in außerschulischen Berufsfeldern im Sinne von "Polyvalenz" zu ermöglichen, wird der Tragweite und Bedeutung des Lehrerhandelns nicht gerecht.[204]

Otto unterstreicht bereits in der frühen Phase der fachdidaktischen Entwicklung an den Universitäten (1972) die beiderseitige Anbindung der Fachdidaktik, einerseits an das Fach, aber auch an die Belange des Kindes, wenn er

---

[204] Die von der Kultusministerkonferenz eingesetzte Kommission Lehrerbildung versteht in diesem Sinne eine professionelle Ausbildung als eine Voraussetzung für Polyvalenz an: "Die Kommission ist (...) der Überzeugung, dass eine ausgeprägte, am Lehrerberuf ausgerichtete Professionalität eine gute Voraussetzung bietet, auch außerhalb des schulischen Bereiches beruflich Fuß zu fassen. Aus dieser Perspektive empfiehlt sie eine klare Orientierung der Ausbildung am Berufsfeld des Lehrers" (Terhart 2000, S. 72). Die Kommission überschreibt diese Auffassung professioneller Lehrerbildung mit der Formel "Professionalität als Polyvalenz" und leistet damit einen Beitrag, den Widerspruch zwischen Professionalität und Polyvalenz aufzuheben.

schreibt: "Fachdidaktische Entscheidungen ohne genaue Sachkenntnis und Erfahrung in dem Fachbereich, auf den sich die jeweilige Didaktik bezieht, sind natürlich unmöglich. Darüber hinaus: In der Zusammensetzung mit *Didaktik* meint *Fach* nicht in direkter Verlängerung die jeweilige Disziplin, die Einzelwissenschaft. Vielmehr gehören zum einzelnen Unterrichtsfach die - jeweils neu zu ermittelnden - Dimenionen (oder Aspekte) des Lebensbereiches von Kindern und Jugendlichen, die sich von den Positionen des einzelnen Faches her betrachten oder klären lassen" (Otto 1972, S. 222).

Gemeinsames Kennzeichen dieser Forderungen ist die These, dass fachdidaktisches Denken und Forschen nie ohne eine solide fachwissenschaftliche Grundlage und ein zeitlich vorhergehendes bzw. paralleles Fachstudium vollzogen werden kann. Grundlegend dabei sind bilaterale Beeinflussungsmöglichkeiten, insbesondere scheint eine tatsächliche Modifizierung fachwissenschaftlicher Studienelemente für Lehramtsstudenten durch Berücksichtigung fachdidaktischer Forderungen und Prinzipien allzu häufig in den Hintergrund zu geraten, wenn nicht völlig in der gegenwärtigen Praxis an den Universitäten zu fehlen.

Heursen betont die besondere Eigenständigkeit und von der Fachwissenschaft unabhängige Funktion der Fachdidaktik, wenn er schreibt: "Ein Blick auf die Entstehungsgeschichte der jungen Disziplin Fachdidaktik zeigt, daß die Verfachlichung des Studiums die Fachdidaktik erst bedingt aber nicht einschließt oder anders gesagt: Eine didaktische Ausbildung setzt eine fachwissenschaftliche voraus, begleitet und kritisiert sie; sie ist aber nicht notwendigerweise ihr Bestandteil, vielmehr steht sie - ohne den Kontakt zur Fachwissenschaft zu verlieren - zu dieser in einer, wie ich es nennen möchte, produktiven Distanz" (Heursen 1984b, S. 85).

4.2.2.6 Fachdidaktische Autonomie gegenüber der Fachwissenschaft

Eine erste Annäherung an die Frage, welchen Grad an Autonomie fachdidaktische Arbeit gegenüber der drohenden Bevormundung durch die Fachwissenschaft besitzen muss, soll dadurch erreicht werden, dass die besonderen Charakteristika *fachwissenschaftlicher* Forschungsanstrengungen zunächst kurz beschrieben werden. In dieser Darstellung der für nahezu alle universitären Disziplinen typischen Vorgehensweisen, wird der Unterschied zu den fachübergreifen-

4.2 Fachdidaktik und ihr Verhältnis zur Fachwissenschaft

den und mehrdimensionalen Anforderungen an die Fachdidaktik besonders deutlich:[205]

Die Abstraktion und zunächst ausschnittsweise Betrachtung komplexer Problemfelder ist ein typisches Ziel sowohl geistes-, gesellschafts- als auch naturwissenschaftlicher Methoden. Es findet dabei eine Orientierung an bereits bestehenden fachsystematischen Ordnungssystemen statt, so dass eine logische Hierarchisierung gewährleistet ist. Nicht die Lösung der komplexen Gesamtzusammenhänge eines Problems, sondern die isolierte Betrachtung, Beschreibung und letztlich Erklärung von Wirklichkeits*ausschnitten* durch Rückführung auf bereits bestehende Wissensbestände kennzeichnet häufig den fachwissenschaftlichen Fortschritt. Die Fachwissenschaft betrachtet Wirklichkeit dabei ohne Orientierung an Wertfragen oder Normvorstellungen, sofern solche normativen Aspekte nicht ihrerseits Einfluss auf den Forschungsgegenstand besitzen. Die Vorgehensweise speziell der Naturwissenschaft ist im Gegensatz zur Erziehungswissenschaft darüber hinaus durch das völlige Ausblenden nicht objektiv erfassbarer Aspekte gekennzeichnet. Durch diese Form der naturwissenschaftlichen Idealisierung, die eine bewusste Beschränkung auf eine endliche Anzahl zu beobachtender Parameter beinhaltet, entsteht eine natürliche Barriere in der Artikulation, Argumentationsstruktur bzw. Denkweise zu Erziehungswissenschaftlern.[206]

---

[205] Vorweg sei bemerkt, dass selbst über die Bezeichnungsweise der angesprochenen Disziplinen in der Praxis eine Diskussion geführt wird. Schmidt äußert sich dazu aus der Sicht des Fachdidaktikers: "Das häufig verwendete Begriffspaar Fachwissenschaft - Fachdidaktik suggeriert die Vorstellung, als ob es sich einfach bei dem ersteren Begriff um Wissenschaft, bei dem letzteren Begriff um Nicht-Wissenschaft handele, (...). Man sollte also aufhören, das Begriffspaar Fachwissenschaft - Fachdidaktik zu benutzen, und statt dessen von Fach und Fachdidaktik sprechen (Schmidt, P. G. 1978, S. 194). Stock bezieht sich auf Veröffentlichungen des Deutschen Bildungsrates und analysiert mit Bezug auf die dort benutzten Begriffe: "Es wird hier nicht, wie weithin üblich, 'Fachwissenschaft' neben Fachdidaktik gestellt, sondern 'Fach', 'Fachdisziplin', 'Fachausbildung' und Fachdidaktik werden in Beziehung gesetzt; beide sind ja 'Wissenschaft'. Diese Terminologie sollte sich einbürgern" (Stock 1979, S. 83).

[206] Fischler beschreibt diese Diskrepanz mit folgenden Worten: "Aus den methodologischen Unterschieden zwischen Fachwissenschaft und Fachdidaktik, die in den Naturwissenschaften besonders deutlich hervortreten, resultieren für die Fachdidaktiker Probleme mit dem eigenen wissenschaftlichen Selbstverständnis und Schwierigkeiten in der Kommunikation mit den Fachwissenschaftlern. (...) Die Fachwissenschaftler haben dagegen Mühe, die Didaktiker zu verstehen, die zwar die gleiche Disziplin - als Schulfach - vertreten und oft im gleichen Hochschul-Fachbereich angesiedelt sind, als Forscher jedoch in einer anderen wissenschaftlichen Welt leben" (Fischler 1980b, S. 286).

Für die Fachdidaktik, die sich ausschließlich als Appendix einer so funktionierenden Fachwissenschaft versteht, ergeben sich gravierende Mängel, die die Notwendigkeit eines eigenständigen und wesentlich autonomeren Verständnisses fachdidaktischer Forschungen aufzeigen: Eine ausschließlich an den Paradigmen der korrespondierenden Fachwissenschaft ausgerichtete Fachdidaktik besitzt keinen Schülerbezug und berücksichtigt damit nicht einen Kern didaktischen Forschens, nämlich die Frage nach der Genese des Wissens im Denken des Kindes.[207] Eine eindeutige Fehlinterpretation fachdidaktischer Arbeit entsteht, wenn fachwissenschaftliche Denkmuster unmittelbar auf fachdidaktische Prozesse transformiert werden. Dabei wird die "lebensweltliche Bedeutungshaftigkeit" (Keck 1990a, S. 26) erzieherischer Arbeit nicht berücksichtigt und damit ein wesentlicher Kern neuerer allgemeindidaktischer Theoriebildungen nicht beachtet. Die Einbettung fachlicher Gegenstände und Inhalte in *Kontexte*, die in der Lebenswelt des Schülers eine konkrete Bedeutung besitzen, bildet einen Kern modernen Unterrichtsverständnisses.[208] Die Herausstellung und Vermittlung dieser lebensweltlichen Relevanz fachwissenschaftlicher Erkenntnisse erzeugt Motivation im Lernprozess und stellt eine entscheidende Grundlage moderner fachdidaktischer Arbeit dar. "Die Fachdidaktik hat in diesem Zusammenhang die Aufgabe, das Wissen, das von der Fachwissenschaft zur Verfügung gestellt wird, daraufhin zu reflektieren, was davon für Weltverstehen und Bewältigung zukünftiger Lebenssituationen gebraucht wird" (Fritsch 1996, S. 209). Da die Ausrichtung an äußeren Motivationsaspekten sicherlich nicht prägend für fachwissenschaftliche Forschungsprozesse sein sollte und wohl auch in den meisten Fällen nicht ist, muss hier von grundsätzlich verschiedenen Zielvorgaben zwischen Fachwissenschaft und Fachdidaktik gesprochen werden[209]. Keck

---

[207] Nicklis weist berechtigt auf die nicht notwendige Korrelation zwischen fachlicher und berufspraktischer Eignung hin: "Nicht jeder, der beschließt, Lehrer (oder Lehrerin) zu werden und intelligent genug ist, ein x-beliebiges Fachexamen zu überstehen, ist schulgeeignet" (Nicklis 1989, S. 99).

[208] Vgl. z. B. die Aussagen zur *Kontextorientierung* in den Richtlinien und Lehrplänen der Sekundarstufe II des Gymnasiums und der Gesamtschule in Nordrhein-Westfalen, die zum 01.09.1999 in Kraft getreten sind, hier exemplarisch für das Fach Physik: Ministerium für Schule und Weiterbildung, Wissenschaft und Forschung NRW 1999, S. 8 bzw. S. 15 und S. 21.

[209] Wittmann äußert sich ebenfalls kritisch zur unreflektierten Übernahme von Methoden aus den Fach- und Bezugsdisziplinen aus der Perspektive des Mathematikdidaktikers: "Die Entwicklung wissenschaftlicher Standards in der Mathematikdidaktik durch Übernahme der Standards aus den Bezugsdisziplinen führt (...) zu dem unakzeptablen Ergebnis, daß Fragestellungen der Mathematikdidaktik nur insoweit und nur in der Weise bearbeitet werden, wie sie für die Methoden der Bezugsdisziplinen zugänglich sind. Der eigentliche

4.2 Fachdidaktik und ihr Verhältnis zur Fachwissenschaft 201

fasst diesen unauflöslichen Zielkonflikt mit den folgenden Worten zusammen: "Die Fachwissenschaft erbringt mit ihrer Ausrichtung auf Wertfreiheit und fachliche Wahrheit der Erkenntnisse zwar notwendige, aber nicht ausreichende Grundlagen gemessen an der pädagogischen Leitidee: Bildung als Befähigung zu selbständigen Handeln" (Keck 1990a, S. 26). Gemeinsames Kennzeichen dieser Aussagen ist die Tatsache, dass die durch fachwissenschaftliche Dominanz entstehende Ausprägung zu Fachsystematikern eine notwendige pädagogische Professionalisierung verhindert und damit den Ansprüchen einer Lehrerausbildung, die Antworten auf die fachlichen und gesellschaftlichen Herausforderungen der Neuzeit gibt, nicht gerecht wird.[210] Ein auf die Abbildung der Fachwissenschaft fixierter Unterricht orientiert sich an der möglichst vollständigen Systematik des Faches. Dabei wird aber häufig nicht beachtet, dass die "Ordnungen" und Systematiken der Fachwissenschaften das Ergebnis einer langen, manchmal jahrhundertelangen Kette von mühsamen Entwicklungsschritten ist. Erfahrungsbezogener, lebensnaher Unterricht bzw. entdeckendes Lernen startet dagegen zunächst mit dem Problem selbst, nutzt die offene Frage als Chance zur Konstruktion einer kognitiven Dissonanz und beginnt nicht mit der Präsentation der Lösungen.

Aus der Sicht der Fachwissenschaft wird argumentiert, dass die Beschäftigung mit fachdidaktischen Fragestellungen oder gar eine Ausrichtung an fachdidaktischen Erkenntnissen und Prämissen den Grundsatz der Wertfreiheit verletzen würde. Geißler wendet sich auf der Grundlage erster Erfahrungen mit fachdidaktischer Lehr- und Forschungstätigkeit an Universitäten im Jahre 1978 gegen ein solches Wissenschaftsverständnis, das eine strikte Abgrenzung zwischen Fach und Fachdidaktik verlangt: "In solchen Äußerungen herrscht die Meinung vor, Fachdidaktik wäre ein allein vom Schulunterricht her zu betrachtendes additum oder separatum, das nichts mit der Wissenschaft selber zu tun habe. So

---

Kernbereich der Mathematikdidaktik wird folglich als Gegenstand einer wissenschaftlichen Bearbeitung nicht genügend wahrgenommen" (Wittmann 1992, S. 62). Er begründet damit den Autonomieanspruch der Mathematikdidaktik: "Trotz aller Hochschätzung der Mathematik bleibt aber festzuhalten, daß die Problematik des Mathematikunterrichts kein Teilproblem der Mathematik ist. Wenn man daher dem Didaktiker rät, sich ganz in der Mathematik zu betätigen, ist dies genau so, wie wenn man (...) jemandem, der an einer dunklen Stelle einer Straße Geld verloren hat, den Rat gibt, unter der nächsten Laterne zu suchen, weil es da hell ist" (Wittmann 1975, S. 335).

[210] Kramp drückt diesen Umstand bereits 1963 unter dem Titel "Fachwissenschaft und Menschenbildung" mit folgenden Worten aus: "Es spricht vielmehr - wie ich glaube - für die Richtigkeit meiner These, daß sich verbindliche und praktikable Aussagen über die Menschenbildung von den Fachwissenschaften her grundsätzlich überhaupt nicht gewinnen lassen" (Kramp 1963, S. 157).

verbreitet diese Auffassung auch sein mag, so falsch ist sie. Dazu die folgenden Überlegungen: Jede Wissenschaft, keineswegs nur die direkt auf Lehrerbildung ausgerichtete, besitzt ein didaktisches Moment, insofern jede Wissenschaft um Explikation ihrer Probleme und damit um Kommunikation bemüht sein muß" (Geißler 1978, S. 205). Ein deutlicheres Plädoyer für eine gegenseitige Respektierung und bewusste Wahrnehmung der bilateralen Abhängigkeit zwischen den angesprochenen Disziplinen kann nicht formuliert werden. Es kommt in diesem Zusammenhang insbesondere auf die Erkenntnis an, dass im Mittelpunkt fachdidaktischer Arbeit nicht die Fähigkeit steht, das Fachwissen durch Forschung zu erweitern und anzuwenden, sondern das Fach auch als pädagogische Aufgabe zu begreifen und damit für folgende Generationen verstehbar, erfassbar und fortsetzbar zu machen (vgl. Köhnlein 1977, S. 288). Dieses didaktische Moment ist aber in dem soeben zitierten Geißlerschen Sinne ein Spezifikum der Fachwissenschaft selbst, das im gängigen Verständnis allzu häufig nicht deutlich wird. Köhnlein beschreibt diese wechselseitige Befruchtung, die ja insbesondere in der Naturwissenschaft von größter Bedeutung ist, mit den folgenden Worten: "Die Didaktik (wie auch die Philosophie) gibt der Naturwissenschaft im Studium der Lehrer eine geisteswissenschaftliche Komponente und öffnet sie für Fragen ihrer Rekonstruktion durch lernende Menschen" (Köhnlein 1977, S. 288). Die Tatsache, dass eben dieses didaktische Moment in den Augen vieler Fachvertreter innerhalb der Lehrerbildung disponibel, ja sogar beliebig ersetzbar ist, kann sicherlich auch mit dem Umstand begründet werden, dass Lehramtsstudenten (insbesondere in den naturwissenschaftlichen Disziplinen) zwar eine "Füllmasse" im Hinblick auf Mittelzuweisungen und Stellenpläne darstellen, sonst aber kein ausgeprägtes wissenschaftliches Interesse an pädagogischen oder schulrelevanten Problemstellungen auf Seiten der Fachwissenschaftler vorhanden ist. Nachtigall drückt diesen Umstand aus der Sicht des Physikdidaktikers nüchtern so aus: "Die Fachvertreter wissen in der Regel nur sehr wenig über didaktische Probleme. Oft sehen sie deshalb fachwissenschaftliche Kenntnisse als einzige Legitimation für den Lehrberuf an. (...) Infolgedessen wird das Fachliche, die reine Physik, - angesichts der kurzen Ausbildungszeit - übergewichtig gepflegt. Dem Kandidaten für den Lehrberuf wird so ein Selbstverständnis als 'Fachwissenschaftler' suggeriert" (Nachtigall 1979, S. 45).

Ein besonders pointiertes Verständnis einer aktiv handelnden, sich aus der Bevormundung der übermächtigen Fachwissenschaft befreienden Fachdidaktik legt Wittmann[211] vor. Er kritisiert massiv die in Kreisen der Fachwissenschaft

---

[211] Mathematikdidaktiker (Schwerpunkt Primarstufendidaktik), Universität Dortmund

4.2 Fachdidaktik und ihr Verhältnis zur Fachwissenschaft 203

weit verbreitete Ansicht, dass Lehren mit der Vermittlung von Stoff sowie Lernen mit der Aufnahme des Stoffes gleichzusetzen sei (vgl. Wittmann 1997a, S. 43). Ein solches Verständnis negiert Erkenntnisse der Lernpsychologie, die eine aktive geistige Auseinandersetzung der Lernenden (auch der Studierenden der Fachwissenschaft) mit dem Gegenstand fordert. Dieses Verständnis der Symbiose von Forschung und Lehre, die im Humboldtschen Sinne Kennzeichen der deutschen Universitätslandschaft auch im ausgehenden 20. Jahrhundert ist, stellt hohe Anforderungen an die Transformationsprozesse zwischen Forschung und Lehre. Der Student als *Subjekt* des Lernens, als ein *aktiver* Teil im Lernprozess, der Abläufe interaktiv mitbestimmt und selbst steuert, steht dann im unmittelbaren Kontrast zur überlieferten und auch aktuell häufig praktizierten Form der Belehrung, die den Lernenden zu einem passiven Objekt werden lässt. Ein solches Verständnis von Lehre und Lernen orientiert sich an einer konstruktivistischen Sicht[212] von Unterrichtsabläufen. Die Erkenntnis, dass jede Wirklichkeit unabhängig vom Subjekt nicht existiert, sondern jedes Subjekt sich seine eigene Wirklichkeit selbst konstruiert, hat bedeutsame Folgen für die Konzeption fachdidaktischer Arbeit. Wittmann formuliert ähnlich, ohne jedoch direkt Bezug auf konstruktivistische Theorieelemente zu nehmen: "Viele Fachwissenschaftler verstehen Didaktik heute noch als die Kunst, Schülern oder Studierenden Stoff geordnet vorzutragen und dabei auf saubere Tafelbilder oder Folien zu achten. Wenn die sogenannte 'didaktische Befähigung' von angehenden Hochschullehrern nachgewiesen werden muß, z. B. bei Habilitationsvorträgen oder bei Berufungsveranstaltungen, erlebt man oft geradezu rituelle Demonstrationen dieser Vortragskunst. Die Folgen dieser Auffassung von 'Didaktik' sind einschneidend. Alles Lehren und Lernen hängt an der logischen Ordnung des Stoffes. Da diese Ordnung aber rein fachlich bestimmt ist, reduziert sich Didaktik auf einen Wurmfortsatz der Fachwissenschaft. Jeder Fachwissenschaftler ist gewissermaßen ex officio auch Fachdidaktiker: 'Es trägt Verstand und rechter Sinn mit wenig Kunst sich selber vor', so Mephisto im 'Faust'. Didaktiker sind bestenfalls Erfüllungsgehilfen in den Niederungen der Fachwissenschaft. Als eigene Spezies von Wissenschaftlern sind sie völlig überflüssig" (Wittmann 1997a, S. 43). Dieser sicherlich überspitzt formulierten, den Kern des Problems aber genau

---

[212] vgl. exemplarisch zum Themenkomplex "Konstruktivismus und Pädagogik" aus zum Teil völlig verschiedenen Blickwinkeln: Landesinstitut für Schule und Weiterbildung Soest 1995 und 1996, Wolze 1991, Aufschnaiter 1992, Duit 1995b, Retterath 1997. Nach Jahren der Stagnation in der Theoriebildung der Allgemeinen Didaktik kristallisiert sich mit der konstruktivistischen Auffassung des Lernvorgangs ein neuer allgemeindidaktischer Ansatz heraus. Terhart schätzt diese Ansätze allerdings kritisch ein (vgl. Terhart 1999).

treffenden Beschreibung des fachdidaktischen Dilemmas setzt Wittmann sein Verständnis der Fachdidaktik als "design science", in späteren Ansätzen von Wittmann als "systemisch-evolutionäre design-science"[213] benannt, entgegen. Bereits 1973 deutet Wittmann eine gewisse Affinität zwischen den wissenschaftstheoretischen Besonderheiten der Ingenieurwissenschaften und den Fachdidaktiken an: "Gegenüber den Fach-, den Gesellschafts- und den Erziehungswissenschaften zeichnen sich die Fachdidaktiken also durch eine betonte Anwendungsorientierung und Praxisnähe aus, die sie in die Nähe der Ingenieurwissenschaften rücken und zum natürlichen Bezugspunkt für die Fachlehrer machen" (Wittmann 1973, S. 122). Bezugnehmend auf Aussagen von Simon[214], sieht er in der Vermittlung von Wissen über künstliche Objekte den Kern fachdidaktischer Arbeit. Es werden Artefakte mit gewünschten Eigenschaften konstruiert, das bedeutet konkret in der Mathematikdidaktik die Konstruktion von Lernumgebungen (bzw. Unterrichtseinheiten, Unterrichtskonzepte oder Curricula), die mit Rücksicht auf die an der Realisation beteiligten Lehrer und Schüler Spielräume für Eigeninitiative, produktive Umsetzungen und selbstorganisiertes Lernen lassen (vgl. Wittmann 1997a, S. 45)[215]. Die Möglichkeit der aktiven Partizipation und Intervention durch Lehrer und Studierende der Fachdidaktik, die zu Modifikationen bei der Konstruktion solcher Lernumgebungen führt, veranlasst Wittmann zur Bezeichnung "systemisch-evolutionäre design science". Damit soll der Gegensatz zu einem veralterten "mechanistisch-technomorphen" Wissenschaftsverständnis zum Ausdruck gebracht werden: "Lernen wird nicht mehr als passive Übernahme des Wissens vom Lehrer, sondern als aktive, sozial vermittelte Aufbauleistung gesehen. Die von der Fachdidaktik entwickelten Produkte müssen daher so konstruiert sein, daß sie diesen Lernzugang ermöglichen, d. h. insbesondere, daß sie Lehrern und Schülern Gestaltungsfreiräume lassen. Um Lehrer zu befähigen und anzuregen, diese Freiräume produktiv zu nutzen, muß man sie als mitforschende, mitentwickelnde Partner und nicht als

---

[213] vgl. Wittmann 1973, Wittmann 1975, Wittmann 1992, Wittmann 1997a.
[214] Nobelpreisträger (1978) für Wirtschaftswissenschaften, vgl. auch Simon 1970, S. 55ff.
[215] Mellis geht aus wissenschaftstheoretischer Sicht kritisch auf die Sicht Wittmanns ein und kritisiert die Annahme, die Mathematikdidaktik sei eine ingenieurwissenschaftliche Disziplin. Er nennt (hier verkürzt dargestellt) drei Kritikpunkte: 1.) "Die Abgrenzung von reiner Wissenschaft und Ingenieur- oder Technikwissenschaft ist problematisch (...); 2.) Auch eine Ingenieurdisziplin kann nicht auf die sorgfältige Überprüfung ihrer Konstruktionen und den ihnen zugrundeliegenden Gesetzeshypothesen (...) verzichten. In der Mathematikdidaktik gibt es aber nicht einmal allgemein anerkannte Überprüfungskriterien. (...) 3.) Die Kennzeichnung als Ingenieurwissenschaft schließt jedenfalls aus, die Mathematikdidaktik als Grundlagenwissenschaft aufzufassen" (Mellis 1986, S. 164).

4.2 Fachdidaktik und ihr Verhältnis zur Fachwissenschaft 205

bloße Abnehmer der didaktischen Forschungsresultate und Entwicklungen ausbilden" (Wittmann 1992, S. 66). Wittmann sieht die Fachdidaktik genauso wie andere sogenannte "design sciences" (Maschinenbau, Elektrotechnik, Raumplanung usw.) als eine Disziplin, die im Gegensatz zu den "basic sciences" (Mathematik, Physik, Chemie, Biologie, Soziologie, Philosophie, Pädagogik, Psychologie usw.) massiven Vorbehalten und Ressentiments der Gesellschaft und der übrigen Wissenschaftslandschaft gegenübersteht. In der Geschichte der Universitätsdisziplinen in den vergangenen hundert Jahren lassen sich Parallelen aufzeigen, die die Schwierigkeiten der jungen design-science gegenüber etablierten Bezugswissenschaften verdeutlichen: "Der Widerstand der Universitäten gegen das Promotionsrecht an den Technischen Hochschulen Ende des 19. Jahrhunderts[216], das Abwehrgefecht der reinen gegen die angewandten Mathematiker zu Anfang dieses Jahrhunderts, und die Verlautbarungen des 'engeren Kreises der Deutschen Gesellschaft für Philosophie', in der noch 1953 der Pädagogik der Wissenschaftscharakter bestritten wurde, sind nur einige Beispiele" (Wittmann 1992, S. 68). Wittmann plädiert unmissverständlich dafür, in einer modernen Gesellschaft den Fachdidaktiken den ihnen zustehenden Raum und die Anerkennung zu geben, die der erstrangigen Bedeutung von Bildung gerecht wird. In einem rohstoffarmen Land müsste die wissenschaftliche Beschäftigung mit fachlichen und fachübergreifenden Lehr- und Lernprozessen ein zentrales Element der vielzitierten Ressource "Bildung" und "Wissen" darstellen. Fachdidaktik repräsentiert in diesem Verständnis eigentlich eine tragende, konstitutive

---

[216] Zum sensiblen Thema Promotionsrecht schreibt Wittmann: "Ein Jahr später, 1899, gab der deutsche Kaiser, beeinflußt und gedrängt durch gesellschaftliche Kräfte außerhalb der Universität, den technischen Hochschulen das Recht akademische Grade, den Diplom-Ingenieur und den Dr.-Ing., zu verleihen - mit dem Zugeständnis an die Universitäten, daß das I in Ing. groß zu schreiben sei" (Wittmann 1997a, S. 62). Die Parallelen zwischen dem mühsamen Kampf der ingenieurwissenschaftlichen und technischen Disziplinen um akademische Anerkennung ihrer wissenschaftlichen Leistungen und dem zähen Kampf der Fachdidaktiker in den vergangenen fast 40 Jahren kommentiert Wittmann mit den folgenden Worten: "Die Universitäten waren auch vor 100 Jahren nicht in der Lage, die Bedeutung der damals neu aufkommenden technischen Disziplinen zu erkennen und zu würdigen, und sie haben den Aufstieg der technischen Hochschulen zu wissenschaftlichen Hochschulen über ein Jahrzehnt lang mit allen Mitteln erbittert bekämpft. (...) Man stellt dabei überraschend fest, daß damals im Prinzip die gleichen einfältigen, engstirnigen und beckmesserischen Argumente gegen die 'Nichtwissenschaftlichkeit' der technischen Disziplinen vorgebracht wurden, wie sie heute gegen die Fachdidaktiken vorgebracht werden, und daß auch der Ton der gleiche war. Insbesondere sind Äußerungen von Universitätsgelehrten über die Ingenieurwissenschaften dokumentiert, die den Äußerungen heutiger Fachwissenschaftler über die Fachdidaktik an Dümmlichkeit in nichts nachstehen" (Wittmann 1997a, S. 61).

Säule der Bildungsgesellschaft des 21. Jahrhunderts. Wittmann nimmt dazu Stellung: "Heute ist Bildung als neuer Entwicklungsbereich der Gesellschaft erkannt worden. Als neue design sciences, die sich der wissenschaftlichen Entwicklung der Bildung widmen, ergeben sich ganz natürlich die Fachdidaktiken" (Wittmann 1997a, S. 59).

Diese progressive Einschätzung der Bedeutung und langfristigen Wirkung fachdidaktischer Arbeit kann nur das Ergebnis einer vollständigen Emanzipation von der vielfach dominanten Beeinflussung durch rein fachwissenschaftliche Methoden und Denkmuster sein. Nicht die Systematik des Faches, sondern der Lernvorgang des Kindes steht im Zentrum fachdidaktischer Bestrebungen. Dass sich fachdidaktische Vorgehens- und Denkweisen ganz grundsätzlich von der fachwissenschaftlichen Methodik gleich welcher Disziplin unterscheidet, hat sich im Universitätsalltag bislang nicht durchgesetzt. Beckmann schätzt die Entwicklung zu Beginn der fachdidaktischen Entwicklung an den Pädagogischen Hochschulen Anfang der 60er Jahre günstiger ein: "Einverständnis herrschte über die Abwehr einer Ableitung fachdidaktischer Aussagen aus der Fachwissenschaft. Fachdidaktik wurde verstanden als Reflexion über die 'pädagogische Dimension des Faches'" (Beckmann 1978, S. 216).[217] Die eigenständige, von der Fachwissenschaft losgelöste und für alle Bildungsabläufe relevante Funktion der Fachdidaktik wird von Regenbrecht so umschrieben: "Immer noch ist der Irrtum verbreitet, Didaktik sei die Kunst der Vermittlung von Inhalten, die vorab in 'reiner Wissenschaft' bestimmt wären. Bei dieser Auffassung wird Didaktik auf Unterrichtsmethodik reduziert und als bloße 'Kunst des Beibringens' mißverstanden. Die Denkrichtung der Didaktik verläuft genau umgekehrt; sie fragt vom Schüler aus auf die Gegenstände hin, um aus pädagogischer Perspektive den Zugang zu dem Gegenstandsbereich und damit die Auswahl der Inhalte zu bestimmen" (Regenbrecht 1994, S. 296). Aus fachdidaktischer Sicht ist also die Auswahl von Unterrichtsgegenständen, die keinen Bezug zum Vorwissen, Denken und Problemlösen des Schülers besitzen, nicht praktikabel.

Auch Fischler et al. bedauern bereits 1980, also kurz nach der Integration der Pädagogischen Hochschulen in die Universitäten und dem Beginn der fachdidaktischen Etablierung an den Universitäten die fachwissenschaftliche Dominanz: "Daß es dennoch zur Herausbildung einer etablierten fachdidaktischen

---

[217] Otto resümiert auch im Jahr 1983 insgesamt recht positiv die Lage der Fachdidaktiken: "Mein Fazit lautet: Das fachdidaktische Denken hat sich, sofern es Unterricht und seine Legitimationen verändert hat, in den letzten 20 Jahren von den Fachwissenschaften, namentlich aus der Okkupation durch fachwissenschaftliche Systeme gelöst" (Otto 1983, S. 532).

4.2 Fachdidaktik und ihr Verhältnis zur Fachwissenschaft

Theorie in keiner Fachdidaktik kam, liegt nun unter anderem daran, daß expressis verbis als Fachdidaktiker arbeitende Fachwissenschaftler sich dem Patronat ihrer 'Primärdisziplinen' nicht entziehen mochten, die im höheren Maße wissenschaftliche Anerkennung zu verleihen imstande schienen. Im Zuge der Verwissenschaftlichung der Grund- und Hauptschullehrerausbildung auch an den Pädagogischen Hochschulen wurde das Vorbild in der fachwissenschaftlichen Auffassung von Fachdidaktik erblickt (...)" (Fischler et al. 1980a, S. 117).[218] Neuere Entwicklungstendenzen, die eine selbstbewusste Forschungstätigkeit einzelner fachdidaktischer Lehrstühle, Seminare oder Institute umfassen, werden von der Arbeitsgruppe Lehrerbildung der Hochschulrektorenkonferenz 1997 vorsichtig angedeutet: "Unabhängig von der organisatorischen Einbindung der Fachdidaktik in die Universität ist ihre Stellung gegenüber der Fachwissenschaft im allgemeinen schwach. Dies ist im Wesentlichen darauf zurückzuführen, daß sie als forschende Disziplin relativ jung und die Anerkennung ihrer Forschungsleistungen noch gering ist. Allerdings deutet die zunehmende Bewilligung von DFG-Anträgen für fachdidaktische Projekte einen Wandel an. Die Fachdidaktik ist auf dem Wege, ihre weitgehende Beschränkung auf die Übersetzung fachwissenschaftlicher Inhalte in Schulstoff oder auf die Vermittlung von Unterrichtstechniken zu überwinden und sich mehr als wissenschaftliche Disziplin zu entwickeln" (Arbeitsgruppe Lehrerbildung der HRK 1997, S. 6).

Grundlage einer fachdidaktischen Teilhabe an internationalen Forschungsprojekten ist eine gegenüber der Fachwissenschaft zum Ausdruck gebrachte innovationsfreudige, kritische Grundhaltung. Innerhalb der Lehrerausbildung muss die Fachdidaktik ein natürliches Korrektiv gegenüber der Fachdisziplin

---

[218] Achtenhagen beschreibt sehr plastisch die Folgen eines deduktiven Verständnisses zwischen Fachwissenschaft und Fachdidaktik anhand der Erfahrungen bei den vielfältigen *Stellenbesetzungen* in den 70er Jahren: "Schwierigkeiten treten aber für die Lehrerbildung wie für die Weiterentwicklung der jeweiligen Fachdidaktik dann auf, wenn in den Berufungen Fachwissenschaftler zum Zuge kommen, die - in Übereinstimmung mit einer großen Zahl von Fachwissenschaftlern - die Fachdidaktik als Abbild der Fachwissenschaft ansehen: Mit allen Miniaturisierungen im Forschungs- und Lehrbereich. Zynisch formuliert: wenn die auf Fachdidaktikprofessuren berufenen Wissenschaftler nur bedingt für fähig gehalten werden, die Fachwissenschaft zu vertreten, wohl aber die Fachdidaktik zum Zwecke der Kleinarbeitung von Fachwissenschaft" (Achtenhagen 1981, S. 283).
Blankertz bilanziert ernüchternd: "Fachdidaktiken unterliegen an den Universitäten einer Geringschätzung von Seiten der Fachwissenschaften. Sie erscheinen als die Instanz, die im Namen der pädagogischen Rücksichtnahme die Schwäche des Subjekts - sei es Borniertheit, sei es Faulheit - gegen die objektiven Ansprüche verteidigt. Allenfalls unter psychologischem Interesse hält man diesen Sachverhalt einer wissenschaftlichen Behandlung wert, nicht aber unter dem Geltungsanspruch, den ein wissenschaftsorientierter Unterricht an den Lernenden richtet" (Blankertz 1984, S. 278).

darstellen, das kontinuierlich die Lehrinhalte und -methoden innerhalb des Universitätsstudiums ausbildungsrelevanten Kriterien unterzieht. Schulz bringt diese häufig völlig in Vergessenheit geratene oder bewusst ignorierte Aufgabe der Fachdidaktik auf den Punkt und fordert: "Allzu oft wurde sie (die Fachdidaktik) auf die Verständnisformel einer Fachmethodik reduziert, obwohl ihr spezifischer Aufgabenbereich sich unter anderem damit umschreibt, die wissenschaftlichen Erkenntnisse einer Fachdisziplin auf unterrichtsrelevante Inhalte zu überprüfen und dem (zukünftigen) Lehrer Kriterien an die Hand zu geben, inhalts- und adressatenorientiert eigenverantwortlich mitzuwirken. Es sei hier angemerkt, daß die Fachdidaktik auch einen wesentlichen Beitrag zur Innovation der Inhalte und zur permanent erforderlichen Überprüfung von fachbezogenen Studieninhalten und Studienstrukturen in der Fachwissenschaft leistet" (Schulz 1994, S. 127). Regenbrecht führt diese notwendige Forderung noch schärfer aus, wenn er formuliert: "Das Studium der Fachdidaktik - und jetzt sage ich sicher einen in seinen möglichen Konsequenzen weitreichenden Satz: Das Studium der Fachdidaktik verändert das Studium der Fachwissenschaft selbst" (Regenbrecht 1994, S. 296). Eine solche Sichtweise revolutioniert das bisher praktizierte Selbstverständnis der meisten Fachdidaktiker, die nur selten Eingriffe und Einflüsse auf fachwissenschaftliche Tendenzen für sich reklamieren. Grundlage eines solchen Verständnisses fachdidaktischer Aufgaben kann nur eine personelle und institutionelle Verstärkung fachdidaktischer Lehr- und Forschungseinrichtungen sein. Innerhalb gefestigter und auf bedeutende Traditionen gründender Fakultäten und Fachbereiche erscheint eine Einflussnahme einer personell und materiell schwach gestellten Fachdidaktik nahezu aussichtslos. Im Bereich der fachdidaktischen Nachwuchsstellen ist aber nie eine "kritische Masse" erreicht worden, so dass freiwerdende Professuren häufig nicht im Sinne der Stellenbeschreibung besetzt werden können.

Nur im Rahmen eines grundsätzlich neu konzipierten Lehrerbildungskonzeptes, das den *konstitutiven* Charakter fachdidaktischer Lehr- und Forschungstätigkeiten für den Lehrberuf klar herausstellt, können die von der Fachdidaktik gegenüber der Bezugsdisziplin wahrzunehmenden Evaluations-, Kontroll- und Filterfunktionen in Bezug auf unterrichtsrelevante Fragestellungen realistisch ausgefüllt werden. Die Beschränkung auf eine Mittlerfunktion zwischen Fachwissenschaft und Erziehungswissenschaft erfüllt diesen Anspruch nicht. Klafki bringt diesen Umstand in einem kritischen Resümee zusammenfassend so zum Ausdruck: "Fach- und Bereichsdidaktiken müssen sich insbesondere gegenüber den sogenannten Fachwissenschaften als weitaus eigenständiger verstehen, als es jene Deutung, die sie als Vermittlungswissenschaften zwischen Allgemeiner

Didaktik und Fachwissenschaften kennzeichnet, unterstellt" (Klafki 1994a, S.56).

4.3 Zusammenfassung und Ausblick

Erst im Kontext der verschiedenen Berufswissenschaften des Lehrers kristallisiert sich der mehrdimensionale Charakter der Fachdidaktik heraus. Zu den beiden am nächsten stehenden Disziplinen im komplexen Kräftefeld der Fachdidaktik zählen die Allgemeine Didaktik als Teildisziplin der Erziehungswissenschaft sowie die jeweilige Fachwissenschaft.

Das Verhältnis zwischen Allgemeiner Didaktik und Fachdidaktik hat sich nach einer sehr produktiven und ergebnisorientierten Phase an den Pädagogischen Hochschulen mit den Reformprozessen der Lehrerbildung in den 60er und 70er Jahren kontinuierlich verschlechtert. Als Grund für diese Entwicklung wird u. a. die zunehmende Verwissenschaftlichung aller lehrerbildenden Studiengänge angenommen. Die als Folge dieser Wissenschaftsorientierung angestrebte fachwissenschaftliche Profilierung vieler Fachdidaktiker führt bei ihnen zu einer wachsenden Distanz zu den erziehungswissenschaftlichen Wurzeln sowie im Speziellen zu den Theorien der Allgemeinen Didaktik. An der Universität prägen grundsätzlich verschiedene Auffassungen über Inhalte und Methoden die wissenschaftliche Identität der Disziplinen. Die an den Pädagogischen Hochschulen noch vorherrschende gemeinsame Überzeugung in den grundsätzlichen Zielen des lehrerbildenden Studiums wird zunehmend durch antagonistische wissenschaftliche Ideale und Perspektiven verdrängt. Darüber hinaus nimmt die Komplexität und der Universalitätsanspruch allgemeindidaktischer Theoriebildungen zu, so dass die Modellangebote der Allgemeinen Didaktik immer stärker zur theoretischen und gesellschaftspolitischen Legitimation der Unterrichtsplanung und weniger als konkrete Hilfe zur Vorbereitung, Durchführung und Reflexion von Unterricht verstanden werden.

In der Folge werden pädagogische Prämissen und das Denken vom Kinde aus auch innerhalb der fachdidaktischen Arbeit durch fachwissenschaftliche und wissenschaftspropädeutische Ziele zunehmend verdrängt. Die innerhalb der Gymnasiallehrerbildung traditionell vorherrschende Tendenz, im Schulfach ein verkleinertes und simplifiziertes Abbild der Fachwissenschaft zu entwickeln, wird nun durch die immer stärker artikulierte Forderung nach Wissenschaftspropädeutik auch auf die jetzt an der Universität befindlichen Lehramtsstudiengänge der Primar- und Sekundarstufe I schrittweise übertragen. Das Schulfach besitzt aber im Gegensatz zur Fachwissenschaft einen eigenen Anspruch, der in der Komplexität der menschlichen Persönlichkeitsentwicklung und in dem individuellen Lernverhalten des Schülers begründet ist. Wenn auch das intensive Studium der Fachwissenschaften stets eine unerlässliche und notwendige Voraussetzung für jegliche fachdidaktische Problematisierung darstellt, ermöglicht dennoch erst die Fachdidaktik den Realitätsbezug, der für eine professionelle Wahrnehmung eines Lehramtes erwartet wird.

Fachdidaktische Autonomie drückt sich insbesondere gegenüber der Fachwissenschaft dadurch aus, dass sie einen Beitrag zur Innovation der Studieninhalte und Lehrkonzepte leistet. In einem solchen Verständnis von Fachdidaktik wird bereits im Studium des angehenden Lehrers die besondere Ambivalenz seiner beruflichen Aufgabe zwischen fachlichen, didaktischen und erzieherischen Dimensionen zum Ausdruck gebracht. Der im folgenden Kapitel darzulegende Entwurf eines eigenständigen fachdidaktischen Wissenschaftsprofils geht von dieser Grundannahme aus und expliziert einerseits die tatsächliche Reputation und Wahrnehmung der Disziplin Fachdidaktik, andererseits aber auch die Anforderungen im Rahmen der metawissenschaftlichen und integrationswissenschaftlichen Funktion der Fachdidaktik.

5. Fachdidaktik als Wissenschaftsdisziplin: Realität und Anspruch

5.1 Reputation der Fachdidaktik als Wissenschaftsdisziplin

In der bisherigen Analyse wurden neben der historischen Genese der an den Hochschulen sich etablierenden Fachdidaktik idealtypische Vorstellungen fachdidaktischer Theorie und konkrete Handlungsfelder dieser noch relativ jungen Wissenschaft aus der Sicht von Kommissionen und Einzelautoren dargestellt. Diesen Standortbestimmungen und Positionen wurden die tatsächlichen Formen der Institutionalisierung sowie die innere Struktur der Fachdidaktik im Kontext anderer Berufswissenschaften des Lehrers gegenübergestellt. Die Analyse zeigt, dass die Akzeptanz, Durchsetzungsfähigkeit und Reichweite fachdidaktischer Ansätze zwingend von der Entwicklung und Begründung einer *autonomen wissenschaftlichen Identität* abhängt. Im Folgenden sollen daher zunächst die Formen fachdidaktischer Institutionalisierung auf den Grad ihrer wissenschaftlichen Entwicklung hin kritisch untersucht werden, um in einem weiteren Schritt das Bemühen um wissenschaftliche Reputation den realen schulpraktischen Erfahrungen gegenüberzustellen. Abschließend wird in diesem Teilkapitel die Frage nach der Notwendigkeit bzw. prinzipiellen Möglichkeit autonomer fachdidaktischer Forschungsmethoden diskutiert.

5.1.1 Kritische Analyse des gegenwärtigen Zustands

Es herrscht ein weitgehender Grundkonsens, dass die bisherige Entwicklung der Fachdidaktik als keineswegs abgeschlossen angesehen werden kann. Sowohl die Binnen- als auch die Außenperspektive offenbart einen kritischen Status, der weitreichende Schritte und Entscheidungen für die Zukunft notwendig erscheinen lässt. Sauer stellt bereits vor dem Beginn der universitären Etablierung der Fachdidaktiken 1968 fest: "In der historischen Dimension wird deutlich, daß fachdidaktische Forschung und Lehre als wissenschaftliche Aufgabe von den Fachwissenschaftlern kaum verstanden und daher nur selten als wissenschaftswürdig angesehen wird" (Sauer 1968, S. 237). Auch mehr als 20 Jahre später klingt die Einschätzung von Keck ähnlich: "Als junge Disziplinen haben die

Fachdidaktiken insgesamt und einzeln einen labilen Status im Gefüge der Wissenschaft. Ihr Wissenschaftscharakter erscheint ungesichert, und sie können sich nur in sehr begrenztem Maße auf eine vorgängige erfolgreiche Forschungspraxis berufen" (Keck 1990b, S. 345). Adler et al. formulieren in diesem Sinne: "Immer noch nicht gelungen scheint die Etablierung und Anerkennung der Fachdidaktik als eigenständiger Wissenschaftsbereich in der Scientific Community der Bundesrepublik" (Adler et al. 1996, S. 40).[219]

Zweifellos liegt in den Augen kritischer Beobachter auch ein Desiderat fachdidaktischer Entwicklung in der fehlenden Ausprägung des Selbstbewusstseins von Fachdidaktikern, eine eigenständige, forschende, wissenschaftliche Disziplin zu verkörpern.[220] Fachdidaktiker selbst beurteilen daher zuweilen den Status und die Arbeitsweise der eigenen Disziplin mit großer Skepsis.[221] So bemerkt Bauersfeld als Mathematikdidaktiker, dass die Fachdidaktik sich nur selten kritisch und wertend mit der Qualität der eigenen Theoriebildungen auseinandersetzt. Er stellt dagegen eine bloße Akkumulation von gegeneinander isolierten Einzelmeinungen fest: "Insbesondere dem Fachdiskurs auf den Tagungen bleibt unverändert die Entwicklung von Standards der qualifizierenden Reflektiertheit aufgegeben" (Bauersfeld 1990, S. 285). In der gleichen Eindeutigkeit stellt Jung als Physikdidaktiker zunächst 1972 - also in der Frühphase der uni-

---

[219] Merkelbach drückt das wissenschafts*politische* Dilemma der Fachdidaktik so aus: "Diese schleichende Auszehrung der Fachdidaktik (...), die freiwillige und administrativ erzwungene Umwidmung von fachdidaktischen Lehrstühlen, hat außer berufsständischen und konjunkturellen noch andere Gründe: Einen wichtigen sehe ich darin, daß es der Fachdidaktik noch nicht überzeugend gelungen ist, sich als notwendige Disziplin im Rahmen einer wissenschaftlichen Lehrerbildung zu definieren und in der Öffentlichkeit darzustellen" (Merkelbach 1989, S. 14). Wittenbruch wirft den politischen Entscheidungsträgern vor (hier bezogen auf das Land Nordrhein-Westfalen), durch Einsparmaßnahmen (Stichworte: Zusammenführungsgesetz, Konzentrationserlass) die Forschungskompetenzen der Fachdidaktik behindert zu haben: "Die Forschungsschwerpunkte im Bereich der Fachdidaktik in den Studiengängen für die Sekundarstufe II sind planmäßig zerstört worden" (Wittenbruch, in: SPD-Landtagsfraktion 1997, S. 50).

[220] Mellis unterscheidet sogar in der wissenschaftstheoretischen Erörterung zwischen der *schwachen These*, die Mathematikdidaktik *kann* sich zu einer Wissenschaft entwickeln, in dem Sinne, dass es überhaupt möglich ist, eine mathematikdidaktische Theorie zu entwickeln und der *starken These*, die Mathematikdidaktik *ist* eine Wissenschaft (vgl. Mellis 1986, S. 162 und 166).

[221] In einer Erhebung von Nentwig im Jahre 1996 unter *Naturwissenschafts*didaktikern sind allerdings 80% der Befragten der Meinung, dass das Niveau ihrer fachdidaktischen Forschung dem internationalen Stand entspricht. Ein Viertel der Befragten gibt an, regelmäßige Kontakte zu ausländischen Kollegen zu pflegen, 37% veröffentlichten in den 2 Jahren vor dem Erhebungszeitpunkt fachdidaktische Arbeiten in einer Fremdsprache (vgl. Nentwig 1996, S. 245).

5.1 Reputation der Fachdidaktik als Wissenschaftsdisziplin

versitären Etablierung - fest, dass "die Fachdidaktik irgendeines Faches, insonderheit der Physik, keineswegs bereits Anerkennung als Disziplin erreicht hat" (Jung 1972, S. 36). Aber auch 1990 resümiert er nach fast 20 Jahren Entwicklungsarbeit bedenkliche Defizite und moniert die geringe Bereitschaft zu gegenseitigen kritischen Diskursen und die fehlende Bezugnahme auf Forschungsergebnisse. Er bezeichnet die empirische Forschung innerhalb der Fachdidaktik als vielfach essayistisch und vermisst aufgrund der Fülle der unterschiedlichen Gegenstandsbereiche und Fragestellungen sowie der Vielfalt der Interessen und Methoden das Erreichen einer "kritischen Masse" (vgl. Jung 1990, S. 329). Zusammenfassend kommt er zu dem Urteil: "Es wird nun nicht mehr überraschen, wenn ich feststelle, daß Physikdidaktik nicht als wissenschaftliche Disziplin angesehen werden kann" (Jung 1990, S. 329). Betrachtet man die relative Kürze des bisherigen Entwicklungszeitraums der universitären Fachdidaktiken, verwundert das Urteil von Jung den Beobachter allerdings nicht. Auch in der Entwicklung anderer Wissenschaften konnten in einem Abschnitt von noch nicht einmal einer Generation in nur seltenen Fällen grundlegende Modelle oder widerspruchsfreie Theorien entwickelt werden. Der an die Fachdidaktik gestellte Theorieanspruch erscheint aus der Sicht des Verfassers daher überhöht und unrealistisch.

Andere Fachdidaktiker mahnen zur Vorsicht und warnen sogar vor einer zu schnellen und unüberlegten Theoriebildung. Der Wissenschaftsanspruch, unter den eine ungewöhnlich hohe Zahl von zumeist neuberufenen Fachdidaktikern an den Hochschulen geriet, hat in den Augen Ottos ein Überangebot und eine Überspezialisierung wuchern lassen. Er erkennt hier häufig Ansätze, die über neue Terminologien nicht hinausgehen und die Komplexität der alltäglichen Praxis aus dem Auge verlieren (vgl. Otto 1989, S. 43). Auch vor der eingeforderten praktischen und (gesellschafts-)politischen Wirkung der Fachdidaktik wird z. B. von Fischer gewarnt. Er moniert nicht die unzureichende Emanzipation der Fachdidaktik als Wissenschaft, sondern plädiert für die Förderung der Innovationsfähigkeit von Lehrern, die dann zu einer Weiterentwicklung von Unterricht und Schule führen soll (vgl. Fischer, R. 1983b, S. 242).

5.1.2 Wissenschaftsanspruch der Fachdidaktik aus der Perspektive der Schulpraxis

In den Augen vieler Lehramtsstudenten und praktizierender Lehrer erschöpft sich Fachdidaktik in der Aufgabe, das wissenschaftliche Studium der beiden Fächer durch methodisch-didaktische Fragen der Berufspraxis zu ergänzen. Die Wahrnehmung der Fachdidaktik als *wissenschaftliche Disziplin mit eigenem Forschungsauftrag* ist nur schwach ausgeprägt.

Otto beschreibt die indifferente Haltung vieler in der täglichen Praxis stehenden Kollegen, die den spezifischen, wissenschaftsorientierten Problemen der Fachdidaktik *keine* besondere Bedeutung beimessen: "Auffällig ist, daß die Reduktion der Fachdidaktik in der Lehrerausbildung, ja ihre Gefährdung, kaum eine Reaktion bei Lehrerinnen und Lehrern auslöst" (Otto 1989, S. 43). Krohn stellt die große Distanz zwischen Schulpraxis und Fremdsprachendidaktik heraus: "Schlimmer noch sieht es mit dem Einfluß der Fremdsprachendidaktik auf die Kolleginnen und Kollegen an den Schulen aus. Sie haben sich weitgehend abgekoppelt, viele von ihnen sicherlich mit dem Gefühl, daß sich eigentlich diese Wissenschaft von der schulischen Realität abgekoppelt habe" (Krohn 1988, S. 13). Auf die geringe Akzeptanz fachdidaktischer Forschungsanstrengungen auf der Seite praktizierender Lehrer weist Dahncke hin: "Es gehört jedoch zu den düsteren Seiten der Perspektiven fachdidaktischer Forschung, daß es bisher kaum gelungen ist, den potentiellen Abnehmern der Forschungsergebnisse, insbesondere den Lehrern, die Forschungsnotwendigkeiten deutlich zu machen" (Dahncke 1985a, S. 32). Steltmann gibt aufgrund einer Befragung von Lehrern, die zum größten Teil an Gymnasien unterrichten, an, dass der Fachdidaktik zwar prinzipiell von den meisten Lehrern ein hoher Stellenwert zugemessen wird, allerdings die bisher praktizierten Formen der Forschung und Lehre noch nicht als befriedigend angesehen werden (vgl. Steltmann 1986, S. 355).

Die genannten Autoren benennen einen für den Erfolg und die Wirksamkeit fachdidaktischer Arbeit wesentlichen Aspekt: Eine Fachdidaktik, die als wissenschaftstheoretisches Separatum im universitären Elfenbeinturm forscht, verfehlt ihren eigentlichen Auftrag. Erst im Dialog und in der Auseinandersetzung mit der Schulpraxis gewinnen ihre Aussagen an Wert und Überzeugungskraft. Auch wenn die Akzeptanz der Ergebnisse durch die Schulpraxis nicht das einzige Kriterium für die Beurteilung fachdidaktischer Arbeit sein darf, kommt doch kein Fachdidaktiker an einer Rechtfertigung und Begründung seiner Aussagen vor den kritischen Augen und Erfahrungswerten der Praxis vorbei. Ein gestörtes

5.1 Reputation der Fachdidaktik als Wissenschaftsdisziplin 215

Verhältnis zwischen Theoriebildung und schulischer Praxis schwächt den Forschungsprozess und den weiteren Ausbau der fachdidaktischen Disziplin.

Als mögliche *Ursachen* für das vielfach beklagte ungünstige Verhältnis zwischen fachdidaktischer Theoriebildung und Schulpraxis können folgende Umstände angenommen werden:

- Die Mehrzahl der praktizierenden Lehrer, die in ihrem eigenen Studium defizitäre Ansätze wissenschaftlicher Fachdidaktik oder überhaupt keine forschende Fachdidaktik bewusst erlebt haben, hat nur eine diffuse Vorstellung von der Struktur und den Aufgaben dieser Universitätsdisziplin. Das eigene Erleben einer schwachen und unter dem Diktat der fachwissenschaftlichen Zwänge stehenden Fachdidaktik stellt darüber hinaus keine günstige Ausgangsbasis für eine positive Einschätzung dieser noch jungen Disziplin aus der Sicht eines Lehrers dar.[222] Die meisten der heute in Deutschland im Schuldienst der Sekundarstufen tätigen Lehrer in der quantitativ stärksten Altersgruppe Ende 40 bis Anfang 50, die Mitte bis Ende der 70er Jahre eingestellt wurden, hat im eigenen Studium an der Universität de facto *keine* fachdidaktischen Lehrveranstaltungen oder nur Ansätze mit geringem Stundenumfang erlebt. Die Gruppe derjenigen Lehrer, die Ende der 70er und in den 80er Jahren an Universitäten ausgebildet wurden, wurde zu großen Teilen *nicht* in den Schuldienst übernommen. Diese Gruppe gehörte aber zu den ersten Lehramtsstudenten, in denen fachdidaktische Lehrveranstaltungen - je nach Bundesland und Hochschule unterschiedlich - überhaupt erst eine signifikante Rolle spielen konnten. Diese für die Fachdidaktik ungünstigen, antizyklischen Entwicklungs- und Einstellungsphasen können als *eine* mögliche Ursache für die bis heute gleichbleibend schlechte Reputation der Fachdidaktik unter Schulpraktikern angenommen werden. Otto fasst in diesem Sinne die ambivalente Krise der Fachdidaktik zusam-

---

[222] Krohn beschreibt diese Erfahrungen junger Lehrer aus der Sicht der Fremdsprachendidaktik so: "(...) Zudem hatten die meisten LehrerInnen, insbesondere die mit dem Lehramt für Realschulen und Gymnasien, während ihres Studiums gelernt, daß die Fremdsprachendidaktik unter ihren Studieninhalten einen minderen Wert hatte. Dies erleichterte es ihnen, sich von den emotional negativ besetzten Ansprüchen der Fremdsprachendidaktik an ihren ganz persönlichen Unterricht zu 'emanzipieren', ihre Erfahrungen auf dem Hintergrund ihrer ganz eigenen Maßstäbe zu machen und – nun endlich befreit – sich immer wieder zu bestätigen, daß das, was die 'Theoretiker' so alles von ihnen verlangen, doch ausgemachter Quatsch sei. Auf der Grundlage dieser Einstellung ist es nur konsequent, keine Zeit mit der Lektüre fremdsprachendidaktischer Literatur zu vertun, zumal die Gefahr nicht ganz auszuschließen ist, daß das eigentlich so feste Weltbild erschüttert werden könnte" (Krohn 1988, S. 116).

men: "Der mangelnden wissenschaftlichen Reflexion korrespondiert der Lehrervorwurf der Praxisferne" (Otto 1978, S. 679).

- Insbesondere die Wahrnehmung aus der Sicht der Schulpraktiker ist häufig utilitaristisch geprägt und danach ausgerichtet, welchen unmittelbaren *praktischen Nutzen* fachdidaktische Arbeiten für den konkreten Schulalltag besitzen. Wittmann drückt den Zusammenhang zwischen unterrichtlicher Anwendbarkeit und fachdidaktischer Legitimation so aus: "Erst wenn der Nutzen und die Unentbehrlichkeit fachdidaktischer Forschung für die Unterrichtspraxis überzeugend nachgewiesen sind, (...), wird die fachdidaktische Forschung in der Lehrerschaft, in den Lehrerverbänden, in der regionalen Schulaufsicht und in der Öffentlichkeit soviel Rückhalt finden, daß ihr Kernbereich in der Wissenschaftspolitik nicht übergangen werden kann" (Wittmann 1992, S. 68). Die Kritik und Skepsis der in der täglichen Praxis stehenden Lehrer kristallisiert sich damit in der berechtigten Frage, welchen konkreten und unmittelbaren Wert fachdidaktische Forschung für die Optimierung und Effizienzsteigerung der eigenen unterrichtlichen Arbeit besitzt.

Die Fachdidaktik steht also vor dem Dilemma, auf der einen Seite dem Wissenschaftspostulat zu entsprechen und durch Theorieentwicklung eine eigenständige universitäre Tradition zu begründen, auf der anderen Seite begegnet sie aber dem Vorwurf, ihren eigentlichen Gegenstand, nämlich den Fachunterricht in der Schulpraxis, aufgrund praxisferner Idealisierungstendenzen aus den Augen zu verlieren. Es fällt aufgrund des einzulösenden Wissenschaftsanspruches immer schwerer, den in der Berufspraxis stehenden Kollegen die Relevanz fachdidaktischer Forschungen zu vermitteln: "Eine praxisorientierte fachdidaktische Forschung ist sehr oft in der Situation mit eventuell erheblichem Aufwand im Nachgang etwas aufzuklären, was dem handelndem Lehrer im tradierten Wissen, wenngleich ohne wissenschaftliche Begründung bereits zur Verfügung steht. Angesichts dieser Problemlage muß der fachdidaktische Forscher sich wohl noch auf absehbare Zeit damit abfinden, daß die potentiellen Abnehmer seiner Ergebnisse, insbesondere die Lehrer, am Sinn seiner Arbeit erhebliche Zweifel erheben" (Dahncke 1985a, S. 16). Dieses Dilemma erschwert aber gerade den Kern fachdidaktischer Entwicklungsarbeit, die sich eben nicht durch Praxisferne auszeichnen soll, sondern in ihren Fragestellungen den wechselseitigen Bezug zwischen den Bezugsdisziplinen (Fachwissenschaft, Erziehungswissenschaft, Psychologie usw.) und der Schulpraxis suchen muss.

5.1 Reputation der Fachdidaktik als Wissenschaftsdisziplin 217

Da sich die Fachdidaktik als junge Disziplin in einer Entwicklungs- und Aufbauphase befindet, sind die von Dahncke angesprochenen Zweifel und Vorbehalte gegenüber der Fachdidaktik durch die in der Praxis befindlichen Lehrer erklärbar: Der Aufbau einer tragfähigen Wissensbasis erfordert zwangsläufig die theoretische und empirische Erschließung auch derjenigen Prozesse, die für den Praktiker als selbstverständliches Handwerkszeug angesehen werden. Es kommt in der Entwicklungsphase der Fachdidaktik also vor allem darauf an, den in der Schulpraxis stehenden Lehrern die *Notwendigkeit subjektinvarianter Theorien* zu vermitteln. Aufgrund der hohen Eigenverantwortlichkeit des Lehrberufs besteht die besondere Gefahr und Neigung zur Aufstellung und unzulässigen Verallgemeinerung rein subjektiver Einsichten und Erfahrungen.[223] Die forschende Fachdidaktik hat aber gerade das Ziel, die Erschließung und Analyse fachlicher Lehr- und Lernprozesse auf eine *objektive* empirische und theoretische Grundlage zu stellen.

Insbesondere unter Berücksichtigung der durch Schulpraktiker an die Fachdidaktik herangetragenen Einwände sieht Otto bei jüngeren Didaktikern die Tendenz, ihre Dignität nicht nur alleine aus der Forschungsrelevanz der Theorie zu beziehen, sondern insbesondere aus deren *Praxisrelevanz* (vgl. Otto 1983, S. 538). Diese grundsätzliche Position erscheint begründet, da viele in der Tradition der modernen Universität stehende Wissenschaften, ihre wissenschaftliche Domäne im Bereich der Prozess-, Handlungs- bzw. Aktionsforschung sehen. Exemplarisch können die folgenden Universitätsdisziplinen genannt werden: Rechtswissenschaft, Medizin, Theologie, Erziehungswissenschaft, Sportwissenschaft, Wirtschaftswissenschaft, Publizistik und Kommunikationswissenschaft, Ingenieurwissenschaften usw. Die aufgeführten, an den Universitäten etablierten Disziplinen besitzen wie die Fachdidaktiken *keine* in sich geschlossenen und weitgehend unanfechtbaren Theoriegebäude, sondern befinden sich in einem wechselseitigen Diskurs mit Anwendern und Praktikern. Ihr Forschungsgegen-

---

[223] Bayrhuber beschreibt diesen Umstand so: "Fachlehrer, die über Jahre hin unterrichten, entwickeln ein individuelles Verständnis von den traditionellen Unterrichtsinhalten und deren Vermittlung, das eine gewisse Resistenz gegen Veränderung aufweist. Damit mag zusammenhängen, daß die meisten Lehrer an theoretischen Ausführungen über die Pädagogik ihres Faches nur wenig interessiert sind" (Bayrhuber 1995, S. 312). Wißner-Kurzawa bestätigt dieses Phänomen und spricht sogar von "Abschirmung" gegenüber wissenschaftlichen Theorien: "Unterricht ist immer vorstrukturiert in dem Sinne, daß Lehrer ihr Handeln sehr stark an den Beständen erlebter Erfahrungen orientieren und sie sich im Laufe der Zeit ihre eigenen, handlungsbestimmenden subjektiven Theorien gebildet haben, die sie unter Umständen massiv gegenüber wissenschaftlichen Innovationen abschirmen" (Wißner-Kurzawa 1986a, S. 57).

stand ist unmittelbar mit den Fragen menschlichen Lebens und Handelns verknüpft. Das Entstehen einer Theorie wird innerhalb dieser Wissenschaften als Entwicklung tragfähiger und in sich widerspruchsfreier Aussagen, die Vorgänge und Abläufe innerhalb bestimmter Systeme kategorisieren und strukturieren, verstanden.[224]

Doch diese Entwicklung wird weitestgehend von der auf Theorieproduktion angelegten Struktur und Tradition der Universität retardiert. Neben dem traditionell geringeren Ansehen von praxisorientierter Forschung ist vor allem die mangelnde schulische Praxiserfahrung der an Universitäten forschenden Fachdidaktiker ein auslösendes Moment für die nur schwach ausgeprägte Realitätszuwendung.[225] In den Augen solcher Fachdidaktiker ist das Denken in wissenschaftlichen Diskursen der alleinige Maßstab für die Qualität von Hochschulveranstaltungen. Dieses Denken besitzt die Maxime, Distanz zum untersuchenden Gegenstand zu wahren und jeglichen Praxisbezug zunächst kritisch zu beleuchten.[226] Eine Beteiligung des Forschers in Form praktischer Unterrichtstätigkeit könnte sogar als eine unzulässige Beeinflussung des Forschungsobjektes betrachtet werden. Das zweiseitige Gespräch zwischen Wissenschaft und Schulpraxis verstummt daher, wenn Einblick und Partizipation in die jeweiligen Arbeitsbereiche, einerseits des Theoretikers und andererseits des Praktikers, fehlen. Im Gegensatz zu der Situation an den Pädagogischen Hochschulen verfügen nur

---

[224] Terhart präzisiert den für die an der Lehrerbildung beteiligten Disziplinen modifizierten Wissenschaftsbegriff mit folgenden Worten: "Wissenschaftliche Lehrerbildung muß sich heute und in Zukunft an einem breiteren, seiner Grenzen bewußten, selbst-reflexiv gewordenen Wissenschaftsbegriff orientieren, der in unverkürzter Aufnahme der Möglichkeiten von Wissenschaft zugleich 'das Andere' der wissenschaftlichen Vernunft kennt, berücksichtigt und respektiert. Dieser gewandelte Wissenschaftsbegriff berührt auch die Sichtweise auf das Verhältnis von Wissenschaft und Beruf bzw. von Wissenschaft und Praxis" (Terhart 1992, S. 33).

[225] Otto bemerkt dazu kritisch: "Heute müssen wir uns wohl fragen lassen, ob die auf Handlung verweisende gestalterische Dimension von Wissenschaft im Prozeß der Etablierung der Didaktiken an den Universitäten zu kurz gekommen ist. Dafür könnte es Gründe geben, die im tradierten Wissenschaftsbegriff der Universitäten als theorieproduzierenden Institutionen und im traditionell geringeren Ansehen der Praxis und der Handlungsprozesse liegen" (Otto 1983, S. 539).

[226] Die Gemeinsame Kommission für die Studienreform im Land NRW weist darauf hin, dass Beobachtungen und Erfahrungen in den Lehrveranstaltungen und den Prüfungsabläufen der Hochschule als ein heimlicher Lehrplan langfristige Auswirkungen auf das Verständnis und die Vorstellungen, die sich zukünftige Lehrer von ihrer späteren Tätigkeit machen, verursachen. Die Kommission spricht dabei von habituellen Handlungsmustern, die in Rahmen der erlebten Lernkultur vermittelt werden und das künftige Berufsbild beeinflussen (vgl. Gemeinsame Kommission für die Studienreform im Land NRW 1996, S. 69).

5.1 Reputation der Fachdidaktik als Wissenschaftsdisziplin

wenige an den Universitäten neu berufene Fachdidaktiker über eine mehrjährige, *tatsächliche* Schulpraxis, die über das Maß stundenweiser Unterrichtserteilung oder der Ableistung des Referendariates bzw. Vorbereitungsdienstes hinausgeht. Die für eine praxisorientierte Forschung unerlässliche Verzahnung zwischen dem Anspruch der Theorieebene und der schulischen Realität entfällt daher weitgehend, wenn nicht eine Person *beide* Ebenen im Hauptamt unmittelbar selbst erfahren und erleben kann. Otto fasst diese Beobachtung zusammen: "Nach meinem Eindruck bezieht sich eine unter Lehrern verbreitete Kritik an der Allgemeinen und der Fachdidaktik genau auf die Differenz, die zwischen dem Wissenschaftsanspruch der Ausbildungsinstitutionen und den Handlungsmustern der Berufspraxis besteht. (...) Verfehlen die Fachdidaktiken im Prozeß ihrer Legitimation als Wissenschaften und vor den anderen Wissenschaften die Problemlagen der Berufspraxis, für die sie ausbilden?" (Otto 1983, S. 534).

Die Kritik der Schulpraxis muss daher in einem gewandelten fachdidaktischen Wissenschaftsverständnis konstruktiv aufgegriffen werden und zu einer nachhaltigen und substanziellen Reform der lehrerbildenden Strukturen führen. Wissenschaftlichkeit darf nicht zwangsläufig mit Praxisferne identifiziert werden. Fachdidaktische Forschung besitzt als Zielperspektive immer einen schulischen und erziehungswissenschaftlichen Bezug und daher eine besondere praxisorientierte wissenschaftliche Bestimmung und Dignität.

5.1.3 Entwicklung fachdidaktischer Forschungsmethoden

Auf der Ebene der Universität wird fachdidaktisches Engagement in der Forschung und Lehrerbildung häufig zwischen den Partikularinteressen von Fachwissenschaften und Erziehungswissenschaft aufgerieben. Beim Wettkampf um Studienanteile und Semesterwochenstunden, die wiederum mit Stellen- und Mittelzuweisungen korrelieren, unterliegt die Fachdidaktik als eine junge Wissenschaft ohne ausgeprägte hochschulpolitische Lobby in Zeiten von Mittelkürzungen und öffentlichen Sparhaushalten den etablierten Disziplinen, die anerkannte und erprobte Methoden entwickelt haben. In dem Bemühen, als Wissenschaft eine prägnante Gestalt zu entwickeln, ohne aber über ein eigenes, bereits anerkanntes Fundament von Wissen und Methoden[227] zu verfügen, erfolgt von Sei-

---

[227] In einer vereinfachenden Klassifikation kann man zunächst folgende *Forschungsmethoden* differenzieren: 1. hermeneutische Methoden 2. empirisch-analytische Methoden 3. Methoden der Handlungsforschung 4. normenkritische Methoden. Als *Erhebungsinstrumente*

ten der Fachdidaktik häufig eine Anlehnung an die für wissenschaftliche Paradigmen repräsentativ erscheinende Bezugsdisziplin.[228] Wenn diese Adaption unreflektiert geschieht, entzieht sich die Fachdidaktik selbst die Grundlage für den Aufbau einer selbstbewussten wissenschaftlichen Identität. Otto hebt in diesem Zusammenhang die Gefahr einer wissenschaftlichen Beliebigkeit hervor, die sich stets als Folge einer ungenügenden Ausprägung *autonomer* Forschungsansätze einstellt: "Didaktische, insbesondere fachdidaktische Argumentation geschieht zu oft in unreflektierter, meist nur verbaler Abhängigkeit von Theoremen, Theorien und Theoriestücken anderer Wissenschaften. (...) Fachdidaktische Theorie entgeht nicht immer der Gefahr eines unproduktiven Abstraktionsniveaus, weil sie zu viel mit 'geliehenen' einzelwissenschaftlichen Legitimationen hantiert. Deren methodologische und wissenschaftstheoretische Basis bleibt zu oft unreflektiert, und deren Wechsel, vor allem deren Auswechselbarkeit, bringen die Didaktik in den Verdacht der Anfälligkeit für modische Trends" (Otto 1978, S. 679).

Diese partielle Übernahme von Kategorien und Forschungsmethoden der Fachwissenschaft kann dem eigentlichen multiperspektivischen Anspruch der Fachdidaktik schon vom Ansatz her nicht gerecht werden. Die Notwendigkeit,

---

können unter Berücksichtigung fachdidaktischer Verwertbarkeit exemplarisch genannt werden: diagnostische und klinische Interviews, Gruppeninterviews und Klassengespräche, freie/gebundene Assoziationstests, Analyse schriftlicher Aufgabenlösungen, Anwendungs- bzw. Bildkartentests, die Methode des lauten Denkens (vgl. Bruhn 1991, S. 130ff.).

[228] Dahncke bemerkt zum *Methodenproblem* der Fachdidaktiken kritisch: "Das Aufsuchen von Methoden in Bezugswissenschaften ist weit fortgeschritten und auch gegenwärtig in vollem Gange" (Dahncke 1985a, S. 24). Obwohl Dahncke den von Bleichroth angeregten Dreischritt (1. aufsuchen 2. abwandeln 3. neu entwickeln) zur Entwicklung fachdidaktischer Forschungsmethoden nicht völlig von der Hand weist, kommt er zu dem Schluss, dass es eines autonomen Ansatzes im fachdidaktischen Methodenrepertoire bedarf: "Persönlich kann ich mir (...) einen wissenschaftlich arbeitenden Fachdidaktiker auf Dauer kaum als einen methodischen Eklektiker mit Adaptierungsleistungen vorstellen. Ich glaube auch nicht, daß wir die in unseren Fachdidaktiken möglichen und sinnvollen Fragestellungen so vollständig überblicken, daß wir uns auf das Methodeninventar anderer Wissenschaften allein verlassen dürfen. Ich habe vielmehr den Eindruck, daß uns die weitere Ausarbeitung fachdidaktischer Fragestellungen früher oder später an den Punkt führen muß, wo es des grundlegend eigenständigen Methodenansatzes bedarf" (Dahncke 1985a, S. 24). Jung konstatiert lapidar, dass "die Physikdidaktik überhaupt keine disziplinspezifischen Methoden entwickelt hat" (Jung 1990, S. 328). Fischler erkennt auch einen Zusammenhang zwischen der Methodenproblematik der Sozialwissenschaften und dem Dilemma der Fachdidaktiken: "Die Ratlosigkeit, mit der die allgemeinen unterrichtsbezogenen Sozialwissenschaften dem Problem der Auswahl angemessener Forschungsmethoden begegnen, kann auch auf das wissenschaftstheoretische Selbstverständnis der Fachdidaktiker nicht ohne Einfluß bleiben" (Fischler 1980b, S. 284).

5.1 Reputation der Fachdidaktik als Wissenschaftsdisziplin 221

interdisziplinäre Ansätze und Lösungsverfahren zu entwickeln und auf die eigene Fragestellung anzuwenden, wird so zurückgedrängt. Die Vielfalt der unterrichtlichen Lehr- und Lernprozesse eines Faches, die im Zentrum fachdidaktischer Fragestellungen steht, kann im Bewusstsein monokausaler Denkschemata nicht erfasst werden. Wissenschaftliche Erklärungen, die ausschließlich auf Plausibilität und Verifizierbarkeit ausgelegt sind, engen die Komplexität und Dynamik sozialer Systeme, z. B. einer Schulklasse unbegründet ein (vgl. Bruhn 1991, S. 134). "Der empirisch-analytische Ansatz darf daher nicht unter dem Anspruch eingeengt werden, mit seiner Methode werde die soziale Wirklichkeit des Lernprozesses erfaßt" (Bruhn 1991, S. 134). Bruhn betont daher vehement den speziellen Auftrag der fachdidaktischen Forschungsmethoden, in deren Zentrum stets das Denken und Handeln des lernenden Individuums steht: "Fachdidaktische Forschung muß sich für die aus der Würde des Menschen entspringenden Fragen offenhalten" (Bruhn 1991, S. 134). Nicht alleine das Fach, sondern die Auseinandersetzung eines heranwachsenden Menschen mit den Gegenständen und Problemfragen seiner mittelbaren und unmittelbaren Umwelt steht im Fokus fachdidaktischen Interesses. Bei der Auswahl der fachdidaktisch relevanten Methode ist dies unbedingt zu berücksichtigen.

Es ist in diesem Zusammenhang dringend zu beachten, dass die Fachdidaktik, gleich welchen Faches, zwingend von der Strenge des wissenschaftlichen Weges der eigenen Bezugsdisziplin abweichen muss, wenn sie dem humanwissenschaftlichen Kern ihrer Forschungsanstrengungen gerecht werden will. Sie kann sich also nur mit Einschränkungen der gleichen Sprache, der Methoden und Probleme der korrespondierenden Fachwissenschaft bedienen, so dass es bei der Beurteilung der Forschungsergebnisse und -wege zwangsläufig zu Irritationen, Fehleinschätzungen und Kommunikationsstörungen zwischen Fachdidaktikern und Wissenschaftlern der Bezugsdisziplin kommen muss.

Neben der Anlehnung an fachwissenschaftliche Methoden und Schemata stellt die Bereitstellung bloßer Handlungsanweisungen und praktischer Unterrichtsvorschläge ebenfalls keine ausreichende Grundlage für fachdidaktische Forschungsvorhaben dar. Lenzen kritisiert dies am Beispiel der Physikdidaktik: "Natürlich muß das Methodenproblem Gegenstand der Physikdidaktik sein, aber nicht die Vermittlung von Kniffen und Tricks für den Unterrichtsalltag, die zwar außerordentlich wichtig sind, aber besser als Weitergabe von Erfahrungen exzellenter Lehrer in der 2. Ausbildungsphase betrieben werden können, als vom Boden einer Fachdidaktik der Wissenschaft, deren Rechtfertigungskapazität für solche Techniken nicht reichen kann" (Lenzen 1985, S. 251).[229]

Fachdidaktische Forschungsmethoden werden sich nur dann als eigenständige Instrumente eines autarken Wissenschaftszweiges etablieren können, wenn sich die Fachdidaktiken innerhalb eines reformierten Wissenschaftsverständnisses als eine auf Handlungs- und Lernprozesse spezialisierte Humanwissenschaft von der Bevormundung ihrer jeweiligen Bezugsdisziplinen emanzipieren. Die Einführung und erfolgreiche Anwendung geeigneter multiperspektivischer Methoden ist eine notwendige Voraussetzung für die weitere Konsolidierung fachdidaktischer Forschungsanstrengungen. Sowohl das grundsätzliche Design als auch die spezifische Ausprägung fachdidaktischer Methoden muss die weitgefächerte Dimension zwischen der Stringenz der Fachwissenschaft und der Individualität des Schülers berücksichtigen.

---

[229] Aus der Sicht eines Geographiedidaktikers fordert Schrand in ähnlicher Weise: "Die Fachdidaktik darf sich nicht in eine theorielose Rezeptologie abdrängen lassen oder sich damit zufrieden geben, als Meisterlehre lediglich gebündelte Erfahrungen weiterzureichen. Dies dient weder der Praxis noch ist es geeignet, die neue Wissenschaft Fachdidaktik an der Universität zu legitimieren" (Schrand 1981, S. 62). Krohn stellt für die Fremdsprachendidaktik in fast gleichen Worten fest: "Immer mehr der immer weniger Publikationen verlegen sich darauf, rezepthafte Anregungen für die Praxis zu bieten. Die Teilnahme an den wissenschaftlichen Kongressen der Zunft ist deutlich rückläufig" (Krohn 1988, S. 112).

5.2 Anforderungen an ein fachdidaktisches Wissenschaftsverständnis

5.2.1 Kennzeichen wissenschaftsorientierter Fachdidaktik

Es sollen im Folgenden Kennzeichen eines fachdidaktischen Wissenschaftsverständnisses benannt werden, die konstitutiv für die Auffassung von Fachdidaktik als einer zentralen Berufswissenschaft des Lehrers sind.

Als gemeinsame *Kriterien* jeglichen *wissenschaftlichen Arbeitens* können zunächst festgehalten werden (vgl. Jung 1990, S. 325 und Nachtigall 1975, S. 40):[230]

- die Beschäftigung mit spezifischen Problemen, d. h. die Disziplin verfügt über einen *Gegenstandsbereich*, eine Domäne, ein Arbeits- und Wissensgebiet, auf dem sich die Wissenschaft speziell und besonders intensiv betätigt;
- die Verwendung einer (wenn notwendig) spezifischen *Fachsprache* sowie einer klaren, einheitlichen und verständlichen Definition der verwendeten Begriffe und Termini;
- die Ausprägung von spezifischen *Forschungsmethoden* bzw. eines gesicherten Methodeninventars;[231]

---

[230] Es erscheint angemessener, auf den Versuch einer Definition von Wissenschaft (hier) zu verzichten und sie durch eine (nicht auf Vollständigkeit abzielende) Aufzählung allgemein anerkannter Kriterien zu umschreiben. Jasper definiert Wissenschaft so: "Wissenschaft ist erstens methodische Erkenntnis mit dem Wissen von der jeweiligen Methode und ihren Grenzen. Zweitens ist sie zwingend gewiß, mit dem Wissen auch der Ungewißheit. Drittens ist sie allgemeingültig, nicht nur im Anspruch, sondern faktisch" (Jasper 1960, S. 8).

[231] Bezogen auf die zuerst genannten Kennzeichen schreibt Nachtigall im Jahre 1975: "Fordert man von einer Wissenschaft, daß sie folgende Kriterien erfüllt: a) spezifische Probleme, b) spezifische Sprache, c) spezifische Forschungsmethode, so können die Fachdidaktiken diese Ansprüche bisher nicht erfüllen" (Nachtigall 1975, S. 40). Burscheid stellt 1983 fest: "Die Mathematikdidaktik genügt - noch - nicht den Kriterien, denen eine Wissenschaft zu genügen hat" (Burscheid 1983, S. 220). Wittmann urteilt dagegen über die Mathematikdidaktik im Jahre 1992: "Es ist für mich überhaupt keine Frage, daß in den letzten 25 Jahren im Kernbereich der Mathematikdidaktik signifikante wissenschaftliche Leistungen erbracht und damit erste Standards gesetzt worden sind, an denen man sich in Zukunft orientieren kann. Insbesondere sind im Kernbereich in Verbindung mit konstruktiven Entwicklungen auch tragfähige Theoriegerüste entstanden" (Wittmann 1992, S. 65). Bezogen auf die Adaption von bezugswissenschaftlichen Methoden erklärt Wittmann: "Diese Ausrichtung auf den Kernbereich schließt überhaupt nicht aus, daß auch Methoden und Standards aus den Bezugsdisziplinen übernommen werden, sofern sie angemessen sind" (Wittmann 1992, S. 65). Er ergänzt dann relativierend 1997: "Es ist sicher nicht alles von hoher Qualität, was die Fachdidaktiken bis jetzt hervorgebracht haben. Aber das war bei

224 5. Fachdidaktik als Wissenschaftsdisziplin: Realität und Anspruch

- die Förderung und Absicherung der spezifischen Forschungs- und Lehrprozesse durch eine *personelle und institutionelle Kontinuität*, das schließt insbesondere eine auf die wissenschaftliche Entwicklung abgestimmte Nachwuchsförderung ein;
- der *Bestand gesicherten* bzw. als gesichert geltenden *Wissens*; dieses Wissen ist durch intersubjektive Verifizierbarkeit bedingt sowie durch Vollständigkeit und Zusammenhang der dazugehörigen Einzelaspekte geprägt (vgl. Geißler 1983, S. 15);
- der Drang zur *Diversifizierung* und *Spezialisierung*, d. h. bewusste Fokussierung auf Details und Hervorhebung von Einzelphänomenen, um deren besondere Merkmale klar zu analysieren, ohne den Zusammenhang mit Teilphänomenen und den Bezug zum Ganzen zu verlieren;
- der Zwang und die Bereitschaft zur *Kommunikation*, Verständigung und gegenseitigen Bezugnahme[232] über zentrale Fragen des Fachgebiets, um die Verfügbarkeit des Wissens für alle am Prozess von Wissenschaft Beteiligten zu sichern;
- das Bestreben nach *Fortschritt* im Prozess der Suche nach Ergebnissen;
- *Rationalität*, intellektuelle Redlichkeit, *Objektivität*, Reliabilität, Validität, Relevanz und Repräsentanz der Forschungsprojekte sowie *Offenheit* gegenüber Kritik von außen.

Die Liste stellt keinen Anspruch auf Vollständigkeit und erfordert in der jeweiligen Konkretisierung auf eine bestimmte Wissenschaft unterschiedliche Schwerpunktsetzungen. Die Entwicklung der Fachdidaktik innerhalb der historisch geprägten Wissenschaftslandschaft hängt ganz entscheidend von der Ausprägung und spezifischen Ausfüllung dieser Kriterien aus fachdidaktischer Perspektive ab.[233] Die Komplexität des fachdidaktischen Forschungsfeldes kann nicht als Grund für eine häufig festzustellende Divergenz in den Arbeitsergeb-

---

den etablierten Disziplinen in deren Anfangsstadium nicht anders" (Wittmann 1997a, S. 54).

[232] Der Prozess dieser mindestens zweipoligen Kommunikation schließt die Bereitschaft ein, eigene Positionen zu revidieren, mindestens aber zu korrigieren und so in einem mehrstufigen Prozess gegenseitiger Begutachtungen und Revisionen der wissenschaftlichen Klärung gestellter Fragen näher zu kommen.

[233] Die Arbeitsgruppe Lehrerbildung der Hochschulrektorenkonferenz resümiert in diesem Sinne: "Die Fachdidaktiken werden ihre Rolle künftig jedoch nur dann ausfüllen können, wenn sie sich zu forschungsbezogenen Disziplinen entwickeln. Davon wird u. a. abhängen, ob sie sich als anerkannte Partner innerhalb der Universitäten bzw. Fakultäten etablieren können" (Arbeitsgruppe Lehrerbildung der HRK 1997, S. 12).

5.2 Anforderungen an ein fachdidaktisches Wissenschaftsverständnis 225

nissen von Fachdidaktikern angeführt werden. Der Anspruch an Wissenschaftlichkeit umfasst sicherlich auch die Notwendigkeit, *konvergente* Lösungswege und Verfahrensschritte bei der Erfassung und Analyse des komplexen Feldes "Fachunterricht" anzustreben.

Für die Fachdidaktiken steht die *Verknüpfung* der einerseits notwendigen *fachwissenschaftlichen Kompetenz* mit einer auf das künftige Berufsfeld des Lehrers ausgerichteten *handlungswissenschaftlichen Kompetenz* im Vordergrund. Die Fachdidaktik schärft das Profil des Studiums insofern, als sie Qualifikationen vermittelt, die einerseits an anerkannten fach- und erziehungswissenschaftlichen Standards ausgerichtet sind, andererseits das berufspraktische Handeln des Lehrers erforscht und in Bezug zum Wesen und Struktur der Fachwissenschaft setzt.

Es kommt im Rahmen dieses Bewusstseinswandels in ganz entscheidender Weise darauf an, eine Revision des traditionellen Verständnisses von Wissenschaft, das maßgeblich durch den dominanten Einfluss der philosophisch-geisteswissenschaftlichen Fakultäten im humanistischen Bildungsideal geprägt wurde, zu bewirken.[234] Es ist aus heutiger Sicht berechtigt, der gestalterischen Dimension der Wissenschaft Fachdidaktik, die immer mit Handlungen und Praxiselementen verknüpft bleibt, die ihr zustehende Bedeutung anzuerkennen.

Ein Paradigmenwechsel, der bereits im Fachstudium des angehenden Lehrers die Konzentration auf fachliche Lehr- und Lernprozesse richtet, ist die Voraussetzung für eine Wissenschaftsorientierung der Fachdidaktik. Mittelpunkt eines solchen revidierten Verständnisses des fachwissenschaftlichen Studiums ist die frühzeitige Einbeziehung der Überlegungen, welche Aspekte der Fachwissenschaft für Lehramtsstudenten eine zugleich fachliche *und* didaktische Relevanz besitzen und damit Beiträge zur Orientierung auf Lehr- und Lernprozesse leisten. Die Fachdidaktik übernimmt hier eine Auswahl- und Anordnungsfunkti-

---

[234] Jungblut drückt diesen Vorgang mit Bezug auf die per ministeriellen Erlass erfolgte Umwandlung der Pädagogischen Hochschulen in Wissenschaftliche Hochschulen so aus: "Eine unabwendbare Folge der Entscheidung der Ministerien ist, daß das berufsqualifizierende Lehrerstudium erstmalig in eine wissenschaftliche Hochschule verlegt wird. Somit werden 'Wissenschaft' und 'Berufsausbildung', die in einem traditionellen Verständnis von 'Wissenschaft' - vor allem dem der geisteswissenschaftlichen Fakultäten deutscher Universitäten - als unvereinbar galten, von staatswegen in ein institutionelles 'Zwangsaggregat' überführt. Dies müßte notwendigerweise eine Revision des Wissenschaftsbegriffes oder zum wenigsten eine Besinnung auf die wissenschaftlichen Grundlagen bei denjenigen Wissenschaftsdisziplinen auslösen, die am Curriculum der Lehrerstudenten beteiligt sind" (Jungblut 1972, S. 610). Die von Jungblut eingeforderten Revisionen müssen auch fast 30 Jahre nach Formulierung dieser These als für die Entwicklung der Fachdidaktik substanziell angesehen werden.

on von Studieninhalten, die im üblichen Sinne allein der Fachwissenschaft überlassen bleibt.[235] Insbesondere in den Studiengängen, in denen ein hoher Anteil der Studierenden im Rahmen eines Lehramtsstudiums ein Staatsexamen anstreben, erhält eine so verstandene Fachdidaktik eine tragende Funktion auch bei der Strukturierung des Fachstudiums und beschränkt sich nicht nur auf die unmittelbaren Aufgaben der Lehrerausbildung.[236] Parallele Strukturen auch innerhalb der klassischen Universitätsstruktur weisen die Berufsfakultäten der Mediziner, Juristen und Theologen auf. Auch in diesen Fakultäten ist seit frühester Zeit ein Wissenschaftsbegriff prägend, der keinen Widerspruch zwischen dem klassischen Verständnis von theoretisch arbeitender Wissenschaft einerseits und handlungswissenschaftlichen Elementen einer Berufseinführung andererseits sieht.[237] Derbolav formuliert dies bereits 1958 mit Bezug auf die Einführung eines pädagogischen Begleitstudiums für Gymnasiallehrer so: "Erst wenn der pädagogische Sektor der Philologenausbildung eine wissenschaftliche Grundlegung erhält - und diese kann, wie sich versteht, nur im Raum der Wissenschaft, auf dem Boden der Universität, geleistet werden, womit der Beitrag des Studienseminars durchaus nicht geschmälert werden soll, (...) -, läßt sich der im Begriff des 'wissenschaftlichen Lehrers' liegende Anspruch unverkürzt auch noch für die Gegenwart aufrecht erhalten" (Derbolav 1958, S. 379). Die heute noch mit der gleichen Aktualität gültige Aussage Derbolavs bekräftigt die These, dass das komplexe berufliche Bedingungsfeld des Lehrers nicht alleine durch ein vonein-

---

[235] Diese Deutung steht auch nicht im Widerspruch zu den Aussagen von Simonsohn, der die institutionelle Ansiedlung der Fachdidaktiken bei der Fachwissenschaft als Voraussetzung für eine wissenschaftliche Etablierung und Anerkennung ansieht: "Sofern und soweit eine Fachdidaktik den Rang von Wissenschaft haben kann und anstrebt - und sich bestreite die Möglichkeit dieses Ranges nicht -, ist sie Arbeitsgebiet am Rande des Faches mit besonders deutlichem Bezug zu anderen Fächern. 'Rand' bedeutet dabei nicht eine Abwertung" (Simonsohn 1985, S. 253).

[236] Das zum Teil sehr unterschiedliche Maß an Einflussmöglichkeiten der verschiedenen Fachdidaktiken ergibt sich bereits aus ganz pragmatischen Gründen: Ein Studienfach (z. B. Biologie, Chemie, Physik), das zwangsläufig für in der Mehrheit rein fachwissenschaftlich ausgerichtete Diplomkandidaten organisiert wird, bietet der Fachdidaktik geringere Partizipationsmöglichkeiten als z. B. innerhalb der Germanistik oder Geschichtswissenschaft. Diese graduellen Unterschiede korrelieren auch mit der unterschiedlichen Nähe der Schulfächer zur korrespondierenden Fachwissenschaft.

[237] Nicklis verdeutlicht die begriffliche Absurdität des für Lehramtsstudenten vorgeschriebenen "pädagogischen Begleitstudiums" mit Bezug auf die genannten akademischen Berufe: "Pädagogik als die eigentliche Berufswissenschaft des Lehrers kommt (...) buchstäblich auf den Hund eines sogenannten 'Begleitstudiums' herunter. Zu einer solchen Berufsbildungsdeklination gibt es in keinem akademischen Beruf eine Analogie, es sei denn als Chimäre: Juristen mit juristischem, Theologen mit theologischem und Mediziner mit medizinischem 'Begleitstudium'" (Nicklis 1989, S. 91).

5.2 Anforderungen an ein fachdidaktisches Wissenschaftsverständnis 227

ander isoliertes fachwissenschaftliches und erziehungswissenschaftliches Studium erfasst und zugrundegelegt werden kann. Erst die fachdidaktische Sicht und ihr wissenschaftliches Gebäude *verknüpfen* die für das berufliche Handeln des Unterrichtens *und* Erziehens notwendigen Kompetenzen. Es wäre absurd, beide beruflichen Aufgaben des Lehrers zu trennen oder voneinander zu isolieren; es kommt dagegen entscheidend darauf an, die *erzieherische Dimension fachlicher Unterrichtsinhalte* wahrzunehmen und Aspekte der fachlichen Bildung auf diese Weise frühzeitig mit anthropologischen Herausforderungen zu vernetzen.[238] Eine solche Interpretation von Fachdidaktik hat Rückwirkungen auf das grundsätzliche Verständnis des Lehrberufs. Nicht nur das rein fachliche Interesse kann das auslösende Moment für das Ergreifen dieses Berufes sein, sondern es muss zusätzlich eine Begeisterung für die Auseinandersetzung mit jungen Menschen auf der Ebene der fachlichen Bildung vorhanden sein. Bei der Studienwahl eines Lehramtsstudiums handelt es sich also immer primär um eine *Berufs*entscheidung und erst sekundär um eine *Fächer*wahl. Wenn auch diese grundsätzliche Feststellung für die verschiedenen Lehrämter (und Schulformen) eine naturgemäß unterschiedliche Gewichtung besitzt, stellt diese Priorität für jeden Studenten ein Kriterium für die individuelle Berufswahl dar. Wittmann stellt diesen anthropologischen Aspekt für die Mathematikdidaktik deutlich heraus: "In der faszinierenden Begegnung zwischen Mensch und Mathematik und der umsichtigen Organisation dieser Begegnung liegt der eigentliche Ursprung für mathematikdidaktisches Denken und Handeln" (Wittmann 1992, S. 60). Fachdidaktik repräsentiert in diesem integrativen Verständnis stets fachliches Wissen *und* erzieherische Dimension als komplementäre Größen. Der Anspruch an ein wissenschaftliches Studium, das diesem Verständnis von Fachdidaktik genügt, ist daher schwieriger einzulösen als ein rein fachorientiertes Studium zweier Unterrichtsfächer, das durch pädagogische Praxisphasen während der ersten und vor allem zweiten Phase der Ausbildung lediglich ergänzt wird.

Vergleicht man die Anforderungen an ein Lehramtsstudium mit denen des Medizinstudiums, erkennt man Parallelen und begegnet vergleichbaren Forderungen, die ein *ganzheitliches Verständnis medizinischen Wissens* reklamieren und diesen Aspekt in nur unzureichender Form innerhalb der Medizinerausbildung realisiert sehen. Hier steht die Erkenntnis im Mittelpunkt, dass ein fachlich noch so versierter Arzt seinem Auftrag nicht gerecht werden kann, wenn er die Begegnung mit dem Patienten nur unter experimentellen oder rein naturwissen-

---

[238] Sauer umschreibt diesen Kern fachdidaktischer Arbeit so: "In der Fachdidaktik werden Fach- und Erziehungswissenschaften im Medium von Forschung und Lehre zu einer Synthese zusammengeführt" (Sauer 1968, S. 241).

schaftlichen Gesichtspunkten begreift. So erscheint es auch hier unerlässlich, das fachliche Wissen um z. B. die Möglichkeiten pränataler Diagnostik nie isoliert von dem Umgang und der Verantwortung mit diesem Wissen und den damit verbundenen weitreichenden ethischen Entscheidungszwängen zu vermitteln. Ein medizinisches Seminar, das solche Zusammenhänge nicht von vorneherein mit bedenkt und zur Gewissensbildung auffordert, verfehlt den Anspruch an eine verantwortungsbewusste Ausbildung von Ärzten. Analog zur Lage der Fachdidaktiken erscheint das Klagen einiger Vertreter der medizinischen Fakultäten, die eine bewusste Ausrichtung auf ethische Grundsatzfragen medizinischen Wissens und moderner Apparatemedizin ebenfalls verstärkt einfordern und auf diesem Sektor der Medizinerausbildung erschreckende Defizite diagnostizieren. Die monolithische Ausrichtung auf Standards und Methoden der Fachdisziplinen birgt für die Lehrerbildung dieselbe Gefahr wie die Konzentration der Medizin auf naturwissenschaftliche Logik und Systematik. Beide Vorgänge missachten in ihrer Einseitigkeit die Vielschichtigkeit menschlicher Verhaltens- und Denkweisen, die alle Humanwissenschaften zweifellos in das Zentrum ihrer Aufmerksamkeit rücken sollten. Weil die Fachdidaktik das Lernen und die fachliche Entwicklung des lernenden Individuums thematisiert, treffen auch alle humanwissenschaftlichen Erfordernisse und Kennzeichen auf diese Wissenschaft zu. Denselben grundsätzlichen Ressentiments, die in den vergangenen Jahren der erfolgreichen Entwicklung der Universitätsdisziplin Fachdidaktik entgegenstanden, begegnen bereits in den 50er Jahren der an den Universitäten nur sehr langsam sich entwickelnden *Erziehungswissenschaft*. Neben den bereits referierten Aussagen Derbolavs expliziert Flitner mit Vehemenz die Abwehrhaltung und Skepsis, die der Pädagogik im klassischen Wissenschaftssystem entgegengebracht wird: "Von der Seite der älteren Wissenschaften begegnet sie einer Abwehr oder doch einer Skepsis, die ihrer Entfaltung bisher hinderlich gewesen ist" (Flitner 1958, S. 3). Mit nahezu den gleichen Argumenten wird sowohl der Pädagogik als auch später der Fachdidaktik vorgehalten, sie sei bereits immanenter Bestandteil anderer Fachdisziplinen und daher durch das bestehende System substituierbar.

Fachdidaktik schließt wie die Erziehungswissenschaft stets *normative* Aspekte mit in ihr Wissenschaftsverständnis ein. Jungblut stellt in diesem Sinne fest: "Für die Fachdidaktik als Wissenschaft ist es im Bereich 'oberster Ziele' unumgänglich, sich dem Problem der normativen Dimension im Bildungsprozeß zu stellen. Eine Entscheidung über die Funktion eines Schulfachs im gesellschaftlichen Ganzen oder die Bedeutung von Unterrichtsinhalten im erzieherischen Ganzen lassen sich nicht in einem wertneutralen Vakuum treffen" (Jung-

5.2 Anforderungen an ein fachdidaktisches Wissenschaftsverständnis

blut 1972, S. 616). Für den Fachdidaktiker der Naturwissenschaften ist diese Sichtweise besonders ungewohnt, da er der Gefahr unterliegt, im Glauben einer vermeintlichen Wertfreiheit seiner Disziplin sozialisiert zu werden (vgl. Muckenfuß 1979, S. 144).

Es erscheint daher als Konsequenz der angeführten fachdidaktischen Besonderheiten dringend erforderlich, ein *autonomes fachdidaktisches Wissenschaftsverständnis* zu etablieren. Die hohe Bedeutung fachlicher und fachübergreifender Unterrichtsprozesse in der neuzeitlichen Gesellschaft[239] fordert geradezu die Entwicklung eines solchen auf Lehr-Lern-Prozesse fokussierten Wissenschaftsverständnisses heraus. Die große Unsicherheit in der Beurteilung der Frage, ob Fachdidaktik einen Wissenschaftscharakter besitzt, zeigt sich in der Einschätzung von Schmidt, der die Fachdidaktik Physik als eine Wissenschaft mit einem zugeordneten wissenschaftspropädeutischen Bereich bezeichnet (vgl. Schmidt, P. G. 1978, S. 194). Solche Meinungen lassen indirekt den Schluss zu, dass jegliche Frage nach praktischer Verwertbarkeit im Unterricht als eine vorwissenschaftliche, also propädeutische Suche angesehen wird. Umgekehrt würde aber die Vernachlässigung solcher Ansätze in der Praxis als eine unzulässige Beschränkung der wissenschaftlichen Glaubwürdigkeit angesehen und mit Recht kritisiert. Bereits die Organisation des fachwissenschaftlichen Studiums ist daher auf die Einflussnahme der Fachdidaktiker zwingend angewiesen, um die Strukturen des Fachstudiums auch unter dem Aspekt der späteren beruflichen Handlungsbefähigung zu entwickeln.

Ein solch umfassendes Verständnis von Fachdidaktik beinhaltet eine *metawissenschaftliche* und eine *integrationswissenschaftliche* Komponente (vgl. Gebelein 1978, S. 746). Diese Komponenten, die in den folgenden Abschnitten vorgestellt werden, stellen ein übergeordnetes bzw. identitätsstiftendes Gerüst dar, das die besondere wissenschaftliche Struktur und Arbeitsweise der Fachdidaktik charakterisiert.

---

[239] Der gesellschaftliche Wandel von der Industriegesellschaft zur Informations- und Bildungsgesellschaft scheint geradezu wegweisend für die hohe Bedeutung zu sein, die der Fachdidaktik in der Zukunft beizumessen ist. Wittmann stellt in diesem Zusammenhang fest: "Es geht heute um die akademische Position der Fachdidaktiken an den Universitäten. In Anbetracht der wachsenden Bedeutung der Bildung für die Gesellschaft ist es allerhöchste Zeit, daß diese Disziplinen an der Universität die Rahmenbedingungen erhalten, die sie benötigen, um in der Lerngesellschaft ihre Rolle zielgerichtet und effektiv spielen zu können" (Wittmann 1997a, S. 62).

5.2.2 Fachdidaktik als Metawissenschaft

Als Metawissenschaft erarbeitet die Fachdidaktik auf der Grundlage der fachwissenschaftlichen Erkenntnisse übergeordnete Kriterien zur Auswahl von Lehrinhalten. Durch die Angabe von Begründungen für die Entscheidung bei der Auswahl von fachwissenschaftlichen Gegenständen stellt sie Legitimationen zur Verfügung, die das äußere Gerüst für fachliche Lehrpläne der Schule *und* Hochschule darstellen. Sie gibt damit der Fachwissenschaft eine Orientierungshilfe zur Strukturierung und Anordnung der fachlichen Inhalte und Gegenstände und damit zur Optimierung von fachlichen Lern- und Aneignungsvorgängen.

Es ist in diesem Zusammenhang für die Etablierung der Fachdidaktik als universitäre Disziplin von existenzieller Bedeutung, dass sie diesen metawissenschaftlichen Auftrag nicht nur im Hinblick auf die Auswahl schulischer Inhalte, sondern auch im Rahmen *hochschul*didaktischer Fragestellungen erfüllt.[240] In dem Maße, wie die Fachdidaktik Bezug auf die Vermittlungsstrategie der einzelnen Fachwissenschaft bereits im Fachstudium des Lehramtsstudenten und anderer Studiengänge (Diplom-, Magister-, Bachelor-, Masterstudiengänge usw.) Einfluss nimmt, erfüllt sie die Rolle einer didaktischen Sachwalterin. Der einzelne Studierende nimmt die aktive Rolle der Fachdidaktik bei der Gestaltung von fachlichen Lehrveranstaltungen wahr und erkennt auf diese Weise bereits frühzeitig den Einfluss der Fachdidaktik auf die Auswahl, Aktualisierung und Anordnung des Stoffes. In dem lebendigen Diskussionsprozess zwischen Fachdidaktik und Fachwissenschaft ergibt sich ein fruchtbares didaktisches Moment, das wiederum in den spezifisch fachdidaktischen Lehrveranstaltungen genutzt werden kann.

Zur Wahrnehmung ihrer metawissenschaftlichen Funktion ist die Fachdidaktik auf die Ergebnisse anderer Disziplinen angewiesen. Ihre Aufgabe ist es, im Dialog mit der Fachwissenschaft und unter Berücksichtigung der fachspezifischen Erfordernisse, erziehungswissenschaftliche, allgemeindidaktische, psychologische und soziologische Wissensbestände in das Lehramtsstudium einzubringen und für die Wirksamkeit der fachlichen Lehrveranstaltungen nutzbar zu machen. Sie ist hier auf Kooperation nicht nur mit der Fachwissenschaft, sondern vor allem auf die bewusste Wahrnehmung und Würdigung der Inhalte und

---

[240] Huber gibt 1999 eine Einschätzung der problematischen Lage der Hochschuldidaktik an den Universitäten. Er diskutiert die kontroverse Frage, ob Hochschuldidaktik überhaupt als ein Teil der Pädagogik angesehen werden kann und inwieweit hochschuldidaktische Bestrebungen in der Vergangenheit zu einer Verschulung und Reglementierung der Hochschulen beigetragen haben (vgl. Huber 1999).

5.2 Anforderungen an ein fachdidaktisches Wissenschaftsverständnis 231

Methoden der genannten Disziplinen angewiesen. In diesem Sinne ist die Vorsilbe "Meta" nicht als Korrektiv im jeweiligen fachwissenschaftlichen Bezug zu verstehen, sondern impliziert die Koordination und Berücksichtigung der verschiedenen Berufswissenschaften des Lehrers im Rahmen der fachlichen Ausbildung. Die metawissenschaftliche Auffassung von Fachdidaktik umfasst daher im Einzelnen die folgenden Aspekte (vgl. Gebelein 1978, S. 746):

- Die *Erforschung der historischen Entwicklung* der eigenen Fachdisziplin stellt zunächst die Grundlage für das Verstehen erkenntnistheoretischer Zusammenhänge dar. Erst die *Einbettung* der fachlichen Inhalte und Ergebnisse *in gesellschaftliche und geistesgeschichtliche Zusammenhänge* ermöglicht ein vollständiges Erfassen der Wurzeln der eigenen Fachdisziplin. Genauso ist es die Aufgabe der Fachdidaktik, Auswirkungen der Fachdisziplin ihrerseits auf gesellschaftliche Entwicklungen zu rekonstruieren und zu analysieren, um so die gegenseitige Einflussnahme zwischen Wissenschaft und Gesellschaft bewusst zu machen. Nur in der Kenntnis der historischen Entwicklung der eigenen Disziplin kann eine bewusste Wahrnehmung der tatsächlichen Genese fachlichen Wissens erfolgen. Durch den Nachvollzug und die Aufbereitung der langwierigen und komplexen Prozesse der Wissensentstehung leistet die Fachdidaktik einen Beitrag, die Konstruktion aktueller Lehr-Lernprozesse an den tatsächlichen Bedürfnissen der Lernenden auszurichten.
- Lernen als Aneignungsprozess von Wissen stellt einen Schlüsselbegriff fachdidaktischen Interesses dar. Die *Untersuchung und das Aufdecken fachspezifischer Denkstrukturen* sind die Voraussetzung für die Durchführung von Fachunterricht. Nur ein Lehrer, der sich der speziellen Denk- und Arbeitsweise des eigenen Faches bewusst ist und solche Strukturen sicher identifizieren sowie den Denkprozess des Schülers antizipieren kann, ist in der Lage, fachliche Lernprozesse schüleradäquat zu arrangieren, durchzuführen und zu evaluieren.
- Als Folge der Analyse fachlicher Denkstrukturen dürfte sich in vielen Fällen eine *kritische Beurteilung des häufig anzutreffenden Automatismus zwischen Fachsystematik und Lernsystematik* ergeben. Sowohl für Lernprozesse der Schule wie der Hochschule stellt sich die Frage, ob die Fachsystematik, die fachliche Gegenstände häufig "aus einem Guss" darstellt, ebenfalls für die Aneignungs- und Lernprozesse von Schülern und Studenten geeignet ist.[241] Aufgabe der Fachdidaktik ist es, gegebenenfalls unter Berücksichtigung ent-

---

[241] Die in vielen Fachdisziplinen stark elaborierte Fachsystematik ist auch aus *Vermittlungs*gründen, das heißt insbesondere aufgrund der beabsichtigten übersichtlichen Darstellung in Lehrbüchern historisch so gewachsen.

wicklungs- und lernpsychologischer Erkenntnisse, die Fachsystematik in eine Lernsystematik, die den individuellen Bedürfnissen des Studenten bzw. Schülers gerecht wird, zu transformieren.

- Schließlich umfasst eine metawissenschaftliche Auffassung von Fachdidaktik die Fragestellung, welchen spezifischen *Beitrag* das eigene Fach *für die Entwicklung der Menschheit insgesamt bzw. des Einzelnen* in der Gesellschaft leistet. In der gesamtgesellschaftlichen Perspektive formuliert der Fachdidaktiker bildungspolitische Legitimationen für das eigenen Fach.[242] In dieser Funktion führt er einen ständigen Dialog zwischen dem Fach und gesellschaftlichen Kräften, um so eine Rückkopplung und Verankerung mit außerfachlichen Prozessen zu ermöglichen. In der individuellen Perspektive des einzelnen Schülers leistet die Fachdidaktik die ständige Hinterfragung und Revision der Lerninhalte und des Lehrplans unter dem Blickwinkel der Bedeutsamkeit für die Entwicklung einer verantwortungsbewussten Persönlichkeit.

5.2.3 Fachdidaktik als Integrationswissenschaft

Wenn im metawissenschaftlichen Verständnis von Fachdidaktik eher die (stark verkürzenden) Fragen "Was", "Wozu" bzw. "Warum" im Vordergrund stehen, befasst sich die Fachdidaktik als Integrationswissenschaft hauptsächlich mit der Fragestellung "Wie". Unter bewusster Wahrnehmung und Berücksichtigung allgemeindidaktischer Unterrichtskonzepte, die als Modellierungsangebote für den Fachunterricht zur Verfügung stehen, sucht die Fachdidaktik nach Möglichkeiten der unterrichtlichen Umsetzung und Problematisierung fachwissenschaftlicher Fragestellungen. Das entscheidende Ziel dabei ist, aus fachwissenschaftlichen Systemen bildungs- und erziehungsrelevante Ziele auszuwählen und gleichzeitig so anzuordnen, dass aus erziehungswissenschaftlicher Perspektive schüleradäquates Lehren und Lernen begünstigt wird. Dabei wird der integrative

---

[242] Zur *gesellschaftspolitischen Rolle* der Fachdidaktik schreibt der Physikdidaktiker Muckenfuß: "(...) die Fachdidaktik erstellt Handlungsanweisungen in Form von Curricula, Lehrmaterialien, Lehrplänen, Lernzielkatalogen usw. Sie bestimmt daher das Handeln des Lehrers in hohem Maße. Da dieses Handeln vor der Gesellschaft verantwortet werden muß, ist auch die Physikdidaktik keine Oase im spannungsreichen Feld gesellschaftspolitischer Auseinandersetzungen, sondern sie muß sich diesen bewußt und aktiv widmen" (Muckenfuß 1979, S. 144).

5.2 Anforderungen an ein fachdidaktisches Wissenschaftsverständnis 233

Charakter der Fachdidaktik insoweit deutlich, als hier die *Brückenfunktion* der Fachdidaktik im Dialog zwischen Schulpädagogik, Allgemeiner Didaktik und Fachwissenschaft gefordert wird. Die Herausforderung und Gefahr, die in dieser integrationswissenschaftlichen Aufgabe besteht, stellt Fischler kritisch heraus: "Als Vertreter einer Disziplin, die zwar ihr eigenes Forschungsfeld hat, aber ständig Wissensbestände und Verfahrensregeln ihrer Bezugsdisziplinen integrieren muß, ist der Fachdidaktiker der Gefahr ausgesetzt, permanent seine wissenschaftliche Eigenständigkeit gegenüber seinen 'Nachbarn' rechtfertigen zu müssen" (Fischler 1980b, S. 284). Die wissenschaftliche Autonomie des fachdidaktischen Forschungsfeldes ergibt sich aber schon zwangsläufig aus der spezifischen Vermittlerfunktion zwischen den relevanten Bezugsdisziplinen.

Die integrative Leistung der Fachdidaktik besteht in der Konstruktion eines gemeinsamen Grenzwertes der beiden Pole des Unterrichtsgeschehens: Kindliches Denken und fachliche Abstraktion bzw. Systematik. Die Fachdidaktik sucht damit nach Wegen, die zunächst vorherrschende Divergenz zwischen der Vermittlung von Fachwissen und dem Erziehungsauftrag der Schule in eine Komplementarität beider Prozesse zu überführen. Diesen Prozess des Ausgleichens und Verbindens formuliert die Strukturkommission Lehrerbildung 2000 in Baden-Württemberg so: "Fachdidaktik umfaßt die anthropologischen Voraussetzungen und die fachlichen Gesetzmäßigkeiten des Lehrens und Lernens von Fachinhalten in Unterrichtsfächern und Lernbereichen. Allgemeiner gesprochen: einerseits geht Fachdidaktik von der Begegnung von Menschen mit Gegenständen und Inhalten aus, die prinzipiell erziehungs- und bildungsbedeutsam sein können; andererseits thematisiert sie Fragen, die vom Menschen und seinem Verstehenshorizont zu den möglichen Lerninhalten führen" (Ministerium für Wissenschaft und Forschung Baden-Württemberg 1993, S. 26).

Weder in der Fachwissenschaft noch in der Allgemeinen Didaktik stehen dabei die Belange des einzelnen Kindes oder des einzelnen Lernenden und seines individuellen fachspezifischen Lernvorganges so zentral im Mittelpunkt wie bei der fachdidaktischen Konstruktion von Unterrichtsstrukturen. Der Entwurf adäquater Lernumgebungen mit Hilfe fachdidaktischer Kenntnisse berücksichtigt *beide* Pole des Unterrichtsgeschehens: Schüler und Unterrichtsgegenstand. Die Fachdidaktik besitzt in diesem Sinne eine Mittlerrolle zwischen der Fachwissenschaft und der Allgemeinen Didaktik.[243] Es kommt bei der Wahrnehmung

---

[243] Die Strukturkommission Lehrerbildung im Land Baden-Württemberg ordnet die Fachdidaktik in die Landkarte der Wissenschaften auf folgende Weise ein: "Weitgehend überwunden sind Verkürzungen des Verständnisses der Fachdidaktik: Deduktion aus der Fachwissenschaft, Reduktion auf Lehrbarkeit und Vermittlung der Unterrichtsinhalte. Al-

dieser Funktion auf die Fähigkeit zur Interdisziplinarität an, um in einem gemeinsamen Dialog mit den anderen Berufswissenschaften des Lehrers die Bedingungen, unter denen Unterricht stattfindet, zu erforschen. Die Fachdidaktik berücksichtigt im Rahmen ihrer schulorientierten Arbeit den Grundsatz, dass "Lehren" auch immer gleichzeitig "Erziehen" bedeutet. Erst die bewusste Wahrnehmung dieses Zusammenhangs ermöglicht eine adressatenspezifische Auswahl und Aufbereitung fachlicher Lerngegenstände und -ziele.

Erst in der gleichzeitigen Vergewisserung integrationswissenschaftlicher *und* metawissenschaftlicher Funktionen der Fachdidaktik wird das Zerrbild von Fachdidaktik als einer reinen Methodenlehre verhindert. Die Frage nach der unmittelbaren Verwertung von fachdidaktischen Forschungsvorhaben, also die Forderung nach unterrichtspraktischer Anwendbarkeit, kann und darf sicherlich nicht die Forschungsarbeit bestimmen oder beeinflussen. Bruhn äußert sich zu der in allen Wissenschaften virulenten Anwendungsfrage: "Viele wichtige Fortschritte auf dem Gebiet der Didaktik und Methodik sind auf der Basis von Forschungsarbeiten erzielt worden, deren methodische Relevanz zunächst fraglich oder nicht erkennbar waren" (Bruhn 1991, S. 119).

Die integrationswissenschaftliche Auffassung von Fachdidaktik umfasst die folgenden Aspekte:

- Die Fachdidaktik *erforscht unter Einbeziehung psychischer, emotionaler und sozialer Parameter altersspezifische Lehr- und Lernprozesse* im Fachunterricht. Von besonderer Bedeutung sind dabei die vielfältigen und vielschichtigen Prozesse zwischen Lernenden und Lehrenden, die Einfluss auf den Ablauf und die Effizienz fachlichen Lernens nehmen.
- Unter Berücksichtigung empirischer wie analytisch-hermeneutischer Verfahren[244] der Unterrichtsanalyse *konstruiert und evaluiert die Fachdidaktik Lehrgänge* und Unterrichtsprozesse sowie dafür geeignete Lehr- bzw. Lernmittel. In ihrer Ausprägung als Handlungswissenschaft entwirft sie in Zusammenarbeit mit der Erziehungs- und Sozialwissenschaft Unterrichtsmodelle, die ex-

---

lenthalben hat sich das Verständnis durchgesetzt, daß Fachdidaktik als eine Wissenschaft mit eigener Dignität zwischen Fachwissenschaft und Schulpädagogik steht und beide als 'Hilfswissenschaften' benötigt. Sie ist zwar auf diese Wissenschaften angewiesen, erforscht jedoch mit eigenständigen Methoden den konkreten Fachunterricht als ihren spezifischen Gegenstand" (Ministerium für Wissenschaft und Forschung Baden-Württemberg 1993, S. 26).

[244] Fischler weist darauf hin, dass fachdidaktische Forschungsmethoden verschiedene Ausprägungen mit unterschiedlichen methodologischen Schwerpunkten aufweisen müssen, "so daß Angemessenheit und Reichweite von Hermeneutik, Ideologiekritik und Empirie in jedem konkreten Einzelfall neu zu bestimmen sind" (Fischler 1980b, S. 291).

emplarische Muster für die Umsetzung von Prinzipien wie z. B. "Lernen lernen", "selbstständiges Lernen", "kumulatives Lernen", "genetisches Lernen" usw. darstellen.
- Unter Verwendung von Methoden der empirischen Unterrichts- und Sozialforschung *untersucht* die Fachdidaktik *die Wirksamkeit fachlichen Unterrichts in verschiedenen Schularten auf verschiedenen Altersstufen*. Sie stellt gleichzeitig wirksame Instrumente zur Leistungsdiagnostik und langfristigen Verhaltensbeobachtung zur Verfügung. Die *Formulierung von fachlichen Basisqualifikationen* auf verschiedenen Schulabschlussniveaus gibt den auf die allgemeinbildenden Schulen aufbauenden unterschiedlichen Institutionen (Industrie, Handwerk, Ausbildungsbetriebe, Fachschulen, Fachhochschulen, Hochschulen, Universitäten usw.) verlässliche Anhaltspunkte und Orientierungsmaßstäbe im Rahmen der Qualitätssicherung schulischer Arbeit. Die Zusammenarbeit zwischen den beteiligten Institutionen wird dadurch verbessert und auf eine solide Grundlage gestellt.
- Als Integrationswissenschaft stellt die Fachdidaktik vielfältige Forschungsmethoden zur Verfügung, die der Komplexität und Interdisziplinarität ihres Forschungsgegenstandes gerecht werden. Sie stellt daher einen *Brennpunkt* dar, *der die verschiedenen Anforderungsbereiche des Lehramtsstudiums bündelt und zusammenführt.* Die Wissenschaft Fachdidaktik ermöglicht damit eine frühzeitige Identifikation mit einem Berufsethos, das den Ansprüchen an fachliche und soziale Kompetenz, die für ein professionelles Lehrerbild kennzeichnend sind, gerecht wird.

5.3 Zusammenfassung und Ausblick

Das Wissenschaftsverständnis der Fachdidaktik ist sowohl in der Überzeugung der Fachdidaktiker an den Hochschulen als auch aus der Perspektive der Lehrer an den Schulen bzw. Fachleiter an den Studienseminaren nur unvollständig und defizitär ausgeprägt. Als relativ junge Disziplin kann sie im Gegensatz zu den fachwissenschaftlichen Disziplinen, die den dominanten Anteil am Lehramtsstudium einnehmen, auf eine nur geringe Forschungs- und Entwicklungstradition zurückblicken.

Im Zentrum der kritischen Bestandsaufnahmen steht die Tatsache, dass der Fachdidaktik zwar lehrerbildende Funktionen zugewiesen werden, ihr aber keine autonome wissenschaftliche Domäne mit eigenem Forschungsfeld, Methodenrepertoire und Nachwuchsqualifizierung zugesprochen wird. Diese Einschätzung wird nicht nur von Fachwissenschaftlern, sondern auch von den in der alltäglichen Praxis stehenden Lehrern vertreten, die in ihrem eigenen Studium eine nur geringe Ausprägung der wissenschaftlichen Dimensionen der Fachdidaktik erlebt haben. Diejenigen Lehrer, die den Beginn der wissenschaftlichen Etablierung fachdidaktischer Forschung während ihres eigenen Studiums erlebt haben, wurden aufgrund der demographischen Entwicklung der Schülerzahlen in den 80er Jahren zu großen Teilen nicht in den Schuldienst übernommen. Auch diejenigen Lehrer, die seit dem Anstieg der Einstellungszahlen Anfang der 90er Jahre in den Schuldienst übernommen wurden, haben wiederum aufgrund der massiven Personalreduzierungen und Stellenumwidmungen in den 80er Jahren ein eher geschwächtes Vertrauen in die wissenschaftliche Funktion der fachdidaktischen Institute und Forschungseinrichtungen gewonnen.

Notwendig ist daher die Entwicklung und Ausprägung adäquater Forschungsmethoden, die den von der korrespondierenden Fachwissenschaft emanzipierten humanwissenschaftlichen Kern fachdidaktischer Fragestellungen berücksichtigen. Erst mit der Synthese fach- und handlungswissenschaftlicher Kompetenzen kristallisiert sich ein fachdidaktisches Wissenschaftsverständnis heraus, das Fachdidaktik als eine von der fachwissenschaftlichen Umklammerung gelöste und damit in ihren Kernfragen autonome Disziplin konstituiert. Dieses Wissenschaftsverständnis umfasst meta- und integrationswissenschaftliche Komponenten, die den mehrdimensionalen und fächerübergreifenden Ansprüchen an fachdidaktisches Denken und Forschen gerecht zu werden versuchen.

Für die zukünftige Entwicklung der Fachdidaktik an der Universität und als konstitutives Element der Lehrerbildung ist es daher von eminenter Bedeutung, dass sich Fachdidaktik von einem rein methodenorientierten Verständnis loslöst und ihre handlungswissenschaftlichen Kompetenzen kontinuierlich weiterentwickelt. Fachdidaktik steht damit "quer" zu den tradierten institutionellen Strukturen der Universität und erfordert eine Modernisierung bzw. Weiterentwicklung des klassischen Wissenschaftsverständnisses. Eine solche meta- und integrationswissenschaftliche Sichtweise eröffnet mit der Stärkung der fachdidaktischen Position auch ein grundlegend neues Verständnis des Gesamtkonzepts der Lehrerbildung. Fachdidaktik konstituiert damit ein Verständnis von Lehrerbildung, das die unterschiedlichen Pole und Ansprüche des Lehramtsstudiums an der Universität verzahnt. Das im folgenden Abschnitt entworfene Modell versteht

5.3 Zusammenfassung und Ausblick

daher Fachdidaktik insofern als *konstitutives* Element der universitären Lehrerbildung, als ein Verzicht auf diese Disziplin zu einer unangemessenen Simplifizierung der theoretischen und praktischen Anforderungen an den Beruf des Lehrers führt.

6. Dimensionen von Fachdidaktik als konstitutives Element universitärer Lehrerbildung

6.1 Der universitäre Charakter fachdidaktischer Forschung und Lehre

Die Integration *sämtlicher* Lehramtsstudiengänge in die Universität muss als ein wesentliches Ergebnis der Reformanstrengungen der ausgehenden 60er und beginnenden 70er Jahre angesehen werden. Wenn auch immer wieder in der aktuellen Diskussion Forderungen im hochschulpolitischen Raum aufkeimen, die Primarstufen- bzw. Berufsschullehrerbildung an die Fachhochschulen auszulagern, würde sowohl aus pragmatisch-ökonomischen Gründen sowie vor allem aufgrund der besonderen Ausprägung und spezifischen Struktur *aller* Lehramtsstudiengänge eine solche erneute institutionelle Umstrukturierung den Erfordernissen einer wissenschaftlichen Lehrerbildung nicht gerecht. Die Ausgliederung der genannten Teile der Lehrerbildung an die Fachhochschulen wird dennoch von Seiten der Fachhochschulen aus Gründen der Kapazitätserweiterung gefordert. Neben der quantitativen und unweigerlich damit verknüpften qualitativen Beschneidung der Studiengänge sind vor allem die damit intendierten Absenkungen in der Besoldungsstruktur wesentliche Folgen einer solchen Politik.[245] Inwieweit diese Auswirkungen auch als beabsichtigtes finanzpolitisches Ziel durch die jeweiligen Ministerien verfolgt wird, kann nicht abschließend beurteilt werden.[246] Finanzpolitische Zwänge in der Bildungspolitik müssen aber als pri-

---

[245] Zur aktuellen, kontrovers geführten Diskussion vgl. z. B. Metzner 1999 (pro FH-Ansiedlung) bzw. Künzel 1999 und Terhart 2000, S. 86ff. (contra FH-Ansiedlung). Aus der Sicht der Erziehungswissenschaft kommentiert Regenbrecht die Diskussion: "Wer heute für eine Übertragung der Primarstufenlehrerausbildung an die Fachhochschulen plädiert, hat den Stand der didaktischen Diskussion des Jahres 1930 noch nicht verlassen" (Regenbrecht 1994, S. 295). Heesen argumentiert aus der Sicht des Philologenverbandes: "Ganz sicher ist aber der wesentlichste Grund für diese beabsichtigte Verlagerung die Einstiegsbezahlung der Hochschulabsolventen. (...) Gelänge eine Verlagerung der Lehrerausbildung, zumindest einiger Ausbildungsbereiche, so wäre eine deutliche Personalkostenreduzierung für die öffentlichen Kassen damit verbunden" (Heesen 1996, S. 27).

[246] Der schulpolitische Sprecher der SPD-Landtagsfraktion in NRW schließt zumindest 1997 noch eine Verlagerung auch von Teilen der Lehrerbildung in NRW an die Fachhochschulen aus: "Wichtig in der heutigen Diskussion war auch die Klarstellung, daß wir weiter an der universitären Lehrerausbildung für alle Lehrergruppen festhalten" (Degen, Manfred, in: SPD-Landtagsfraktion NRW 1997, S. 66).

6.1 Der universitäre Charakter fachdidaktischer Forschung und Lehre 239

märe politische Ursache und Motive für solche Auslagerungsbestrebungen unterstellt werden.[247]

Erst der besondere Charakter *universitärer* Lehr- und Forschungstätigkeit wird den mehrdimensionalen und interdisziplinären Ansprüchen, die an eine moderne Lehrerbildung aller Schulformen und Altersstufen zu stellen ist, gerecht. Eine Auslagerung wesentlicher Teile der Lehrerbildung an die Fachhochschulen würde einem Versagen und Ausweichen der Universitäten in den spezifischen Herausforderungen der Lehrerbildung gleichkommen. Die integrative Sicht fachwissenschaftlicher, erziehungswissenschaftlicher, fachdidaktischer und schulpraktischer Elemente, die nur unter dem Dach der Universität realisiert werden kann, stellt ein unverwechselbares Charakteristikum von Lehrerbildung dar. Mit dem Studium der jeweiligen Fachdidaktik an der Universität werden fachwissenschaftliche Aussagen aufgegriffen, auf die Umsetzung in Lehr- und Lernprozessen hin analysiert und auf berufsrelevante Dimensionen fokussiert. Die fachdidaktischen Lehr- und Forschungseinrichtungen könnten diesem Auftrag ohne den unmittelbaren Kontakt zu ihren Bezugswissenschaften an der Universität (Fachdisziplinen, Erziehungswissenschaften, Psychologie usw.) nicht gerecht werden. Fachdidaktische Forschungs- und Lehrtätigkeit wäre an Fachhochschulen nur unter der Aufgabe zentraler Elemente der eigenen wissenschaftlichen Identität möglich.

Das Studium der Fachdidaktik ermöglicht bereits in der ersten Phase der Ausbildung auf der Grundlage fachwissenschaftlicher, erziehungswissenschaftlicher und lernpsychologischer Studien das Erproben von Handlungsmustern sowie das Denken und Forschen in realitätsnahen Zusammenhängen. Die interdisziplinäre Struktur fachdidaktischer Forschungs- und Entwicklungsarbeit ist daher zwingend auf die unverwechselbare Struktur und Arbeitsweise der Universität angewiesen. Notwendige und sinnvolle fachübergreifende Anregungen und Diskurse sind an Fachhochschulen nur unter erschwerten Bedingungen möglich. Darüber hinaus widerspricht die für Fachhochschulen typische Konzentration auf rein fach- und berufsbezogene Anwendungen den zentralen Anforderungen an fachdidaktische Arbeit im integrations- und metawissenschaftlichen Verständnis.[248] Die Konferenz der Vorsitzenden der Fachdidaktischen

---

[247] Vgl. dazu die Aussagen der von der Kultusministerkonferenz eingesetzten Kommission: Terhart 2000, S. 86ff.

[248] Metzner (Rektor der Fachhochschule Köln) fordert, dass fachwissenschaftliche und fachdidaktische Kompetenz in jeder Professur (an den Fachhochschulen) zusammengehören (vgl. Metzner 1999, S. 200). Eine solche Vorstellung von Fachdidaktik entspricht dem Entwicklungsstand der Fachdidaktik an Pädagogischen Akademien bzw. Pädagogischen

Fachgesellschaften (KVFF) betont den insbesondere aus der Perspektive der Fachdidaktik wesentlichen Unterschied zwischen Universität und Fachhochschule: "Das spezifische Profil der Fachhochschule – nämlich eine vorrangig anwendungs-, methoden- und unmittelbar berufsfeldorientierte Ausbildung – wird den Anforderungen der wissenschaftlichen Lehrerbildung nicht gerecht. Überzeugende inhaltliche Argumente für eine Verlagerung der Lehrerbildung oder auch von Teilen der Lehrerbildung an die Fachhochschule lassen sich nicht finden. Der adäquate Ort der Lehrerbildung ist die Universität bzw. wissenschaftliche Hochschule" (KVFF 1996b, S. 5).

Die mit der Integration der Pädagogischen Hochschulen in die Universitäten vollzogene Etablierung der Fachdidaktiken an wissenschaftlichen Hochschulen stellt einen unumkehrbaren Rahmen für die sowohl für das Lehramt für die Sekundarstufe II geforderte *Praxisorientierung* als auch für die in den anderen Lehrämtern reklamierte *Wissenschaftsorientierung* dar. Ein Rückzug der Primar- und Berufsschullehrerausbildung von der Universität an die Fachhochschule würde beiden Reformansätzen diametral widersprechen. Mit der Ausgliederung der Primar- und Berufsschullehrerausbildung an die Fachhochschulen würde einerseits die fachdidaktische Kompetenz zwangsläufig für die an den Universitäten verbleibenden Lehramtsstudiengänge verringert. Die bisher erreichten, immer noch defizitären Ansätze fachdidaktischer Einflussnahmen auf das Studium angehender Gymnasiallehrer würden weiter geschwächt. Andererseits wäre die Einlösung der Wissenschaftsorientierung im Studium des Primarstufenlehramtes an Fachhochschulen nur unter erheblichen Einschränkungen möglich. Diese Einschränkungen würden insbesondere den erziehungswissenschaftlichen Kernbereich dieses Lehramtes betreffen, der an den meisten Fachhochschulen vollständig neu aufgebaut werden müsste. Da gleichzeitig sowohl fachdidaktische als auch erziehungswissenschaftliche Einrichtungen an den Universitäten für die dort verbleibenden Lehramtsstudiengänge bestehen blieben, entstünden unverhältnismäßig hohe finanzielle Aufwendungen, die innerhalb der Universität aufgrund der dort möglichen Synergieeffekte entfallen.

Hochschulen vor mehreren Jahrzehnten. Grundlegende Tatsachen über die Differenzen zwischen fachdidaktischer und fachwissenschaftlicher Theoriebildung bleiben in solchen Aussagen unberücksichtigt.

6.2 Fachdidaktik als konstitutives Element der Lehrerbildung

Aufbauend auf einem meta- und integrationswissenschaftlichen Verständnis von Fachdidaktik ergeben sich nun Funktionselemente, die in ihrer Gesamtheit Fachdidaktik als ein *konstitutives Element* der universitären Lehrerbildung aller Schulformen und Schulstufen begründen. Auch in diesem Verständnis bleibt Fachdidaktik nur *ein* Element des integrativen Gesamtkonzepts der Lehrerbildung, das im Wesentlichen durch fachwissenschaftliche, aber strukturprägend durch fachdidaktische, erziehungswissenschaftliche und schulpraktische Studien gekennzeichnet ist. Der relative und absolute Anteil dieser Elemente am gesamten Studiengang ist dabei abhängig vom angestrebten Lehramt. Die Apostrophierung *konstitutives* Element soll verdeutlichen, dass erst fachdidaktische Bezüge im Studium der zumeist zwei Fachwissenschaften und der Erziehungswissenschaft das typische und eigentliche Wesen des Lehramtsstudiums ausmachen. Umgekehrt gesprochen würde ein Lehramtsstudium *ohne* fachdidaktische Studien sich nicht wesentlich von rein fachwissenschaftlichen Diplom-, Magister- oder Masterstudiengängen unterscheiden, die durch erziehungswissenschaftliche Exkurse ergänzt und im Sinne eines "studium generale" erweitert werden, aber unverbunden und ohne wechselseitige Bezüge nebeneinander stehen.

Es geht in diesem Konzept nicht um eine grundsätzliche Neudefinition der bestehenden fachdidaktischen Strukturen, sondern um eine Schärfung und erneute Bewusstmachung der spezifischen fachdidaktischen Funktion innerhalb der verschiedenen Phasen der Lehrerbildung. Die ursprünglichen Impulse der universitären Etablierung werden dabei aufgegriffen und in ein tragfähiges und nachhaltiges Modell integriert. Fachdidaktik stellt in diesem Sinne die Berufswissenschaft des Lehrers dar, die das Wesen, die Besonderheiten und Bedingungen seiner beruflichen Aufgaben auf einer theoretischen und praktischen Ebene erforscht sowie in der Lehre vertritt. Ihr obliegt damit eine Mittlerfunktion zwischen Fachwissenschaft und Erziehungswissenschaft, die der *Ambivalenz von fachlichen und erzieherischen Aufgaben* des Lehrers entspricht.

In diesem Verständnis verbleibt eine Lehrerbildung, die sich nur isoliert mit fachwissenschaftlichen und erziehungswissenschaftlichen Fragestellungen auseinandersetzt, in ihrem Grundansatz defizitär. Ein ausschließlich separates Studium der einzelnen Bezugswissenschaften ignoriert die Komplexität der unterrichtlichen Anforderungen, die an den Lehrer in fachlicher, kommunikativer, sozialer und innovativer Hinsicht innerhalb der neuzeitlichen Gesellschaft gestellt werden. Die Wissenschaft Fachdidaktik konstituiert dagegen ein Leitbild des Lehrberufs, das den mehrdimensionalen Erfordernissen der modernen Unterrichtswirklichkeit gerecht zu werden versucht.

Die wesentlichen Kritikpunkte, die von Seiten der Studenten, Dozenten, Schulen, Studienseminare, Lehrerverbände, der Schulaufsicht und den Ministerien der aktuellen Lehrerbildung entgegengebracht werden, zielen im Kern auf das Fehlen einer solchen integrativen Sicht ab. Erst wenn Fachdidaktik als ein *konstitutives Element* der Lehrerbildung an Universitäten verstanden wird, besteht eine realistische Chance, die in der aktuellen Diskussion beklagte Trennung zwischen dem Erwerb von Fachwissen und der Aneignung von Handlungswissen schon in der ersten Phase der Ausbildung zu überwinden. Die von der Hochschulrektorenkonferenz eingesetzte Kommission Lehrerbildung betont die Notwendigkeit, bereits im Lehramtsstudium die Äquivalenz zwischen theoretischer Erschließung fachlicher Zusammenhänge und ihrer berufspraktischen Umsetzung zu erfahren: "'Praxis' bedeutet innerhalb der ersten Phase jedoch nicht nur Praktika, sondern Praxis bedeutet ebenso den Aufbau von Praxiswissen, zum Beispiel durch angeleitete Beobachtungen oder durch das forschende Lernen innerhalb von Lehr- und Forschungsprojekten. Mit Hilfe von Wissenschaften können Problemlagen der Praxis identifiziert werden, kann die Geltung von Behauptungen und Überzeugungen überprüft und Handeln argumentativ begründet und verantwortet werden" (Terhart 2000, S. 70). Die Gemeinsame Kommission für die Studienreform NRW erkennt ebenfalls in der theoriegeleiteten Erforschung von Praxisfeldern einen Kristallisationspunkt der ersten Phase der Lehrerausbildung: "Im Kern geht es um die Frage, ob es in der wissenschaftlichen Ausbildung für ein Lehramt um die Ausbildung von Wissenschaftlerinnen und Wissenschaftlern geht (deren Aufgabe es ist, wissenschaftliches Wissen nach den Regeln der Theorien und Methoden der Wissenschaft zu generieren) oder ob es darum geht, die Fähigkeit zu kompetentem Umgang mit Wissen in der Praxis zu entwickeln" (Gemeinsame Kommission für die Studienreform im Land NRW 1996, S. 75).

Gemeinsamer Tenor solcher Aussagen ist, dass in der derzeitigen Struktur der Lehrerbildung aller Lehrämter ein überzeugender Ansatz fehlt, die Barriere zwischen der Aneignung des Fachwissens und seiner unterrichtspraktischen Umsetzung frühzeitig, d. h. bereits während der ersten Phase, zu überwinden.[249]

---

[249] Otto fasst diese Kritik zusammen: "Kontakte und Gespräche mit Kollegen aus den verschiedensten Regionen fördern in der Regel zwei strukturelle Merkmale der jeweiligen Lehrerausbildungskonzepte als problematisch zutage: Das eine ist das qualitative und das quantitative Mißverhältnis der Studienanteile von Fachwissenschaft einerseits und den Sozialwissenschaften einschließlich der jeweiligen Didaktiken andererseits; das andere

6.2 Fachdidaktik als konstitutives Element der Lehrerbildung 243

Die Ausbildung vollzieht sich in zwei nahezu vollkommen gegeneinander abgeschotteten Sequenzen, die nicht als Phasen eines gemeinsam verantworteten Gesamtkonzepts erlebt werden. Zwischen erster und zweiter Phase existieren keine effizienten und institutionell abgesicherten Bindeglieder, so dass eine lediglich auf persönlichen Interessen gründende sporadische und unsystematische Kommunikation besteht (vgl. Gemeinsame Kommission für die Studienreform im Land NRW, S. 74).[250] Studium und Vorbereitungsdienst dienen aus der Sicht des angehenden Lehrers und auch teilweise aus der Sicht der Ausbilder völlig unterschiedlichen Zwecken. Beckmann kommentiert in diesem Zusammenhang die Einführung des Vorbereitungsdienstes für Grund- und Hauptschullehrer und damit den Trend zur Abkoppelung der Praxiserfahrungen vom Studium mit den folgenden Worten: "In wachsendem Maße gewinnt die 2. Phase eine Alibifunktion für die Hochschule: Da die 2. Phase die Aufgabe der berufspraktischen Ausbildung hat, braucht sich die Hochschule nicht mehr um diese Aufgabe zu kümmern. Sie kann der reinen Wissenschaftlichkeit leben; es gibt keinen unmittelbaren Anstoß, Schule und Unterricht als Forschungsgegenstand zu begreifen. Damit verliert die Theorie die Realitätskontrolle und wird weithin zur Unwirksamkeit verdammt" (Beckmann 1971, S. 173). Die Aussagen Beckmanns stellen aus heutiger Sicht eine sehr genaue Voraussage der durch die Wissenschaftsorientierung in den Primar- und Sekundarstufe I-Lehrämtern eingetretenen Defizite dar. Das für das Studium der Gymnasiallehrer traditionell bestehende Missverhältnis zwischen fachwissenschaftlichen und schulpraktischen Studienanteilen wird durch die massive Wissenschaftsorientierung der Primar- und Sekundarstufe I-Lehrämter und die damit verbundene Aufwertung der Studiengänge und Eingangsbesoldungen in den 70er Jahren tendenziell eher verstärkt. Die für eine

---

betrifft die Praxisferne der Ausbildung, das Fehlen einer konstruktiven Verbindung der Theorie-Arbeit mit experimenteller Praxis unter entsprechenden Bedingungen" (Otto 1987, S. 91).

[250] Die Arbeitsgruppe Lehrerbildung der Hochschulrektorenkonferenz stellt dazu unmissverständlich fest: "Ungeachtet der Notwendigkeit, in der ersten und der zweiten Ausbildungsphase verschiedene Aufgabenstellungen zu verfolgen und beide Phasen unterschiedlich zu organisieren, ist die geringe Verbindung zwischen erster und zweiter Ausbildungsphase nachteilig. Die von den Studierenden erfahrene Kluft zwischen theoretischer Ausbildung und Anforderungen im Referendariat bzw. in der Schulpraxis, die offenbar auch durch Praktika bzw. schulpraktische Studien während des Studiums nicht verringert wird, ist dafür hinreichender Beleg" (Arbeitsgruppe Lehrerbildung der HRK 1997, S. 9). Merkelbach stellt dieses Dilemma insbesondere für Kandidaten des Gymnasiallehramtes heraus: "Daß Fachdidaktik für GymnasialstudentInnen dann weitgehend erst in der zweiten, von der Universität hermetisch getrennten Ausbildungsphase vorkommt, ist das große Handicap dieses Studiengangs nach wie vor" (Merkelbach 1992, S. 9).

erfolgreiche Reform der Gymnasiallehrerstudiengänge dringend notwendige fachdidaktische Infrastruktur besitzt aufgrund ihrer wissenschaftlichen Provenienz eine zu schwache Reputation, um den gewachsenen fachwissenschaftlichen Strukturen an den Universitäten dominant entgegenzutreten.

Aus der Sicht des Verfassers würde eine wesentlich konsequentere Berücksichtigung fachdidaktischer Kompetenzen in *beiden* Phasen der Ausbildung und in *allen* Lehramtsstudiengängen die notwendige Konvergenz der fachwissenschaftlichen und unterrichtspraktischen Ziele der Lehrerbildung begünstigen. Es geht also in *beiden* Phasen der Lehrerbildung um die Ausprägung eines fachwissenschaftlichen *und* handlungsorientierten Rahmens, der zu einem begründeten und reflektierten Handeln in fachlichen und erzieherischen Zusammenhängen befähigt. Notwendig ist also im Kern die Überwindung eines rein additiven Verständnisses von Fachwissenschaft und Erziehungswissenschaft bzw. von erster und zweiter Phase der Ausbildung. Fachdidaktisches Forschen und Lehren zielt auf die *Symbiose* einerseits zwischen Fachwissenschaft und Erziehungswissenschaft, andererseits zwischen erster und zweiter Phase der Ausbildung. Die frühzeitige Reflexion fachwissenschaftlicher Muster der Wissensaneignung und -vermittlung auf der Grundlage eines in fachdidaktischen Lehrveranstaltungen erworbenen theoretischen Wissens über fachliche Lernvorgänge versetzt den angehenden Lehrer dabei in die Lage, zunehmend selbstständig Lehr- und Unterrichtsansätze zu entwickeln und diese auf ihre praktische Umsetzbarkeit hin zu analysieren. Fachdidaktik stellt in einem solchen Konzept die Basis für eine theoriegeleitete, d. h. objektiv begründete und systematische Befähigung zur eigenen Unterrichtstätigkeit dar.[251]

Es ist in einem solchen Verständnis entscheidend, dass eine für das Lehramtsstudium konstitutive Fachdidaktik nur *auf der Basis solider fachwissenschaftlicher Kenntnisse* betrieben werden kann. Die Fähigkeit, Unterrichtsgegenstände sicher in die weitverzweigte fachwissenschaftliche Landkarte einordnen und ihre Bedeutung für den Aufbau der Fachwissenschaft abschätzen zu können, ist grundlegend für jede fachdidaktische Analyse. Eine erfolgreiche Unterrichtstätigkeit erfordert einen fachlichen Horizont, der die Zielperspektiven einer Unterrichtssequenz, einer Unterrichtsreihe, eines längerfristigen Themas, aber auch des gesamten Schulfaches souverän erkennt und fachwissenschaftlich legitimieren kann. Das Studium der Fachdidaktik bedeutet in diesem Verständ-

---

[251] Lersch drückt dies so aus: "Professionelle Qualifikation vermittelt demnach ein Lehramtsstudium vor allem dann, wenn es die wissenschaftlich fundierten *Grundlagen* dafür bereitstellt, in eigener Kompetenz erfolgreiche Strategien *im beruflichen Handeln* bei wechselnden Problemlagen *entwickeln* zu können (...)" (Lersch 1996, S. 15).

6.2 Fachdidaktik als konstitutives Element der Lehrerbildung

nis nicht eine Verkürzung der Fachwissenschaft, sondern eine *berufsperspektivische Vertiefung* fachlicher Zusammenhänge. Fachdidaktische Aussagen können nur auf der Grundlage einer fachwissenschaftlichen Verifikation begründet werden, so dass die sichere Beherrschung fachwissenschaftlicher Inhalte und Methoden eine notwendige Voraussetzung für ein erfolgreiches fachdidaktisches Studium darstellt. In einem solchen Verständnis verknüpft Fachdidaktik als ein Element universitärer Lehrerbildung das fachwissenschaftliche System mit dem Wissen über Lehr-, Lern- und Erziehungsprozesse; Fachdidaktik wird damit zu einem *konstitutiven Element* der Lehrerbildung.

6.3 Funktionselemente der Fachdidaktik

Die folgende Abbildung verschafft zunächst einen Überblick über die Aufgabenfelder und Funktionen einer Fachdidaktik, die als ein *konstitutives Element universitärer Lehrerbildung* verstanden wird. Eine solche Interpretation und Sichtweise von Fachdidaktik beinhaltet eine deutliche Erweiterung und Emanzipation des fachdidaktischen Aufgabenfeldes über die ausschließlich lehrerausbildenden Funktionen hinaus. Ein weitgehend auf Fragen der Unterrichtsmethodik reduziertes Verständnis von Fachdidaktik wird durch dieses Modell ausgeschlossen. Damit geht dieser Ansatz wesentlich über die Vorstellung hinaus, eine "Technik der Vermittlung eines Faches" zu entwickeln.

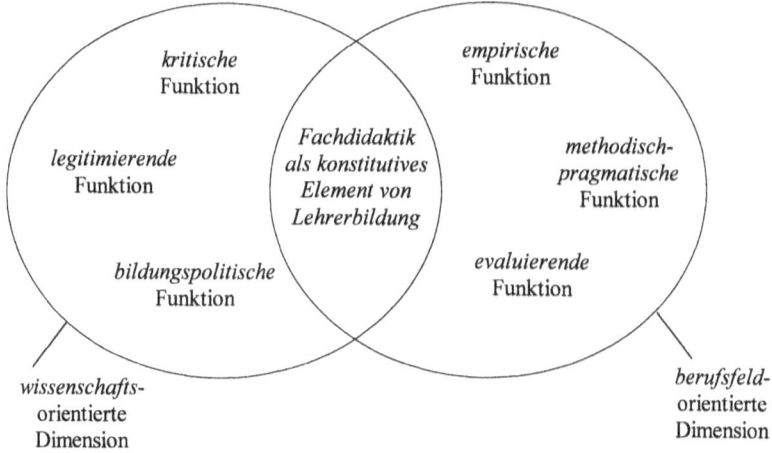

Abb. 20: Funktionselemente der Fachdidaktik, die als konstitutives Element universitärer Lehrerbildung verstanden wird

Fachdidaktik ist zwar untrennbar mit der Lehrerbildung verbunden, besitzt aber im Modell der "konstitutiven Fachdidaktik" einen autonomen, wissenschaftsorientierten Anspruch:[252] Neben die *berufsfeldorientierte* Dimension von Fachdi-

---

[252] Mangold/Oelkers fordern in diesem Sinne: "Notwendig ist vor allem, die Aufgaben neu zu bestimmen, also 'Fachdidaktik' nicht nur in einem sehr engen Verständnis an Schule und Lehrerausbildung zu binden" (Mangold/Oelkers 2000, S. 29). Sie merken kritisch an: "Mit wenigen Ausnahmen wird in den Studiengängen und Hochschulinstitutionen der deutschen Lehrerbildung 'Fachdidaktik' primär als *Lehr-*, nicht aber *Forschungs*gegenstand betrachtet" (Mangold/Oelkers 2000, S. 7).

daktik tritt daher die *wissenschaftsorientierte* Dimension, deren tatsächliche Realisierung eine Herausforderung und zentrale Bedingung für die weitere Ausdifferenzierung und Entwicklung der Fachdidaktik als universitäre Disziplin darstellt. Erst in der Schnittmenge beider Dimensionen entsteht ein integratives Konzept, in dem Fachdidaktik als eine unverzichtbare Brücke zwischen fachwissenschaftlichen, erziehungswissenschaftlichen und schulpraktischen Studien angesiedelt ist. Die Zuordnung der Funktionselemente einerseits zur wissenschaftsorientierten Dimension und andererseits zur berufsfeldorientierten Dimension ist nicht trennscharf, sondern wurde in Abhängigkeit vom Schwerpunkt der jeweiligen Aufgabenstellungen vorgenommen. Es ist gerade ein Merkmal dieses Modells, dass in der praktischen Umsetzung sowohl wissenschaftsorientierter als auch berufsfeldorientierter Funktionselemente Überschneidungen zur jeweils anderen Dimension auftreten. Es können weder wissenschaftsorientierte Funktionen ohne Berücksichtigung berufsfeldorientierter Funktionen erbracht werden noch gelingt dies umgekehrt. Die ausgeglichene Berücksichtigung *beider* Dimensionen ist eine Voraussetzung für die nachhaltige Wirksamkeit fachdidaktischer Forschung und Lehre.

6.3.1 Wissenschaftsorientierte Dimension der Fachdidaktik

6.3.1.1 Kritische Funktion

Die Zuordnung der Fachdidaktik zur jeweiligen Fachwissenschaft stellt unter allen Möglichkeiten der Institutionalisierung die günstigste Voraussetzung dar, eine *didaktische Reflexion* des Universitäts- und Schulcurriculums vorzunehmen. Dabei ist es die Aufgabe der Fachdidaktik, in genauer Kenntnis der aktuellen fachwissenschaftlichen Standards und Entwicklungen, Lerninhalte sowohl innerhalb des Lehramtsstudiums als auch Gegenstände der schulischen Lehrpläne auf Vollständigkeit, Aktualität, Widerspruchsfreiheit sowie didaktische Relevanz und Umsetzbarkeit hin zu untersuchen. Fachdidaktische Aussagen reflektieren in diesem Aufgabenkomplex die Grenzen, aber auch die Chancen und Möglichkeiten des eigenen Faches. Fachdidaktische Reflexionen erfüllen dabei den Auftrag, einerseits den Aspektcharakter und die Spezialisierungstendenzen des Faches herauszustellen. Andererseits eruiert die Fachdidaktik aber auch die Bedeutung und Notwendigkeit des Faches für wissenschaftliche und gesellschaftliche Entwicklungsprozesse. In der Gesamtheit didaktischer Reflexionen steht damit das Ziel, das eigene Fach in ein umfassendes und realistisches Bildungskonzept einzuordnen. Die genaue Kenntnis der Stellung des Faches in einem solchen Bildungskonzept ist eine Voraussetzung für die eigenverantwortliche Unterrichtstätigkeit des Lehrers. Fachdidaktik hat daher die Aufgabe, den Lehramtsstudenten von einem *frühen Zeitpunkt* seines Studiums an die Besonderheiten seines Studienganges selbstkritisch heranzuführen. Durch geeignete organisatorische Maßnahmen im Fachstudium (z. B. Zusammenfassung aller Lehramtsstudenten in einer Übungs- oder Tutorengruppe) kann die Fachdidaktik diese frühe Begleitung und Einflussnahme begünstigen. Der Lehramtsstudent nimmt dabei an allen grundlegenden fachwissenschaftlichen Veranstaltungen zusammen mit den Diplom- oder Magister- bzw. Masterkandidaten teil, erfährt aber sehr früh parallel dazu die für seine berufliche Perspektive relevanten Dimensionen.[253] Fachdidaktik wird so zu einem Teil der aktiven und kritischen Auseinandersetzung mit der Fachwissenschaft. Indem der Fachdidaktiker sich selbst in die fachwissenschaftliche Dimension einbringt, stellt er den Bezug seiner eigenen Disziplin zum Fach sicher und erhält gleichzeitig die Chance, die Bedeutsamkeit fachdidaktischer Theoriebildungen für die berufliche Orientierung des Studenten zu begründen.

Hochschule und Schule müssen als Teil des wissenschaftlichen und gesellschaftlichen Gesamtsystems angesehen werden, das sich in einer dynamischen Entwicklung befindet. Um die gestalterischen Kräfte von Bildung und Erziehung effizient entfalten zu können, ist es die Aufgabe der Fachdidaktik, den Beitrag des jeweiligen Faches zu den lokalen und globalen Herausforderungen zu benennen sowie Kern- und Schlüsselfragen der Gesellschaft aus der Perspektive des Faches herauszuarbeiten. Die Fachdidaktik weist im Rahmen dieser Aufgabe auf Forschungslücken und –desiderata des eigenen Faches hin, die für eine zeitnahe *Weiterentwicklung bzw. Revision des Fachunterrichtes* von Bedeutung sind. Dabei ist es angesichts der exponentiellen Zunahme des Wissens entscheidend, Lehrinhalte zu bündeln, systematisch zu ordnen und überholte fachwissenschaftliche Inhalte zu ersetzen bzw. zu revidieren. Fachdidaktik analysiert und strukturiert die wissenschaftliche Bezugsdisziplin unter dem pragmatischen Gesichtspunkt der Lehrbarkeit. Fachdidaktiker beteiligen sich in diesem Zu-

---

[253] Neuere Konzepte sehen eine *konsekutive* Einbindung der Erziehungswissenschaft bzw. der Fachdidaktik in die Lehrerbildung vor, d. h. nach Abschluss eines rein fachwissenschaftlichen Bachelorstudiums erfolgt im Rahmen eines Masterstudiums eine Weiterqualifizierung in fachdidaktischen und erziehungswissenschaftlichen Dimensionen (vgl. Künzel 2000).

6.3 Funktionselemente der Fachdidaktik

sammenhang auch an der Entwicklung und Anwendung von Entscheidungskriterien für die Auswahl und Anordnung von Lehrinhalten. Es ist notwendig, auch den angehenden Lehrer in den Prozess der Auswahl von Lerninhalten einzubinden, da von ihm die Entwicklung und Umsetzung innovativer Unterrichtsthemen im Rahmen seiner eigenverantwortlichen Unterrichtstätigkeit verlangt wird.

Der tatsächliche Erfolg und die langfristige Wirksamkeit schulischer Lehr- und Lernprozesse hängt auch von der Vorgabe geeigneter Zieldimensionen und der Formulierung fachlicher Standards ab. Im Rahmen der fachdidaktischen Kontakte sowohl zur Fach- als auch zur Erziehungswissenschaft besteht die Notwendigkeit, unter Berücksichtigung entwicklungs- und lernpsychologischer Erkenntnisse Basisqualifikationen zum Beispiel für den Erwerb von Schulabschlüssen zu definieren. Fachdidaktik beteiligt sich damit an Maßnahmen zur *Qualitätssicherung* schulischer Lehr- und Lernprozesse. Auch unter dem Eindruck zunehmender Autonomisierungstendenzen[254] in der schulischen Bildungslandschaft besteht die dringende Notwendigkeit, zumindest einen Minimalkonsens an Fertigkeiten und Kenntnissen im jeweiligen Fachgebiet zu definieren. Der Fachdidaktik fällt dabei die nicht einfache Aufgabe zu, unabhängig von bildungspolitischen Einflussnahmen die Anforderungsbreite und -tiefe des betreffenden Schulfaches festzulegen. Ohne die genaue Kenntnis der schulischen Realität und das Bewusstsein für fachwissenschaftliche Standards kann diese Aufgabe nicht geleistet werden. Die erfolgreiche Wahrnehmung von qualitätssichernden Aufgaben setzt daher zwingend neben der fachwissenschaftlichen Kompetenz eine mehrjährige hauptberufliche Unterrichtserfahrung voraus, um einerseits aus dem Blickwinkel der spezifischen Belastungen der Unterrichtstätigkeit des Lehrers, andererseits aus den nicht zu unterschätzenden kognitiven und psychischen Anforderung an den Schüler einen angemessenen und ausgeglichenen Anforderungskatalog zu formulieren.

---

[254] Anzuführen sind hier die zunehmenden dezentralen Entscheidungsbefugnisse von Einzelschulen in Fragen der Lehrinhalte (schuleigener Lehrplan), Lehrerfortbildung (schulinterne Fortbildungen), Haushaltsbewirtschaftung (Budgetierung der Kommunalhaushalte), Personalentwicklung ("schulscharfe" Einstellungen) sowie der generellen Zielprojektionen (Schulprogrammarbeit). Eine kritische Analyse der tatsächlichen Wirksamkeit und Umsetzbarkeit dieser Einzelmodule ist nicht Gegenstand dieser Analyse.

6.3.1.2 Legitimierende Funktion

Der Aufbau des schulischen Fächerkanons und unterrichtlicher Lernziele stellt das Ergebnis komplexer gesellschafts- und bildungspolitischer Entwicklungsprozesse dar. Schule ist immer Teil der Gesellschaft und somit wie keine andere Institution vielfältigen Veränderungen und Wandlungen unmittelbar ausgesetzt. Der Erfolg schulischer Bildungs- und Erziehungsarbeit hängt wesentlich davon ab, inwieweit der einzelne Lehrer es versteht, diese Prozesse sensibel wahrzunehmen und seinen Unterricht auf aktuelle Entwicklungen und Erfordernisse hin auszurichten. Dabei kann Schule sich aber nicht bedingungslos jeder gesellschaftlichen Forderung anpassen oder als universeller Reparaturbetrieb für gesellschaftspolitische Bedürfnisse jeglicher Art fungieren. Schule darf sich nicht ausschließlich nach kurzlebigen Zielvorgaben ausrichten, sondern ist in besonderer Weise verpflichtet, allgemeinbildende und erzieherische *Kontinuität* zu gewährleisten. Nur auf der Grundlage stabiler und beständiger Wertmuster können sich kognitive Leistungsfähigkeit und psychische Stabilität beim Schüler langfristig ausprägen.

Der Fachdidaktik kommt daher die Aufgabe zu, begründete *langfristige Zielprojektionen* zu entwickeln, so dass auf der Grundlage solch normativer Vorgaben der Beitrag des Schulfaches zur Ausprägung autonomer Urteilsfähigkeit und Verantwortungsbereitschaft beim Schüler deutlich wird. Die Intention solcher Zielprojektionen ist stets, im Studium des angehenden Lehrers möglichst früh ein kontrastreiches Bild von den grundsätzlich *unterschiedlichen* Gegenständen, Fragedimensionen, Methoden und Zielen einerseits der Fachwissenschaft und andererseits des Schulfaches auszuprägen. Für den Lehramtsstudenten ist die wissenschaftliche Auseinandersetzung mit den Legitimationsgrundlagen des eigenen Faches eine wesentliche Voraussetzung für die Ausbildung einer Lehrerpersönlichkeit, die durch konstante Verhaltensmuster (gerechtes Verhalten, konturenklare Anschauungen, Stetigkeit im Verfolgen gesetzter Ziele) sowie Transparenz bei der Verfolgung von Erziehungszielen gekennzeichnet ist (vgl. Schulz 1986, S. 32). Weder die durch die eigene Schulzeit entstandenen Erfahrungsmuster noch die durch das Fachstudium tradierten Wissensbestände sind geeignet, eine Vorstellung von den Voraussetzungen und Bedingungen des Fachunterrichts aufzubauen. Der bei jedem angehenden Lehrer notwendige Perspektivenwechsel von der Rolle des Schülers über die des Studenten, Praktikanten, Lehramtsanwärters bzw. Studienreferendars zum Lehrer benötigt zwingend eine fachdidaktische Begleitung. Ziel der Fachdidaktik ist es, ein adäquates Rol-

6.3 Funktionselemente der Fachdidaktik

lenverständnis als Lehrer und Erzieher auszubilden, das sich allmählich von der als Schüler wahrgenommenen Sicht ablöst und aufbauend auf den fachwissenschaftlichen und erziehungswissenschaftlichen Studien zu einer eigenständigen Auffassung über die Funktion des Fachunterrichtes und die komplexen Bedingungen des Lehrerhandelns führt.

Das Bewusstwerden der *Legitimationsgrundlagen des eigenen Faches* erleichtert die Ausprägung einer adressatengerechten Sach- und Fachkompetenz, die eine Schlüsselqualifikation des angehenden Lehrers darstellt. Nur der Lehrer, der auf der Grundlage sehr guter und umfassender Sachkenntnisse sein Fach engagiert vertritt, kann Schüler motivieren und begeistern, sich selbstständig mit der Materie auseinander zu setzen. Fachdidaktik vermittelt im Rahmen ihrer legitimierenden Funktion Kenntnisse über *Alltagskontexte* und Zusammenhänge, in denen das Fach eine besondere Relevanz zur Bewältigung konkreter Lebensfragen besitzt. Solche Kontexte sind in besonderer Weise geeignet, den Bildungswert des Faches herauszustellen und bilden damit eine wichtige und überzeugende Legitimation für das betreffende Schulfach. Diese Aufgaben können nicht automatisch auch von der Fachwissenschaft übernommen werden, weil ihr Bestreben häufig eher auf die zweckfreie Beantwortung wissenschaftsimmanenter Probleme als auf Fragen des Lebensalltags ausgerichtet ist.

6.3.1.3 Bildungspolitische Funktion

Fachdidaktik hat die Aufgabe, sowohl für die Fachwissenschaft als auch für den Fachunterricht aller Schulformen und Altersstufen eine systematische und ordnende Struktur des Fachwissens zu erarbeiten. Eine solche Systematik begünstigt sowohl innerhalb des Faches als auch im Rahmen fachübergreifender Diskurse die *Fähigkeit zur Kommunikation*. Zugänge zum Fach werden auf diese Weise erleichtert, die Fachdidaktik leistet damit auch einen Beitrag zur verständlichen Darstellung des Faches in der außeruniversitären und außerfachlichen Öffentlichkeit. Es handelt sich dabei nicht um eine Popularisierung des Faches, sondern um einen kritischen und sachorientierten *Transfer fachwissenschaftlicher Diskussionen und Ergebnisse*. Für die Wahrnehmung der Fachwissenschaft in der Öffentlichkeit ist es von entscheidender Bedeutung, dass ihre Gegenstände, Arbeitsweisen und Ergebnisse mit Hilfe geeigneter didaktischer Reduktionen nach außen hin übersichtlich dargestellt und verständlich moderiert werden. Dabei nutzen fachwissenschaftliche Institute diejenigen Erkenntnisse der Fachdidaktik, die Hilfen zur Darstellung und Vermittlung komplexer fachlicher Zusammenhänge bereitstellen. Auf der Grundlage fachdidaktischer Einflussnahmen können auf diese Weise die Diskussionen im Vorfeld von bildungspolitischen Entscheidungen effizienter und sachorientierter gestaltet werden.[255]

Die Öffentlichkeitswirksamkeit des Faches wird aber gerade auch durch die enge Beziehung der Fachdidaktik zur Lehrerbildung bestimmt. Lehrer können in allen Schulformen und Schulstufen, insbesondere aber in der Gymnasialen Oberstufe, als bedeutende *Multiplikatoren* Interesse und Neugier an wissenschaftlicher Forschung vermitteln. Jede Universität und jede Fakultät muss sich bewusst sein, dass die Darstellung des jeweiligen Faches in der Schule einen nicht zu unterschätzenden immanenten Einfluss auf Entscheidungen bei der Studien- und Berufswahl hat. Im Rahmen der Ausbildung angehender Lehrer sollte daher das Studium der Fachdidaktik dazu befähigen, die aktuellen Strömungen und Leistungen des Faches zu erkennen, sie adressatenspezifisch aufzubereiten und sachorientiert zu vermitteln. Diese Ziele können nur durch Nähe zur Fachwissenschaft und auf der Grundlage fachlicher Kompetenz gelingen. Es erscheint wichtig, die *Kommunikation* mit Schülern, Lehrern, Absolventen des Studienganges, Bildungspolitikern und der sonstigen Öffentlichkeit nicht nur in Abhängigkeit von der momentanen Lage des Faches auf dem Arbeitsmarkt zu pflegen.[256] Durch den *regelmäßigen* Kontakt mit den o. g. Gruppen entsteht ein gezielter Austausch mit der Praxis und die Möglichkeit zu gegenseitigen Anregungen und vertiefenden Gesprächen über fachspezifische und fachübergreifende Problemstellungen. Die gezielte Entwicklung einer langfristig und nachhaltig angelegten Corporate Identity verhilft dem Fach zu einer bewussteren Wahr-

---

[255] Mangold und Oelkers reklamieren mit Recht, dass Fachdidaktiker die Bedeutung und Funktion ihrer Disziplin innerhalb der neuzeitlichen Informationsgesellschaft nicht hinreichend erkannt haben: "Wissenschaftliche Disziplinen vermitteln sich nicht nur nach Innen, sondern zugleich auch nach Außen. Einerseits bilden sie einen Grundkorpus öffentlichen Wissens, das sich lexikalisch fixiert und entwickelt, andererseits beziehen sich Ergebnisse der Forschung auf gesellschaftliche Zusammenhänge, in die sie vermittelt werden müssen. (...) Diese Erzeugung und noch mehr Erneuerung und Verwandlung von *Know How* ist ein Schlüsselfaktor im Bildungswettbewerb, ohne dass die etablierte Fachdidaktik darauf reagieren würde. Sie ist praktisch nicht beteiligt an der Diskussion um *Wissenstransfer*, wenn darunter mehr und anderes verstanden wird als die Erneuerung des Schulwissens. Damit wird die zunehmende Bedeutung didaktischer Kommunikation für die Etablierung einer Lern- und Wissensgesellschaft verkannt und werden so die eigenen Möglichkeiten unterschätzt" (Mangold/Oelkers 2000, S. 5).

[256] Nicht vorhersagbare konjunkturelle und demographische Zyklen beeinflussen den Arbeitsmarkt, so dass die Studien- oder Berufswahl bzw. die Studien- und Berufsberatung von persönlichen Interessen und Begabungen, d. h. langfristigen Perspektiven, nicht aber von momentanen und kurzfristigen Berufsaussichten abhängig gemacht werden sollte.

nehmung und realistischeren Einschätzung durch außenstehende Beobachter. Der Aufbau und die Pflege regelmäßiger Kontakte zu den verschiedenen Teilbereichen der Öffentlichkeit schafft Vertrauen in und Verständnis für fachwissenschaftliche Prozesse.

6.3.2 Berufsfeldorientierte Dimension der Fachdidaktik

6.3.2.1 Empirische Funktion

Fachdidaktische Forschung kann innerhalb einer pluralistischen und sich dynamisch verändernden Gesellschaft nur auf der Grundlage regelmäßiger und sorgfältiger Beobachtungen fachwissenschaftlicher, schulischer und gesellschaftlicher Entwicklungen betrieben werden. Diversifikations- und Autonomisierungsprozesse in allen Bildungsbereichen stellen insbesondere in dem föderal strukturierten Bildungswesen Deutschlands hohe Anforderungen an die *Erfassung und Aufbereitung repräsentativen Datenmaterials.* Um Antworten auf spezifische Probleme fachlicher Lehr- und Lernprozesse zu finden, ist es notwendig, solche Prozesse durch gezielte Fragestellungen empirisch zu erschließen. Mit der Erfassung und Analyse der vielfältigen Parameter und Bedingungen, die unterrichtliche Abläufe beeinflussen, wird langfristig ein besseres Verständnis der komplexen Wirkungsmechanismen zwischen Lehrerhandeln und Lernerfolg angestrebt. Sowohl Fachdidaktiker als auch Erziehungswissenschaftler und Lernpsychologen sind sich in der Feststellung einig, dass das derzeitige Wissen über Lernvorgänge und die damit implizierten Denkabläufe große Lücken aufweist und noch völlig unzureichend erforscht ist. Erst die systematische Erfassung lern- und entwicklungspsychologischer Determinanten und ihrer Interdependenzen ermöglicht eine langfristige Optimierung des Fachunterrichts. Fachdidaktik leistet hier *Grundlagenforschung,* da erst durch die Erschließung, Analyse und Aufbereitung des Datenmaterials weitergehende Forschungsfragen erwachsen. Die damit verknüpften Impulse zielen auf ein genaueres Verständnis der bisher nur lückenhaft erschlossenen komplexen Lernvorgänge im menschlichen Denken ab, deren Verständnis grundlegend für eine kontinuierliche Weiterentwicklung des Fachunterrichts ist.

Im Rahmen der Lehrerbildung stellt Fachdidaktik durch Empirie einen Berufsfeldbezug her, d. h. sie *erschließt die Berufswirklichkeit induktiv,* um daraus gezielte Ansätze für die Entwicklung von Modellen und Theorien des Unterrichts zu gewinnen. Der Lehramtsstudent gewinnt durch die Erfassung und Beschreibung von Lernvorgängen Einblicke in die Unterrichtswirklichkeit und entwickelt eine zunehmende Sensibilität für die Vielschichtigkeit schulischer Lernprozesse. Die empirische Erschließung verschiedener allgemein- und schulpädagogischer, lern- und entwicklungspsychologischer sowie kommunikationstheoretischer Abläufe stellt eine notwendige Grundlage für darauf aufbauende fachdidaktische Studien dar. Durch den Nachvollzug von zum Beispiel Miss- und Präkonzepten des Schülers wird der für die erfolgreiche Planung und Steuerung von Unterrichtsprozessen notwendige Perspektivenwechsel vom Schüler zum Lehrer in der Ausbildung des Lehramtsstudenten begünstigt. Subjektive Vorerfahrungen und eingeprägte Bilder von Unterrichtsabläufen können auf diese Weise kritisch hinterfragt und aufgearbeitet werden.

Das eigene professionelle Handeln kann sich einerseits durch empirische Verifikation der fachdidaktischen Theorie und andererseits durch Theoriebildung auf der Grundlage konkreter Handlungserfahrungen ausformen. In diesem mehrstufigen Prozess, der insbesondere im Rahmen der *schulpraktischen Studien*[257] unmittelbar durchlaufen wird, erfährt der Lehramtskandidat den bereits erörterten grundsätzlichen Unterschied zwischen den studierten Fachwissenschaften und ihren korrespondierenden Schulfächern. Der Fachdidaktik stellt sich dabei die für die weitere Reformierung der Lehrerbildung grundsätzliche Frage, welches Maß an fachwissenschaftlicher Vertiefung in Abhängigkeit vom angestrebten Lehramt notwendig ist, um eine weitgehend eigenverantwortliche Ausübung des Lehramtes sicherzustellen. Eine denkbare Methode, die zur Klärung dieser für die Gestaltung der Lehrerbildung fundamentalen Problematik genutzt werden kann, stellt die Initiierung breit angelegter *Delphi-Studien* dar. Solche mehrstufigen Expertenbefragungen erscheinen notwendig, um im Zuge

---

[257] Zur tatsächlichen Realisierung und Ausgestaltung der *schulpraktischen Studien* äußert sich die Gemeinsame Kommission für die Studienreform im Land NRW: "Die Schulpraktischen Studien haben als Randerscheinung im Ausbildungsbetrieb Hochschule bestenfalls Alibifunktion. In ihrem heutigen Zuschnitt sind sie meist weder tauglich für eine erste Selbstüberprüfung von Eignung und Neigung für den Lehrerberuf, noch bieten sie hinreichend Gelegenheit zur Reflexion von Praxiserfahrungen" (Gemeinsame Kommission für die Studienreform im Land NRW 1996, S. 63). Die Beurteilung der Praktika durch Lehramtskandidaten und Lehrer resümiert Schulz: "Es gibt wohl kaum ein zweites Ausbildungselement der universitären Lehrerausbildung, das in der Einschätzung und Bedeutung von Lehrern und Studierenden eine so hohe Akzeptanz erfahren hat" (Schulz 1992a, S. 14). Grundsätzliche Informationen zu der Ausgestaltung von Schulpraktika in Lehramtsstudiengängen sind den folgenden Publikationen zu entnehmen: Bundesarbeitskreis der Leiter der Praktikumsbüros an deutschen Hochschulen 1992, 1995, 1996; Lippke 1992; Schulz 1984a, 1988, 1992a, 1992b, 1993b, 1994; Beckmann 1992b; Rotermund 1999.

der globalen Herausforderungen ein in die Zukunft weisendes, auch im internationalen Vergleich tragfähiges Modell für die Lehrerbildung zu entwickeln. Die Anlage und Durchführung einer solchen Studie wird nur in enger Kooperation mit Lehrern, die über mehrjährige Schulerfahrungen verfügen, Fach- und Seminarleitern aus der zweiten Ausbildungsphase sowie in der fachwissenschaftlichen Ausbildung von Lehramtskandidaten ausgewiesenen Hochschullehrern möglich sein. Fachdidaktische Forschung ist auch in dieser Frage zwingend auf die intensive Kommunikation mit *allen* Institutionen der Lehrerbildung angewiesen, wenn sie wissenschaftlich kompetent zu den Handlungsfeldern des Lehrberufs Stellung beziehen will.

6.3.2.2 Methodisch-pragmatische Funktion

Auch wenn die integrative Forderung nach einem wissenschafts- und berufsfeldorientierten Konzept eine deutliche Überwindung der unterrichtsmethodischen Dominanz beinhaltet, bleibt die *Entwicklung fachspezifischer Modelle zur Planung, Durchführung und Analyse von Unterricht* ein zentrales Anliegen fachdidaktischer Arbeit. In diesem Sinne konkretisiert die Fachdidaktik allgemeindidaktische Theoriebildungen und Modellannahmen auf der Grundlage fachspezifischer Problemstellungen und fokussiert ihre wissenschaftliche Arbeit auf die Methodik des Faches. In dem Bemühen, sowohl anlytisch-reflexive als auch situativ-handlungsbezogene Kompetenzen beim angehenden Lehrer auszubilden, erforscht die Fachdidaktik alters- und situationsgerechte Lernumgebungen, in denen sich unterrichtliches Handeln unter lernzieloptimierten Bedingungen ereignet. Solche Lernumgebungen verdeutlichen anhand fachspezifischer Beispiele die *Realisierungsmöglichkeiten von Unterrichtsprinzipien* wie Schüler-, Problem- und Handlungsorientierung oder beschreiben Möglichkeiten des Faches zur Förderung von Selbstständigkeit und wissenschaftspropädeutischem Arbeiten.

Im unmittelbaren Kontakt mit der zweiten und dritten Phase der Lehrerbildung besteht die Möglichkeit, theoretische Konzepte unter alltäglichen Randbedingungen zu erproben und auf diese Weise eine Rückkopplung zur weiteren Differenzierung der theoretischen Modellannahmen zu erzielen. Fachdidaktisches Arbeiten ist daher zwingend auf formelle und informelle *Kontakte zu den außeruniversitären Institutionen der Lehrerbildung* angewiesen. Ohne solche Kontakte bleiben fachdidaktische Modelle für die Praxis wenig überzeugende, inhaltsleere Postulate. Die Verpflichtung, Ergebnisse fachdidaktischer Forschung im Rahmen der Lehrerfortbildung zu präsentieren und zu diskutieren, verhindert ein Abgleiten in praxisferne Idealisierungen. Für den Fachdidaktiker gilt im Gegensatz zum Fachwissenschaftler sowohl der Maßstab der wissenschaftsorientierten als auch der berufsfeldorientierten Relevanz.

Betrachtet man *Lehrerbildung als* eine *berufsbiographische Aufgabe*[258], darf fachdidaktische Forschung und Aktivität sich nicht nur auf die erste Phase der Ausbildung beschränken. Die spezifischen berufsfeldorientierten Funktionen der Fachdidaktik sind insbesondere in der zweiten und dritten Phase unter Berücksichtigung fachdidaktischer Forschungsergebnisse als "Lernen im Beruf" zu verstehen. Das Anregungspotential, das von den immer wieder neuen und individuellen, authentischen Unterrichtssituationen ausgeht, eröffnet sowohl für den Lehrer selbst als auch für die forschende Fachdidaktik wichtige Fragedimensionen und Forschungsfelder. Es muss aber mit Hilfe eines nicht nur auf Zufällen beruhenden Systems gewährleistet sein, dass solche aus dem Unterricht erwachsenen Impulse und Anregungen auch einen Zugang zur universitären Forschung finden. Um fachdidaktische Lehre und Forschung mit Hilfe solcher Impulse wirksam zu optimieren, könnte anhand von Langzeitbeobachtungen und Rückmeldungen ehemaliger Lehramtsstudenten, die sich bereits im beruflichen Alltag befinden, die Effizienz und Wirksamkeit einzelner Ausbildungselemente kritisch beleuchtet und auf diese Weise eine kontinuierliche Verbesserung fachdidaktischer Lehre und Forschung angestrebt werden. Durch die unmittelbare Nähe der Lehrkräfte zur Lebenswelt von Kindern und Jugendlichen können Impulse und Anregungen für eine zeitnahe, problemorientierte fachdidaktische Forschung entstehen. Solche institutionalisierten Kontakte bilden das Gerüst für ein stärkeres fachdidaktisches Engagement in der *Fort- und Weiterbildung* von Lehrern. Die in vielen Bundesländern durch landeseigene Institute und durch die Schulaufsicht koordinierten Fortbildungsaktivitäten werden durch eine stärkere fachdidaktische Beteiligung wesentlich ergänzt und mit forschungsbezogenen Kom-

---

[258] Die Gemeinsame Kommission Lehrerbildung der Kultusministerkonferenz benennt Gründe für die zu schwache Ausprägung einer lebenslangen, kontinuierlichen Lernhaltung: "Für viele Lehrkräfte ist das professionelle Weiterlernen über die gesamte Berufslaufbahn noch keineswegs selbstverständlich. Die intrinsischen Anreize einer professionellen Weiterentwicklung scheinen nur von einem Teil der Lehrerschaft wahrgenommen zu werden. Auf der anderen Seite gibt es kein ausgebautes System von extrinsischen Anreizen oder auch nur von bestätigenden Rückmeldungen für Anstrengungen zur Verbesserung der professionellen Kompetenz und Leistung" (Terhart 2000, S. 79).

6.3 Funktionselemente der Fachdidaktik

petenzen qualitativ ausgebaut.[259] Gleichzeitig wird mit einer stärkeren Kooperation zwischen der ersten und dritten Phase der Lehrerbildung der Zusammenhang der einzelnen Phasen deutlicher erkennbar. Fachdidaktisches Engagement bildet dabei eine kontinuitätsstiftende Klammer zwischen den bisher weitgehend voneinander isolierten Phasen der Lehrerbildung.

Neben der Ausbildung angehender Lehrer und der Fortbildung in der Praxis befindlicher Kollegen stellt sich mit der *Qualifizierung von Seminar- und Fachleitern* der Fachdidaktik eine bisher nicht wahrgenommene, aber notwendige Aufgabe.[260] Bislang erfolgt die Ernennung von Fachleitern der zweiten Phase ausschließlich auf der Grundlage dienstrechtlicher Beurteilungen. Eine der Bewerbung und Beurteilung vorhergehende planmäßige Qualifizierung in fachdidaktischen und erziehungswissenschaftlichen Fragestellungen wird nicht angeboten und folglich auch nicht in der Beurteilung und anschließenden Auswahl berücksichtigt. Diese defizitäre Situation stellt eine enorme Herausforderung für die fachdidaktischen Einrichtungen an den Universitäten dar. Es ist eine originäre Aufgabe der Fachdidaktik, nebenberufliche *Aufbaustudiengänge* zu entwerfen, in denen aktuelle Ergebnisse fachdidaktischer Forschung sowie zum Beispiel moderne Konzepte der Erwachsenenbildung vermittelt werden. Diese Studiengänge wären gleichzeitig ideale Anknüpfungspunkte für anschließende Praxiserprobungen und eine regelmäßige Zusammenarbeit mit den Studienseminaren. Es muss dabei deutlich werden, dass sich in der Tätigkeit der Fachleiter an den Studienseminaren die Ansätze und Ergebnisse fachdidaktischer Forschung unmittelbar konkretisiert.[261] An keiner anderen Stelle innerhalb der Lehrerbil-

---

[259] Die Arbeitsgruppe Lehrerbildung der Hochschulrektorenkonferenz fordert sogar eine partielle Rückführung von Weiterbildungsaufgaben von den Landesinstituten an die Hochschulen (vgl. Arbeitsgruppe Lehrerbildung der HRK 1997, S. 20).

[260] Butzkamm fordert bereits 1986 Ergänzungsstudiengänge für Fachleiter und Ausbildungslehrer (vgl. Butzkamm 1986, S. 17). Er wiederholt und begründet diese Forderung 1998: "Bisher sind Fachleiter bei der Vorbereitung auf ihre Aufgabe ganz auf sich allein gestellt. Dabei kennen sie – abgesehen von der eigenen Referendariatszeit – in der Regel nur den eigenen Unterricht, nicht einmal den der Fachkollegen an der eigenen Schule. Später sehen sie nur den Unterricht der Adepten, die sie selbst in die Praxis einführen. Es darf aber nicht sein, daß Fachleiter nur das selbst erprobte methodische Repertoire weitergeben" (Butzkamm 1998, S. 205).

[261] Wyss/Reusser stellen die ungenügende *fachdidaktische* Qualifizierung von Fachleitern (in der Schweiz: Seminarlehrern) ebenfalls deutlich heraus: "(...) Das verlangt von den so geforderten Seminarlehrern viel: zu viel, wenn Behörden, Schulleiter und Kollegen den Anspruch erheben, dass die entsprechenden fachdidaktischen Kompetenzen, die der als Fachlehrer ausgebildete und bisher als Fachlehrer tätige Seminarlehrer im Laufe von Jahren erst erwerben soll, mit der Übernahme des neuen fachdidaktischen Lehrauftrages bereits gegeben sein müssten und sich in einem von Anbeginn gelingenden, allseitig überzeugen-

dung steht die Fachdidaktik so unmittelbar im Zentrum der theoretischen und berufspraktischen Ausbildung wie im Vorbereitungsdienst für ein Lehramt.

6.3.2.3 Evaluierende Funktion

Für das langfristige Ziel, erfolgreiches berufliches Handeln durch Phasen der theoretischen Wissensaneignung und Phasen der berufspraktischen Erprobung sowie Fortbildung zugrunde zu legen, sind regelmäßige Evaluationen aller Phasen und Institutionen der Lehrerbildung erforderlich. Die Fachdidaktik selbst ist einerseits das Objekt solcher Evaluationen, besitzt aber andererseits die Kompetenz, Evaluationen im Bereich der gesamten Lehrerbildung nach anerkannten Maßstäben selbst durchzuführen. Im Kern geht es darum, Einzelpersonen und Institutionen der Lehrerbildung in Fragen der *Fremd- und Selbstevaluation* zu qualifizieren.

Die Tätigkeit des Lehrers ist im Vergleich zu vielen anderen Berufen, die ein ähnlich komplexes und vielschichtiges Qualifikations- und Anforderungsprofil besitzen, durch ein sehr hohes Maß an Eigenverantwortlichkeit und durch ein nur geringes Maß an wirksamen Kontrollmechanismen in der Berufsausübung gekennzeichnet. Wenngleich der allgemeine Demokratisierungsprozess innerhalb der Schule den Eindruck vermittelt, dass schulische Prozesse immer stärker der Kontrolle durch äußere Instanzen und eine unübersehbare Vielzahl an Gesetzen, Erlassen, Verordnungen sowie Rechts- und Verwaltungsvorschriften unterliegen, wird dem Lehrer auch heute ein sehr hohes Maß an pädagogischer Freiheit und damit verbundener Verantwortung zugesprochen. Evaluation bedeutet daher primär, eine wirksame Selbstbeobachtung und Selbstkritik zu etablieren, ohne die für die Ausübung des Berufes unbedingt notwendige Unabhängigkeit des Lehrers einzugrenzen.

Die hohen zeitlichen, finanziellen und persönlichen bzw. ideellen Aufwendungen, die innerhalb der Lehrerbildung staatlicherseits und durch die angehenden Lehrer selbst erbracht werden, geben aber auch Anlass, den tatsächlichen Wirkungszusammenhang zwischen einzelnen Teilelementen der Ausbildung und

---

den Fachdidaktikunterricht auch ausweisen müssten. Kein Wunder, dass Seminarlehrer vor solcher Überforderung zurückschrecken, dass sie resignieren oder die nicht eingestandenen Defizite ihrer didaktischen Qualifikation mit einer Ablehnung des Einbezugs der Fachdidaktiken in die berufliche Ausbildung der Lehrer überdecken" (Wyss/ Reusser 1985, S. 73).

dem Erfolg des beruflichen Handelns kritisch zu beleuchten. Um die Praktikabilität einzelner Phasen, die langfristige Wirksamkeit der gesamten Ausbildung, aber auch Brüche zwischen den Phasen aussagekräftig erforschen zu können, fehlen *Langzeitstudien*.[262] Solche Studien verfolgen den Bildungsverlauf repräsentativ ausgewählter Lehramtskandidaten über mindestens einen Zeitraum vom Ende des Grundstudiums bis zum Erwerb der ersten Berufspraxis. Die auch für die Fachdidaktik entscheidende Frage solcher Studien ist, welche Auswirkungen eine bereits im Studium geleistete Sensibilisierung für Prozesse der Wissensaneignung und –vermittlung auf den späteren beruflichen Erfolg und die berufliche Eignung hat. Die im Rahmen einer solchen Studie notwendigen Evaluationen der fachdidaktischen Arbeit würden wichtige Hinweise für eine kontinuierliche Qualitätssteigerung einzelner Elemente und des Gesamtkonzeptes fachdidaktischer Arbeit geben. Im Gegensatz zu anderen Wissenschaftsdisziplinen muss Fachdidaktik die Ergebnisse und Aussagen ihrer Forschung und Entwicklung auch innerhalb des realen schulischen Kontextes beurteilen. Mit der Evaluation schulischer Lehr- und Lernprozesse durch Fachdidaktiker ist daher auch immer eine selbstreflexive Einschätzung der eigenen lehrerbildenden Funktionen verknüpft. Evaluation bedeutet dabei stets die Suche nach Korrelationen zwischen Formen der Lehrerbildung und daraus resultierenden wirksamen Prozessen des Lehrens und Lernens.

6.4 Zusammenfassung und Ausblick

Der Entwurf einer Fachdidaktik, die als ein konstitutives Element von Lehrerbildung verstanden wird, setzt zwingend einen Verbleib sämtlicher Teile der Lehrerbildung an Universitäten voraus und lehnt die von verschiedenen Autoren und wissenschaftlichen bzw. politischen Gremien geforderte Auslagerung einiger Lehramtsstudiengänge an Fachhochschulen ab. Fachdidaktik stellt den konstitutiven, identitätsstiftenden Rahmen zwischen den sonst weitgehend voneinander isolierten Berufswissenschaften des Lehrers dar. Ohne diese Klammer wird die besondere berufliche Perspektive, die mit der Aufnahme eines Lehr-

---

[262] Frech 1976, Raufuss 1982, Steltmann 1986, Rosenbusch 1988, Ulich 1996 legen Studien über die Einschätzung der Lehrerausbildung aus der Sicht von Lehramtsstudenten bzw. Referendaren vor. Es fehlen aber umfassende Langzeitbeobachtungen, die Korrelationen zwischen Teilelementen des Studiums, des Vorbereitungsdienstes, dem beruflichen Handeln in der unterrichtlichen Praxis und Elementen der Fortbildung aufzeigen.

amtsstudiums immanent verbunden ist, weder institutionell noch inhaltlich gewährleistet.

Unter Berücksichtigung dieser Ausgangslage weist das Modell einer für die Lehrerbildung konstitutiven Fachdidaktik sowohl eine wissenschaftsorientierte als auch eine berufsfeldorientierte Dimension auf. Die ausgeglichene Berücksichtigung *beider* Dimensionen zielt auf eine wissenschaftsgeleitete Auseinandersetzung mit Fragen der kritischen Weiterentwicklung und Revision des Fachunterrichts, der Qualitätssicherung, der Legitimation des Schulfaches und den bildungspolitischen Implikationen des Berufsfeldes "Schule". Dieses Modell akzentuiert die Notwendigkeit eines Dialogs mit der außeruniversitären Öffentlichkeit. Die Fachdidaktik übernimmt hier die Aufgabe, eine Kommunikationsstruktur zu eröffnen, die Zugänge zu den Arbeitsweisen und Ergebnissen der Fachdisziplin erleichtert. Dazu treten empirische Aufgaben, durch die eine systematische Erfassung und Analyse der komplizierten und vielschichtigen Lehr- und Lernprozesse vorgenommen wird. Aufbauend auf diesen Erkenntnissen gelangt Fachdidaktik zu einem umfassenderen Ansatz bei der Entwicklung eigenständiger Methoden und dem Design von Lernumgebungen.

Es wird angeregt, mit Hilfe von Delphi-Studien die für die Wahrnehmung eines Lehramtes notwendige fachwissenschaftliche Vertiefung einzugrenzen. Ergebnisse zu dieser Frage können nur auf der Grundlage eingehender Analysen der Schulcurricula, der Kenntnisse über die Wissensstruktur und –genese des Faches, lernpsychologischer Aussagen und mit Hilfe eingehender Tätigkeitsanalysen der vielfältigen Berufsaufgaben des Lehrers gewonnen werden.

Im Rahmen ihrer empirischen Funktion wird Fachdidaktik in Kooperation mit der vergleichenden Erziehungswissenschaft Analysen aus der Sicht der jeweiligen Disziplin zu den Besonderheiten des deutschen Bildungssystems und der in Deutschland praktizierten Lehrerbildung beitragen. Die langfristig auch im Bereich der Lehrerbildung zu erwartenden europäischen bzw. internationalen Harmonisierungstendenzen werden die Bedeutung fachdidaktischer Studienelemente weiter verstärken, jedoch auch die international anerkannte und in anderen Staaten nicht erreichte fachwissenschaftliche Qualität der deutschen Lehrerausbildung in Frage stellen. Strukturprägend für eine solche Entwicklung muss aber sein, eine Ausdehnung fachdidaktischer Studienanteile nicht zu Lasten der Qualität der fachwissenschaftlichen Ausbildung zu betreiben. Durch gezielte Evaluation und Revision der Lehrinhalte, stärkere exemplarische Vorgehensweisen im fachwissenschaftlichen Hauptstudium sowie die Anwendung effizienterer Lehrverfahren entstehen Freiräume für den Ausbau fachdidaktischer Lehr- und

6.4 Zusammenfassung und Ausblick

Forschungsvorhaben, ohne die fachwissenschaftliche Kompetenz angehender Lehrer zu vermindern.

Mit der Qualifizierung von Fach- und Seminarleitern der zweiten Phase der Lehrerbildung, die sich auf ihre Tätigkeit bisher weitgehend autodidaktisch vorbereitet haben, eröffnet sich für die Fachdidaktik eine Möglichkeit zur Beteiligung an der notwendigen Verschränkung der drei Phasen der Lehrerbildung. Um eine kontinuierliche Optimierung aller Teilelemente der universitären Lehrerbildung zu erzielen, wird vorgeschlagen, Langzeitstudien durchzuführen, mit deren Hilfe Aussagen über die Wirksamkeit des Gesamtkonzepts der Lehrerbildung begründet werden können.

7. Schlussbetrachtungen

Jede Reform der Lehrerbildung ist auch immer mit der Intention verknüpft, eine grundsätzliche Qualitätsverbesserung von schulischen Lehr- und Lernprozessen zu erzielen.[263] Die Persönlichkeit und das Verhalten des Lehrers stellt eine wesentliche Variable dar, die den fachlichen *und* erzieherischen Erfolg von Unterricht mitbestimmt, wenn auch die Qualität der schulischen Bildung von einer Vielzahl weiterer externer und interner Faktoren beeinflusst wird. In diesem Sinne ist auch die universitäre Etablierung der Fachdidaktik als ein Versuch anzusehen, bereits das Studium der angehenden Lehrer aller Schulformen[264] auf die notwendige Vermittlung zwischen dem fachlichen und erzieherischen Pol jedes Unterrichtsgeschehens hin auszurichten und damit die Qualität und Effizienz von Unterricht zu erhöhen. Fachdidaktik kann natürlich kein "Patentrezept" für den "erfolgreichen Lehrer" oder die "erfolgreiche Lehrerpersönlichkeit"[265] entwickeln, Fachdidaktik kann aber dennoch frühzeitig für Unterrichts-

---

[263] Die Debatte um "Qualitätssicherung" im Bildungsbereich (vgl. z. B. Reul 1997) offenbart die Möglichkeit, aber auch die Notwendigkeit, ideologisch geprägte Standpunkte zu rationalisieren und sich auf der Basis einer Analyse der realen Verhältnisse einer sachorientierten Einschätzung der Lage anzunähern. Die Gemeinsame Kommission Lehrerbildung der Kultusministerkonferenz bezeichnet diese Entwicklung als eine "Wendung zu den Realitäten" (Terhart 2000, S. 156). Qualitätssicherungen im Bereich der *Lehrerbildung* werden allerdings bislang in diesem Zusammenhang nur am Rande diskutiert; unter dem Diktat finanzpolitischer Zwänge wurden dagegen z. B. in Nordrhein-Westfalen durch die Einführung des sogenannten "bedarfsdeckenden Unterrichts" für Lehramtsanwärter und Studienreferendare erhebliche Einschnitte in der fachlichen und fachdidaktischen Ausbildung spürbar (vgl. Effe-Stumpf 2000 bzw. Linneborn/Seifert 2000). Oser formuliert dagegen Qualitätsstandards für die Lehrerbildung (vgl. Oser 1997a und Oser 1997b).

[264] Ein *Schulformbezug* in der Ausbildung von Lehrern ist notwendig, da die beruflichen Anforderungen in fachlicher und insbesondere pädagogischer Hinsicht in Abhängigkeit von der jeweiligen Schulform völlig unterschiedliche Profile aufweisen. Die z. B. in Nordrhein-Westfalen übliche Praxis, Lehrer in der Mehrzahl für die Sekundarstufe II und I auszubilden, sie aber abhängig von finanzpolitischen Zwängen und Stellenplänen in *allen* Schulformen (Gesamtschule, Hauptschule, Realschule und Gymnasium) einzustellen, ist aufgrund der völlig unterschiedlichen fachlichen und pädagogischen Anforderungsprofile aus erziehungswissenschaftlicher Sicht unverantwortlich.

[265] Als Beispiel sei auf Kraus verwiesen, der exemplarische Kennzeichen eines "guten Lehrers" nennt: eine wertschätzende Persönlichkeit, die Beherrschung des richtigen Weges zwischen Führen und Wachsenlassen sowie zwischen Nähe und Distanz zu den Zöglingen im Sinne einer Wertschätzung ohne Fraternisierung, das Verfügen über Ich-Stärke und Humor, das Praktizieren von Gerechtigkeit, das Verfügen über Fachkompetenz sowie die Fähigkeit, herausfordernd zu unterrichten (vgl. Kraus 1999, S. 78; dazu auch: Schulz 1986, S. 32; Terhart 2000, S. 56 sowie: Bremer Erklärung 2000).

7. Schlussbetrachtungen

prozesse sensibilisieren und die Konzentration auf handlungs- und berufswissenschaftliche Prozesse lenken. Es geht eben nicht um eine bloße Pädagogisierung des Fachstudiums, sondern um die frühzeitige Ausprägung der grundlegenden Erfahrung, dass die Fähigkeit, Fachwissen anderen zu vermitteln, auch ein Beleg für fachliche Kompetenz darstellt. Nicht die historisch gewachsene Überzeugung: "Aus Fachwissen folgt notwendigerweise Lehrkompetenz", sondern deren logische Umkehrung: *"Lehrkompetenz ist ein Zeichen für Fachkompetenz"* stellt eine Legitimation für universitäre Fachdidaktik dar. Didaktische Fähigkeiten belegen in diesem Sinne zugleich auch fachwissenschaftliche Kompetenzen. In einem solchen Verständnis besitzt Fachdidaktik einen deutlichen Bezug zur Fachwissenschaft.

Der Verfasser ist sich der Tatsache bewusst, dass eine solche Sichtweise zunächst eine Utopie darstellt und die tatsächlichen Verhältnisse und tradierten Überzeugungen in großer Distanz zu dieser Sichtweise stehen. Diese Art der Logik würde zunächst auch erfordern, Kriterien festzulegen, mit denen Lehrkompetenzen bzw. didaktische Fähigkeiten beurteilt und eingeschätzt werden können. Die Beurteilung der didaktischen Qualität umfasst aber in dieser Sichtweise zugleich auch die Frage nach der fachwissenschaftlichen Reichweite und Qualität des Unterrichtsansatzes oder –entwurfs. Nur solche didaktischen Entwürfe, die neben der Erfassung der komplexen sozialen und entwicklungspsychologischen Randbedingungen von Unterricht auch zusätzlich auf eine in Abhängigkeit von der jeweiligen Schulform vertiefte fachliche Bildung abzielen, genügen den Ansprüchen dieser Konzeption. In dieser Perspektive kann es gelingen, mit Hilfe von fachdidaktischer Forschung den Abstand zwischen Fachsystematik und Schule bzw. zwischen Abstraktion und der Vorstellung des Schülers kontinuierlich zu verringern, um damit die Annäherung und Konvergenz beider Pole des Unterrichtsgeschehens zu begünstigen.

Um fachdidaktische Forschung und Lehre mittelfristig zu konsolidieren und langfristig auszubauen, sind kurzfristige Entscheidungen notwendig. Die momentan akute Frage der Besetzung freiwerdender Fachdidaktik-Professuren zwingt in jedem Einzelfall dazu, sich zu einem modernen Konzept von Lehrerbildung zu bekennen. Es geht dabei um den Ausbau einer *forschungsorientierten Fachdidaktik*, die nur in der Durchführung anwendungs- und grundlagenorientierter Forschungsprojekte ihren komplexen Anforderungen gerecht werden kann. Die schleichende Abwälzung fachdidaktischer und schulpraktischer Lehraufgaben an abgeordnete Lehrer oder den Mittelbau und das Fehlen bzw. die Verhinderung fachdidaktischer Forschungs- und Nachwuchsförderung führt dagegen zu einem systematischen Abbau bereits bestehender Forschungsstrukturen. Die momentan z. B. in NRW geplante zeitweise Abordnung von in der Praxis erfolgreich arbeitenden Lehrern an fachdidaktische Lehr- und Forschungseinrichtungen der Universitäten zum Zwecke der Promotion bzw. Habilitation[266] darf nicht dazu führen, den Bestand der bestehenden Professuren zu substituieren. Auch bei der Auswahl der abzuordnenden Lehrer ist insbesondere ihre besondere *schulpraktische* Bewährung und Eignung für den Lehrberuf festzustellen und darauf zu achten, dass diese Abordnungsstellen nicht für eine "Flucht" aus der schulischen Realität zweckentfremdet werden.

Das von Künzel in die Diskussion eingebrachte Konzept einer *konsekutiven* Lehrerbildung (vgl. Künzel 2000) gliedert die Lehrerbildung in ein zunächst rein fachwissenschaftliches 6-7 semestriges Bachelorstudium, dem ein auf Fragen der Erziehungswissenschaft und Fachdidaktik konzentriertes 3-4 semestriges Masterstudium folgt. Der Vorteil dieses Modells für die Fachdidaktik bestünde darin, dass das Masterstudium einen Raum für die konzentrierte, wissenschaftsgeleitete Auseinandersetzung mit Fragen der späteren Berufswirklichkeit zur Verfügung stellen würde. Darüber hinaus orientiert sich dieser Vorschlag an der notwendigen internationalen Kompatibilität der universitären Abschlussprüfungen. Inwieweit dieses Modell Auswirkungen auf den wissenschaftlichen Status der Fachdidaktik nimmt, kann erst nach einer detaillierteren Darstellung und breiteren Diskussion dieses Vorschlags beurteilt werden. Zunächst widerspricht dieses Denkmodell aber nicht dem in dieser Arbeit entworfenen Modell einer für die Lehrerbildung konstitutiven Fachdidaktik, weil insbesondere das auf die Auseinandersetzung mit erziehungswissenschaftlichen und fachdidaktischen Problemfeldern orientierte Masterstudium der Fachdidaktik ein dem Anspruch dieses Modells angemessenes Entwicklungspotential bieten könnte. Innerhalb des Masterstudiums würde Fachdidaktik nicht in dauernder Konkurrenz zur Fachwissenschaft, wohl aber als integrierende Instanz zwischen Fach- und Erziehungswissenschaft agieren und an den notwendigen Schnittstellen vermitteln.

Ein unkonventionelles Umdenken, ja ein Paradigmenwechsel in der Lehrerbildung nach 30 Jahren unterschiedlichster, z. T. höchst ineffizienter Reformen und Strukturen erscheint geboten. Der nach 2010 aufgrund des Altersaufbaus der Kollegien zu erwartende massive Lehrerbedarf[267] stellt eine Herausfor-

---

[266] Vgl. dazu den Erlass des Ministeriums für Schule, Wissenschaft und Forschung des Landes NRW vom 17.10.2000 (vgl. Ministerium für Schule, Wissenschaft und Forschung des Landes NRW 2000).

[267] Beispielhaft sei auf eine aktuelle Analyse von Klemm hingewiesen, der für den Zeitraum bis zum Schuljahr 2010/11 eine Analyse des Teilarbeitsmarktes "Schule" vorlegt und einen steigenden Bedarf prognostiziert (vgl. Klemm 1999). Es liegen darüber hinaus landes-

7. Schlussbetrachtungen

derung für alle an der Lehrerbildung Beteiligten dar, ein Konzept zu realisieren, das sich nicht auf die Addition von gegensätzlichen und teilweise widersprechenden Einzelmodulen beschränkt, sondern Fachdidaktik als ein konstitutives Bindeglied zwischen fachwissenschaftlichen, erziehungswissenschaftlichen und schulpraktischen Anforderungen der Lehrerbildung begreift. Eine so verstandene Lehrerbildung stellt im Sinne Beckmanns die Entwicklung sowie das Denken des Schülers in den Mittelpunkt des Interesses und konstituiert Schule als einen Ort, in dem fachliche Bildung und Erziehung als Voraussetzung für die Übernahme von Verantwortung und die Ausprägung eines stabilen Wertebewusstseins verstanden wird.

---

spezifische Untersuchungen der verschiedenen Bundesländer vor, die diesen Trend partiell bestätigen (vgl. z. B. Bayerisches Staatsministerium für Unterricht und Kultus 1999).

Literaturverzeichnis

Abels, K. (1972): Aufgaben der Fachdidaktik allgemein, In: Timmermann, Johannes (Hrsg.): Fachdidaktik in Forschung und Lehre. Hannover (Schrödel) 1972, S. 107-117.

Achtenhagen, Frank (1973): Fachdidaktik. In: Wörterbuch der Pädagogik. 1. Band. Freiburg (Herder) 1973, S. 287-291.

Achtenhagen, Frank (1981): Theorie der Fachdidaktik. In: Twellmann, Walter (Hrsg.): Handbuch Schule und Unterricht. Band 5.1: Schule und Unterricht unter dem Aspekt der didaktischen Bereiche. Düsseldorf (Schwann) 1981, S. 275-294.

Adler, Judith/ *Biehl*, Jörg/ *Ohlhaver*, Frank (1996): Fachdidaktik in der Krise? Ergebnisse einer Fachdidaktikerbefragung. In: Zeitschrift für Didaktik der Naturwissenschaften, (Schmidt & Klaunig) Kiel, 2 (1996) 3, S. 39-56.

Alisch, Lutz-Michael/ *Rössner*, Lutz (1981): Theorieverdrossenheit der Praktiker. In: Schulpraxis, 1 (1981) 5, S. 6-10.

Altrichter, Herbert u. a. (Hrsg.) (1983): Fachdidaktik in der Lehrerbildung. Bildungswissenschaftliche Fortbildungstagungen an der Universität Klagenfurt. Wien (Böhlau) 1983.

Altrichter, Herbert/ *Posch*, Peter (1983): Fachdidaktik in der Lehrerbildung. Zur Einführung. In: Altrichter, Herbert u. a. (Hrsg.): Fachdidaktik in der Lehrerbildung. Bildungswissenschaftliche Fortbildungstagungen an der Universität Klagenfurt. Wien (Böhlau) 1983, S. 9-18.

Apel, Hans-Jürgen (1986): Gymnasiallehrerausbildung zwischen Wissenschaft und fachdidaktischer Orientierung. Konzeption und Praxis der Lehrerbildung am Seminar für die gesamten Naturwissenschaften der Universität zu Bonn zwischen 1825 und 1848. In: Vierteljahresschrift für Wissenschaftliche Pädagogik, 62 (1986) 3, S. 289-319.

Apel, Hans-Jürgen (1992): Denkkraft, Wissenschaft, Pädagogischer Takt. Traditionslinien der Lehrerbildung in Deutschland. In: Die Realschule, 100 (1992) 9, S. 388-391.

Apel, Hans-Jürgen (1993): Was ist Schulpädagogik? Vorüberlegungen zum Selbstverständnis einer pädagogischen Bereichsdisziplin. In: Pädagogische Rundschau, 47 (1993) 4, S. 389-411.

Arbeitsgruppe Lehrerbildung der Hochschulrektorenkonferenz (1997): Empfehlungen zur Lehrerbildung (Entwurf). Bonn, den 07.05.1997.

Aschersleben, Karl (1983): Didaktik. Stuttgart (Kohlhammer) 1983.

Aselmeier, Ulrich / *Eigenbrodt*, Karl-Wilhelm/ *Kron*, Friedrich Wilhelm/ *Vogel*, Günter (Hrsg.) (1985a): Fachdidaktik am Scheideweg. Der Zusammenhang von Fachunterricht und Persönlichkeitsentwicklung. München (Ernst Reinhardt) 1985.

Aselmeier, Ulrich (1985b): Gegen einen fachdidaktischen Reduktionismus. Oder: Für eine schüler- und unterrichtsorientierte Fachdidaktik. In: Aselmeier, Ulrich u. a. (Hrsg.): Fachdidaktik am Scheideweg. Der Zusammenhang von Fachunterricht und Persönlichkeitsentwicklung. München (Ernst Reinhardt) 1985, S. 12-41.

Ast, Werner (1978): Einige Prinzipien der mathematischen Fachdidaktik aus informationswissenschaftlicher Sicht. In: Mathematica Didactica, 1 (1978) 7, S. 7-11.

Aufschnaiter, Stefan von/ *Fischer*, Hans E./ *Schwedes*, Hannelore (1992): Kinder konstruieren Welten. Perspektiven einer konstruktivistischen Physikdidaktik. In: Schmidt, Siegfried J. (Hrsg.): Kognition und Gesellschaft. Der Diskurs des Radikalen Konstruktivismus 2. Frankfurt am Main (Suhrkamp) 1. Aufl. 1992, S. 380-424.

Bader, Reinhard (Hrsg.) (1987): Fachdidaktik in der Lehrerausbildung für berufsbildende Schulen. Dortmund (Hochschuldidaktisches Zentrum der Universität Dortmund) 1987.

Literaturverzeichnis 267

Bader, Reinhard/ *Kreutzer*, Andreas (1994): Fachdidaktiken Beruflicher Fachrichtungen im Studium. Ergebnisse einer Analyse der Studien- und Prüfungsordnungen. In: Die Berufsbildende Schule, 46 (1994) 2, S. 51-58.

Bader, Reinhard/ *Pätzold*, Günter (Hrsg.) (1995): Lehrerausbildung im Spannungsfeld zwischen Wissenschaft und Beruf. Bochum (Brockmeyer) 1995.

Bauersfeld, H./ *Grotemeyer*, K. P./ *Weis*, V. (1971): Zum Selbstverständnis der Fachdozenten für Mathematik. Ergebnisse einer Umfrage. In: Zentralblatt für Didaktik der Mathematik, 2 (1971), S. 109-113.

Bauersfeld, Heinrich (1990): Quo vadis? - Zu den Perspektiven der Fachdidaktik. Anmerkungen aus der Sicht der Mathematikdidaktik. In: Keck, Rudolf W. u. a. (Hrsg.): Fachdidaktik zwischen Allgemeiner Didaktik und Fachwissenschaft. Bad Heilbrunn (Klinkhardt) 1990, S. 272-288.

Bayer, Manfred (1978): Lehrerausbildung und pädagogische Kompetenz. Eine Untersuchung über normative, institutionelle und curriculare Merkmale der pädagogischen Ausbildung von Sekundarschullehrern. Frankfurt a. M. (Deutsches Institut für Internationale Pädagogische Forschung) Diss. 1978.

Bayerisches Staatsministerium für Unterricht, Kultus, Wissenschaft und Kunst (1996): Didaktikstellenbestand an bayerischen Universitäten. Anlage 1, 2. Vermerk vom 31.10.1996, Aktenzeichen IX/13-23/16 Z. 119.

Bayerisches Staatsministerium für Unterricht und Kultus (1999): Prognose zum Lehrerbedarf in Bayern. München 1999.

Bayrhuber, Horst (1995): Dimensionen der Didaktik der Naturwissenschaften in Deutschland. In: 33. Beiheft der Zeitschrift für Pädagogik: Didaktik und/oder Curriculum. Grundprobleme einer international vergleichenden Didaktik. Weinheim (Beltz) 1995, S. 309-317.

Beck, Gertrud (1978): Soziales Lernen. Fachdidaktische Trendberichte (11). In: Betrifft Erziehung, (1978) 7, S. 61-65.

Becker, Gerhard (1999): Lehrerbildung aus der Sicht der Erziehungswissenschaft. In: Deutscher Philologenverband (Hrsg.): Lehrerbildung für die Zukunft. Kongressbericht vom 24.03.1999. Schriftenreihe Gymnasium in der Wissensgesellschaft, Band 1. Unterhaching 1999, S. 12-19.

Beckmann, Hans-Karl (1964): Aufgaben und Grundlagen der Unterrichtsplanung. In: Chiout, Herbert/ Quehl, Harmut (Hrsg.): Zur Zweiten Phase der Lehrerbildung. Beiträge zu Aufgabe und Gestalt des Ausbildungsdienstes. Frankfurt a. M. (Diesterweg) 1964, S. 72-80.

Beckmann, Hans-Karl (1968): Lehrerseminar - Akademie - Hochschule. Weinheim (Beltz) 1968.

Beckmann, Hans-Karl (1971): Das Verhältnis von Theorie und Praxis als Kernfrage für eine Reform der Lehrerausbildung. In: Zeitschrift für Pädagogik, 10. Beiheft: Lehrerausbildung auf dem Wege zur Integration, hrsg. von Hans-Karl Beckmann. Weinheim 1971, S. 167-177.

Beckmann, Hans-Karl (1974): Plädoyer für eine humane Schule. In: Westermanns Pädagogische Beiträge, 26 (1974) 1, S. 7-14.

Beckmann, Hans-Karl (1976): Lehrer: Begriff, Geschichte, Lehrerorganisation, Lehrerbild, Berufsaufgaben, Qualifikationen, Lehrerausbildung, Entwicklungstendenzen, offene Fragen. In: Roth, Leo (Hrsg.): Handlexikon zur Erziehungswissenschaft. München (Ehrenwirth) 1976, S. 264-267.

Beckmann, Hans-Karl (1978): Das Verhältnis von Fachwissenschaft und Schulfach. Aussagen der Allgemeinen Didaktik als Angebot an die Fachdidaktik. In: Westermanns Pädagogische Beiträge, 30 (1978) 6, S. 214-218.

Beckmann, Hans-Karl (1980): Modelle der Lehrerbildung in der Bundesrepublik Deutschland. In: Zeitschrift für Pädagogik, 26 (1980) 4, S. 535-557.

Beckmann, Hans-Karl (Hrsg.) (1981a): Schulpädagogik und Fachdidaktik. Stuttgart (Kohlhammer) 1981.

Beckmann, Hans-Karl (1981b): Über die Grenzen der Allgemeinen Didaktik und die Notwendigkeit einer Schulpädagogik. In: Beckmann, Hans-Karl (Hrsg.): Schulpädagogik und Fachdidaktik. Stuttgart (Kohlhammer) 1981, S. 87-109.

Beckmann, Hans-Karl (1983): Schule unter pädagogischem Anspruch. Donauwörth (Auer) 1. Auflage 1983.

Beckmann, Hans-Karl (1985a): Allgemeine Didaktik - Fachdidaktik - Schulfach. In: Die Realschule, 93 (1985) 1, S. 22-26.

Beckmann, Hans-Karl (1985b): Die Berufswissenschaften des Lehrers. In: Pädagogische Welt, 39 (1985) 11, S. 500-504.

Beckmann, Hans-Karl (1988): Zur Lehrer(aus)bildung in den Jahren 1967-1987. Versuch einer Bestandsaufnahme. In: Röbe, Edeltraud (Hrsg.): Schule in der Verantwortung für Kinder. Perspektiven pädagogischen Denkens und Handelns. Festschrift für Ilse Lichtenstein-Rother. Langenau-Ulm (Vaas-Verlag) 1988, S. 175-198.

Beckmann, Hans-Karl (1991a): Strukturprobleme der Lehrerbildung. In: Die Realschule, 99 (1991) 7, S. 273-278.

Beckmann, Hans-Karl (1991b): Fachdidaktik, Bereichsdidaktik, Stufendidaktik. In: Roth, Leo (Hrsg.): Pädagogik. Handbuch für Studium und Praxis. München (Ehrenwirth) 1991, S. 674-688.

Beckmann, Hans-Karl (1992a): Das Verhältnis von Schulpädagogik - Fachdidaktik - Fachwissenschaft als das zentrale Problem der Lehrerbildung. In: Die Realschule, 100 (1992) 9, S. 392-395.

Beckmann, Hans-Karl (1992b): Schulpraktische Studien - unaufgebbarer Bestandteil der Lehrerbildung. In: Die Realschule, 100 (1992) 9, S. 407-411.

Beckmann, Hans-Karl (1993): Begründung und Struktur einer Erziehungswissenschaftlichen Fakultät. In: Pädagogische Welt, 47 (1993) 10, S. 474-477.

Beckmann, Hans-Karl (1994): Grundlegende didaktische Theorien aus der Sicht der Schulpädagogik. In: Geißler, Erich E./ Huber, Sylvia (Hrsg.): Aufbruch und Struktur. Festschrift zur feierlichen Gründung der Erziehungswissenschaftlichen Fakultät der Universität Leipzig am 02.02.1994. Leipzig (Universitätsverlag) 1994, S. 114-138.

Bettelhäuser, Hans-Jörg/ *Plate*, Ruth/ *Sundermann*, Claudia/ *Wiete*, Susanne (1980): Bibliographie zur zweiten Phase der Lehrerausbildung. In: Gründer, Konrad: Unterrichten lernen. Probleme der zweiten Phase der Lehrerausbildung. Paderborn (Schöningh) 1980, S. 189-209.

Bigalke, H. G. (1969): Fachdidaktik in Forschung und Lehre. In: Der mathematische und naturwissenschaftliche Unterricht, 22 (1969) 5, S. 257-264.

Bigalke, H. G. (1971): Zehn Thesen zur Gründung eines überregionalen zentralen Instituts für Didaktik der Mathematik. In: Der mathematische und naturwissenschaftliche Unterricht, 24 (1971) 7, S. 396-398.

Bigalke, H. G. (1974): Sinn und Bedeutung der Mathematikdidaktik. In: Zentralblatt für Didaktik der Mathematik, 6 (1974) 1, S. 109-115.

Bildungskommission NRW (1995): Zukunft der Bildung - Schule der Zukunft. Denkschrift der Bildungskommission Nordrhein-Westfalen beim Ministerpräsidenten des Landes NRW. Neuwied (Luchterhand) 1995.

Blankertz, Herwig (1975): Theorien und Modelle der Didaktik. München (Juventa) 9. Aufl. 1975.

Blankertz, Herwig (1984): Thesen zur Stellung der Fachdidaktik an einer Universität - am Beispiel der Didaktik der Mathematik. In: Heursen, Gerd (Hrsg.): Didaktik im Umbruch. Aufgaben und Ziele in der integrierten Lehrerausbildung. Königstein/ Ts. (Athenäum) 1984, S. 277-282.

Bleichroth, Wolfgang (1972): Das Verhältnis von Fachwissenschaft und Fachdidaktik am Beispiel des Volksschulfachs "Naturlehre" (Physik/ Chemie). In: Kochan, Detlev C.: Allgemeine Didaktik, Fachdidaktik, Fachwissenschaft: Ausgewählte Beiträge aus den Jahren 1953-1969. Darmstadt (Wissenschaftliche Buchgesellschaft) 2. Aufl. 1972, S. 285-300.

Blömeke, Sigrid (Hrsg.) (1998): Reform der Lehrerbildung? Zentren für Lehrerbildung. Bestandsaufnahme, Konzepte, Beispiele. Bad Heilbrunn/Obb. (Klinkhardt) 1998.

Bloy, Werner (1994): Fachdidaktik Bau-, Holz- und Gestaltungstechnik - eine akademische Lehrdisziplin zwischen Technik und Berufspädagogik. In: Die berufsbildende Schule, 46 (1994) 2, S. 58-61.

Bölts, Hartmut (1977): Mathematikdidaktik. Fachdidaktische Trendberichte (5). In: Betrifft: Erziehung, 10 (1977) 11, S. 54-60.

Bölts, Hartmut (1978): Kritik einer Fachdidaktik. Eine ideologiekritische Analyse der gegenwärtigen Mathematikdidaktik in der BRD. Weinheim (Beltz) Diss. 1978.

Bonati, Peter (1991): Was verstehen Sie unter Fachdidaktik? Expert(inn)en-Befragung zur Fachdidaktik. In: Beiträge zur Lehrerbildung, 9 (1991) 2, S. 220-221

Brämer, Rainer (1981): Naturwissenschaft als Kriegspropädeutik. Zur Geschichte der gymnasialen Physikdidaktik im "Dritten Reich". In: Die Deutsche Schule, 73 (1981) 10, S. 577-588.

Bremer Erklärung (2000): Fachleute für das Lernen. Gemeinsame Erklärung des Präsidenten der Kultusministerkonferenz und der Vorsitzenden der Bildungs- und Lehrergewerkschaften sowie ihrer Spitzenorganisationen in Bremen vom 05.10.2000. In: Profil (hrsg. vom Deutschen Philologenverband) (2000) 11, S. 10-14.

Brühl, Marie-Luise (1990): Promotionsordnungen an den wissenschaftlichen Hochschulen in der Bundesrepublik Deutschland. Voraussetzungen der Zulassung, Dissertation, Prüfungen. Bonn (Westdeutsche Rektorenkonferenz) 1990.

Bruhn, Jörn (1991): Fachdidaktik Physik. In: Riquarts, Kurt u. a. (Hrsg.): Naturwissenschaftliche Bildung in der Bundesrepublik Deutschland. Bestandsaufnahme. Band 3. Didaktiken naturwissenschaftlicher Lernbereiche. Kiel (Institut für die Pädagogik der Naturwissenschaften, Band Nr. 127) 1991, S. 101-158.

Bubeck, Heinrich (1979): Stellungnahme zu: "Stellenwert wissenschaftlicher Hausarbeiten in der Fachdidaktik der Physik - zwei Beispiele" in Praxis 2/79. In: Praxis der Naturwissenschaften - Physik, 28 (1979) 10, S. 264-266.

Büchel, F./ *Klopfer*, M./ *Klopfer*, R./ *Trutwig*, M. (1972): Ergebnisse der Umfrage zum Stand der Fachdidaktik in den Universitäten der BRD im SS 1971. In: Timmermann, Johannes (Hrsg.): Fachdidaktik in Forschung und Lehre. Hannover (Schroedel) 1972, S. 212-228.

Bürger, Heinrich/ *Pagitsch*, Leonhard (1983): Resümee der Arbeitsgruppe Mathematik. In: Altrichter, Herbert u. a. (Hrsg.): Fachdidaktik in der Lehrerbildung. Bildungswissenschaftliche Fortbildungstagungen an der Universität Klagenfurt. Wien (Böhlau) 1983, S. 230-233.

Bundesarbeitskreis der Leiter der Praktikumsbüros an deutschen Hochschulen (1992): Erfurter Thesen zu Schulpraktischen Studien in der Lehrerausbildung. Auf der 12. Bundestagung der Leiter der Praktikumsbüros an deutschen Hochschulen am 04.06.1992 in Erfurt beschlossen. Göttingen 1992.

Bundesarbeitskreis der Leiter der Praktikumsbüros an deutschen Hochschulen (1995): Angaben zu schulpraktischen Studien an deutschen Hochschulen. Mai 1995. Göttingen 1995.

Bundesarbeitskreis der Leiter der Praktikumsbüros an deutschen Hochschulen (1996): Bericht und Ergebnisse der Arbeitsgruppen auf der 15. Bundestagung. 29.05.-01.06.1995 in Altenberg. Göttingen 1996.

Bund-Länder-Kommission für Bildungsplanung (BLK) (1974): Bildungsgesamtplan. 2 Bände. Stuttgart (Klett) 2. Aufl. 1974.

Bund-Länder-Kommission für Bildungsplanung und Forschungsförderung (1980): Lehrerbildung. Heft 1. Materialien zur Bildungsplanung. Bonn 1980.

Burscheid, Hans Joachim (1983): Formen der wissenschaftlichen Organisation in der Mathematikdidaktik. In: Journal für Mathematikdidaktik, 4 (1983) 3, S. 219-240.

Bußmann, Hildegard/ *Soostmeyer*, Michael (1996): Die ungebrochene Bedeutung des exemplarisch - genetisch - sokratischen Lehrens und Lernens. Martin Wagenschein, geboren am 3. Dezember 1896, zum einhundertsten Geburtstag zugedacht. In: Pädagogische Rundschau, 50 (1996) 6, S. 675-692.

Butts, David P./ *Yager*, Robert (1980): Science educators' perceptions of the graduate preparation programs of science teachers in 1979. In: Journal of research in science teaching, 17 (1980) 6, S. 529-536.

Butzkamm, Wolfgang (1986): Wie bekommen wir eine bessere Lehrerausbildung? Ergänzungsstudien für Fachleiter und Ausbildungslehrer in der Diskussion. In: Neue Deutsche Schule, 38 (1986) 20, S. 16-17.

Butzkamm, Wolfgang (1998): Unpopuläre Vorschläge zur Lehrerausbildung und zur Verbesserung der Schule. In: Pädagogische Rundschau, 52 (1998) 2, S. 199-211.

Campo, Arnold A./ *Kordt*, Jürgen (1986): Fachdidaktische Überlegungen zur Referendarausbildung. In: Zentralblatt für Didaktik der Mathematik, 18 (1986) 2, S. 40-43.

Criblez, Lucien (1998): Die Reform der Lehrerbildung in England und Amerika. In: Zeitschrift für Pädagogik, 44 (1998) 1, S. 41-60.

Dahncke, Helmut (1985a): Probleme und Perspektiven fachdidaktischer Forschung - dargestellt aus der Sicht eines Physikdidaktikers. In: Mikelskis, H. (Hrsg.): Zur Didaktik der Physik und Chemie. Probleme und Perspektiven. Vorträge auf der Tagung für Didaktik der Physik und Chemie in Hannover, September 1984. Alsbach (Leuchtturm-Verlag) 1985, S. 13-39.

Dahncke, Helmut (1985b): Physikdidaktik zwischen Pragmatik und Forschungsprogrammen. Bilanz und Entwicklungstendenzen. In: Kuhn, Wilfried (Hrsg.): Didaktik der Physik. Vorträge Physikertagung 1985 in München. Deutsche Physikalische Gesellschaft – Fachausschuß Didaktik der Physik. Gießen 1985, S. 484-498.

Dahrendorf, Ralf (1965): Bildung ist Bürgerrecht. Plädoyer für eine aktive Bildungspolitik. Hamburg (Nannen-Verlag) 1965.

Denk, Rudolf/ *Schiller*, Ulrich (1994): Karrieremuster von Professoren an den Pädagogischen Hochschulen in Baden-Württemberg. Rahmenbedingungen - Analyse - Perspektiven. In: Ministerium für Wissenschaft und Forschung Baden-Württemberg (Hrsg.): Lehrerbildung in Baden-Württemberg. Materialien. Strukturkommission Lehrerbildung 2000 (Pädagogische Hochschule 2000). Stuttgart 1994, S. 197-202.

Derbolav, Josef (1958): Die pädagogische Ausbildung der Gymnasiallehrer als Aufgabe und Problem. In: Zeitschrift für Pädagogik, 4 (1958) S. 372-397.

Literaturverzeichnis 271

Deutsche Mathematiker-Vereinigung e.V. (1979): Denkschrift zur Ausbildung von Studierenden des gymnasialen Lehramts im Fach Mathematik. Drucksache KI 81/235 der Studienreformkommission I (Schulisches Erziehungswesen) beim Minister für Wissenschaft und Forschung des Landes Nordrhein-Westfalen. Bochum 1979.

Deutscher Ausschuß für das Erziehungs- und Bildungswesen (1966): Empfehlungen und Gutachten des Deutschen Ausschusses für das Erziehungs- und Bildungswesens 1953-1965. Gesamtausgabe, im Auftrage des Ausschusses besorgt von Hans Bohnenkamp, Walter Dirks und Doris Knab. Stuttgart (Klett) 1. Aufl. 1966.

Deutscher Bildungsrat (1970): Empfehlungen der Bildungskommission. Strukturplan für das Bildungswesen. Stuttgart (Klett) 1. Aufl. 1970.

Deutscher Bildungsrat (1971): Gutachten und Studien der Bildungskommission. Materialien und Dokumente zur Lehrerbildung. Band 17. Stuttgart 1971.

Deutscher Philologenverband (1997): Lehrerbild - Lehrerausbildung. Informationsdienst des Deutschen Philologenverbandes. München, November 1997.

Deutscher Verein zur Förderung des mathematischen und naturwissenschaftlichen Unterrichts e. V. (1978): Aufruf zur Beseitigung der Praxisferne der wissenschaftlichen Lehrerausbildung an den deutschen Hochschulen. In: Der mathematische und naturwissenschaftliche Unterricht, 31 (1978) 6, S. 370-371.

Deutscher Verein zur Förderung des mathematischen und naturwissenschaftlichen Unterrichts e. V. (2000): Zur Bildung der Lehrerinnen und Lehrer am Gymnasium und an vergleichbaren Schulformen. In: Der mathematische und naturwissenschaftliche Unterricht, 53 (2000) 2, S. 97, I-IV.

Dewey, John (1976): Das Kind und die Fächer. Übersetzung von Erich Ch. Wittmann des Aufsatzes von Dewey, John: The Middle Works 1899-1924. Volume 2, hrsg. von Boydston, Jo Ann. Carbondale 1976, S. 272-291.

Dietrich, Ingrid (1994): "Allgemeine Didaktik ist wie Stricken ohne Wolle" - Zur Bedeutsamkeit des Streits der Disziplinen. In: Meyer, Meinert A./ Plöger, Wilfried (Hrsg.): Allgemeine Didaktik, Fachdidaktik und Fachunterricht. Weinheim (Beltz) 1994, S. 235-242.

Dörfler, Willibald (1983): Überlegungen zu Positionen und Aufgaben der Fachdidaktik "Mathematik". In: Altrichter, Herbert u. a. (Hrsg.): Fachdidaktik in der Lehrerbildung. Bildungswissenschaftliche Fortbildungstagungen an der Universität Klagenfurt. Wien (Böhlau) 1983, S. 64-76.

Doyé, Peter (Hrsg.) (1986): Aktuelle Fragen der Fachdidaktik. Band 2. Braunschweig (Blankenstein) 1986.

Dress, A. (1974): Spekulationen über Aufgaben und Möglichkeiten einer Didaktik der Mathematik. In: Zentralblatt für Didaktik der Mathematik, 6 (1974) 1, S. 129-131.

Drutjons, P./ *Gahl*, H. (1972): Fachdidaktik Naturwissenschaften. In: Timmermann, Johannes (Hrsg.): Fachdidaktik in Forschung und Lehre. Hannover (Schroedel) 1972, S. 176-178.

Duit, Reinders (1995a): Empirische physikdidaktische Unterrichtsforschung. In: Unterrichtswissenschaft, 23 (1995) 2, S. 98-106.

Duit, Reinders (1995b): Zur Rolle der konstruktivistischen Sichtweise in der naturwissenschaftsdidaktischen Lehr- und Lernforschung. In: Zeitschrift für Pädagogik, 41 (1995) 6, S. 905-923.

Effe-Stumpf, Gertrud (2000): Probleme und Chancen der Umsetzung der neuen Ausbildungsverordnung für Studienseminare (OVP) in Nordrhein-Westfalen – Erfahrungen und Konzepte aus dem Studienseminar SII Detmold. In: Seminar (Lehrerbildung und Schule), 6 (2000) 2, S. 86-96, hrsg. vom Bundesarbeitskreis der Seminar- und Fachleiter/innen e. V., Hohengehren (Schneider-Verlag).

Effertz, Friedrich Heinz/ *Schmidt*, Helmut (1978): Methodik des Physikunterrichts als fachdidaktische Aufgabe unter lernzielorientiertem Aspekt. In: Naturwissenschaften im Unterricht - Physik/ Chemie, 26 (1978), S. 129-132.

Etzold, Sabine (1997): Ist die desolate Lehrerbildung schuld an der Schulmisere? Die Anforderungen der Schule wachsen. Doch die Lehrer lernen das Falsche. Wenn es zur ersten Begegnung mit Schülern kommt, ist oft alles zu spät. In: Die Zeit, Ausgabe 07/1997.

Etzold, Sabine (1999): Ernstfall Unterricht. Die Misere beginnt mit der Ausbildung. Der Praxisschock trifft die Lehrer unvorbereitet. In: Die Zeit, Ausgabe 49/1999 vom 02.12.1999.

Ewers, Michael (Hrsg.) (1975): Naturwissenschaftliche Didaktik zwischen Kritik und Konstruktion. Weinheim (Beltz) 1975.

Ewert, Otto (1970): Gutachten zur Frage der Neuordnung des erziehungswissenschaftlichen Studiums für die Lehrämter. In: Heckhausen, Heinz/ Anweiler, Oskar u. a.: Lehrer 1980. Lehrerbildung für die künftige Schule. Empfehlungen der Lehrerausbildungskommission des Hochschulplanungsbeirats des Kultusministers des Landes NRW. Düsseldorf (Bertelsmann) 1970, S. 147-160.

Fackinger, Kurt (1971): Situation und Probleme der Gymnasiallehrerausbildung aus der Sicht der zweiten Phase. In: Zeitschrift für Pädagogik, 10. Beiheft: Lehrerausbildung auf dem Wege zur Integration, hrsg. von Hans-Karl Beckmann. Weinheim 1971, S. 9-13.

Fischer, Roland (1983a): Gesamtresümee und Kommentar zu den Resümees der Arbeitsgruppen: Problemfelder der Fachdidaktik. In: Altrichter, Herbert u. a. (Hrsg.): Fachdidaktik in der Lehrerbildung. Bildungswissenschaftliche Fortbildungstagungen an der Universität Klagenfurt. Wien (Böhlau) 1983, S. 363-374.

Fischer, Roland (1983b): Wie groß ist die Gefahr, daß die Mathematikdidaktik bald so wissenschaftlich ist wie die Physik? - Bemerkungen zu einem Aufsatz von Hans Joachim Burscheid. In: Journal für Mathematikdidaktik, 4 (1983) 3, S. 241-243.

Fischler, Helmut/ *Heursen*, Gerd/ *Lenzen*, Dieter (1980a): Allgemeine Fachdidaktik? Zur gegenwärtigen Stagnation der Theoriebildung in der Fachdidaktik und zum Ausgangspunkt künftiger fachdidaktischer Forschung. In: Jahrbuch für Erziehungswissenschaft, 4 (1980), S. 116-174.

Fischler, Helmut (1980b): Selbstverständnis und Funktion von Fachdidaktiken innerhalb eines unterrichtswissenschaftlichen Ausbildungs- und Forschungskonzepts. In: Arbeitsgruppe: Theorie der Unterrichtswissenschaft (Hrsg.): Unterrichtswissenschaft. Theorie einer praxisnahen Lehrerausbildung. Königstein/ Ts. (Scriptor) 1980, S. 255-308.

Fischler, Helmut (Hrsg.) (1985a): Lehren und Lernen im Physikunterricht. Didaktik des Physikunterrichts: Bestandsaufnahme. Köln (Aulis) 1985.

Fischler, Helmut (1985b): Lehren und Lernen im Physikunterricht. Vom Wagnis einer Bestandsaufnahme. In: Fischler, Helmut (Hrsg.): Lehren und Lernen im Physikunterricht. Didaktik des Physikunterrichts: Bestandsaufnahme. Köln (Aulis) 1985, S. 7-13.

Fischler, Helmut (1985c): Tendenzen in der Fachdidaktik Physik. In: Fischler, Helmut (Hrsg.): Lehren und Lernen im Physikunterricht. Didaktik des Physikunterrichts: Bestandsaufnahme. Köln (Aulis) 1985, S. 14-38.

Fischler, Helmut (1995): Physikdidaktik und Unterrichtspraxis - Modelle, Möglichkeiten und Grenzen ihrer Verknüpfung. In: Behrendt, Helga (Hrsg.): Zur Didaktik der Physik und Chemie. Probleme und Perspektiven. Vorträge auf der Tagung für Didaktik der Physik und Chemie in Freiburg i. Br., September 1994. Alsbach (Leuchtturm-Verlag) 1995, S. 89-91.

Flach, Herbert/ *Lück*, Joachim/ *Preuss*, Rosemarie (1995): Lehrerausbildung im Urteil ihrer Studenten. Zur Reformbedürftigkeit der deutschen Lehrerbildung. Frankfurt a. M. (Lang) 1995.
Flitner, Wilhelm (1958): Das Selbstverständnis der Erziehungswissenschaft in der Gegenwart. Heidelberg (Quelle und Meyer) 2. Aufl. 1958.
Flitner, Wilhelm (1977): Verwissenschaftlichung der Schule? In: Zeitschrift für Pädagogik, 23 (1977) 6, S. 947-955.
Franzke, Reinhard (1980): Zur Frage der Praxisrelevanz der Fachdidaktik. Eine kritische Auseinandersetzung mit ausgewählten Ansätzen zu einer Didaktik des Wirtschaftslehreunterrichts an kaufmännischen Berufsschulen. In: Zeitschrift für Berufs- und Wirtschaftspädagogik, 76 (1980) 9, S. 643-657.
Frech, Hartmut-W. (1976): Berufsvorbereitung und Fachsozialisation von Gymnasiallehrern. Empirische Untersuchungen zur Ausbildung von Studienreferendaren (Studien und Berichte des Max-Planck-Institutes für Bildungsforschung 34 A). Berlin 1976.
Freudenthal, Hans (1974): Sinn und Bedeutung der Didaktik der Mathematik. In: Zentralblatt für Didaktik der Mathematik, 6 (1974) 1, S. 122-124.
Fritsch, Andreas/ *Gies*, Horst (1996): Fachdidaktik in der Lehrerausbildung. Stellenwert und Bedeutung eines berufsfeldorientierten Studiums. In: Forschung und Lehre, 3 (1996) 4, S. 207-210.
Fuchs, Rainer (1966): Mathematische und naturwissenschaftliche Schulbildung als Sozialisation und Enkulturation. In: Scharmann, Theodor (Hrsg.): Schule und Beruf als Sozialisationsfaktoren. Der Mensch als soziales und personales Wesen. Band II. Stuttgart (Enke) 1966, S. 143-171.
Funke, Peter (1979): Zum Verständnis anglistischer Fachdidaktik. In: Freese, Peter/ Freywald, Carin/ Paprotté, Wolf/ Real, Willi: Anglistik. Beiträge zur Fachwissenschaft und Fachdidaktik. Münster (Regensberg) 1979, S. 105-122.
Gagel, Walter (1983): Zum Verhältnis von Allgemeiner Didaktik und Fachdidaktik des politischen Unterrichts. In: Zeitschrift für Pädagogik, 29 (1983) 4, S. 563-578.
Gebelein, Helmut (1978): Fachdidaktik Chemie als universitäre Disziplin. In: Nachrichten aus Chemie, Technik und Laboratorium, 26 (1978) 11, S. 746-750.
Geiser, Helmut/ *Streitz*, Norbert (1978): Naturwissenschaftsdidaktik als Studienfach. Kommentierte Dokumentation ausländischer Studiengänge. Köln (Aulis) 1978.
Geißler, Erich E. (1978): Zum Problem der universitären Lehrerbildung. Als Vortrag bei der Generalversammlung der Görresgesellschaft im September 1976 gehalten. Drucksache KI 78/020 der Studienreformkommission I (Schulisches Erziehungswesen) beim Minister für Wissenschaft und Forschung des Landes Nordrhein-Westfalen. Bochum 1978, S. 192-207.
Geißler, Erich E. (1983): Allgemeine Didaktik. Grundlegung eines erziehenden Unterrichts. Stuttgart (Klett) 2. Aufl. 1983.
Geißler, Erich E. (1984): Die Schule. Theorien, Modelle, Kritik. Stuttgart (Klett) 1. Aufl. 1984.
Gemeinsame Kommission für die Studienreform im Land Nordrhein-Westfalen (Hrsg.) (1996): Perspektiven: Studium zwischen Schule und Beruf. Analysen und Empfehlungen zum Übergang Schule - Hochschule, zur Lehrerausbildung und zur Ingenieurausbildung. Neuwied (Luchterhand) 1996.
Gemeinsame Kommission für Lehrerausbildung der Georg-August-Universität Göttingen (1995): Empfehlungen zum "Fachdidaktik Institut". Beschluß vom 20.11.1995. Göttingen 1995.

Gesellschaft für Didaktik der Chemie und Physik (GDCP) (1981): Didaktik der Chemie und der Physik in der Lehrerausbildung. Stellungnahme der Gesellschaft für Didaktik der Chemie und Physik. In: Der mathematische und naturwissenschaftliche Unterricht, 34 (1981) 2, S. 114-116.

Giel, Klaus/ *Hiller*, Gerhard (1977): Verwissenschaftlichung der Schule - wissenschaftsorientierter Unterricht. Bemerkungen zu den Beiträgen von Josef Derbolav und Wilhelm Flitner. In: Zeitschrift für Pädagogik, 23 (1977), S. 957-962.

Gnad, Gerda/ *Klisa*, Barbara/ *Prasse*, Willm (1980): Lehrerausbildung als Erfahrung. Eine Untersuchung zur beruflichen Sozialisation von Gymnasiallehrern in der zweiten Phase ihrer Ausbildung. In: Gründer, Konrad: Unterrichten lernen. Probleme der zweiten Phase der Lehrerausbildung. Paderborn (Schöningh) 1980, S. 63-188.

Griesel, Heinz (1974): Überlegungen zu einer Didaktik der Mathematik als Wissenschaft. In: Zentralblatt für Didaktik der Mathematik, 6 (1974) 1, S. 115-119.

Griesel, Heinz (1975): Stand und Tendenzen der Fachdidaktik in der Bundesrepublik Deutschland. In: Zeitschrift für Pädagogik, 21 (1975) 1, S. 19-31.

Gronemeier, K. H./ *Horstmeyer*, R./ *Janke*, K./ *Peisker*, W. (1985): Bericht über eine im Regierungsbezirk Braunschweig durchgeführte Befragung von Physiklehrern zur Physiklehrerausbildung. In: Mikelskis, H. (Hrsg.): Zur Didaktik der Physik und Chemie. Probleme und Perspektiven. Vorträge auf der Tagung für Didaktik der Physik und Chemie in Hannover, September 1984. Alsbach (Leuchtturm-Verlag) 1985, S. 135-137.

Gudjons, Herbert (1992): Gliederung und "Systematik" der Erziehungswissenschaft - oder: Ein "buntscheckiges Gemisch von Moden?". In: Pädagogik, 44 (1992) 9, S. 48-53.

Güting, Damaris (1998): Profile pädagogischer Fachzeitschriften. Balanceakt zwischen Erziehungswissenschaft, Schulpädagogik und Unterrichtspraxis. In: Die Deutsche Schule, 90 (1998) 2, S. 217-230.

Guss, Kurt (Hrsg.) (1977): Gestalttheorie und Fachdidaktik. Darmstadt (Steinkopff) 1977.

Hänsel, Dagmar/ *Huber*, Ludwig (Hrsg.) (1996): Lehrerbildung neu denken und gestalten. Weinheim (Beltz) 1996.

Häußling, Ansgar (1978): Zur Position der Fachwissenschaft Physik in der Didaktik des Faches Physik. In: Naturwissenschaft im Unterricht - Physik/Chemie, 26 (1978) S. 294-300.

Hagemann, Wilhelm/ *Rose*, Franz-Josef (1998): Zur Lehrer/innen-Erfahrung von Lehramtsstudierenden. In: Zeitschrift für Pädagogik, 44 (1998) 1, S. 7-19.

Hagener, Caesar (1971): Referendariat im Widerspruch. Kritische Anmerkungen zum Kapitel "Lehrerbildung" im Strukturplan. In: Westermanns Pädagogische Beiträge, 23 (1971) 2, S. 57-64.

Hagener, Caesar (1975): Fachdidaktik - Entscheidungsfeld der Lehrerausbildung. Zu Problemen im Ausbildungsbereich zwischen 'Praxis', Erziehungswissenschaft und Fachwissenschaft. In: Westermanns Pädagogische Beiträge, 27 (1975) 5, S. 244-260.

Hammelsbeck, Oskar (Hrsg.) (1960): Didaktik in der Lehrerbildung. Bericht über den 4. Deutschen Pädagogischen Hochschultag vom 07. - 10. Oktober 1959 in Tübingen. 2. Beiheft der Zeitschrift für Pädagogik. Weinheim (Beltz) 1960.

Hammelsbeck, Oskar (Hrsg.) (1963): Das Problem der Didaktik. Bericht über den 5. Deutschen Pädagogischen Hochschultag vom 01. - 05. Oktober 1962 in Trier. 3. Beiheft der Zeitschrift für Pädagogik. Weinheim (Beltz) 1963.

Hammer, Otto (1981): Fachdidaktik der Chemie an der Hochschule - Möglichkeiten und Schwerpunkte. In: Der Chemieunterricht, 12 (1981) 4, S. 5-25.

Harreis, Horst (1992): Zum Verhältnis von Fachwissenschaft und Fachdidaktik Physik und Konsequenzen für die Lehrerausbildung. In: Die Realschule, 100 (1992) 9, S. 396-399.

Hausmann, Wolfram (1972): Fachdidaktik an der Universität und Fachdidaktik am Studienseminar. In: Timmermann, Johannes (Hrsg.): Fachdidaktik in Forschung und Lehre. Hannover (Schrödel) 1972, S. 73-76.

Havelberg, Gerhard (1986): Orientierungs- und Konsensprobleme in der Fachdidaktik Geographie. Wege, Irrwege und mögliche Auswege einer offensichtlich verunsicherten Fachdidaktik. In: Geographie und ihre Didaktik, 14 (1986) 2, S. 76-91.

Heesen, Peter (1996): Anforderungen an den Gymnasiallehrer im Jahr 2000. In: Philologenverband Sachsen (Hrsg.): 3. Sächsischer Gymnasiallehrertag. 14.09.1996 in Dresden. Dresden 1996, S. 23-35.

Heesen, Peter (1997): Lehrerausbildung: Augenmaß ist gefragt. In: Schulverwaltung NRW, (1997) 6/7, S. 173-175.

Heesen, Peter (1998): Wissenschaftlichkeit als Professionalitätskriterium der gymnasialen Lehrerausbildung. Unveröffentlichtes Manuskript. Düsseldorf 1998.

Heesen, Peter (2000): Einsatz der Lehrerinnen und Lehrer mit Stufenlehrämtern an Gymnasien und Gesamtschulen. In: Nordrhein-Westfälische Lehrerzeitung vom 06.04.2000, hrsg. vom Deutschen Philologenverband NW/ Realschullehrerverband NW, S. 3.

Heiland, Helmut (1981): Zum Verhältnis von Fachwissenschaft, Fachdidaktik und Allgemeiner Didaktik (Erziehungswissenschaft) im Rahmen der Lehrerausbildung. In: Die Realschule, 89 (1981), S. 510-517.

Heinemann, Karl-Heinz (1997): Loben und Lernen, nett zu sein. Wiederentdeckt: Die Reform der Lehrerausbildung. Fortbildung wichtiger als Erstausbildung? In: Frankfurter Rundschau vom 27.02.1997.

Heintel, Peter (1986): Modellbildung in der Fachdidaktik. Eine philosophiewissenschaftstheoretische Untersuchung. Wien (Deuticke) 2. Aufl. 1986.

Helfrich, Heinz (1988a): Kooperationsbedarf und Kooperationsmöglichkeiten zwischen einer Fremdsprachendidaktik und der Allgemeinen Didaktik. In: Doyé, Peter/ Heuermann, Hartmut/ Zimmermann, Günter (Hrsg.): Die Beziehung der Fremdsprachendidaktik zu ihren Referenzwissenschaften. Dokumente und Berichte vom 12. Fremdsprachendidaktiker-Kongreß. Tübingen (Narr) 1988, S. 92-103.

Helfrich, Heinz (1988b): Kooperationsbedarf und Kooperationsmöglichkeiten zwischen einer Fremdsprachendidaktik und der Allgemeinen Didaktik. In: Hellwig, Karlheinz/ Keck, Rudolf W. (Hrsg.): Englisch-Didaktik zwischen Fachwissenschaft und Allgemeiner Didaktik. Interdisziplinäre Kooperation auf dem Prüfstand. Band 18 der Schriftenreihe aus dem Fachbereich Erziehungswissenschaften I der Universität Hannover. Hannover 1988, S. 98-110.

Hellweger, Sebastian (1979): Didaktische Modelle und ihre Bedeutung für eine Fachdidaktik der Chemie. In: Naturwissenschaften im Unterricht - Physik/ Chemie, 27 (1979), S. 145-149.

Hellwig, Karlheinz (1988a): Herkunft und Zukunft der Englisch-Didaktik. Entwicklungen und Positionen. In: Hellwig, Karlheinz/ Keck, Rudolf W. (Hrsg.): Englisch-Didaktik zwischen Fachwissenschaft und Allgemeiner Didaktik. Interdisziplinäre Kooperation auf dem Prüfstand. Band 18 der Schriftenreihe aus dem Fachbereich Erziehungswissenschaften I der Universität Hannover. Hannover 1988, S. 1-60.

Hellwig, Karlheinz (1988b): Bericht aus der 2. Sektion: Fremdsprachendidaktik und Allgemeine Didaktik. In: Doyé, Peter/ Heuermann, Hartmut/ Zimmermann, Günter (Hrsg.): Die

Beziehung der Fremdsprachendidaktik zu ihren Referenzwissenschaften. Dokumente und Berichte vom 12. Fremdsprachendidaktiker-Kongreß. Tübingen (Narr) 1988, S.67-74.
von Hentig, Hartmut (1982): Das Verstehen des Verstehens. Über das Verhältnis von Fachwissenschaft und Didaktik am Beispiel von Martin Wagenschein (1969). In: von Hentig, Hartmut: Erkennen durch Handeln. Versuche über das Verhältnis von Pädagogik und Erziehungswissenschaft. Stuttgart (Klett-Cotta) 1982, S. 121-136.
Herrmann, Dieter/ *Verse-Herrmann*, Angela (1996): Geheimtip Lehramt. Berufe mit Zukunft. Über 300.000 freiwerdende Lehrerstellen in den nächsten 10 Jahren. Frankfurt a. M. (Eichborn) 1996.
Heursen, Gerd (Hrsg.) (1984a): Didaktik im Umbruch. Aufgaben und Ziele der (Fach-) Didaktik in der integrierten Lehrerausbildung. Königstein/ Ts. (Athenäum) 1984.
Heursen, Gerd (1984b): Lehrerbildung ohne Wissenschaft? Zur Rolle von allgemeiner Didaktik und Fachdidaktik in der Lehrerbildung an der Universität. In: Heursen, Gerd (Hrsg.): Didaktik im Umbruch. Aufgaben und Ziele der (Fach-) Didaktik in der integrierten Lehrerbildung . Königstein/ Ts. (Athenäum) 1984, S. 76-93.
Heursen, Gerd (1986a): Didaktik, allgemeine. In: Lenzen, Dieter (Hrsg.): Enzyklopädie Erziehungswissenschaft. Band 3. Stuttgart (Klett-Cotta) 1986, S. 407-415.
Heursen, Gerd (1986b): Fachdidaktik. In: Lenzen, Dieter (Hrsg.): Enzyklopädie Erziehungswissenschaft. Band 3. Stuttgart (Klett-Cotta) 1986, S. 427-439.
Himmerich, Wilhelm (1971): Fachdidaktik zwischen Erziehungswissenschaft und Fachwissenschaften: In: Zeitschrift für Pädagogik, 10. Beiheft: Lehrerausbildung auf dem Wege zur Integration, hrsg. von Hans-Karl Beckmann. Weinheim 1971, S. 149-154.
Hochschulrektorenkonferenz (Hrsg.) (1993): Hochschulrahmengesetz. Hochschulgesetze der Länder. Band 3. Dokumente zur Hochschulreform Nr. 80. Bonn 1993.
Hochschulrektorenkonferenz (Hrsg.) (1994): Hochschulrahmengesetz. Hochschulgesetze der Länder. Band 4. Dokumente zur Hochschulreform Nr. 94. Bonn 1994.
Hochschulrektorenkonferenz (1997): Bestand an fachdidaktischen Stellen in den Ländern der Bundesrepublik Deutschland. Bonn 1997.
Hohenester, Adolf (1983): Bericht über die Situation der Fachdidaktik Physik/ Chemie. In: Altrichter, Herbert u. a. (Hrsg.): Fachdidaktik in der Lehrerbildung. Bildungswissenschaftliche Fortbildungstagungen an der Universität Klagenfurt. Wien (Böhlau) 1983, S. 239-257.
Horschinegg, Jürgen (1988): Anmerkungen zum Verhältnis zwischen Fachunterricht und Fachdidaktik. In: Tietze, W. u. a. (Hrsg.): Die Rolle der Universität in der Lehrerausbildung. Wien (Böhlau) 1988, S. 70-73.
Horstkotte, Hermann (1999): Weg mit dem dürren Ast! Gesamthochschule: Das Studium für alle unter einem Dach hat sich nicht bewährt. In: Rheinischer Merkur, Nr. 25 vom 18.06.1999, S. 10.
Huber, Ludwig (1999): An- und Aussichten der Hochschuldidaktik. In: Zeitschrift für Pädagogik, 45 (1999) 1, S. 25-44.
Huwendiek, Volker (Hrsg.) (1993): Lehrerbildung in Deutschland. Bericht über den Landesseminartag und die Begegnungstagung 1991 des Bundesarbeitskreises der Seminar- und Fachleiter. In: Mitteilungen des Bundesarbeitskreises der Seminar- und Fachleiter. Rinteln (Merkur) Heft 1-2 (1993).
Huwendiek, Volker (1999): Lehrerbildung aus der Sicht der Praxis. In: Deutscher Philologenverband (Hrsg.): Lehrerbildung für die Zukunft. Kongressbericht vom 24.03.1999. Schriftenreihe Gymnasium in der Wissensgesellschaft, Band 1. Unterhaching 1999, S. 35-51.

Huwendiek, Volker (1999): Perspektiven und Probleme der Lehrerbildung aus der Sicht der Seminare (Zweite Phase). In: Schulz, Dieter/ Wollersheim, Heinz-Werner (Hrsg.): Lehrerbildung in der öffentlichen Diskussion. Neuzeitliche Gestaltungsformen in Theorie und Praxis. Neuwied (Luchterhand) 1999, S. 87-105.

Institut für die Pädagogik der Naturwissenschaften (Hrsg.) (1976): Das IPN. Aufbau und Funktionen. Kiel (IPN-Kurzberichte) 1976.

Jaeckel, Klaus (1991): Fachdidaktik und ihre Auseinandersetzung mit den neuen Erkenntnissen in der Physik. In: Physica Didactica, 18 (1991) 2/3, S. 19-32.

Jäger, Reinhold S./ *Behrens*, Ulrike (1994): Weiterentwicklung der Lehrerausbildung. Projekt im Auftrag des Ministeriums für Bildung und Kultur des Landes Rheinland-Pfalz. Schulversuche und Bildungsforschung. Berichte und Materialien. Mainz (Hase u. Koehler) 1994.

Jasper, Karl: Wahrheit und Wissenschaft. München 1960.

Jodl, Hansjörg (1980): Fachdidaktische wissenschaftliche Hausarbeiten an den Fachbereichen Physik deutscher Hochschulen. In: Physik und Didaktik, 8 (1980) 4, S. 336-346.

Jodl, Hansjörg (1983): Fachdidaktische wissenschaftliche Hausarbeiten an den Fachbereichen Physik deutscher Hochschulen. In: Physik und Didaktik, 11 (1983) 4, S. 334-340.

Jodl, Hansjörg (1985): 10 Jahre Fachdidaktik (im Rahmen der DPG) - Versuch einer Bilanz und Ausblick. In: Kuhn, Wilfried (Hrsg.): Didaktik der Physik. Vorträge Physikertagung 1985 in München. Deutsche Physikalische Gesellschaft - Fachausschuß Didaktik der Physik. Gießen 1985, S. 471-483.

Jung, Manfred (2000): Ist die Stufenlehrer-Ausbildung noch zu retten? In: Nordrhein-Westfälische Lehrerzeitung vom 06.04.2000, hrsg. vom Deutschen Philologenverband NW/ Realschullehrerverband NW, S. 2.

Jung, Walter (1970): Beiträge zur Didaktik der Physik. Ein Essay über ihre Probleme. Frankfurt a. M. (Diesterweg) 1. Aufl. 1970.

Jung, Walter (1972): Fach und Fachdidaktik in der Ausbildung der Physiklehrer. In: Westermanns Pädagogische Beiträge, 24 (1972) 1, S. 36-44.

Jung, Walter (1990): Die Physikdidaktik ist eine Spezialisierung der Allgemeinen Didaktik - "sed contra". In: Keck, Rudolf W. u. a. (Hrsg.): Fachdidaktik zwischen Allgemeiner Didaktik und Fachwissenschaft. Bad Heilbrunn/ Obb. (Klinkhardt) 1990, S. 317-334.

Jungblut, Gertrud (1972): Fachdidaktik als Wissenschaft. In: Die Deutsche Schule, 64 (1972) 10, S. 610-622.

Jungblut, Gertrud (1986): Von der "Natur" bestehender Unterrichtspraxis oder vom Sinn und Auftrag der Fachdidaktik. In: Praxis des neusprachlichen Unterrichts, 33 (1986) 4, S. 403-408.

Just, Norbert (1989): Geschichte und Wissenschaftsstruktur der Chemiedidaktik. Interaktionen zwischen allgemeiner Didaktik und Fachdidaktik - dargestellt an der historischen Entwicklung der Fachdidaktik Chemie in der zweiten Hälfte des 19. Jahrhunderts. Mühlheim/Ruhr (Westarp) Diss. 1989.

Kaiser, Hermann J./ *Otto*, Günter/ *Scherler*, Karlheinz (1989): Die Didaktiken ästhetischer Fächer. In: Pädagogik, 41 (1989) 1, S. 45-50.

Kallweit, Gerhard (1983): Vom Umgang mit der Feiertagsdidaktik in der II. Phase der Lehrerausbildung. In: Die Deutsche Schule, 75 (1983) 4, S. 329-335.

Kanders, Michael/ *Rösner*, Ernst/ *Rolff*, Hans-Günter (1997): Das Bild der Schule aus der Sicht von Schülern und Lehrern. Studie des Instituts für Schulentwicklungsforschung der Universität Dortmund. Hrsg. vom Bundesministerium für Bildung, Wissenschaft, Forschung und Technologie. Bonn 1997.

Keck, Rudolf W. (1988): Das Verhältnis von Allgemeiner und Fremdsprachendidaktik aus der Sicht der Allgemeinen Didaktik. In: Doyé, Peter/ Heuermann, Hartmut/ Zimmermann, Günter (Hrsg.): Die Beziehung der Fremdsprachendidaktik zu ihren Referenzwissenschaften. Dokumente und Berichte vom 12. Fremdsprachendidaktiker-Kongreß. Tübingen (Narr) 1988, S.75-91.

Keck, Rudolf W. (1990a): Das Verhältnis von Allgemeiner Didaktik und Fachdidaktik. Überlegungen aus der Sicht der Allgemeinen Didaktik. In: Keck, Rudolf W. u. a. (Hrsg.): Fachdidaktik zwischen Allgemeiner Didaktik und Fachwissenschaft. Bad Heilbrunn/ Obb. (Klinkhardt) 1990, S. 22-39.

Keck, Rudolf W./ *Köhnlein*, Walter/ *Sandfuchs*, Uwe (1990b): Versuch einer vergleichenden Analyse des fachdidaktischen Selbstverständnisses aus allgemeindidaktischer Sicht. In: Keck, Rudolf W. u. a. (Hrsg.): Fachdidaktik zwischen Allgemeiner Didaktik und Fachwissenschaft. Bad Heilbrunn/ Obb. (Klinkhardt) 1990, S. 335-351.

Keck, Rudolf W./ *Köhnlein*, Walter/ *Sandfuchs*, Uwe (Hrsg.) (1990c): Fachdidaktik zwischen Allgemeiner Didaktik und Fachwissenschaft. Bestandsaufnahme und Analyse. Bad Heilbrunn/ Obb. (Klinkhardt) 1990.

Keck, Rudolf W./ *Sandfuchs*, Uwe (Hrsg.) (1994): Wörterbuch Schulpädagogik. Ein Nachschlagewerk für Studium und Schulpraxis. Bad Heilbrunn/ Obb. (Klinkhardt) 1994.

Keitel, Christine (1983): Zum Verhältnis der Mathematikdidaktik zur Allgemeinen Didaktik. In: Zeitschrift für Pädagogik, 29 (1983) 4, S. 595-603.

Keller, Rudolf (1989): Plädoyer für eine eigenständige Fachdidaktik für berufsbildende höhere Schulen. In: Informationen zur Deutschdidaktik, 13 (1989) 1, S. 29-42.

Kerstiens, Ludwig (1972): Fragen der Zuordnung von Erziehungswissenschaft und Fachdidaktik. In: Timmermann, Johannes (Hrsg.): Fachdidaktik in Forschung und Lehre. Hannover (Schroedel) 1972, S. 36-45.

Killermann, Wilhelm/ *Klautke*, Siegfried (Hrsg.) (1978): Fachdidaktisches Studium in der Lehrerbildung. Biologie. München (Oldenbourg) 1. Aufl. 1978.

Klämbt, Dieter (1996): Wissenschafts-, und nicht schulbezogene Fachdidaktik anbieten. Zur Ausbildung der Lehramtskandidaten an den Universitäten. In: Forschung und Lehre, 3 (1996) 2, S. 96-97.

Klafki, Wolfgang (1963): Das Problem der Didaktik. In: Hammelsbeck, Oskar (Hrsg.): Das Problem der Didaktik . Bericht über den 5. Deutschen Pädagogischen Hochschultag vom 1. bis 5. Oktober in Trier. 3. Beiheft der Zeitschrift für Pädagogik. Weinheim (Beltz) 1963, S. 19-62.

Klafki, Wolfgang (1964): Das pädagogische Problem des Elementaren und die Theorie der kategorialen Bildung. Weinheim (Beltz) 4. Aufl. 1964.

Klafki, Wolfgang (1976a): Lehrerausbildung - Erziehungswissenschaft, Fachdidaktik, Fachwissenschaft. In: Roth, Leo (Hrsg.): Handlexikon zur Erziehungswissenschaft. München (Ehrenwirth) 1976, S. 267-276.

Klafki, Wolfgang (1976b): Zum Verhältnis von Didaktik und Methodik. In: Zeitschrift für Pädagogik, 22 (1976) 1, S. 77-94.

Klafki, Wolfgang (1977): Zur Entwicklung einer kritisch-konstruktiven Didaktik. In: Die Deutsche Schule, 69 (1977) 12, S. 703-715.

Klafki, Wolfgang (1985): Grundzüge einer kritisch-konstruktiven Didaktik. In: Pädagogische Rundschau, 39 (1985) 1, S. 3-27.

Klafki, Wolfgang (1988): Lehrerausbildung in den 90er Jahren. Wissenschaftsorientierung und pädagogischer Auftrag. In: Hübner, Peter (Hrsg.): Lehrerbildung in Europa vor den Herausforderungen der 90er Jahre. Beiträge zum 12. Kongreß der Vereinigung für Lehrerbildung in Europa (A.T.E.E.) vom 07.09. bis 11.09.1987 an der Freien Universität Berlin. Berlin (Freie Universität Berlin) 1988, S. 26-45.

Klafki, Wolfgang (1994a): Zum Verhältnis von Allgemeiner Didaktik und Fachdidaktik - Fünf Thesen. In: Meyer, Meinert A./ Plöger, Wilfried (Hrsg.): Allgemeine Didaktik, Fachdidaktik und Fachunterricht. Weinheim (Beltz) 1994, S. 42-63.

Klafki, Wolfgang (1994b): Neue Studien zur Bildungstheorie und Didaktik. Zeitgemäße Allgemeinbildung und kritisch-konstruktive Didaktik. Weinheim (Beltz) 4. Aufl. 1994.

Klemm, Klaus (1999): Der Teilarbeitsmarkt Schule in Deutschland bis zum Schuljahr 2010/11. In: Materialband zum Abschlußbericht der von der Kultusministerkonferenz eingesetzten Kommission: Perspektiven der Lehrerbildung. Bonn 1999, S. 57-77.

Klemm, Klaus/ *Weegen*, Michael (2000): Wie gewonnen, so zerronnen. Neue Befunde zur Bildungsexpansion. Manuskript. Essen 2000.

Klemmer, G. (1976): Fachdidaktisches Selbstverständnis und fachdidaktische Unterrichtsforschung. Gedanken zu einer möglichen Weiterentwicklung der Fachdidaktik Chemie. In: Naturwissenschaften im Unterricht - Physik/ Chemie, 24 (1976), S. 244-248.

Klingberg, Lothar (1994): Fach, Fachdidaktik und Allgemeine Didaktik. In: Meyer, Meinert A./ Plöger, Wilfried (Hrsg.): Allgemeine Didaktik, Fachdidaktik und Fachunterricht. Weinheim (Beltz) 1994, S. 65-84.

Klopfer, M./ *Klopfer*, R./ *Timmermann*, Johannes (1972): Übersicht über fachdidaktische Lehrveranstaltungen an Universitäten der BRD im SS 1971 nach den Vorlesungsverzeichnissen. In: Timmermann, Johannes (Hrsg.): Fachdidaktik in Forschung und Lehre. Hannover (Schroedel) 1972, S. 192-211.

Klugmann, Joachim (1980): Einige Gedanken zur Fachdidaktik in der Chemielehrerausbildung. In: Naturwissenschaften im Unterricht - Physik/ Chemie, 28 (1980) 4, S. 123-125.

Kochan, Detlev C. (1972): Allgemeine Didaktik, Fachdidaktik, Fachwissenschaft: Ausgewählte Beiträge aus den Jahren 1953-1969. Darmstadt (Wissenschaftliche Buchgesellschaft) 2. Aufl. 1972.

Köhnlein, Walter (1977): Zur Stellung und Bedeutung der Fachdidaktik in der Universität. Erläutert am Beispiel der Didaktik der Physik. In: Physik und Didaktik, 5 (1977) 4, S. 285-293.

Köhnlein, Walter (1990): Über einige Beziehungen und gemeinsame Aufgaben von Fachdidaktik, Fachwissenschaft und Allgemeiner Didaktik. In: Keck, Rudolf W. u. a. (Hrsg.): Fachdidaktik zwischen Allgemeiner Didaktik und Fachwissenschaft. Bad Heilbrunn/ Obb. (Klinkhardt) 1990, S. 40-60.

Köller, Olaf/ *Baumert*, Jürgen/ *Schnabel*, Kai U. (1999): Wege zur Hochschulreife: Offenheit des Systems und Sicherung vergleichbarer Standards. Analysen am Beispiel der Mathematikleistungen von Oberstufenschülern an Integrierten Gesamtschulen und Gymnasien in Nordrhein-Westfalen. In: Zeitschrift für Erziehungswissenschaft, 2 (1999) 3, S. 385-422.

König, Eckard (1978): Fachwissenschaft, Fachdidaktik und Erziehungswissenschaft. In: Ipfling, Heinz-Jürgen/ Sacher, Werner (Hrsg.): Lehrerbild und Lehrerbildung. München (Oldenbourg) 1. Aufl. 1978, S. 130-135.

Köpke, Andreas (1997): Gesamtschule - kein Thema in der Lehrerbildung. Über die Vernachlässigung eines Innovationspotentials. In: Die Deutsche Schule, 89 (1997) 1, S. 106-115.

Kommission Schulpädagogik/ Didaktik - Lehrerausbildung der Deutschen Gesellschaft für Erziehungswissenschaft (1997): Empfehlungen zur Weiterentwicklung der Ausbildung von Lehrerinnen und Lehrern. Unveröffentlichtes Arbeitspapier. Ohne Angabe des Ortes 1997.

Kommission zur Neuordnung der Lehrerausbildung an Hessischen Hochschulen (1997): Neuordnung der Lehrerausbildung. Opladen (Leske und Budrich) 1997.

Konferenz der Vorsitzenden der Fachdidaktischen Fachgesellschaften (KVFF) (1995): Stellungnahme der Vorsitzenden der Fachdidaktischen Fachgesellschaften zum Positionspapier der Hochschulrektorenkonferenz (HRK) zu Abitur - Allgemeiner Hochschulreife/ Studierfähigkeit. Positionspapier der KVFF vom 08.09.1995. Kiel (Institut für die Pädagogik der Naturwissenschaften) 1995.

Konferenz der Vorsitzenden der Fachdidaktischen Fachgesellschaften (KVFF) (1996a): Sicherung und Förderung des wissenschaftlichen Nachwuchses in den Fachdidaktiken. Positionspapier der KVFF vom 03.05.1996. Kiel (Institut für die Pädagogik der Naturwissenschaften) 1996.

Konferenz der Vorsitzenden der Fachdidaktischen Fachgesellschaften (KVFF) (1996b): Zur Lehrerausbildung an Universitäten und wissenschaftlichen Hochschulen. Positionspapier der KVFF vom 06.12.1996. Kiel (Institut für die Pädagogik der Naturwissenschaften) 1996.

Konferenz der Vorsitzenden der Fachdidaktischen Fachgesellschaften (KVFF) (1997a): Zur Diskussion um sogenannte Bereichsdidaktiken. Positionspapier der KVFF vom 18.04.1997. Kiel (Institut für die Pädagogik der Naturwissenschaften) 1997.

Konferenz der Vorsitzenden der Fachdidaktischen Fachgesellschaften (KVFF) (1997b): Fachdidaktik als Zentrum professioneller Lehrerbildung. Positionspapier der KVFF vom 21.11.1997. Kiel (Institut für die Pädagogik der Naturwissenschaften) 1997.

Konrad, Michael (1975a): Sechs Thesen zum Problem der Fachdidaktik. Arbeitsauftrag 1.4. Drucksache KI 75/007 der Studienreformkommission I (Schulisches Erziehungswesen) beim Minister für Wissenschaft und Forschung des Landes Nordrhein-Westfalen. Bochum 1975.

Konrad, Michael (1975b): Studie zur Verwendung des Ausdrucks "Fachdidaktik" an Hochschulen und Bezirksseminaren. Drucksache KI 75/013 der Studienreformkommission I (Schulisches Erziehungswesen) beim Minister für Wissenschaft und Forschung des Landes Nordrhein-Westfalen. Bochum 1975.

Konrad, Michael (1975c): Erläuterung des Didaktik-Begriffes. Drucksache KI 75/014 der Studienreformkommission I (Schulisches Erziehungswesen) beim Minister für Wissenschaft und Forschung des Landes Nordrhein-Westfalen. Bochum 1975.

Kopp, Ferdinand (1972): Das Verhältnis der Allgemeinen Didaktik zu den Fachdidaktiken. In: Kochan, Detlev C.: Allgemeine Didaktik, Fachdidaktik, Fachwissenschaft. Ausgewählte Beiträge aus den Jahren 1953-1969. Darmstadt (Wissenschaftliche Buchgesellschaft) 2. Aufl. 1972, S. 187-208.

Kopp, Ferdinand (1978): Von der Besonderen Unterrichtslehre zur Fachdidaktik. In: Ipfling, Heinz-Jürgen/ Sacher, Werner (Hrsg.): Lehrerbild und Lehrerbildung. München (Oldenbourg) 1. Aufl. 1978, S. 122-129.

Kramp, Wolfgang (1963): Fachwissenschaft und Menschenbildung. In: Zeitschrift für Pädagogik, 9 (1963), S. 148-167.

Kramp, Wolfgang (1975): Thesen zur Zuordnung und Gewichtung der Fachdidaktik im Verhältnis zur Fachwissenschaft und Erziehungswissenschaft. Drucksache KI 75/008 der Studienreformkommission I (Schulisches Erziehungswesen) beim Minister für Wissenschaft und Forschung des Landes Nordrhein-Westfalen. Bochum 1975.

Kraus, Josef (1998): Spass-Pädagogik. Sackgassen deutscher Bildungspolitik. München (Universitas-Verlag) 1998.

Kraus, Josef (1999): Überlegungen zur künftigen Stellung des Lehrers und Folgerungen für die universitäre Lehrerbildung. In: Schulz, Dieter/ Wollersheim, Heinz-Werner (Hrsg.): Lehrerbildung in der öffentlichen Diskussion. Neuzeitliche Gestaltungsformen in Theorie und Praxis. Neuwied (Luchterhand) 1999, S. 77-86.

Kremer, Armin (1997): Didaktik. In: Bernhard, Armin/ Rothermel, Lutz (Hrsg.): Handbuch kritische Pädagogik. Eine Einführung in die Erziehungs- und Bildungswissenschaft. Weinheim (Beltz) 1997, S. 74-84.

Kreuzer, Gustav/ *Bauer*, Ludwig/ *Hausmann*, Wolfram (Hrsg.) (1974): Didaktik der Geographie in der Universität. München (Strumberger) 1974.

Krohn, Dieter (1988): Fremdsprachendidaktik - revisited. Aus der Praxis des Englisch-Unterrichts: Ein Blick zurück. In: Hellwig, Karlheinz/ Keck, Rudolf W.: Englisch-Didaktik zwischen Fachwissenschaft und Allgemeiner Didaktik. Interdisziplinäre Kooperation auf dem Prüfstand. Band 18 der Schriftenreihe aus dem Fachbereich Erziehungswissenschaften I der Universität Hannover. Hannover 1988, S. 111-121.

Kroll, Wolfgang (1997): Mit Methoden des Mittelalters und Inhalten von gestern werden Gymnasiasten von heute auf das Leben von morgen vorbereitet. In: Biehler, Rolf/ Jahnke, Hans Niels (Hrsg.): Mathematische Allgemeinbildung in der Kontroverse. Materialien eines Symposiums am 24. Juni 1996 im ZIF der Universität Bielefeld. Occasional Paper 163. Juni 1997, S. 84-88.

Krumm, Volker/ *Vollmer*, Dieter (1970): Einstellungen zukünftiger Gymnasiallehrer zur Pädagogik im Universitätsstudium. In: Pädagogische Rundschau, 24 (1970) 6, S. 439-456.

Künzel, Rainer (1999): Die Lehrerbildung auf dem Prüfstand. In: Schulverwaltung NRW, 8/1999, S. 198-199.

Künzel, Rainer (2000): Konsekutive Lehrerbildung? Ja, aber konsequent. Manuskript (Stand: Oktober 2000), erscheint in "Pädagogik".

Küster, Lutz (1999): Lehrerbildung (endlich) wieder in der Diskussion. In: Pädagogik, 51 (1999) 12, S. 62-65.

Kultusministerium des Landes Mecklenburg-Vorpommern (1997a): Bericht und Votum der Arbeitsgruppe Lehrerausbildung der Landeskommission für Wissenschaft und Forschung vom 17.01.1997. Schwerin 1997.

Kultusministerium des Landes Mecklenburg-Vorpommern (1997b): Sitzungsprotokoll der Landeskommission für Wissenschaft und Forschung vom 24.01.1997. Beschluß zur Lehrerausbildung für die Klassen 5-13. Schwerin 1997.

Landesinstitut für Schule und Weiterbildung Soest (Hrsg.) (1995): Lehren und Lernen als konstruktive Tätigkeit. Beiträge zu einer konstruktivistischen Theorie des Unterrichts. Bönen (Kettler-Verlag) 1995.

Landesinstitut für Schule und Weiterbildung Soest (Hrsg.) (1996): Über die Nutzlosigkeit von Belehrungen und Bekehrungen. Beiträge zu einer konstruktivistischen Pädagogik. Bönen (Kettler-Verlag) 1996.

Landeskonferenz Erziehungswissenschaft NRW (1978): Thesen zur Organisation fachdidaktischer Forschung und Lehre an den Hochschulen des Landes NRW. Drucksache KI 78/218 der Studienreformkommission I (Schulisches Erziehungswesen) beim Minister für Wissenschaft und Forschung des Landes Nordrhein-Westfalen. Bochum 1978.

Landfried, Klaus (1997): Abitur-Kompromiß "wie Riesling mit Wasser". In: Profil - Das Magazin für Gymnasium und Gesellschaft (hrsg. vom Deutschen Philologenverband), (1997) 7/8, S. 10-13.

Lankes, Eva-Maria (2000): "...für das Leben lernen wir". Das OECD-Projekt "PISA". In: Schulverwaltung NRW, (2000) 6/7, S. 186-189.

Legler, Wolfgang (1983): Allgemeindidaktische Modelle und ihre Folgen für die Fachdidaktik der Ästhetischen Erziehung. In: Zeitschrift für Pädagogik, 29 (1983) 4, S. 579-593.

Lehrerbildungskommission des Senats der Martin-Luther-Universität Halle-Wittenberg (1997): Lehrerbildung im Lande Sachsen-Anhalt. Halle (Saale) 1997.

Lenné, Helge (1969): Analyse der Mathematikdidaktik in Deutschland. Aus dem Nachlaß hrsg. von Walter Jung in Verbindung mit der Arbeitsgruppe für Curriculum Studien. Stuttgart (Klett) 1. Aufl. 1969.

Lenzen, Dieter (1979): Nur fachdidaktische Infusionslösung. In: Betrifft Erziehung, 12 (1979) Juni-Heft, S. 56-60.

Lenzen, Dieter (1985): Aufgaben der Physikdidaktik aus der Sicht der Erziehungswissenschaft. In: Fischler, Helmut (Hrsg.): Lehren und Lernen im Physikunterricht. Didaktik des Physikunterrichts: Bestandsaufnahme. Köln (Aulis) 1985, S. 244-251.

Lersch, Rainer (1996): Lehrerinnen und Lehrer für das 3. Jahrtausend. Vom sozialen Wandel akademischer Lehrerbildung. In: Neue Sammlung, 36 (1996) 1, S. 3-16.

Leusmann, Christoph/ *Glässner*, Ekkehart (1997): Neue KMK-Rahmenvereinbarungen zur Lehrerausbildung. In: Schulverwaltung NRW, (1997) 6/7, S. 169-172.

Leusmann, Christoph (2000): Perspektiven der Lehrerbildung in Deutschland. Abschlussbericht der von der Kultusministerkonferenz eingesetzten Kommission "Lehrerbildung". In: Schulverwaltung NRW, (2000) 6/7, S. 166-169.

Lind, Gunter (1993): Physikdidaktik zur Zeit des Nationalsozialismus. In: Die Deutsche Schule, 85 (1993) 4, S. 496-513.

Linneborn, Ludger/ *Seifert*, Heribert (2000): Reformwille gegen Sachverstand – Neue OVP in NRW. In: Seminar (Lehrerbildung und Schule), 6 (2000) 2, S. 83-85, hrsg. vom Bundesarbeitskreis der Seminar- und Fachleiter/innen e. V., Hohengehren (Schneider-Verlag).

Lippke, Wolfgang (Hrsg.) (1992): Lehrerbildung und Berufspraxisbezug. Entwicklung, aktueller Stand, Literaturbericht. Siegen (Universität Gesamthochschule Siegen, Praktikumsbüro für Lehramtsstudiengänge und Lehrerfortbildung) 1992.

Lorent, Hans-Peter de (1995): Vorbereiten auf den pädagogischen Alltag. Reformbestrebungen für die zweite Phase der Lehrerausbildung. In: Pädagogik, 47 (1995) 6, S. 51-52.

Luck, Werner (1976): Hochschuldidaktik - eine neue Tarnkappe? In: Physikalische Blätter, 32 (1976), S. 369-376.

Lütgert, Will (1981): Was bedeuten die Modelle der Allgemeinen Didaktik? Sechs polemische Thesen und ein Vorschlag. In: Neue Sammlung, 21 (1981) 9, S. 578-594.

Mägdefrau, Jutta (2000): Medienkompetenz und Fachdidaktik. Konzepte und Ansätze zu ihrer Vermittlung. In: Die Deutsche Schule, 92 (2000) 1, S. 66-73.

Maier, Hermann (1985): Thesen zu einer schüler- und unterrichtsorientierten Fachdidaktik aus der Sicht des Mathematikdidaktikers. In: Aselmeier, Ulrich u. a. (Hrsg.): Fachdidaktik am Scheideweg. München (Reinhardt) 1985, S. 110-114.

Malle, Günther (1983): Bericht über die Situation der Fachdidaktik Mathematik. In: Altrichter, Herbert u. a. (Hrsg.): Fachdidaktik in der Lehrerbildung. Bildungswissenschaftliche Fortbildungstagungen an der Universität Klagenfurt. Wien (Böhlau) 1983, S. 205-229.

Mangold, Max/ *Oelkers*, Jürgen (2000): Fachdidaktik: Informationen und Einschätzungen zum Stand von Forschung und Entwicklung. Expertise im Auftrag der Erziehungsdirektion des Kantons Bern. Universität Bern (Institut für Pädagogik - Abteilung Allgemeine Pädagogik) 2000.

Mann, Are (1983): Fachdidaktik als Beitrag zur Pflege der Physik. In: Physica Didactica, 10 (1983) 3/4, S. 203-206.

Matthiessen, Kjeld/ *Schröder*, Konrad/ *Timmermann*, Johannes (1972): Bernrieder Protokolle zum Selbstverständnis der Fachdidaktik in der Universität. In: Timmermann, Johannes (Hrsg.): Fachdidaktik in Forschung und Lehre. Hannover (Schroedel) 1972, S. 86-103.

Mayer, Jürgen (1997): Zur Lehrerbildung an Universitäten und wissenschaftlichen Hochschulen. In: IPN-Blätter, Institut für die Pädagogik der Naturwissenschaften, Kiel, 14 (1997) 1-2, S. 13.

Mayr, Erich (1988): Über den Stellenwert von Fachdidaktik in Forschung, Lehre und wissenschaftlicher Laufbahn. Ein persönlicher Erfahrungsbericht. In: Tietze, W. u. a. (Hrsg.): Die Rolle der Universität in der Lehrerausbildung. Wien (Böhlau) 1988, S. 74-79.

Melchert, Hansgeorg (1985): Die erste Ausbildungsphase im Urteil Berliner Lehramtsanwärter. Frankfurt am Main (Lang) 1985.

Mellis, Werner/ *Struve*, Horst (1986): Zur wissenschaftstheoretischen Diskussion um die Mathematikdidaktik. In: Zentralblatt für Didaktik der Mathematik, 18 (1986) 5, S. 162-172.

Menze, Clemens (1998): Zur Geschichte der Professionalisierung des Pädagogen am Beispiel des Philologenstandes im frühen 19. Jahrhundert. In: Vierteljahreszeitschrift für wissenschaftliche Pädagogik, 74 (1998) 1, S. 1-22.

Merkelbach, Valentin (1989): Fachdidaktik: zwischen Boom und Auszehrung. Zum Verhältnis von Schule und Universität in der Lehrerausbildung. In: Grundschule, 21 (1989) 11, S. 13-15.

Merkelbach, Valentin (1992): Wie wissenschaftlich ist das universitäre Lehramtsstudium? In: Grundschule, 24 (1992) 10, S. 8-10.

Merzyn, Gottfried (1983): Zur Arbeitsweise der Fachdidaktik. In: Naturwissenschaften im Unterricht - Physik/Chemie, 31 (1983) 10, S. 347-352.

Merzyn, Gottfried (1988): 10 Jahre Physik- und Chemiedidaktik im Spiegel einer Zeitschrift. In: Wiebel, Klaus (Hrsg.): Zur Didaktik der Physik und Chemie. Probleme und Perspektiven. Vorträge auf der Tagung für Didaktik der Physik und Chemie in Nürnberg, September 1987. Alsbach (Leuchtturm-Verlag) 1988, S. 141-143.

Merzyn, Gottfried (1989): Hat die Fachdidaktik an den Hochschulen eine Zukunft? Eine Pilotstudie am Beispiel der Physikdidaktik in Niedersachsen. In: Naturwissenschaften im Unterricht - Physik/ Chemie, 37 (1989) 48, S. 39-41.

Merzyn, Gottfried (1993): Zum Standort der Fachdidaktik. Eine bibliometrische Betrachtung. In: Naturwissenschaften im Unterricht - Physik, 4 (1993) 19, S. 9-11.

Metzner, Joachim (1999): Mut zur Alternative. Lehrerausbildung an der Fachhochschule. In: Schulverwaltung NRW, 8/1999, S. 200-201.

Meyer, Meinert A./ *Plöger*, Wilfried (Hrsg.) (1994a): Allgemeine Didaktik, Fachdidaktik und Fachunterricht. Weinheim (Beltz) 1994.

Meyer, Meinert A. (1994b): "Von der Gewißheit zur Ungewißheit" - Überlegungen bzgl. der Entwicklung der Allgemeinen Didaktik und der Fachdidaktik. In: Meyer, Meinert A./ Plöger, Wilfried (Hrsg.): Allgemeine Didaktik, Fachdidaktik und Fachunterricht. Weinheim (Beltz) 1994, S. 268-284.

Meyer, Meinert A./ *Lichtfeldt*, Michael/ *Obst*, Heinz/ *Keuffer*, Josef (1997a): Schülermitbeteiligung im Fachunterricht an Schulen in den neuen Bundesländern. Fortsetzungsantrag an die Deutsche Forschungsgemeinschaft auf Gewährung einer Sachbeihilfe. Martin-Luther-Universität Halle-Wittenberg. Zentrum für Schulforschung und Fragen der Lehrerbildung (ZSL). Fassung vom 09.04.1997. Unveröffentlichtes Manuskript. Halle 1997.

Meyer, Meinert A. (1997b): Teaching, learning and school development. Unveröffentlichter Vortrag. European Conference on Educational Research. Frankfurt a. M., 24.09.1997.

Mikelskis, Helmut (1982): Didaktiken der Physik. Synopse und Kritik. Bad Salzdetfurth (Didaktischer Dienst Franzbecker) 1982.

Ministerium für Bildung, Wissenschaft, Forschung und Kultur des Landes Schleswig-Holstein (1997): Stellenausstattung der Fakultäten und Einrichtungen der Universität Kiel. Stellen für wissenschaftliches und nichtwissenschaftliches Personal gemäß Zuweisung. Tabelle PERS B 06, Blätter 12,13. Stand vom 01.12.1997.

Ministerium für Schule und Weiterbildung, Wissenschaft und Forschung des Landes Nordrhein-Westfalen (1999): Richtlinien und Lehrpläne Sekundarstufe II - Gymnasium und Gesamtschule. Physik. Frechen (Ritterbach) 1999.

Ministerium für Schule, Wissenschaft und Forschung des Landes Nordrhein-Westfalen (2000): Abordnung von Lehrerinnen und Lehrern an Universitäten. Runderlass vom 17.10.2000. In: Amtsblatt des Ministeriums für Schule, Wissenschaft und Forschung des Landes NRW, 52 (2000) 11, S. 311.

Ministerium für Wissenschaft und Forschung Baden-Württemberg (Hrsg.) (1993): Lehrerbildung in Baden-Württemberg. Abschlußbericht. Strukturkommission Lehrerbildung 2000 (Pädagogische Hochschule 2000). Stuttgart 1993.

Ministerium für Wissenschaft und Forschung Baden-Württemberg (Hrsg.) (1994): Lehrerbildung in Baden-Württemberg. Materialien. Strukturkommission Lehrerbildung 2000 (Pädagogische Hochschule 2000). Stuttgart 1994.

Ministerium für Wissenschaft und Forschung des Landes Nordrhein Westfalen (1998): Situation in der Fachdidaktik. Übersicht über die an lehrerbildenden Hochschulen vorhandenen Stellen in Fachdidaktik. Unveröffentlichtes Manuskript. Düsseldorf 1998.

Moser, Manfred/ *Tietze*, Walter/ *Zenkel*, Maria (1983): Fach und Didaktik oder Fachdidaktik? In: Altrichter, Herbert u. a. (Hrsg.): Fachdidaktik in der Lehrerbildung. Bildungswissenschaftliche Fortbildungstagungen an der Universität Klagenfurt. Wien (Böhlau) 1983, S. 88-104.

Muckenfuß, Heinz (1979): Zum Problem "Fachdidaktik". Ein Diskussionsbeitrag. In: Naturwissenschaft im Unterricht - Physik/ Chemie, 27 (1979) 5, S. 139-144.

Müller-Michaels, Harro (1993): Die selbst verordnete Not - Anmerkungen zur permanenten Krise der Didaktik. In: Janota, Johannes (Hrsg.): Vielfalt der kulturellen Systeme und Stile. Vorträge des Augsburger Germanistentages 1991. Band 2. Tübingen (Max Niemeyer-Verlag) 1993, S. 148-155.

Nabbefeld, Rütger (1999): Ist die Lehrerausbildung in der Sekundarstufe I noch zu retten? In: Bildung aktuell (Philologenverband NRW), 50 (1999) 5, S. 16-17.

Nachtigall, Dieter (1975): Die Fachdidaktik als Berufswissenschaft der Lehrer. In: Physik und Didaktik, 3 (1975) 1, S. 29-49.

Nachtigall, Dieter (1976): Lehrerausbildung, Fachdidaktik und das didaktische System. In: Physik und Didaktik, 4 (1976) 2, S. 115-132.

Nachtigall, Dieter (1978a): Die deutsche Bildungsmisere. In: Die Deutsche Schule, 70 (1978) 3, S. 131-139.

Nachtigall, Dieter (1978b): Methodik als realisationsspezifisches Problem der Fachdidaktik. In: Naturwissenschaften im Unterricht - Physik/Chemie, 26 (1978), S. 132-134.

Nachtigall, Dieter (1979): Schwierigkeiten der Physikdidaktiker. In: Physik und Didaktik, 7 (1979) 1, S. 37-51.

Nachtigall, Dieter (1984): Defizite der universitären Physiklehrerausbildung - dargestellt am Beispiel Nordrhein-Westfalen. In: Mikelskis, H. (Hrsg.): Zur Didaktik der Physik und Chemie. Probleme und Perspektiven. Vorträge auf der Tagung für Didaktik der Physik und Chemie in Siegen, September 1983. Alsbach (Leuchtturm-Verlag) 1984, S. 48-76.

Nentwig, Peter/ *Frey*, Karl/ *Klopfer*, Leopold/ *Layton*, David (1983): Doktorgrade in Naturwissenschaftsdidaktik: Voraussetzungen und Forschungsbereiche für Dissertationen. Kiel (Institut für die Pädagogik der Naturwissenschaft, Kurzbericht Bd. 29) 1983.

Nentwig, Peter (1988a): Naturwissenschaftsdidaktik in Forschung und Lehre an den wissenschaftlichen Hochschulen der Bundesrepublik Deutschland. Eine Bestandsaufnahme. In: Wiebel, Klaus (Hrsg.): Zur Didaktik der Physik und Chemie. Probleme und Perspektiven. Vorträge auf der Tagung für Didaktik der Physik und Chemie in Nürnberg, September 1987. Alsbach (Leuchtturm-Verlag) 1988, S. 132-134.

Nentwig, Peter (1988b): Die Naturwissenschaftsdidaktiken in Forschung und Lehre an den wissenschaftlichen Hochschulen der Bundesrepublik Deutschland. Eine Bestandsaufnahme. Kiel (Institut für die Pädagogik der Naturwissenschaft, Kurzbericht Bd. 36) 1988.

Nentwig, Peter (1990): Das wissenschaftlich - akademische Berufsfeld: Lehre und Forschung in der Didaktik der Naturwissenschaften. In: Riquarts, Kurt u. a. (Hrsg.): Naturwissenschaftliche Bildung in der Bundesrepublik Deutschland. Bestandsaufnahme. Band 1. Bedingungen und Einflußgrößen naturwissenschaftlich-technischer Bildung. Kiel (Institut für die Pädagogik der Naturwissenschaften, Band Nr. 125) 1990, S. 105-126.

Nentwig, Peter (1996): Zur Situation der Naturwissenschaftsdidaktiken in Forschung und Lehre an den wissenschaftlichen Hochschulen der Bundesrepublik Deutschland. Einige Ergebnisse der Studie. In: Gräber, Wolfgang/ Bolte, Claus (Hrsg.): Fachwissenschaft und Lebenswelt: Chemiedidaktische Forschung und Unterricht. Kiel (Institut für die Pädagogik der Naturwissenschaft, Kurzbericht Bd. 153) 1996, S. 237-245.

Neumann, Dieter/ *Oelkers*, Jürgen (1984): "Verwissenschaftlichung" als Mythos? Legitimationsprobleme der Lehrerbildung in historischer Sicht. In: Zeitschrift für Pädagogik, 30 (1984) 2, S. 229-252.

Nicklis, Werner Siegfried (1988): Versuch einer Theorie der Lehrerbildung und der Gestaltwandel der Universität. Frankfurt am Main (Lang) 1988.

Nicklis, Werner Siegfried (1989): Bildung und Ausbildung des Lehrers im Fach(schul)system der "Reform"-Universität. In: Vierteljahreszeitschrift für wissenschaftliche Pädagogik, 65 (1989) 1, S. 88-101.

Nohl, Herman/ *Pallat*, Ludwig (Hrsg.) (1930): Handbuch der Pädagogik. 5 Bände. Langensalza (Beltz) 1930.

Oblinger, Hermann (1974): Über die Funktion der Fachdidaktik zwischen Erziehungswissenschaft und Fachwissenschaft. In: Kreuzer, Gustav u. a.: Didaktik der Geographie in der Universität. München (Strumberger) 1974, S. 89-95.

Obst, Heinz (1995): Neustrukturierung - Chance für die Fachdidaktik? In: Behrendt, Helga (Hrsg.): Zur Didaktik der Physik und Chemie. Probleme und Perspektiven. Vorträge auf der Tagung für Didaktik der Physik und Chemie in Freiburg i. Br., September 1994. Alsbach (Leuchtturm-Verlag) 1995, S. 101-103.

Oelkers, Jürgen (Hrsg.) (1986): Fachdidaktik und Lehrerausbildung. Beitrag in memoriam Max F. Wocke. Bad Heilbrunn/ Obb. (Klinkhardt) 1986.

Oelkers, Jürgen (1996): Überlegungen zur Ausbildung von Lehrerinnen und Lehrern. In: Pädagogik, 48 (1996) 11, S. 36-42.

Oelkers, Jürgen (1998): Lehrerbildung - ein ungelöstes Problem. Einleitung in den Thementeil. In: Zeitschrift für Pädagogik, 44 (1998) 1, S. 3-6.

Oelkers, Jürgen (1999): Lehrerbildung aus der Sicht der Erziehungswissenschaft. In: Deutscher Philologenverband (Hrsg.): Lehrerbildung für die Zukunft. Kongressbericht vom 24.03.1999. Schriftenreihe Gymnasium in der Wissensgesellschaft, Band 1. Unterhaching 1999, S. 20-34.

ohne Angabe des Verfassers (1987): Übersicht über die in der Bundesrepublik Deutschland bis 1985/86 abgeschlossenen Dissertationen in Didaktik der Physik. In: Physica Didactica, 14 (1987) 3, S. 39-44.
Oser, Fritz (1987): Können Lehrer durch ihr Studium Experten werden? Ein Reformkonzept der Lehrerbildung. In: Zeitschrift für Pädagogik, 33 (1987) 6, S. 805-822.
Oser, Fritz (1997a): Standards in der Lehrerbildung. Teil 1: Berufliche Kompetenzen, die hohen Qualitätsmerkmalen entsprechen. In: Beiträge zur Lehrerbildung, 15 (1997) 1, S. 26-37.
Oser, Fritz (1997b): Standards in der Lehrerbildung. Teil 2: Wie werden Standards in der schweizerischen Lehrerbildung erworben? Erste empirische Ergebnisse. In: Beiträge zur Lehrerbildung, 15 (1997) 2, S. 210-228.
Ott, Bernd (1995): Technikdidaktik, ein vergessener Lehr- und Forschungsgegenstand. Begründungen und Ansatzpunkte für eine erweiterte Techniklehre und Technikdidaktik. In: Zeitschrift für Berufs- und Wirtschaftspädagogik, 91 (1995) 3, S. 232-245.
Otte, Michael (1974): Didaktik der Mathematik als Wissenschaft. In: Zentralblatt für Didaktik der Mathematik, 6 (1974) 1, S. 125-128.
Otte, Michael (1984): Fachdidaktik als Wissenschaft. In: Heursen, Gerd (Hrsg.): Didaktik im Umbruch. Aufgaben und Ziele der (Fach-) Didaktik in der integrierten Lehrerausbildung. Königstein/ Ts. (Athenäum) 1984, S. 94-120.
Otto, Gunter (1972): Fach und Didaktik. In: Kochan, Detlev C.: Allgemeine Didaktik, Fachdidaktik, Fachwissenschaft. Ausgewählte Beiträge aus den Jahren 1953-1969. Darmstadt (Wissenschaftliche Buchgesellschaft) 2. Aufl. 1972, S. 209-231.
Otto, Gunter (1975): Systemstabilisierung und Systemkritik durch Didaktik. Mit einigen Hinweisen zur Lokalisierung der Didaktik, insbesondere der Fachdidaktik in der Lehrerausbildung. In: Unterrichtswissenschaft, 3 (1975) 2, S. 58-81.
Otto, Gunter (1978): Didaktik als Magd? Über unreflektierte Abhängigkeiten am Beispiel der Ästhetischen Erziehung. In: Zeitschrift für Pädagogik, 24 (1978) 5, S. 679-692.
Otto, Gunter (1982): Welcher Anspruch ist an didaktische Argumentation zu stellen? In: Zeitschrift für Kunstpädagogik, (1982) 5, S. 14-18.
Otto, Gunter (1983): Zur Etablierung der Didaktiken als Wissenschaften. Erinnerungen, Beobachtungen, Anmerkungen. Versuch einer Zwischenbilanz 1983. In: Zeitschrift für Pädagogik, 29 (1983) 4, S. 519-543.
Otto, Gunter/ *Schulz*, Wolfgang (1987): Didaktik als allgemeine und als fachgebundene Theorie der Unterrichtspraxis. In: Braun, Karl-Heinz/ Wunder, Dieter: Neue Bildung - Neue Schule. Weinheim (Beltz) 1987, S. 89-114.
Otto, Gunter (1989): Der Fachdidaktik einen neuen Anstoß geben. In: Pädagogik, 41 (1989) 1, S. 42-50.
Paulsen, Friedrich (1921): Geschichte des gelehrten Unterrichts auf den deutschen Schulen und Universitäten vom Ausgang des Mittelalters bis zur Gegenwart. Mit besonderer Rücksicht auf den klassischen Unterricht. Zweiter Band. Berlin, Leipzig 1921.
Penselin, Siegfried (1975): Thesen zur Zuordnung und Gewichtung der Fachdidaktik im Verhältnis zur Fachwissenschaft und zur Erziehungswissenschaft. Drucksache KI 75/016 der Studienreformkommission I (Schulisches Erziehungswesen) beim Minister für Wissenschaft und Forschung des Landes Nordrhein-Westfalen. Bochum 1975.
Peters, Walter (1996): Lehrerausbildung in Nordrhein-Westfalen 1955-1980. Von der Pädagogischen Akademie über die Pädagogische Hochschule zum Aufbruch in die Universität. Frankfurt am Main (Lang) Diss. 1996.

Peyker, Ingo (1982): Fachdidaktik in der Lehrerausbildung. Bericht zur gesamtösterreichischen Tagung. Ihn: Leibesübungen - Leibeserziehung, 36 (1982) 4, S. 98-104.

Picht, Georg (1964): Die deutsche Bildungskatastrophe. Analyse und Dokumentation. Freiburg (Walter) 1964.

Pick, Bernhard (1981): Biologiedidaktik zwischen Fachwissenschaft und Allgemeiner Didaktik. Köln (Aulis) 1981.

Pippig, Rainer/ *Schneider*, Werner B. (1995): Beiträge der Physikdidaktik zum Experimentalunterricht und deren Akzeptanz. In: Der mathematische und naturwissenschaftliche Unterricht, 48 (1995) 1, S. 45-49.

Plöger, Wilfried (1991): Allgemeine Didaktik und Fachdidaktik. Ein Plädoyer für ihre Wiederannäherung. In: Die Deutsche Schule, 83 (1991), S. 82-94.

Plöger, Wilfried (1992): Allgemeine Didaktik und Fachdidaktik. Modelltheoretische Untersuchungen. Frankfurt a. M. (Lang) Habil. Schrift 1992.

Plöger, Wilfried (1993): Feiertagsdidaktik versus Alltagsdidaktik - Versuch einer Verständigung aus schulpädagogischer Sicht. In: Die Realschule, 101 (1993) 9, S. 373-375.

Plöger, Wilfried (1994a): Zur Entwicklung und zum gegenwärtigen Verständnis von Allgemeiner Didaktik und Fachdidaktik. Ein Rückblick. In: Meyer, Meinert A./ Plöger, Wilfried (Hrsg.): Allgemeine Didaktik, Fachdidaktik und Fachunterricht. Weinheim (Beltz) 1994, S. 23-41.

Plöger, Wilfried (1994b): Allgemeindidaktische Modelle in ihrer Bedeutung für fachdidaktisches Denken und Handeln. In: Meyer, Meinert A./ Plöger, Wilfried (Hrsg.): Allgemeine Didaktik, Fachdidaktik und Fachunterricht. Weinheim (Beltz) 1994, S. 85-96.

Plöger, Wilfried/ *Anhalt*, Elmar (1999): Was kann und soll Lehrerbildung leisten? Anspruch und Realität des erziehungswissenschaftlichen Studiums. Weinheim (Beltz) 1999.

Pollak, Guido (1998): Pädagogische Professionalität? Anmerkungen aus der Perspektive erziehungswissenschaftlicher Wissensforschung. In: Vierteljahreszeitschrift für wissenschaftliche Pädagogik, 74 (1998) 1, S. 23-38.

Popper, K. (1973): Logik der Forschung. Tübingen (Siebeck) 1973.

Posch, Peter (1983): Fachdidaktik in der Lehrerbildung. In: Altrichter, Herbert u. a. (Hrsg.): Fachdidaktik in der Lehrerbildung. Bildungswissenschaftliche Fortbildungstagungen an der Universität Klagenfurt. Wien (Böhlau) 1983, S. 19-33.

Prange, Klaus (1998): Was muß man wissen, um erziehen zu können? Didaktisch-theoretische Voraussetzungen der Professionalisierung von Erziehung. In: Vierteljahreszeitschrift für wissenschaftliche Pädagogik, 74 (1998) 1, S. 39-50.

von Prondcynsky, Andreas (1998): Universität und Lehrerbildung? In: Zeitschrift für Pädagogik, 44 (1998) 1, S. 61-82.

Quitzow, Wilhelm (1978): Die Inhaltlichkeit der Fachdidaktik. In: Physica Didactica, 5 (1978), S. 183-195.

Radtke, Frank-Olaf (1988): Professionelles Halbwissen. Tabus über die Lehrerbildung. In: Neue Sammlung, 28 (1988) 1, S. 93-108.

Radtke, Frank-Olaf/ *Bommes*, Michael/ *Webers*, Hans-Erich (1995): Schulpraktische Studien an der Johann Wolfgang-Goethe-Universität Frankfurt. Bielefeld (Universität Bielefeld, Zentrum für Lehrerbildung) 1995.

Radtke, Frank-Olaf (1996): Wissen und Können - Grundlagen der wissenschaftlichen Lehrerbildung. Opladen (Leske und Budrich) 1996.

Radtke, Frank-Olaf/ *Webers*, Hans-Erich (1998): Schulpraktische Studien und Zentren für Lehramtsausbildung. Eine Lösung sucht ihr Problem. In: Die Deutsche Schule, 90 (1998) 2, S. 199-216.

Raufuss, Dietmar (1981): Über die Ziele, die Studenten des Höheren Lehramtes später im Unterricht verwirklichen wollen. In: Schulpraxis, 1 (1981) 1, S. 42-45.

Raufuss, Dietmar (1982): Die fachwissenschaftliche Ausbildung: Vorbild für den Schulunterricht. Ergebnisse einer Befragung von Lehramtsstudenten. In: Schulpraxis, 2 (1982) 2, S. 7-13.

Rebel, Karlheinz (1985): Thesen zum Zusammenhang von Allgemeindidaktik und Fachdidaktik. Ihre Bedeutung für Konzeptionsentwicklung und Integration von Fernstudienmaterialien zur "Berufswahlvorbereitung" in die schulnahe Lehrerfortbildung. In: Unterrichtswissenschaft, 13 (1985) 3, S. 294-300.

Redeker, Bruno (1981): Phänomenologie und Fachdidaktik. In: Physica Didactica, 8 (1981) 1, S. 29-40.

Redeker, Bruno (1993): Martin Wagenschein - Feiertagsdidaktik oder Notwendigkeit einer Renaissance? In: Neue Sammlung, 33 (1993) 1, S. 15-30.

Regenbrecht, Aloysius (1964): Zum Verhältnis von Allgemeiner Didaktik und Fachdidaktik an der Pädagogischen Hochschule. In: Pädagogische Hochschule Dortmund (Hrsg.): Die Pädagogische Hochschule. Struktur und Aufgaben. Ratingen (Henn) 1964, S. 275-292.

Regenbrecht, Aloysius (1994): Lehrerbildung an Universitäten. Vortrag zur Emeritierung am 03.02.1994. In: Vierteljahreszeitschrift für wissenschaftliche Pädagogik, 42 (1994) 3, S. 287-302.

Rekus, Jürgen (1997): Bildung als fächerübergreifende Aufgabe. In: Lehrer und Schule heute. Zeitschrift des Saarländischen Lehrerinnen- und Lehrerverbandes e.V., (1997) 5, S. 89-92.

Rekus, Jürgen (1998): Was heißt heute: Unterrichten und Erziehen? Zur Neuakzentuierung des Bildungsauftrages von Lehrern. In: Freiheit der Wissenschaft, (1998) 12, S. 4-5.

Rekus, Jürgen/ *Wächter*, Jörg-Dieter (1999): Fachwissenschaft und Fachdidaktik. In: Deutscher Philologenverband (Hrsg.): Lehrerbildung für die Zukunft. Kongressbericht vom 24.03.1999. Schriftenreihe Gymnasium in der Wissensgesellschaft, Band 1. Unterhaching 1999, S. 68-70.

Reiß, Veronika (1975): Fachspezifische Sozialisation in der Ausbildung von Gymnasiallehrern mit naturwissenschaftlichen Unterrichtsfächern. In: Neue Sammlung, 15 (1975) 4, S. 298-314.

Reiß, Veronika (1979): Zur theoretischen Einordnung von Sozialisationsphänomenen im Mathematikunterricht. In: Zeitschrift für Pädagogik, 25 (1979) 1, S. 275-289.

Retterath, Gerhard (1997): "Lernen als konstruktive Tätigkeit des Kindes planen. In: Schulverwaltung NRW, (1997) 3, S. 79-81.

Reul, Herbert (1997): Spaßschule gefährdet die Exportnation. Qualitätskontrolle im Unterricht ist das Gebot der Stunde. In: Focus, (1997) 39, S. 106.

Rheinisch-Westfälische Technische Hochschule Aachen (1997a): Empfehlungen zur Entwicklung und Förderung der Lehramtsstudiengänge an der RWTH Aachen. Autor: Uwe Michelsen, Rektoratsbeauftragter für die Lehramtsausbildung an der RWTH Aachen. Aachen, den 13.02.1997.

Rheinisch-Westfälische Technische Hochschule Aachen (1997b): Übersicht des fachdidaktischen Personals an der RWTH Aachen. Dreiseitiges Papier, am 22.05.1997 vom Prorektor für Lehre, Studium und Studienreform der RWTH Aachen zugesandt. Aachen, ohne Datum.

Richter, Wilhelm (1971): Didaktik als Aufgabe der Universität. In: Deutscher Bildungsrat: Gutachten und Studien der Bildungskommission. Materialien und Dokumente zur Lehrerbildung. Band 17. Stuttgart (Klett) 1971, S. 179-188.

Rinkens, Hans-Dieter/ *Tulodziecki*, Gerhard/ *Blömeke*, Sigrid (Hrsg.) (1999): Zentren für Lehrerbildung - Fünf Jahre Unterstützung und Weiterentwicklung der Lehrerausbildung. Ergebnisse des Modellversuchs PLAZ. Münster (Lit-Verlag) 1999.

Robinsohn, Saul B. (1965): Thesen zur Lehrerbildung. In: Neue Sammlung, 5 (1965) 3, S. 197-205.

Robinsohn, Saul B. (1967): Bildungsreform als Revision des Curriculums. Neuwied 1967.

Rosenbusch, Heinz S./ *Sacher*, Werner/ *Schenk*, Harald (1988): Schulreif? Die neue bayerische Lehrerbildung im Urteil ihrer Absolventen. Frankfurt a. M. (Lang) 1988.

Rosenthal, Erwin (1996): Zur "pädagogischen Dimension" von Physik und Physikdidaktik. In: Physik in der Schule, 34 (1996) 12, S. 419-423.

Rotermund, Manfred (1999): Professionalität und Praxissemester. Schulpraktische Studien in der Lehrerbildung. In: Die Deutsche Schule, 91 (1999) 4, S. 468-477.

Roth, Heinrich (1963): Die realistische Wendung in der Pädagogischen Forschung. In: Die Deutsche Schule, 55 (1963) 3, S. 109-119.

Roth, Leo (Hrsg.) (1980a): Handlexikon zur Didaktik der Schulfächer. München (Ehrenwirth) 1980.

Roth, Leo (1980b): Erziehungswissenschaft - Allgemeine Didaktik - Fachdidaktik - Fachwissenschaft. In: Roth, Leo (Hrsg.): Handlexikon zur Didaktik der Schulfächer. München (Ehrenwirth) 1980, S. 19-36.

Sandfuchs, Uwe (1990): Anmerkungen zur historischen Entwicklung und zum gegenwärtigen Stand der Fachdidaktik als Wissenschaft. In: Keck, Rudolf W. u. a. (Hrsg.): Fachdidaktik zwischen Allgemeiner Didaktik und Fachwissenschaft. Bad Heilbrunn/ Obb. (Klinkhardt) 1990, S. 10-21.

Sauer, Helmut (1966): Fachwissenschaft und Fachdidaktik in der Lehrerbildung am Beispiel des Faches Englisch. In: Die Deutsche Schule, 58 (1966) 11, S. 672-683.

Sauer, Helmut (1968): Das Studium des Faches Englisch an Pädagogischen Hochschulen. Beitrag zu einer Hochschuldidaktik. In: Die Deutsche Schule, 60 (1968) 4, S. 231-243.

Sauer, Helmut (1977): Die Arbeitstagungen der Fremdsprachendidaktiker in historischer Perspektive. In: Neusprachliche Mitteilungen, 29 (1977) 2, S. 104-110.

Sauer, Helmut (1984): "Englisch für alle." Ein fachdidaktischer Beitrag zur Erinnerung an Heinrich Roth. In: Die Deutsche Schule, 76 (1984) 5, S. 366-372.

Sauer, Helmut (1986): 40 Jahre Englischunterricht für alle in der Bundesrepublik Deutschland. Schulpolitik - Erziehungswissenschaft - Fachdidaktik. In: Harks-Hanke, Ingrid/ Zydatiß, Wolfgang (Hrsg.): 1945-1985. Vierzig Jahre Englischunterricht für alle. Festschrift für Harald Gutschow. Berlin (Cornelsen-Velhagen & Klasing) 1986, S. 38-50.

Sauer, Helmut (1988): Fremdsprachendidaktik und Erziehungswissenschaft. Analyse fremdsprachendidaktischer Dissertationen. In: Doyé, Peter/ Heuermann, Hartmut/ Zimmermann, Günter (Hrsg.): Die Beziehung der Fremdsprachendidaktik zu ihren Referenzwissenschaften. Dokumente und Berichte vom 12. Fremdsprachendidaktiker-Kongreß. Tübingen (Narr) 1988, S. 53-65.

Sauer, Helmut (1995): Dissertationen in Fremdsprachendidaktik, Sprachlehr- und Spracherwerbsforschung: Eine annotierte Bibliographie. Stand: 27.02.1995. Unveröffentlichtes Manuskript. Dortmund 1995.

Schaefer, G. (1971): Fach - Didaktik - Fachdidaktik. Eine Standortbestimmung am Beispiel der Biologie. In: Der mathematische und naturwissenschaftliche Unterricht, 24 (1971) 7, S. 390-396.

Schäfer, Katharina (1992): Mehr Mut zu den eigenen Ansprüchen. Referendariat im Rückblick. In: Pädagogik, 44 (1992) 9, S. 15-17.

Scheilke, Christoph (1992): Bilanz.... Eine Befragung zur Ausbildung der Studienreferendare. In: Pädagogik, 44 (1992) 9, S. 10-14.

Schimpke, Ute (1997): Lehrerausbildung für die "Schule der Zukunft". Der Entwurf für die Ordnung des Vorbereitungsdienstes für Lehrämter an Schulen. In: Schulverwaltung NRW, (1997) 12, S. 336-338.

Schmidt, Günter (1986): Die Distanz zwischen Zielvorstellungen und deren Realisierung bei der Ausbildung von Mathematik-Referendaren. Ein persönlicher Erfahrungsbericht aus zehn Jahren Fachleitertätigkeit. In: Zentralblatt für Didaktik der Mathematik, 18 (1986) 2, S. 47-53.

Schmidt, Paul Gerhard (1978): Die Didaktik der Physik und ihr Verständnis zu benachbarten Wissenschaften. In: Naturwissenschaften im Unterricht - Physik/Chemie, 26 (1978), S. 193-197.

Schmiel, Martin (1978): Einführung in Fachdidaktisches Denken. München (Kösel) 1978.

Schneider, Heinz (1986): Das Verhältnis zwischen Allgemeiner Didaktik und Fachdidaktik. In: Twellmann, Walter (Hrsg.): Handbuch Schule und Unterricht. Band 8.2: Medien/ Institutionen. Düsseldorf (Schwann) 1. Aufl. 1986, S. 569-583.

Schneider, Werner/ *Pippig*, Rainer (1995): Beiträge der Physikdidaktik zum Experimentalunterricht und deren Akzeptanz. In: Der mathematische und naturwissenschaftliche Unterricht, 48 (1995) 1, S. 45-49.

Schrand, Hermann (1981): Zur Stellung der Fachdidaktik in der universitären Lehrerausbildung. In: Geographie und ihre Didaktik, 9 (1981) 2, S. 58-65.

Schreckenberg, Wilhelm (1982): Vom guten zum besseren Lehrer. Über Eignung und Leistungen von Lehrern. Düsseldorf (Schwann) 1982.

Schreckenberg, Wilhelm (1984): Der Irrweg der Lehrerausbildung. Über die Möglichkeit und die Unmöglichkeit, ein "guter" Lehrer zu werden und zu bleiben. Düsseldorf (Schwann) 1984.

Schreckenberg, Wilhelm (1992): Zum Verhältnis von erster und zweiter Phase in der Lehrerausbildung - Aspekte zur konzeptionellen und personellen Verbindung beider Phasen. In: Die Realschule, 100 (1992) 9, S. 417-422.

Schreiber, Alfred (1979): Universelle Ideen im mathematischen Denken - ein Forschungsgegenstand der Fachdidaktik. In: Mathematica Didactica, 2 (1979), S. 165-171.

Schubring, Gert (1983): Die Entstehung des Mathematiklehrerberufs im 19. Jahrhundert. Studien und Materialien zum Prozeß der Professionalisierung in Preußen (1810 bis 1870). Weinheim (Beltz) 1983.

Schubring, Gert (1985): Die Geschichte des Mathematiklehrberufs in mathematikdidaktischer Perspektive. In: Zentralblatt für Didaktik der Mathematik, 17 (1985) 1, S. 20-27.

Schütz, Egon (1980): Die Stellung der Erziehungswissenschaft, der ergänzenden Studienfächer und der Fachdidaktiken in den lehrerbildenden Studiengängen. In: Erziehungswissenschaft und Beruf, 28 (1980) 1, S. 3-9.

Schuldt, Carsten (1982): Fachdidaktische Bestrebungen im Physikunterricht der höheren Schulen in der Nachkriegszeit. In: Physica Didactica, 9 (1982) 5/6, S. 273-293.

Schulz, Dieter (1981): Pädagogisch relevante Dimensionen konkurrierender Schulentwicklungsplanung. Bestandsaufnahme und qualitative Analyse der Schulentwicklungsplanung in den Ländern der Bundesrepublik Deutschland. Frankfurt a. M. (Lang) Diss. (1981)

Schulz, Dieter (1984a): Das Selbstverständnis des Mentors im Spannungsfeld von Theorie und Praxis. In: Süßmuth, Rita (Hrsg.): Lehrerbildung und Entprofessionalisierung. Köln (Böhlau) 1984, S. 83-122.

Schulz, Dieter (1984b): Auswahl-Bibliographie zum Theorie-Praxis-Problem in der Lehrerbildung. In: Süßmuth, Rita (Hrsg.): Lehrerbildung und Entprofessionalisierung. Köln (Böhlau) 1984, S. 253-279.

Schulz, Dieter (1986): Autorität als "dynamische Konstante" der Schüler-Lehrer-Beziehung. In: Die Realschule, 94 (1986) 1, S. 29-33.

Schulz, Dieter (1988): The Function of "School-based Teacher Studies" and "Vocational Education" in Theory and Practice. In: European Journal of Teacher Education, 11 (1988) 2/3, S. 101-112.

Schulz, Dieter (1990): Lehrerbildung und Lehrerschaft in der Bundesrepublik Deutschland. In: Anweiler, Oskar u. a. (Hrsg.): Vergleich von Bildung und Erziehung in der Bundesrepublik Deutschland und in der Deutschen Demokratischen Republik. Materialien zur Lage der Nation. Hrsg. vom Ministerium für innerdeutsche Beziehungen. Köln (Verlag Wissenschaft und Politik) 1990, S. 510-525.

Schulz, Dieter (1992a): "Schulpraktische Studien" werden zum Berufstourismus. In: Schule Heute, 32 (1992) 6, S. 13-15.

Schulz, Dieter (1992b): Schulpraktische Studien in Lehramtsstudiengängen. Ein hochschuldidaktisches Paradigma. In: Die Höhere Schule, 45 (1992) 7, S. 179-186.

Schulz, Dieter (1993a): Der "Bildungsgang Realschule" in den Ländern Sachsen, Sachsen-Anhalt und Thüringen. In: Die Realschule, 101 (1993) 8, S. 334-341.

Schulz, Dieter (1993b): Schulpraktische Studien in Lehramtsstudiengängen. In: Der Berufliche Bildungsweg, (1993) 12, S. 12-13.

Schulz, Dieter (1994): "Schulpraktische Studien" zwischen praxisferner Theorie und theorieferner Praxis? In: Ministerium für Wissenschaft und Forschung Baden-Württemberg (Hrsg.): Lehrerbildung in Baden-Württemberg. Materialien. Strukturkommission Lehrerbildung 2000 (Pädagogische Hochschule 2000). Stuttgart 1994, S. 124-131.

Schulz, Dieter/ *Wollersheim*, Heinz-Werner (Hrsg.) (1999): Lehrerbildung in der öffentlichen Diskussion. Neuzeitliche Gestaltungsformen in Theorie und Praxis. Neuwied (Luchterhand) 1999.

Schulz, Wolfgang (1985): Kriterien fachdidaktischer Forschung in Dienste einer Unterrichtspraxis unter der Perspektive der Mündigkeit. In: Mikelskis, H. (Hrsg.): Zur Didaktik der Physik und Chemie. Probleme und Perspektiven. Vorträge auf der Tagung für Didaktik der Physik und Chemie in Hannover, September 1984. Alsbach (Leuchtturm-Verlag) 1985, S. 40-53.

Schulz, Wolfgang (1996): Anstiftung zu didaktischem Denken. Unterricht - Didaktik - Bildung. Hrsg. von Gunter Otto und Gerda Luscher-Schulz. Weinheim (Beltz) 1996.

Schwartze, Heinz (1977): Zur Didaktik der Mathematik in der Sekundarstufe I. In: Westermanns Pädagogische Beiträge, 29 (1977) 4, S. 143-146.

Schwartze, Heinz (1978): Didaktik der Mathematik. In: Westermanns Pädagogische Beiträge, 30 (1978) 6, S. 228-243.

Schwartze, Heinz (1981): Mathematikunterricht. In: Beckmann, Hans-Karl (Hrsg.): Schulpädagogik und Fachdidaktik. Stuttgart (Kohlhammer) 1981, S. 176-189.

Schwartze, Heinz (1992): Zum Verhältnis von Fachdidaktik, Fachwissenschaft und Erziehungswissenschaft vom Standpunkt der Mathematik. In: Die Realschule, 100 (1992) 9, S. 400-402.

Sekretariat der Ständigen Konferenz der Kultusminister der Länder der Bundesrepublik Deutschland (Hrsg.) (1994): Schüler, Klassen, Lehrer und Absolventen der Schulen 1985 bis 1994. Statistische Veröffentlichungen der Kultusministerkonferenz. Dokumentation Nr. 134. Bonn 1994.

Sekretariat der Ständigen Konferenz der Kultusminister der Länder der Bundesrepublik Deutschland (1995): Studienstrukturreform für die Lehrerausbildung. Stellungnahme der Kultusministerkonferenz vom 12.05.1995. Bonn 1995.

Sekretariat der Ständigen Konferenz der Kultusminister der Länder der Bundesrepublik Deutschland (1997): Rahmenvereinbarung über die Ausbildung und Prüfung für Lehrämter. Beschluß der Kultusministerkonferenz vom 28.02.1997. Bonn 1997

Sekretariat der Ständigen Konferenz der Kultusminister der Länder der Bundesrepublik Deutschland (2000): Beschäftigung von Lehrern 1980 bis 1999. Sonderheft 94. Bonn März 2000.

Senat der Georg-August-Universität Göttingen (1996): Vorläufiges Beschlußprotokoll über die Sitzung des Senats am 14.02.1996. Göttingen 1996.

Simon, Herbert (1970): The Sciences of the Artificial. Cambridge/Mass. 1970.

Simonsohn, Gerhard (1985): Physik und Physikdidaktik. In: Fischler, Helmut (Hrsg.): Lehren und Lernen im Physikunterricht. Didaktik des Physikunterrichts: Bestandsaufnahme. Köln (Aulis) 1985, S. 252-259.

Sommer, Manfred (Hrsg.) (1986): Lehrerarbeitslosigkeit und Lehrerausbildung. Diagnosen und Strategien zur Überwindung der Krise. Opladen (Westdeutscher Verlag) 1986.

SPD-Landtagsfraktion Nordrhein-Westfalen (Hrsg.) (1997): Das Lehren lernen. Dokumentation der gleichnamigen Veranstaltung vom 23.01.1997 in Dortmund. Düsseldorf 1997.

Spranger, Eduard (1920): Gedanken über Lehrerbildung. 2. Auflage. Leipzig 1920.

Spreckelsen, Kay (1969): Besetzung der Fachdidaktik der Physik und Chemie an den Pädagogischen Hochschulen. In: Zeitschrift für Pädagogik, 15 (1969), S. 454-458.

Spreckelsen, Kay (1978): Sachunterricht in der Grundschule. Fachdidaktische Trendberichte (8). In: Betrifft Erziehung, (1978) 3, S. 76-80.

Spreckelsen, Kay (1981): Naturwissenschaftlicher Unterricht. Bereichsdidaktische Überlegungen. In: Beckmann, Hans-Karl (Hrsg.): Schulpädagogik und Fachdidaktik. Stuttgart (Kohlhammer) 1981, S. 190-204.

Steltmann, Klaus (1986): Probleme der Lehrerausbildung: Ergebnisse einer Lehrerbefragung. in: Pädagogische Rundschau, 40 (1986), S. 353-366.

Stimpel, Hans-Martin (1999): Der Primat des Pädagogischen. Kleine Laudatio auf die Pädagogische Hochschule und die Erziehungswissenschaftliche Fakultät. In: Die Deutsche Schule, 91 (1999) 4, S. 478-489.

Stock, Hans (1979): Integration der Lehrerausbildung in die Universität. Chance oder Niedergang? Göttingen (Vandenhoeck und Ruprecht) 1979.

Stocker, Karl/ *Timmermann*, Johannes (1974): Fachdidaktik in Universität und Schule. Eine Wissenschaft im Spannungsfeld zwischen Theorie und Praxis. München (Strumberger) 1974.

Struck, Peter (1994): Neue Lehrer braucht das Land. Ein Plädoyer für eine zeitgemäße Schule. Darmstadt (Wissenschaftliche Buchgesellschaft) 1994.

Süßmuth, Rita (Hrsg.) (1984): Lehrerbildung und Entprofessionalisierung. Europäische Ansätze zu einem erweiterten Praxisverständnis. Deutsches Institut für Internationale Pädagogische Forschung. Studien und Dokumentationen zur vergleichenden Bildungsforschung. Band 27. Köln (Böhlau) 1984.

Terhart, Ewald (1992): Lehrerausbildung. Unangenehme Wahrheiten. In: Pädagogik, 44 (1992) 9, S. 32-35.

Terhart, Ewald (1999): Konstruktivismus und Unterricht. Gibt es einen neuen Ansatz in der Allgemeinen Didaktik? In: Zeitschrift für Pädagogik, 45 (1999) 5, S. 629-647.

Terhart, Ewald (Hrsg.) (2000): Perspektiven der Lehrerbildung in Deutschland. Abschlussbericht der von der Kultusministerkonferenz eingesetzten Kommission. Weinheim (Beltz) 2000.

Thöneböhn, Franz (1996): Lehrerwerden - oder: Professionswissen ernst nehmen. In: Schulverwaltung NRW, (1996) 11, S. 328-330.

Thonhauser, Josef (1988): Überlegungen zum Verhältnis von Fachwissenschaft, Fachdidaktik und Unterrichtspraxis. In: Tietze, W. u. a. (Hrsg.): Die Rolle der Universität in der Lehrerausbildung. Wien (Böhlau) 1988, S. 66-69.

Tietz, H. (1974): Zur Didaktik der Mathematik. In: Zentralblatt für Didaktik der Mathematik, 6 (1974) 1, S. 131-132.

Tietze, Uwe Peter (1990): Der Mathematiklehrer an der gymnasialen Oberstufe. Zur Erfassung berufsbezogener Kognitionen. In: Journal für Mathematik Didaktik, 11 (1990) 3, S. 177-243.

Tietze, W./ *Enzinger*, H./ *Havranek*, G./ *Polte*, E. (1988): Die Rolle der Universität in der Lehrerausbildung. Wien (Böhlau) 1988.

Timmermann, Johannes (Hrsg.) (1972a): Fachdidaktik in Forschung und Lehre. Hannover (Schroedel) 1972.

Timmermann, Johannes (1972b): Bericht über den Stand der Fachdidaktik an den Universitäten der BRD 1971. In: Timmermann, Johannes (Hrsg.): Fachdidaktik in Forschung und Lehre. Hannover (Schroedel) 1972, S. 15-35.

Timmermann, Johannes (1972c): Fachdidaktik als Wissenschaft in Forschung und Lehre. In: Timmermann, Johannes (Hrsg.): Fachdidaktik in Forschung und Lehre. Hannover (Schroedel) 1972, S. 46-60.

Timmermann, Johannes/ *Trutwig*, Michael (1972d): Modelle von Fachdidaktikinstituten. In: Timmermann, Johannes (Hrsg.): Fachdidaktik in Forschung und Lehre. Hannover (Schroedel) 1972, S. 77-85.

Timmermann, Johannes (1972e): Bibliographie zu den Fachdidaktiken. In: Timmermann, Johannes (Hrsg.): Fachdidaktik in Forschung und Lehre. Hannover (Schroedel) 1972, S. 245-266.

Töpfer, Erich (1973): Welche Hilfen erwarten Physiklehrer von einer Fachdidaktik? In: Physik und Didaktik, 1 (1973) 4, S. 251-259.

Trutwig, M./ *Anwander*, G./ *Huber*, P. (1972): Statistik zum Aufbau der Fachdidaktik für die Sekundarstufenlehrerausbildung in der Universität. In: Timmermann, Johannes (Hrsg.): Fachdidaktik in Forschung und Lehre. Hannover (Schroedel) 1972, S. 229-242.

Ulich, Klaus (1996): Lehrer/innen - Ausbildung im Urteil der Betroffenen. Ergebnisse und Folgerungen. In: Die Deutsche Schule, 88 (1996) 1, S. 81-97.

Unterkommission "Erziehungswissenschaftliches Studium, Fachdidaktik" der Studienreformkommission I (1976): Fachdidaktische Studien und Erziehungswissenschaftliches Studium. Drucksache KI 76/013 der Studienreformkommission I (Schulisches Erziehungswesen) beim Minister für Wissenschaft und Forschung des Landes Nordrhein-Westfalen. Bochum 1976.

Vielhaber, Christian (1981): Wer fürchtet sich vor Fachdidaktik? In: Geographie und ihre Didaktik, 9 (1981) 2, S. 66-77.

Vietor, W. (1882): Der Sprachunterricht muß umkehren! In: Die Neueren Sprachen (1882), 1982: Neudruck, S. 120-148.

Vorsmann, Norbert (1995): Die universitäre Lehrausbildung auf dem Weg ins nächste Jahrhundert. Statement zum Hochschullehrertag des VBE NW am 25.11.1994. In: Schule Heute, 35 (1995) 1, S. 6-8.

Wagenschein, Martin (1960): Zur Didaktik des naturwissenschaftlichen Unterrichts. In: Zeitschrift für Pädagogik, 2. Beiheft: Didaktik in der Lehrerbildung. Weinheim (Beltz) 1960, S. 70-85.

Wagenschein, Martin (1989): Erinnerungen für morgen. Eine pädagogische Autobiographie. Mit einer Einführung von Horst Rumpf. Weinheim (Beltz) 2. Aufl. 1989.

Wagenschein, Martin (1992): Verstehen lehren. Genetisch - Sokratisch - Exemplarisch. Mit einer Einführung von Hartmut von Hentig und einer Studienhilfe von Hans Christoph Berg. Weinheim (Beltz) 10. Aufl. 1992.

Walle, Gerhard (1992): Schulformbezug in der ersten Phase der Lehrerausbildung. Tatbestände, Probleme, Forderungen. In: Die Realschule, 100 (1992) 9, S. 412-416.

Walter, Gertrud (1988): Möglichkeiten und Grenzen bei der Planung von Englischunterricht mit Hilfe der Allgemeinen Didaktik aus der Sicht der Englischdidaktik. In: Hellwig, Karlheinz/ Keck, Rudolf W. (Hrsg.): Englischdidaktik zwischen Fachwissenschaft und Allgemeiner Didaktik. Interdisziplinäre Kooperation auf dem Prüfstand. Band 18 der Schriftenreihe aus dem Fachbereich Erziehungswissenschaften I der Universität Hannover. Hannover 1988, S. 137-151.

Wambach, Heinz (1981): Überlegungen zur fachdidaktischen Ausbildung der Chemielehrer für Gymnasien aus der Sicht eines Seminarfachleiters. In: Der Chemieunterricht, 12 (1981) 4, S. 26-48.

Weidenmann, Bernd (2000): Perspektiven der Lehr-Lern-Forschung. In: Unterrichtswissenschaft, 28 (2000) 1, S. 16-22.

Weltner, Klaus (1971): Fachdidaktik der Physik, Chemie und Unterrichtsforschung. In: Westermanns Pädagogische Beiträge, 23 (1971), S. 28-33.

Weltner, Klaus (1987): Übersicht über die in der Bundesrepublik Deutschland bis 1985/86 abgeschlossenen Dissertationen in Didaktik der Physik. In: Physik und Didaktik, 15 (1987) 2, S. 171-174.

Weltner, Klaus (1993): Aufgaben, Methoden und Ergebnisse der Fachdidaktik Physik. In: Naturwissenschaften im Unterricht - Physik, 4 (1993) 19, S. 4-9.

Weniger, Erich (1952): Die Eigenständigkeit der Erziehung in Theorie und Praxis. Probleme akademischer Lehrerbildung. Weinheim (Beltz) 1952.

Wierichs, Georg (1992): 30 Jahre Fachdidaktik Pädagogikunterricht. Überlegungen anläßlich einer Bibliographie. In: Zeitschrift für Pädagogik, 38 (1992) 5, S. 725-744.

Wild, Wolfgang (1989): Herausforderung der Fachdidaktik. Grußwort des Herrn Staatsministers für Wissenschaft und Kunst, Prof. Dr. Wolfgang Wild, zur Eröffnung der "International Conference Teaching Modern Physics" am 12.09.1988. In: Physik und Didaktik, 17 (1989) 1, S. 1-3.

Willer, Jörg (1982): Fachdidaktik Physik - Was ist das? In: Physik und Didaktik, 10 (1982) 3, S. 243-246.

Willer, Jörg (1985): Fachdidaktik Physik. Technizistisches Mißverständnis oder liebenswerte Marotte? In: Fischler, Helmut (Hrsg.): Lehren und Lernen im Physikunterricht. Didaktik des Physikunterrichts: Bestandsaufnahme. Köln (Aulis) 1985, S. 260-272.

Wissenschaftliches Sekretariat für die Studienreform im Land NRW (1978): Fachdidaktik an den Hochschulen des Landes NRW. Hochschullehrer, Lehrbeauftragte, wissenschaftliche Angestellte. Stand: SS 1978. 4 Tabellen. Drucksache KI 78/218 der Studienreformkommission I (Schulisches Erziehungswesen) beim Minister für Wissenschaft und Forschung des Landes Nordrhein-Westfalen. Bochum 1978.

Wissenschaftsrat (1970a): Empfehlungen zur Struktur und zum Aufbau des Bildungswesens im Hochschulbereich nach 1970. Band 1. Empfehlungen. Bonn 1970.

Literaturverzeichnis 295

Wissenschaftsrat (1970b): Empfehlungen zur Struktur und zum Aufbau des Bildungswesens im Hochschulbereich nach 1970. Band 2. Anlagen. Bonn 1970.
Wissenschaftsrat (1988a): Grunddaten zum Personalbestand und zur Lage des wissenschaftlichen Nachwuchses. Köln 1988.
Wissenschaftsrat (1988b): Empfehlungen des Wissenschaftsrates zu den Perspektiven der Hochschulen in den 90er Jahren. Köln 1988.
Wissenschaftsrat (1995a): Grunddaten zum Personalbestand der Hochschulen und zur Lage des wissenschaftlichen Nachwuchses. Fortschreibung der 1988 vorgelegten Ergebnisse auf der Basis der Personalindividualerhebung von 1989. Köln 1995.
Wissenschaftsrat (1995b): Personalstellen der Hochschulen 1993. Bestand 1990 bis 1993. Ansätze 1994. Köln 1995.
Wißner-Kurzawa, Elke (1986a): Fachdidaktische Forschung: Aus der Praxis für die Praxis. In: Praxis des neusprachlichen Unterrichts, 33 (1986) 1, S. 56-61.
Wißner-Kurzawa, Elke (1986b): Zum Verhältnis von Fremdsprachendidaktik und Unterrichtspraxis. Ein Kommentar zu einer Stellungnahme. In: Praxis des neusprachlichen Unterrichts, 33 (1986) 4, S. 408-410.
Wittenbruch, Wilhelm (1995): Schulpraktische Studien. Statement zur aktuellen Krise der Lehrerbildung. In: Schule Heute, 35 (1995) 1, S. 9-10.
Wittenbruch, Wilhelm (1997): Lehrerausbildung ohne Bildung. Anmerkungen zur Situation der Lehrerbildung an deutschen Universitäten. In: Vierteljahreszeitschrift für Wissenschaftliche Pädagogik, 73 (1997) 2, S. 254-273.
Wittmann, Erich Christian (1973): Zur gegenwärtigen Situation der Fachdidaktiken. In: Neue Sammlung, 13 (1973) 2, S. 120-129.
Wittmann, Erich Christian (1974): Didaktik der Mathematik als Ingenieurwissenschaft. In: Zentralblatt für Didaktik der Mathematik, 6 (1974) 1, S. 119-121.
Wittmann, Erich Christian (1975): Didaktik der Mathematik als Ingenieurwissenschaft. In: Neue Sammlung, 15 (1975) 4, S. 328-336.
Wittmann, Erich Christian (1992): Mathematikdidaktik als "design science". In: Journal für Mathematikdidaktik, (1992) 1, S. 55-70.
Wittmann, Erich Christian (1995): Mathematics as a 'design science'. In: Educational Studies in Mathematics, Dortrecht, Belgium (Kluwer Academic Publishers), 29 (1995), S. 355-374.
Wittmann, Erich Christian (1997a): Das Projekt "Mathe 2000". Modell für fachdidaktische Entwicklungsforschung. In: Müller, Gerhard N./ Steinbring, Heinz/ Wittmann, Erich Ch.: 10 Jahre "Mathe 2000". Bilanz und Perspektiven. Universität Dortmund. Düsseldorf (Klett Grundschulverlag) 1997, S. 41-65.
Wittmann, Erich Christian/ Seipp, Bettina (1997b): Grundschullehrer(innen)-Ausbildung zwischen Fachwissenschaft, Fachdidaktik und Praxis. Ergebnisse einer Umfrage bei Absolvent(inn)en der ersten Ausbildungsphase für das Lehramt für die Primarstufe. In: Informationen des Zentrums für Lehrerbildung der Universität Dortmund, Ausgabe 2, Mai 1997, S. 7-12.
Wollenweber, Horst (1982): Die zweite Phase der Lehrerbildung in der Bundesrepublik Deutschland. In: Zeitschrift für Pädagogik, 28 (1982) 6, S. 893-910.
Wollenweber, Horst (1996): Unterricht und Erziehung in einer zukunftsorientierten Schule. In: Pädagogische Rundschau, 50 (1996) 6, S. 693-717.
Wollenweber, Horst (1999): Lehreraus- und Lehrerfortbildung optimieren. Reformvorstellungen kritisch beleuchten. In: Bildung aktuell (Philologenverband NRW) 50 (1999) 3, S. 17-19.

Wollenweber, Horst (1999): Das Berufsbild des Lehrers als Grundlage der Lehrerausbildung. In: Schulz, Dieter/ Wollersheim, Heinz-Werner (Hrsg.): Lehrerbildung in der öffentlichen Diskussion. Neuzeitliche Gestaltungsformen in Theorie und Praxis. Neuwied (Luchterhand) 1999, S. 11-23.

Wollersheim, Heinz-Werner (1993): Kompetenzerziehung. Befähigung zur Bewältigung. Frankfurt a. M. (Lang) 1993, zugleich Habil. Bonn 1992.

Wollersheim, Heinz-Werner (1999): Das öffentliche Unbehagen an der universitären Lehrerbildung. In: Schulz, Dieter/ Wollersheim, Heinz-Werner (Hrsg.): Lehrerbildung in der öffentlichen Diskussion. Neuzeitliche Gestaltungsformen in Theorie und Praxis. Neuwied (Luchterhand) 1999, S. 1-9.

Wolze, Wilhelm (1991): Lernen als Komplementarität von Autopoiese und Evolution. In: Physica Didactica, 18 (1991) 4, S. 3-37.

Wrzeszcz, E./ *Jodl*, H. J. (1979): Stellenwert wissenschaftlicher Hausarbeiten in der Fachdidaktik der Physik - zwei Beispiele. In: Praxis der Naturwissenschaften - Physik, 28 (1979) 2, S. 45-50.

Wulz, Valentin (1985): Unterrichtsgrundsätze im Schnittfeld von Theorie und Praxis - aufgezeigt am Beispiel der Fachdidaktik Physik/ Chemie. In: Die Realschule, 93 (1985) 1, S. 27-33.

Wyss, Heinz/ *Reusser*, Kurt (1985): Zur Diagnose der gegenwärtigen Situation der Fachdidaktiken in der Lehrerbildung. In: Beiträge zur Lehrerbildung, 3 (1985) 1, S. 71-79.

Yogeshwar, Ranganathan (1999): Mittler aus Leidenschaft. In: Die Zeit, Nr. 13 vom 25.03.1999, "Chancen", S. 9.

Zacharias, Rainer (Hrsg.) (1981): Allgemeine Didaktik und Fachdidaktik. Möglichkeiten ihrer Verzahnung in seminardidaktischen Ausbildungsveranstaltungen. Rinteln (Merkur) 1981.

Zenner, Maria (Hrsg.) (1990a): Fachdidaktik zwischen Fachdisziplin und Erziehungswissenschaft. Bochum (Brockmeyer) 1990.

Zenner, Maria (1990b): Fachdidaktik als Teilgebiet der Fachwissenschaft. Zum Standort der Geschichtsdidaktik. In: Zenner, Maria (Hrsg.): Fachdidaktik zwischen Fachdisziplin und Erziehungswissenschaft. Bochum (Brockmeyer) 1990, S. 15-28.

Zifreund, Walther (1972): Zur Problematik fachdidaktischer Studiengänge in der Ausbildung von Lehrern. In: Timmermann, Johannes (Hrsg.): Fachdidaktik in Forschung und Lehre. Hannover (Schroedel) 1972, S.61-72.

Zydatiß, Wolfgang (1997): Die desolate Situation des wissenschaftlichen Nachwuchses in der Fremdsprachendidaktik bedroht die Ausbildung der künftigen Fremdsprachenlehrerinnen und -lehrer! Unveröffentlichtes Manuskript. Berlin (Freie Universität Berlin, Zentralinstitut für Fachdidaktiken) 1997.

www.ingramcontent.com/pod-product-compliance
Lightning Source LLC
Chambersburg PA
CBHW020111010526
44115CB00008B/780